루소,
정치를 논하다

정치사상총서 06

루소,
정치를 논하다

지은이 / 김용민 · 임금희 · 오수웅 · 최일성 · 박의경 · 조희원 · 이상익 · 공진성 · 신충식 · 박혁
펴낸이 / 강동권
펴낸곳 / (주)이학사

1판 1쇄 발행 / 2017년 1월 10일

등록 / 1996년 2월 2일 (등록번호 제 03-948호)
주소 / 서울시 종로구 윤보선길 65(안국동 17-1) 우 03061
전화 / 02-720-4572 · 팩스 / 02-720-4573
홈페이지 / ehaksa.kr
이메일 / ehaksa1996@gmail.com
페이스북 / facebook.com/ehaksa · 트위터 / twitter.com/ehaksa

© (사)한국정치사상학회, 2017, Printed in Seoul, Korea.

ISBN 978-89-6147-290-6 94340
　　　978-89-6147-139-8 94340(세트)

이 책의 저작권은 저자가 가지고 있습니다.
저작권법에 의해 보호를 받는 저작물이므로 이 책 내용의 일부 또는 전부를 재사용하려면
저작권자와 (주)이학사 양측의 동의를 얻어야 합니다.

* 책값은 뒤표지에 표시되어 있습니다.

이 도서의 국립중앙도서관 출판시도서목록(CIP)은 e-CIP 홈페이지(http://www.nl.go.kr/ecip)와 국가자료공동목록시스템(http://www.nl.go.kr/kolisnet)에서 이용하실 수 있습니다. (CIP제어번호: CIP2016031003)

정치사상총서 06

루소,
정치를 논하다

김용민·임금희·오수웅·최일성·박의경·조희원·이상익·공진성·신충식·박혁 지음

이학사

머리말

지금으로부터 약 4년 전인 2012년 6월에 루소 탄생 300주년 기념 학술 대회가 '루소 사상과 정치의 새 지평'이라는 주제로 서울에서 개최되었다. 한국정치사상학회와 한국정치학회가 공동으로 주최하였는데, 당시 나는 한국정치사상학회의 회장으로 학술 대회를 기획하고 조직하는 역할을 맡았다. 루소를 전공하는 학자로서 100년 만에 오는 이 기념 학술 대회를 주관했던 것은 개인적으로 커다란 기쁨이었고 행운이었다. 내가 사랑하는 루소를 위해서 무엇인가를 공적으로 수행했다는 뿌듯함으로 인해 나는 남다른 행복감을 느낄 수 있었다. 앞으로 한 세기 후에 다가올 루소 탄생 400주년 기념 학술 대회는 현재를 살고 있는 우리의 학술 잔치가 될 수 없기에, 루소 탄생 300주년 기념 학술 대회가 우리의 시대에 열렸다는 것은 나뿐만 아니라 우리 모두에게 행운이자 기회였다고 할 수 있다.

루소는 300여 년 전에 제네바에서 태어났지만, 그의 사상은 21세기 포스트모던 시대에 한국에서 살고 있는 우리의 의식과 사고 속은 물론 우리의 정치제도, 교육제도, 문화 속에서 살아 숨 쉬고 있다. 그가 새롭게 생명을 불어넣은 자연, 자유, 평등, 선한 본성, 동정심, 양심, 이성, 일반의지, 인민주권, 교육, 고백, 자기 성찰 등의 핵심적 개념은 아직도 우리의 삶을 구성하는 두 부분인 '인간으로서의 삶'과 '시민으로서의 삶'을 규정짓고 형성하는 역동적 힘으로 작용하고 있다. 이처럼 우리의 삶과 우리 자신의 정체성이 루소 사상이 지닌 역동적 힘에 의해 영향을 받고 형성되어왔음에도 불구하고 우리 대부분은 그 힘을 자각하지 못하고 있는 것이 현실이다. 하지만 그 힘을 드러내어 반추하는 과정은 우리가 미래의 바람직한 인간의 삶과 시민의 삶을 설계하는 데 긴요하다고 할 수 있다. 이러한 점을 고려할 때, 루소 탄생 300주년 기념 학술 대회는 루소 사상에 대한 성찰과 반성을 통하여 인간성의 새 지평과 정치의 새 지평을 모색하는 데 이바지했다고 볼 수 있다.

이 책은 루소 탄생 기념 학술 대회의 결과물이라고 할 수 있다. 회의 때 전부 8편의 논문이 발표되었는데, 사정상 윤비의 논문인 「1987 루소: 한국에서 루소 사상의 현재성에 대한 도상학적 접근」이 빠지고, 주제의 완결성을 위해 김용민의 「메리 울스턴크래프트의 페미니즘 재조명: 루소에 대한 비판을 중심으로」, 오수웅의 「루소의 시민사회와 인권 실현」, 박혁의 「의지의 정치에서 의견의 정치로: 루소의 『사회계약론』에 나타난 의지의 정치에 대한 아렌트의 비판」이 추가되었다. 글쓴이들은 이 책이 루소 사상에 대한 성찰과 반성의 중대한 계기가 되기를 기대하고 있다.

이 책을 출판함에 있어 한 가지 아쉬운 점은 2012년 11월에 프랑스학회가 '루소 탄생 300주년 — 인간, 언어, 문학 그리고 사상'이라는 제목으로 주최했던 학술 대회에서 발표된 논문들의 출판 가능성을 고려하지 못했다는 것이다. 이 회의에서 총 12편의 논문이 발표되었는데, 이중에서 8편의 논문은 한국 학자가 썼다. 만약 한국 학자가 쓴 논문들이 이 책에 포함되었더라면 이 책은 루소 사상 전반에 관한 보다 포괄적이고 종합적인 수준의 이해와 분석과 평가가 드러나는 탁월한 업적이 되었을 것이다.

　루소 탄생 300주년을 맞이하여 양 학회에서 적지 않은 수의 논문이 발표되었다는 것은 한국 학계의 학문적 역량이 비약적으로 증대되었음을 잘 보여주고 있다. 현재 우리의 학문적 역량이 지금으로부터 한 세기가 지난 후인 루소 탄생 400주년 때 과연 어떻게 평가될지 알 수 없지만, 적어도 우리의 역량이 앞으로의 루소 연구를 위해서 중대한 토대를 마련했다는 평가가 있기를 기대해본다. 이 책은 이런 평가를 위한 중요한 전거가 될 것이다.

　이 책에 글을 싣는 글쓴이들은 각자 나름대로 루소 탄생 300주년을 맞이했던 소회가 있었다. 우리의 연구 결과는 물론 글의 형태로 이 책에 실려 있지만, 우리의 다양한 심정을 이 책에 담아내지 못하는 것을 나는 안타깝게 생각한다. 루소를 연구하는 학자들이 갖는 하나의 공감대를 루소의 좌우명인 "vitam impendere vero(진리를 위하여 목숨을 걸다)"라고 주장한다면 이는 나의 독단인가?

2016년 11월
글쓴이들을 대표해서
김용민

기조 강연

다시 새겨보는 루소의 『사회계약론』

이홍구

"인간은 자유인으로 태어난다. 그러나 어디서나 인간은 사슬에 묶여 있다. 어찌하여 이 지경에 이르렀는가"로 시작되는 루소의 『사회계약론』의 출간 250주년, 그리고 그의 탄생 300주년을 올해(2012)에 맞고 있다. 근대사의 문을 열어준 과학의 천재가 뉴턴이라면 인문학의 천재는 루소라고 할 수 있다. 그의 여러 분야에 걸친 공헌 가운데 정치사상과 사회 이론에 관한 학술적 차원의 재조명은 한국정치학회와 한국정치사상학회에서 기획하는 기념 학술 회의에 맡기기로 한다. 그럼에도 우리가 루소 탄생 300주년을 가볍게 넘길 수 없는 것은 그가 제기했던 기본 과제가 아직도 풀지 못한 숙제로 남아 있으며, 특히 오늘의 한국 현실과 연관시켜볼 때에 심각한 여러 논제를 제기하고 있기 때문이다.

혈연관계가 핵심이었던 전통 사회가 근대사회로 전환되고 있던 18세기 유럽에서는 기존의 봉건 왕정을 대체할 새로운 공동체의 건설이 필요했다. 루소는 『사회계약론』에서 비교적 손쉬운 대안인 군사 국가나 종교 국가를 제쳐놓고 전 국민의 뜻과 일치하는 절대 권력으로 운영되는 정치 공동체를 제안하고 있다. 이렇게 제시된 근대 국민국가의 모델은 순식간에 많은 사람의 상상력을 자극하였으며 유럽 곳곳에서 프랑스대혁명을 비롯한 근대 정치 태동의 원동력을 제공하였다. 그러나 루소가 고안한 간결하며 멋진 정치 공동체의 모델이 전제한 사회와 국가의 관계는 현실 세계의 실상과는 상당한 거리가 있음이 드러남으로써 많은 비판과 논란의 대상이 되어버렸다.

루소에 의하면 인간은 원래 착한 존재이지만 이기심과 약육강식의 관행에 휩싸인 사회 환경에 의하여 불안정, 불평등, 부도덕의 상태로 전락하였다. 이렇듯 병든 사회로부터 어떻게 인간을 구출하고 그들의 자유를 확실하게 보장해줄 것인가. 이에 대한 결정적인 해결책은 제도의 보완이나 개혁이 아니라 새로운 원칙에 입각한 정치 공동체, 즉 절대 국가를 창조하는 길밖에 없다는 것이다. 그 길은 바로 모두의 뜻이 합쳐져 예외 없이 복종할 수 있는 절대 권력을 창출할 수 있는 일반의지로 그 정통성에 따라 모두에게 자유를 부여하는 정치 공동체를 만든다는 논리이며 처방이다. 홉스 등이 주창한 전통 사회국가의 필요와 대중사회가 요구하는 시민 참여의 동력을 하나의 공식으로 접목시킨 루소의 작품이다.

루소가 처방한 절대 국가는 '하늘의 뜻'에 순종하는 도덕 국가이며 그러기에 그 뜻을 아는 현인 정치를 예상케 한다. 국민들이 일반의지에 참여하며 절대주권에 순종하기 위해서는 도덕적 차원에서의 인간 개조가 우선해야 된다고 하겠다. 칸트가 루소의 『사회계약론』을 높이 평가한 것은 무엇보다도 인간이 자신의 양심과의 약속 또는 계약을 지키는 것이 도덕 사회의 출발점이라고 믿었기 때문이다. 이러한 루소의 정치사상은 다분히 유토피아적 성격이 짙으며 이는 루소가 경험적이거나 실증적인 입장보다는 선험적이거나 규범적인 차원에서 이상적 모델을 제시하고 있기 때문이다.

  루소의 18세기와 우리의 21세기 사이에는 시대적 격차 못지않게 인간과 자연을 보는 문화적 관점에서 현격한 차이가 있다. 서양의 계몽주의 시대에는 인간의 무한한 발전 가능성에 대한 믿음이 있었다면, 오늘의 우리 사회에서는 인간의 어쩔 수 없는 한계를 절실하게 느끼고 있다. 빈곤, 무지(無知), 폭력, 비굴로부터의 자유를 얻기가 얼마나 어려운가를, 함께 잘 살아가는 민주 공동체를 만든다는 것이 얼마나 힘든 작업인가를 우리는 이미 실감한 지 오래다. 일제 침략에 의한 제국주의 시대의 시련을 넘어서면서 우리가 선택한 민주 공동체의 국가와 사회체제를 어떻게 정당화하고 효율적으로 운영해나갈지는 풀리지 않는 당면 과제이다. 우리 기준에 따라 우리나라의 정통성과 우리 공동체 구성원들의 꿈과 권리를 어떻게 조화, 융합, 일치시켜나가느냐 하는 과제는 루소라는 천재가 250년 전 씨름했던 작업과 전혀 무관한 것이 아니다.

  루소의 정치사상은 가능성만큼이나 위험성도 내포하고 있다. 궁극적으로 모든 해결책을 국가에 맡긴다는 생각은 창의적인 발상임에도 불구하고 전체주의국가나 권위주의 정치를 정당화하는 데 이용되기 쉬운 논제이기도 하다. 그러나 루소는 시종 정치와 국가의 공공성(公共性), 특히 각자의 사익(私益)을 넘어선 공익(公益)을 강조한 이론으로 일관하고 있다. 우리 정치가 분열된 사회를 통합으로 이끌기보다는 오히려 분열을 조장하는 데 앞장서고 있다면 이는 정치인들이 갖춰야 할 공인(公人)으로서의 자질이 턱없이 부족한 결과라고 하겠다.

차례

머리말 5

기조 강연: 다시 새겨보는 루소의 『사회계약론』_ 이홍구 9

제1부 루소 사상의 수용과 연구 현황

    1장 루소 사상의 이입 과정과 시기 구분_ 김용민 17

    2장 루소 사상 수용의 역사 및 그 의의_ 김용민 27

    3장 연구 현황과 책의 구성_ 김용민 51

제2부 루소와 정치사회

    4장 루소의 정치사회에서 언어의 역할_ 임금희 77

    5장 루소의 시민사회와 인권 실현_ 오수웅 115

    6장 루소의 공화국 이론 비판: 혁명기 국가는 왜 난폭해졌는가?_ 최일성 147

제3부 루소와 여성

    7장 메리 울스턴크래프트의 페미니즘 재조명: 루소에 대한 비판을 중심으로
        _ 김용민 175

    8장 루소, 울스턴크래프트 그리고 여성 시민_ 박의경 205

    9장 『에밀』을 통해 본 루소의 여성관_ 조희원 248

제4부 루소와 비교 사상

    10장 루소와 주자의 정치철학_이상익 279

    11장 루소, 스피노자, 그리고 시민 종교의 문제_공진성 319

    12장 공화제의 관점에서 본 루소와 칸트의 정치철학_신충식 366

    13장 의지의 정치에서 의견의 정치로: 루소의 『사회계약론』에 나타난 의지의 정치에 대한 아렌트의 비판_박혁 399

각 장에 대한 안내 및 각 장이 처음 게재된 학술지 467

지은이 소개 469

부록 475

제1부

루소 사상의 수용과 연구 현황

1장 루소 사상의 이입 과정과 시기 구분

김용민

1. 루소 사상의 동아시아 이입

장자크 루소(Jean-Jacques Rousseau)는 1712년 제네바에서 태어나 1778년 파리 근교인 에름농빌(Ermenonville)에서 사망하였다. 그가 근대국가의 형성에 미친 영향은 이루 다 말할 수 없지만, 인구에 회자되는 사회계약, 인민주권, 일반의지, 민주주의라는 개념이 루소의 핵심 개념이며, 그의 정치사상이 프랑스혁명의 이념적 횃불이었다는 사실에서, 우리는 그가 근대 서구 정치 질서의 형성 과정에 심대한 영향을 끼쳤음을 확인할 수 있다. 루소 사상의 영향은 단지 서구에 한정되지 않았다. 그의 사상은 19세기 중엽 이후 서세동점의 시대에 국가적 위기에 봉착한 한국, 중국, 일본을 포함한 동아시아 국가들이 새로운 정치 질서를 모색하는 과정에서 여타 근대 사상가의 이론보다도 비교적 빨리, 그리고 호의적으로 수용되기 시작하였다.[1] 이유는 여러 가지가 있겠지만, 그중에서도 가장 중요한 이유는 그의 정치사상이 프랑스혁명을 배경으로 하였으며 인민주권과 민주주의라는 근본이념을 강력하게 표방하고 있었기 때문이다.

루소의 사상이 일본과 중국에 이입되는 과정에서 큰 역할을 한 사람은 나카에 초민(中江兆民, 1847-1901)과 량치차오(梁啓超, 1873-1929)였다. 루소의 사회계약설은 후쿠자와 유키치(福澤諭吉, 1835-1901)가 1872년에 그의 저서『학문의 권장』에서 언급한 바가 있었으나, '동양의 루소'라고 불리는 나카에 초민이 1874년에『민약론(民約論)』이란 제목으로『사회계약론』의 2권 1-6장 부분만을 일본어로 번역했으며,[2] 이후 루소의 사회계약설은 널리 전파되기 시작하였다. 나카에 초민은 1882년『사회계약론』1권의 한문 번역과 자신의 해석을 담은『민약역해(民約譯解)』를 출판하였다(김효전, 2000: 315, 652; 1996: 386).[3]

중국에서는 1898년 상해 동문역서국(同文譯書局)에서 나카에 초민의 한역본을『민약통의(民約通義)』라는 이름으로 출판하였고, 1902년에는 양정동(楊廷棟)이 일본어 번역에 의거하여『사회계약론』의 제4권을 번역하였다(김효전, 2000: 652). 당시 중국 사회 내에서

---

1) 일본에서 일찍감치 수용된 사상가로 몽테스키외를 들 수 있다. 가 노리유키(何禮之, 1840-1923)는 몽테스키외의『법의 정신』을 1875년에『만법정리(萬法精理)』로 완역해내고 있다(마루야마 마사오·가토 슈이치, 2000: 163 참조). 한국의 서구 사상 수용에서 프랑스혁명과 관련되는 루소, 몽테스키외, 볼테르는 항상 같이 짝지어져서 소개되고 있다.
2) 초민의 이 번역본은 명치 정부에 의해서 출판 금지 처분을 받아 정식으로 간행되지 못하였다. 루소의『사회계약론』의 최초 완역본은 핫토리 토쿠(服部德)의『민약론(民約論)』이다. 하지만 부분 역인 초민의 번역본은 핫토리 토쿠의 완역본에 비해 높은 평가를 받았다고 한다(이예안, 2011: 502-504 참조). 나카에 초민에 관한 국내 학자의 연구로는 최상용(1984), 박홍규(2005), 이혜경(2003) 참조.
3) 김효전의 두 권의 책(2000; 1996)은 서양의 국가사상과 법사상의 한국에서의 초기 수용 과정에 관한 연구에 대단히 긴요하다.『민약역해』의 번역 내용과 해석에 관해서는 최상용(1984)과 이예안(2011) 참조.

루소 사상의 수용과 보급에 큰 역할을 한 사람은 량치차오였다. 일본에서 망명 생활을 했던 량치차오는 여기서 배운 서구 지식 체계를 중국에 전파하려고 했다. 양태근은 "량치차오는 루소 사상이 중국에 전파되는 데 효시적 역할을 수행한 사람으로, 그의 「노사학안(盧梭學案)」은 이른바 중국에서의 민권론 전파에 지대한 영향을 끼쳤으며 서구 사상 소개에 상당히 중요한 역할을 담당하였다"고 지적하고 있다(양태근, 2009: 213). 량치차오의 저서 『음빙실문집(飮氷室文集)』(1903년 초간됨)에는 루소에 대한 언급이 단편적이지만 자주 나오고, 『민약론』의 요약이라고 할 수 있는 「노사학안」이 실려 있는데, 량치차오는 「노사학안」을 통하여 사회계약 이론, 인민의 자유와 평등, 주권재민, 일반의지, 정부 체제, 투표 등을 간략하게 소개하고 있다. 『음빙실문집』의 일부는 1908년 전항기(全恒基)에 의해 『음빙실자유서(飮氷室自由書)』라는 이름으로 국역 간행되었는데,[4] 이 책은 자서(自序)에 나타나 있듯이 량치차오가 일본에 망명하여 일인과 교류하며 읽은 시서에 대한 감상과 그 비슷한 것들로 되어 있다(김성권, 1982: 31-32).[5] 루소 사상의 한국 이입과 관련해서 량치차오의 『음빙실문집』과 『음빙실자유서』가 중요한 이유는 이 책들이 일찍이 한문을 읽을 수 있는 구한말의 지식인들에 의해 탐독되었기 때문이다.[6]

---

4) 『음빙실자유서』의 문헌 해제에 관해서는 강중기(2011) 참조.
5) 김성권의 논문(1982)은 루소 사상 수용사를 다룬 최초의 논문이라고 할 수 있다.
6) 『음빙실문집』에 대한 당시 지식인들의 평가는 대단한 것으로 나타나고 있다. 신일철에 의하면 "안창호는 자강 사상에 공명하여 구국 운동에 뜻을 둔 이에게는 량치차오의 『음빙실문집』을 100질 사서 배포하는 것이 가장 훌륭한 기여가 될 것이라고 역설했다고 한다. 안창호 자신도 대성학교 교장으로 한문 시간에는 오경(五經)보다 『음빙실문집』을 교재로 사용했다는 것이다. 이처럼 안창호·신채호 등 당시 구한말의 지성인들에게 량치차오의 그 책은 바이블이었다."(이광래, 2003: 237에서 재인용)

한국에서 루소 사상의 수용은 주로 일본과 중국을 통해서 이루어졌다. 이 경로 이외에 또 다른 경로는 서재필(1864-1951)에게서 찾아볼 수 있다. 서재필은 1884년 갑신정변이 실패하자 미국으로 망명하여 유학하게 되는데, 그는 1895년 말 귀국한 뒤『독립신문』을 창간하고 독립협회를 조직하여 1898년 5월 미국으로 돌아갈 때까지 국민 계몽운동에 나섰다. 그는 법률의 중요성을 자주 설명하고, 국민주권론의 당연한 귀결로서 국민이 국정에 참여하는 민권론을 조심스럽게 전개하였다(김효전, 2000: 103). 서재필이 특별히 루소 사상의 소개에만 앞장선 것은 아니지만, 그는 당시 서양 사상의 주류였던 로크와 루소의 계몽주의, 벤담의 공리주의, 몽테스키외의 자연법사상, 그리고 당시에 풍미했던 진화론 및 진보주의 사상을 고국에 소개하려 했다(이광래, 2003: 224). 그는 『독립신문』을 통해 법치주의, 민권론, 천부인권설, 진보주의 등을 적극적으로 소개하고, 이를 바탕으로 조선의 개혁을 시도하였다.[7]

위에서 루소 사상이 한국, 일본, 중국을 포함하는 동아시아 국가에 초기 이입되는 과정을 살펴보았지만, 각 국가에서 어떤 과정을 거쳐 루소의 작품과 사상이 지식인에게 우선 수용되고 대중에게 전파되었는가를 사상적·정치적·역사적·문학적인 관점에서 탐구하는 것은 상당히 의미 있는 학문적 작업이라고 할 수 있다. 한국에서의 이입 양상을 구체적으로 살펴보기 위해서는 시기별 특징에 착목하여 시기를 좀 더 상세하게 구분하는 작업이 선행되어야 한다.

---

[7] 『독립신문』에 게재된 사설에 대한 사회과학적인 체계적 소개·정리는 서울대 정치학과 독립신문강독회가 펴낸『독립신문, 다시 읽기』(2004)에 잘 나타나 있다.

2. 루소 사상 수용의 시기별 구분

한국에서 루소는 역사 교과서라고 할 수 있는 『태서신사람요(泰西新史攬要)』(1897)를 통해서 최초로 소개되고 있는데, 『태서신사람요』의 원전은 매켄지(Mackenzie)의 *History of Nineteenth Century*(1880)이다.[8] 루소의 『민약론』은 황성신문사(皇城新聞社)에서 간행한 『법국혁신전사(法國革新戰史)』(1900)에서 자세히 설명되기도 했으며, 또한 1906년 『황성신문(皇城新聞)』이 약 9개월에 걸쳐 대대적으로 연재한 「일본유신삼십년사(日本維新三十年史)」에서는 이 책이 프랑스대혁명의 원동력이었다고 거론되기도 하였다. 『황성신문』은 1909년 8월 4일부터 9월 8일까지 「노사민약(盧梭民約)」을 연재하였는데, 이는 비록 루소의 『사회계약론』 1권의 번역으로 그치고 말았지만, 한국 최초의 『사회계약론』 번역으로 여겨지고 있다. 이 번역의 저본은 나카에 초민의 『민약역해』로 밝혀졌다(이예안, 2011: 512). 구한말에 전신자적(傳信者的) 역할을 수행했던 육당 최남선은 『소년』에 연재된 「나폴레온 대제전(大帝傳)」(2권 4호, 1909. 4.)에서 루소 사상을 『민약론』, 『학문예술론』, 『인간 불평등 기원론』을 중심으로 간략하게 소개하고 있다.

경술국치 이후 3·1운동을 거쳐 1920년에 이르기까지 일제의 무단정치의 강압적 정책의 영향으로 루소 사상에 대한 새로운 소개는 거의 이루어지지 않았다. 1920년대 초반에 들어, 특히 1920-1922년 사이에 일본에서 유행하기 시작한 문화주의의 영향을 받아 루소 사상

---

8) 『태서신사람요』는 원래 중국의 상해 광학회에서 『태서근백년래대사기(泰西近百年來大事記)』라는 이름으로, 1895년 5월에 간행된 것을, 우리나라에서 『태서신사람요』라는 이름으로 1897년 5월에 중간(重刊)한 것이다. 이 중간본(重刊本)의 국문본이 같은 해에 출간된 『태셔신사』이다.

에 대한 종합적이고 체계적인 소개가 이루어졌는데, 묘향산인(妙香山人)의 「근대주의의 제1인 루소 선생」, 강매(姜邁)의 『자유의 신 루소』가 대표적인 소개 글이라고 할 수 있다. 1930년에 묵암생(默庵生)이 부분 번역한 「사회계약론(1)」이 나온 후로,[9] 해방 직후 성인기(成仁基)가 『민약론』(1946)을 전역하기까지,[10] 루소의 작품이나 사상에 관한 글을 잡지나 학회지에서 찾아볼 수 없다. 1930년부터 1946년까지는 루소 사상 수용의 공백기라고 할 수 있다.

한국전쟁의 참화에서 안정을 찾기 시작한 1950년대 후반 이후, 루소에 대한 관심은 그의 작품을 번역하려는 작업으로 연결되었으며 이 작업은 1970년대 중반까지 계속되었다. 근 30년간의 초기 번역 시기에 출판된 번역본은 다양하게 존재하지만, 다음과 같은 최초의 한글 번역본을 확인할 수 있다.[11] 성인기 역, 『민약론: 정치적 권리의 제원칙』(선문사, 1955); 이강록 역, 『참회록』(학우사, 1955); 김영국 역, 『인간 불평등 기원론』(현대문화사, 1956); 김봉수 역, 『에밀』(박영사, 1960); 방곤 역, 『고독한 산책자의 몽상』(문학사, 1962); 민병산·박상규 공역 『학문예술론』(대양서적, 1971); 김용구 편역, 『루소의 전쟁과 평화』(을유문화사, 1972).[12]

---

9) 묵암생 역, 「社會契約論(1)」, 『대조(大潮)』 1호(1930년 3월). 이 번역본은 자료를 얻기 어려워 그 내용을 확인하기도 힘든 상태이다.
10) 성인기는 이 책의 번역자가 성인기로 되어 있지 않고 대성출판사 번역부로 되어 있다고 한다. 중간(重刊) 5판 이후 성인기가 번역자로 직접 드러난다. 성인기(1955) 참조.
11) 여기에 거론된 최초의 번역본보다 시기적으로 약간 늦게 출판된 번역본에는 다음과 같은 것이 있다. (1) 『사회계약론』: 남용기 역, 『사회계약』(한국번역도서주식회사, 1959); 박옥줄 역, 『민약론』(박영사, 1960). (2) 『참회록』: 김욱 역, 『참회록』(태문사, 1958). (3) 『에밀』: 김붕구 역, 『에밀』(성문각, 1976); 이가형 역, 『에밀』과 『학문예술론』(서울: 상서각, 1975).
12) 김용구의 책에는 「생-피에르 사 영구평화안 발췌문」, 「영구평화안 비판문」,

박은수·김붕구의 번역으로 ≪루소전집≫(서울: 성문각, 1976) 7권이 간행되었는데, 제1-3권은 박은수가 번역한 『에밀』이고, 제4-6권은 김붕구가 번역한 『고백』이며,[13] 제7권은 박은수가 번역한 「외로운 산책객의 몽상」, 「나의 자화상」, 「말제르브 앞의 편지」, 「학문예술론」을 담고 있다. 1978년에 박은수가 번역한 『사람들 사이의 불평등의 기원과 근거들에 관한 논문, 사회계약론』이 새롭게 추가되어 ≪루소전집≫의 제8권으로 출판되었다. 성문각의 ≪루소전집≫이 완간된 1978년을 기준으로 해서 본다면 루소의 주요 작품이 대부분 완역되어 있음을 확인할 수 있다.

1978년 이후 현재까지의 시기에는 번역이 안 되었던 루소의 작품이 번역되기보다는 기존의 번역이 개역되거나 새로운 번역자에 의해서 재번역되고 있음을 확인할 수 있다. 최근에 초역이 이루어진 작품으로 서익원 번역의 『신엘로이즈』(2008, 한길사), 진형준 번역의 『루소의 식물사랑』(2008, 살림), 진인혜 번역의 『루소, 장 자크를 심판하다 ― 대화』(2012, 책세상)가 있다.

위에서 간략하게 루소 사상의 수용 과정과 번역 과정을 살펴보았는데, 현재에 이르기까지의 수용 과정을 다음과 같이 일곱 시기로 나누어볼 수 있다.[14]

제1기(1895-1904), 개화운동의 시기: 루소가 일본과 중국을 통하

「전쟁상태론」, 「정치경제론」 등 4편의 글이 실려 있다.
13) 루소의 작품 *The Confessions*는 1970년대 이전에는 『참회록』으로 번역되었으나 1970년대 이후에는 『고백』 또는 『고백록』으로 번역되고 있다. 이 글은 『고백록』을 표준 번역어로 삼고 있으나, 번역자들이 『참회록』이란 번역어를 사용할 경우, 번역자의 선택을 존중하여 그대로 사용하기로 한다.
14) 이 시기 구분은 내가 독자적으로 시도한 것이다. 수용사 연구가 더욱 진척되어 이러한 시기 구분이 객관화될 필요가 있다.

여 소개되기 시작하는 시기.

제2기(1905-1910), 애국 계몽의 시기: 을사늑약 이후 루소의 『사회계약론』의 내용이 국가학, 정치학, 헌법학 등을 다룬 저서나 잡지에서 언급되는 시기.

제3기(1910-1919), 무단정치의 시기: 교육적 측면에서 루소 사상이 약간 언급만 되는 시기.

제4기(1920-1930), 문화 운동의 시기: 루소의 사상에 관한 최초의 종합적 소개가 이루어지고, 특히 『에밀』과 『참회록』에 관한 소개가 적극적으로 이루어지는 시기.

제5기(1931-1944), 문화적 공백기: 루소에 대한 논의가 거의 이루어지지 않는 시기.

제6기(1945-1978), 초기 번역의 시기: 루소 작품 대부분에 대한 한글 번역이 왕성하게 이루어지는 시기로 최초의 ≪루소전집≫이 발간된 시기.

제7기(1979-현재), 재번역과 처녀 번역의 시기: 개역이 이루어지거나 새로운 번역자들에 의해 재번역이 이루어지거나, 미번역된 작품의 초역이 이루어지는 시기.

이러한 일곱 시기 중 제3기와 제5기는 일종의 공백기로서 표면적으로는 상세히 거론할 것이 없으나, 그다음 시기를 준비한다는 의미에서 잠재력이 심화되는 시기라고 할 수 있다. 실제로 이러한 공백기 이후에 루소에 대한 종합적 소개(제4기) 및 전반적 번역(제6기)이 이루어졌다. 이하 일곱 시기를 크게 '초기 수용의 시대(제1-5기)'와 '해방 이후 후기 수용의 시대(제6-7기)'로 나누어, 이 책의 2장에서는 시기별로 루소 사상 수용의 역사적 배경과 수용의 내용, 루소의 작품이 번역되어온 경로와 그 의미를 살펴본다. 그리고 3장에서는 루소에 관한 국내 학자들의 연구 현황을 살펴본 후 이 책의 구성에 관해 개괄적으로 살펴본다.

참고 문헌

강매, 1921, 『자유의 신 루소』, 한성도서주식회사.
강중기, 2011, 「량치차오, 『음빙실자유서』」, 『개념과 소통』 제8호.
김성권, 1982, 「루소의 이입과 영향에 관한 연구 ― 개화기에서 1920년대까지를 중심으로」, 서강대학교 국어국문학과 석사 논문.
김효전, 1996, 『서양 헌법 이론의 초기 수용』, 서울: 철학과 현실사.
김효전, 2000, 『근대한국의 국가사상 ― 국권 회복과 민권수호』, 서울: 철학과 현실사.
마루야마 마사오·가토 슈이치, 2000, 『번역과 일본의 근대』, 임성모 옮김, 서울: 이산.
묘향산인, 1920, 「근대주의의 제일인 루소 선생」, 『개벽』 1: 5.
박홍규, 2005, 「나카에 쵸민의 평화이념과 맹자」, 『정치사상연구』 11집 2호.
서울대 정치학과 독립신문강독회 편, 2004, 『독립신문, 다시 읽기』, 김홍우 감수, 서울: 푸른역사.
성인기 역, 1955, 『민약론: 정치적 권리의 제원칙』, 서울: 선문사.
양태근, 2009, 「루소 정치사상의 전파 과정을 통해 본 중국 전통 사상과 서구 정치사상의 교류와 소통」, 『중국현대문학』 제48호.
이광래, 2003, 『한국의 서양 사상 수용사』, 서울: 열린책들.
이예안, 2011, 「개화기의 루소 『사회계약론』의 수용과 번역 ― J. J. Rousseau *Du Contrat Social*에서 中江兆民, 『民約譯解』로 그리고 『황성신문』 「로사민약」으로」, 『일본문화연구』 제40집.
이혜경, 2003, 「나카에 쵸민의 이상사회」, 『철학사상』 17집, 서울대학교 철학사상연구소.

최남선, 1909,「나폴레온大帝傳」,『소년』2: 4.
최상용, 1984,「『民約譯解』에 나타난 中江兆民의 Roussuea 이해」,『아세아연구』 27-2.
梁啓超, 1905,『飮氷室文集 上, 下』, 上海: 廣智書局.
梁啓超, 全恒基 譯述, 1908,『飮氷室自由書』, 塔印社.

2장 루소 사상 수용의 역사 및 그 의의

김용민

1. 초기 수용의 시대, 제1-5기

1) 개화운동의 시기(1895-1904)

1895년은 여러 가지 측면에서 뜻깊은 해라고 할 수 있다. 우선 국가적으로는 갑오개혁이 적극적으로 추진되었으며, 정치학적 측면에서는 "우리나라 최초의 정치학 책"으로(김학준, 2002: 38)[1] 평가받는 유길준의 『서유견문(西遊見聞)』이 출판되었고,[2] 번역문학적 측면에

---

1) 유길준에 관한 연구로는 정용화(2004) 참조.
2) 『서유견문』은 국내에서 출판되지 않고, 후쿠자와의 도움으로 도쿄의 수영사(秀英社)라는 인쇄소에서 1895년 4월 25일 1,000부가 인쇄되었다. 유길준은 한 부도 팔지 않고 하나하나 서명해서 정부의 고관들을 비롯한 그때의 유력자들에게 기증하였다. 일반 국민들에게 읽히려던 방침을 바꿔 먼저 정부 고관들부터 눈을 뜨게 하는 것이 바람직하다고 생각하였기 때문이다(김학준, 2002: 41 참조).

서는 번역문학의 효시인 『유옥역젼』이나 『텬로력뎡(天路歷程)』이 출판되었다.[3] 이러한 개화기의 번역문학은 그 예술성보다는 정치적, 사회적 유용성을 중시하고 있다. 개화운동의 시기에는 자주독립과 민권을 수호하고, 문명사회로서 서구에 대한 지식을 보급하며, 개화사상을 확산하려는 목적에서 압도적으로 많은 수의 역사 전기류의 번역서가 간행되었는데,[4] 이렇듯 문예류보다는 역사 전기류의 번역이 우세했던 것은 문학의 사회적 유용성이 강조되었던 그 시대 상황의 반영이라고 할 수 있다. 이들 번역서의 대부분은 일본서를 근거로 하고 있었는데, 이 때문에 한국에서 서구 문화의 초기 수용은 일본을 매개로 이루어지게 되었으며, 이 같은 일본의 매개로 말미암아 한국에서 서구 문화와 사상의 수용은 처음부터 '굴절'될 수밖에 없는 숙명을 지니게 되었다고 할 수 있다. 김병철은 문화 수용에서의 굴절 현상을 다음과 같이 지적한다.

> 개화기 우리 조상들은 자기들의 안목에서 직접 자신의 선택으로 원저자가 의도한 대로 서구 작품을 읽은 것이 아니라, 일인(日人)의 안목(眼目)에서 수용(受容)되고 굴절(屈折)된 범위에서 서구 작품을 수용했으니, 이것은 그 당시 우리나라 개화 수준으로 보아 불가피한 일이었을 것이라고 생각된다. 이처럼 우리의 수용 태도가 개화 초부터 일본적 소지 밑에서 일본의 수용을 그

---

3) 『유옥역젼』은 우리나라 사람에 의한 최초의 번역이며 문예 소설이라는 데 의의가 있다. 『텬로력뎡』은 존 버니언(John Bunyan)의 *The Pilgrim's Progress*를 게일(James S. Gale)이 번역한 것으로 번역문학의 효시일 뿐만 아니라, 개화 초기의 시대사조와 잘 어울린다(김학동, 1990: 20-21 참조).
4) 역사 전기류 번역 작품의 원전과 그 내용에 관한 간략한 설명은 김병철(1975: 제2장 1-3절) 참조.

영양소로 하고서 자라났다는 것은 민족적 숙명이었으리라(김병철, 1975: 108).

유길준의 『서유견문』에서는 루소에 관한 언급을 찾을 수 없다. 1장에서 언급한 바와 같이 역사 전기류 가운데서 루소가 언급되고 간략하게나마 소개되고 있는 책은 『태서신사람요』(1897)와 『법국혁신전사』(1900)이다. 이외에 량치차오의 『음빙실문집』에서도 루소가 소개된다. 우선 한국에서 루소는 몽테스키외, 볼테르와 함께 『태서신사람요』에 처음으로 다음과 같이 소개된다.

> 나싁은 법국의 명사ㅣ라. 민심을 고동ᄒᆞ미 복록특이보다 더 속ᄒᆞ더라. 일쳔팔빅오십삼년(쳘종ᄉ년)에 한 글을 지어 일흠ᄒᆞ야 왈 빅셩분등ᄒᆞᄂᆞᆫ 근원이라 ᄒᆞ고 또 법국의 군신지도 문란ᄒᆞᆫ 연유를 말ᄒᆞ고 치국양민ᄒᆞᄂᆞᆫ 법을 상고ᄒᆞ야 엄졀이 말ᄒᆞ야 조곰도 은휘치 아니ᄒᆞ니 일시에 만구일담이 다 올타ᄒᆞ여 다토아 사셔보고(『태셔신사』 권1 제11절)[5]

> 法國又有羅索者 才智之士也 鼓動民心 較福祿特爾 爲尤速 一千七百五十三年(英祖二十九年)曾著一書名曰百姓分等之原 (『태서신사람요』 제1권 제11절)

여기서, 나싁은 루소를 말하고 복록특이는 볼테르를 말한다. 루소

---

[5] 1753년을 1853년으로 잘못 번역하고 있으며, 루소가 『인간 불평등 기원론』을 쓴 해는 1754년이고 이것을 출판한 해는 1755년인데, 원문 자체가 이러한 사실을 잘못 기술하고 있다.

는 이입 초창기에 한자명으로 羅索, 婁昭, 路索, 盧騷, 婁素, 盧梭, 盧梭, 盧蘇 등으로 표기되었으며, 한글명으로 루우소우, 루쇼, 루-소-, 루-쏘 등으로 표기되었다.[6] 위 인용문은 『인간 불평등 기원론』과 『사회계약론』의 내용을 간단하게 언급하고 있다.

『법국혁신전사』에서도 역시 루소는 몽테스키외, 볼테르와 함께 소개된다. 여기에서 루소에 관한 소개는 상당히 자세한 편인데, 이 부분을 인용하면 다음과 같다.

> 其後에 婁昭의 議가 出ᄒᆞ민 其聲이 上下遠近에 달ᄒᆞ야 四方이 風動ᄒᆞ니 婁氏ᄂᆞᆫ 文太士規와 越太爺를 합ᄒᆞ야 當世 新說家의 三偉人이라 칭ᄒᆞ나 … 其論이 曰 人은 원래 至仁正大ᄒᆞᆫ 上帝의 造作物이라. 亦自善良義仁ᄒᆞ거늘 人生의 妨碍物되ᄂᆞᆫ 社會 政體 學問 等類가 其淳朴을 害ᄒᆞ며 其道德을 汚ᄒᆞ야 罪戾와 艱難으로 接着케 ᄒᆞ기에 至ᄒᆞᆫ다 ᄒᆞ야 乃其談鋒을 激發ᄒᆞ야 曰 虛妄ᄒᆞᆫ 社會의 組織을 悉皆瓦解ᄒᆞ야 文明이라 稱呼ᄒᆞᄂᆞᆫ 鄙陋ᄒᆞᆫ 貧苦와 驕傲ᄒᆞᆫ 富裕의 世界를 一洗ᄒᆞᆯ지어다.
> 婁昭가 又民約論을 印刷ᄒᆞ니 此書ᄂᆞᆫ 古今 有名ᄒᆞᆫ 著書中에 一座를 占ᄒᆞᄂᆞᆫ 者라. 其 自序에 云ᄒᆞ되 人이 生ᄒᆞ면서 自由가 有ᄒᆞ거늘 然호되 到處에 束縛을 受ᄒᆞᆫ다ᄒᆞ니 夫 政治哲學의 要旨ᄂᆞᆫ 古를 學ᄒᆞ고 今을 通ᄒᆞᄂᆞᆫ데 在ᄒᆞ거늘 婁昭ᄂᆞᆫ 不然ᄒᆞ야 歷史類의 手段을 一切 不取ᄒᆞ고 只其 多感多想ᄒᆞᆫ 腦裏로서 理想邊 社會論을 産出ᄒᆞ야 實際로 實行코자 ᄒᆞᆫ 則 其末이 民主說을 生ᄒᆞ기에 至ᄒᆞᆷ이라. 今에 民約論의 欠疵를 吹覓ᄒᆞᆫ 즉 空想詭辯이 狹隘ᄒᆞᆫ 中에 矛盾이 혹 生ᄒᆞ고 此 獨斷을 過用ᄒᆞ야 實際의 範圍

---

6) 한글 표기에 관해서는 김성권(1982: 11-12, 16)과 이예안(2011: 507-508) 참조.

를 遠離ᄒᆞ나 其 議論이 感慨痛切ᄒᆞ야 自由의 風을 鼓發ᄒᆞ고 字字句句에 悽愴惻怛ᄒᆞᆫ 氣를 帶ᄒᆞ야 愛國心을 刺衝ᄒᆞᄆᆡ 其 感化力의 廣大홈이 他書의 能히 企及ᄒᆞ지 못ᄒᆞᄂᆞᆫ 者라. 故로 學者가 此書를 指ᄒᆞ야 法國革命의 導火線이라 謂ᄒᆞ더라(25-26쪽).

이 인용문의 전반부는 "人生의 妨碍物되ᄂᆞᆫ 社會 政體 學問 等類가 其淳朴을 害ᄒᆞ며 其道德을 汚ᄒᆞ야 罪戾와 艱難으로 接着케 ᄒᆞ기에 至ᄒᆞ다"라는 『학문예술론』의 주제를 말하고 있고, 후반부는 『민약론』의 내용을 요약하고 있다. 이 책은 "今에 民約論의 欠疵를 吹覓ᄒᆞᆫ 즉 空想詭辯이 狹隘ᄒᆞᆫ 中에 矛盾이 혹 生ᄒᆞ고 此 獨斷을 過用ᄒᆞ야 實際의 範圍를 遠離ᄒᆞ나"라는 문장에 잘 나타나 있듯이 루소의 『민약론』이 이상 사회론으로 흘러서 실현 가능성도 미약하고 또한 논리적 모순을 지니고 있다는 약점이 있기는 하지만, 민주설을 주장하고, 자유를 확산시키고, 애국심을 고취하고, 프랑스혁명의 도화선이 됐다는 점에서 타의 추종을 불허하고 있다는 점을 강조하여 말하고 있다.

위에서 살펴보았듯이 『태서신사람요』와 『법국혁신전사』에서 소개되고 있는 루소에 관한 지식은 상당히 미약한 편이다. 이것에 비하면 량치차오의 「노사학안」은 상당한 수준에서, 상당한 분량(근 10여 쪽)으로 『민약론』의 주요 내용을 상세하게 설명하고 있다. 「노사학안」에는 루소의 정치사상에서 핵심적인 개념인 자유(自由), 평등(平等), 주권(主權), 공의(公意)라는 용어가 정확한 의미를 가지고 등장하고 있다. 여기서 공의는 '일반의지(general will)'를 말하는데, 다음 문장은 주권, 공의, 자유의 관계를 잘 나타내주고 있다.

… 則主權不在於一人之手而在此衆人之意, 而所謂公意者是也

… 盧梭所謂公意, 極活發 自由自發起之 自改正之 自變革之(『음빙실문집』하권(下卷), 13쪽)[7]

　루소 사상이 처음으로 소개되었던 개화운동의 시기는 을사늑약의 체결과 함께 끝나게 된다. 1905년 이후에는 1895-1896년간에 일본에 파견되었던 관비 유학생의 국내 귀국 활동이 활발하게 진행되는데, 이들은 일본에서 배운 서양의 정치학, 정치사상, 헌법학 등을 저술 활동을 통해 애국 계몽운동의 일환으로 널리 홍보하려고 하였다. 이들의 저술에서 루소의 정치사상은 좀 더 학문적인 차원에서 언급되고 있다.

2) 애국 계몽의 시기(1905-1910)

　1905년 국권 상실 이후 서울의 지식인·관료층은 문화 계몽운동을 통하여 '국권 회복'을 달성하려고 하였다. 이 당시에 국권 회복을 모색하기 위한 하나의 방법으로 서양의 정치학과 정치사상의 수용이 활발하게 진행되었는데, 이러한 수용 과정에서 루소, 몽테스키외, 홉스, 로크를 포함한 서양의 정치사상가들에 대한 소개가 심화되었다. 이제는 역사 전기류를 통해서가 아니라 정치 이론을 소개하는 가운데 정치사상가들이 논의되기 시작한 것이다. 김학준은 이 당시의 서양 정치학의 수용 배경을 다음과 같이 적고 있다.

---

7) 이는 다음과 같이 번역된다. "주권은 한 사람의 손에 있는 것이 아니고 다수의 의지 속에 존재한다. 소위 일반의지는 바로 이것이다. … 루소가 말하는바 일반의지는 대단히 활동적이다. 자유는 자발적으로 일반의지를 만들며 스스로 이것을 개정하며, 스스로 이것을 변혁한다."

대체로 유길준에 의해 시작됐다고 말할 수 있는 서양 정치학의 수용은 특히 1905년과 1907년 사이에 몇몇 다른 학자에 의해, 또는 애국지사들에 의해 활발해졌다. 1905년은 일제가 대한제국을 자신의 보호국으로 전락시킨 을사5조약이 강제로 맺어진 해이며 1907년은 일제가 강제로 고종을 퇴위시키고 순종 황제를 즉위시킨 뒤 대한제국에 대한 내정간섭을 더욱 극심하게 만든 정미7조약이 강제로 맺어진 해이다. 말하자면, 대한제국의 국권이 결정적으로 제약되고 침해되면서 망국에 들어서던 시기였다. 따라서 애국지사들은 망국을 피하려면 선진국의 정치제도를 받아들여 대한제국을 개혁해야겠으며 그 개혁을 통해 대한제국을 부강하게 만들어야겠고 국민을 그러한 방향으로 계몽해야겠다는 마지막 일념에서 서양의 정치사상을, 그리고 정치학을 폭넓게 받아들이게 됐던 것이다. 거기서 한 걸음 더 나아가 정치학을 학교에서 가르치기 시작했다(김학준, 2002: 85).

1905-1910년 사이에 정치학과 국가학에 관한 교과서 형태의 많은 저술이 출간되었는데, 대표적인 저술로 유길준의 『정치학(政治學)』(1886, 미출판 원고), 안국선의 『정치원론(政治原論)』(1907), 헌정연구회의 『헌정요의(憲政要義)』(1905), 저자 미상의 『국민수지(國民須知)』(1905-6?), 나진·김상연의 『국가학(國家學)』(1906), 블룬칠리(Bluntschli)의 『국가학강령』(1907)과 『국가사상학』(1908) 및 저술의 형태는 아니지만 『만세보』에 연재된 「국가학」을 손꼽을 수 있다.[8] 이 당시 정치학·국가학 관련 저술이 많이 나오게 된 이유로 김효전은 지도층이 국가주권 회복의 기운을 북돋우고자 했으며, 근대적인

---

[8] 이들 저술에 대한 연구에 관해서는 김효전(2000)과 김학준(2002) 참조.

학교가 설립되어서 교과서가 필요했기 때문이라고 지적하고 있다. 특히 법학, 정치학, 경제학 등 이른바 신식 학문은 과거제도가 폐지되면서 관리 임용 시험 과목으로 채택되어 그 수요가 폭발적으로 늘어났다는 것이다(김효전, 2000: 25).

이러한 교과서 등에서 서양 정치사상가들은 이론적으로 다루어지기 시작한다, 예를 들어 나진·김상연 역술의 『국가학』을 살펴보면 루소와 홉스의 사회계약설을 비교·설명하고, 계약설은 무정부설이라고 할 만큼 위험한 이론이라고 비판하고 있는데, 이러한 설명과 비판은 루소는 물론 홉스의 계약설에 관해서도 많은 지식이 있음을 전제하고 있는 것으로 볼 수 있다. 다음 인용문은 루소의 인민주권설과 홉스의 절대주권설을 비교하여 설명하고 있다.

> 契約說은 社會의 原始는 契約이라 云ᄒᆞ는 說로 彼 佛蘭西 「루-소」氏 以來로 世間에 勢力을 得ᄒᆞ얏스나 「루-소」氏 以前에 英國 「홉쑤스」 又 「롯구」氏 等도 亦 論述ᄒᆞ든 說이라. 「루-소」氏의 設을 依ᄒᆞ면 人類는 其 自然的 狀態로 社會的 狀態를 變홈이 자못 社會契約을 依혼 者-오 其 契約의 結果로 各人이 其 權利를 人民 全體에게 獻ᄒᆞ얏다는 說을 依홀 時에는 民主政治 外에 正當한 政治가 無ᄒᆞ다 ᄒᆞ얏스되 此 社會契約說을 同唱ᄒᆞ던 「홉쑤스」의 論과 全異ᄒᆞ니 「홉쑤스」는 「루-소」와 ᄀᆞᆺ치 人類는 自然혼 狀態로 社會的 狀態에 變홈이 社會契約의 結果를 依홈이라 云ᄒᆞ나 各人이 君主에게 其 權利를 君主에게 奉獻ᄒᆞ고 其 保護를 受ᄒᆞ는 以上에는 主權者 其 人의 命令을 逆ᄒᆞ기 不能한 者ᄅ ᄒᆞ며(김효전, 1996: 391에서 재인용)

나진·김상연이 『국가학』에서 홉스와 로크의 계약설을 비판하고 있듯이, 안국선 역시 자신의 『정치원론』의 제3장에서 홉스, 로크, 루소, 블룬칠리, 아리스토텔레스, 울시, 그로티우스 등을 원용하면서 계약설을 믿을 수 없다고 비판하고 있다(김학준, 2002: 129). 당시 국가 본질론에 대해서는 크게 두 계통의 이론이 소개되고 있었다. 하나는 보댕, 홉스, 로크, 몽테스키외, 루소 등이 주창한 자연법적 국가론이고, 다른 하나는 옐리네크, 블룬칠리 등이 주창한 유기체적 국가론이었다. 일본에서는 유기체적 국가론이 우세했는데, 일본에서 대학을 졸업한 나진, 김상연, 안국선은 자신이 배운 것을 자신의 저술에서 반복하고 있다고 볼 수 있다. 국가학이나 정치학에 관해 저술을 냈던 위 세 사람의 공통점은 관비 유학생이었다는 점이다. 나진은 관비 유학생으로 1899년부터 1903년까지 도쿄의 메이지대학에서 법률을 전공했으며, 김상연 역시 관비 유학생으로 1899년부터 1902년까지 도쿄의 와세다대학에서 정치학을 전공하였다. 안국선 역시 관비 유학생으로 게이오의숙 보통과에서 수학한 후 1896년에 도쿄전문학교 정치과에 입학해서 1899년에 졸업하였다. 이들은 자신들이 일본 대학에서 배운 정치적인 개념이나 용어 등을 자신들의 저술에서 사용하고 있는데, 그 개념이나 용어는 전기 개화운동의 시기에 소개된 수준과 비교하면 상당한 학문적 전문성을 띤다.

애국 계몽 시기에 정치학이나 국가학 교과서를 통해 루소 사상이 좀 더 심화된 수준에서 소개되기도 하였지만, 신문이나 잡지를 통한 소개도 계속되었다. 특히 『황성신문』은 1906년 5월에 「일본유신삼십년사」를 연재했는데 여기서 루소의 『민약론』이 프랑스혁명의 중요한 원인이었음을 말하고 있다.

其 中에 一世가 風靡흔 者는 民約論이 居最ᄒ니 是 書는 十八世紀 法蘭西人 盧梭의 著作흔 바인듸 民主論을 主唱ᄒ니 그 要旨

에 曰 君의 主홀 者는 民이니 君으로 政府를 主케 홈은 民이 設 호야뻐 自利케 홈이라. 故로 民이 以爲不合타 호는 時는 비록 改 호야도 可호고 廢호야도 또호 可타 호니 主權이 전혀 民에 在호 지라. 是 書가 法蘭西大革命의 一原因이 되니 其 國에 在호야는 甚히 努力이 有호 자라(『황성신문』 1905. 5. 3.; 김효전, 1996: 386에서 재인용).

이 같은 『황성신문』의 연재물 자체가 지니는 의미는 이 글이 자유, 만민 평등의 권리 등을 말하며 당시 조선을 개화하고 국민의 의식을 개혁하는 데 크게 영향을 미쳤다는 점에서 찾아야 할 것이다. 『황성신문』은 독립협회 운동 말기부터 유교 지식인들을 독자로 하여 '개화'와 '독립'을 강조하였고, 이후에도 줄곧 '개진 문명'을 통해 자강을 실현할 것을 강조하였다. 『황성신문』의 적극적인 서구 사상 수용에 대한 열의는 한국 최초로 루소의 『사회계약론』을 번역하여 연재를 했다는 데서 잘 드러난다. 『황성신문』에 번역·게재된 「노사민약」(1909)은 한문에 익숙한 한정된 지식층이 아닌 일반 독자를 상대로 국민주권이나 민주주의라는 서양 사상의 일단을 널리 보급했다는 점에서 그 계몽적 의의를 지닌다고 할 수 있다. 인민주권이나 민주주의로 대표되는 루소 사상의 전파와 보급은 계몽적 의의를 지니고 있기도 하지만, 을사늑약 이후 실질적으로 한국의 통치를 담당한 일본의 관점에서 볼 때 군주제에 기초한 조선왕조의 기반을 무너뜨릴 수 있는 유용한 수단으로 간주되었다고 볼 수 있다.

애국 계몽의 시기에 루소 사상의 수용과 전파에 크게 기여했던 중요한 사람이 최남선이다.[9] 최남선은 『소년』에 연재된 「나폴레온 대

---

9) 최남선은 『소년』과 『청춘』을 통해서 많은 서양 사상가를 소개하고 있다. 서양의

제전」(2권 4호, 1909. 4.)에서 루소의 『민약론』은 물론 『학문예술론』과 『인간 불평등 기원론』에 대해 간략히 설명하고 있다. 그런데 여기서 최남선은 『학문예술론』과 『인간 불평등 기원론』에 관한 글이 『민약론』을 구성하는 한 부분인 것으로 착각하고 있다. 최남선이 루소에 관해서 어떻게 알게 되었는지 그 경로를 확인할 수는 없으나, 적어도 위의 세 저서를 직접 읽지 않았다는 것은 확실하다.

3) 문화 운동의 시기(1920-1930)

국권 침탈 이후 1910년대의 10년은 루소 사상의 수용과 전파에서 정체된 10년이라고 할 수 있다. 1910년 이전에는 위에서 본 바와 같이 주로 루소의 『민약론』을 중심으로 한 소개가 있었으나, 1910년 이후에 루소의 정치사상은 일제의 식민 통치를 위협할 수 있는 위험한 사상으로 취급되어 통제의 대상이 된다. 이러한 정치적 상황으로 말미암아 루소의 사상 중에서 비정치적인 부분이 간헐적으로 소개되기 시작하는데, 특히 『에밀』에 대한 소개가 조금씩 이루어지기 시작한다.

『에밀』의 내용에 관한 최초의 언급은 『기호흥학회월보』 창간호 (1908. 8.)에 발표된 정영택의 「교육의 목적」에서 찾아볼 수 있는데 그는 교육의 제 학설을 소개하는 중에 루소의 자연주의 교육을 다음과 같이 언급한다.

自然主義 此 主義는 有名흔 婁素氏의 極力 主張ᄒᆞ는 者이니 人

사상, 문화, 문학에 대한 그의 전신자적 역할은 상당히 중요하다고 할 수 있다. 최남선의 전신자적 역할에 관해서는 김학동(1990: 제6절) 참조.

性은 其 自然에 放任홈이 至當ᄒ다 ᄒ야 敎育의 方針은 消極的
으로 其 妨害만 除去홈이 可ᄒ고 積極的으로 其 助長을 務爲홈
이 不可ᄒ다ᄒᄂᆫ 바라(「기호흥학회월보」 창간호(1908년 8월), 30-
31).

『에밀』이라는 책 이름은 거론되지 않고 있으나, 『에밀』의 주요 내
용의 하나가 소개되고 있다는 점에서 이 글은 『에밀』에 대한 국내
최초의 소개 글이라고 할 수 있다. 『에밀』에 관한 상세한 소개를 포
함한 루소 사상 전반에 대한 종합적 소개는 1920년대 초반에 앞에서
언급한 바 있는 묘향산인과 강매에 의해서 이루어진다.

1920년대 한국 사회에서는 다양한 문화주의 운동이 추진되는데,
그런 운동이 추진될 수 있었던 이유는 1910년대 중반 이후에 신지식
층이 생성되었기 때문이다. 박찬승은 신지식인층의 형성 과정에 대
해 다음과 같이 설명하고 있다.

1910년대 중반 이후 국내 사상계에는 새로운 흐름이 형성되기
시작하였다. 즉 비록 아직 다듬어지고 완성된 형태는 아니었지
만 새로운 시대사조를 들고 나온 새로운 주역들이 등장하기 시
작한 것이다. 이 새로운 주역들은 당시 일본 등지에 유학하여
신지식, 신사상을 흡수하고 돌아온 신지식층이었다. 즉 1910년
국망을 전후한 시기 상당수의 청년들이 일본 등지로 떠나 신지
식, 신사상을 흡수하는 데 열중하였고, 1910년대 중반 이후 이들
이 차례로 귀국하면서 국내에는 하나의 새로운 시대사조가 형
성되기 시작하였던 것이다(박찬승, 1992: 110).

이들 신지식인층은 1920년대 들어 문화 운동을 이끌어가는 새로

운 동력이 되었는데 이들이 문화 운동을 통해 추구했던 것은 정신의 개조, 사회의 개조였다. 당시의 시대상을 박찬승은 다음과 같이 분석한다.

> 3·1운동 이후 일제는 회유 정치의 일환으로 무단정치를 완화하고, 문화정치의 공간을 마련했다. 1910년대에 형성된 신지식인층은 이때를 맞이하여 문화 운동이라는 이름으로 실력 양성 운동을 펼치게 된다. 1920년대 초반 문화 운동의 주요한 구호는 신문화 건설·실력 양성과 정신 개조·민족 개조였다. 이 당시 개조가 중요한 사회 문화적 구호로 떠오르게 된 것은 일본의 영향이라고 할 수 있다. 한국의 사회개조론은 당시 일본에서 유행하고 있었던 '문화주의' 사조의 영향을 크게 받았다고 할 수 있다. 1920년대 초 한국의 문화 운동의 주도 이념은 문화주의와 그로부터 파생된 '인격주의' '개인의 내적 개조론'이었다고 해도 과언이 아니었는데, 이것들은 모두 당시 일본에서 유행하던 '문화주의' 사조의 영향을 받은 것이었다(박찬승, 1992: 181).

이러한 분석을 고려해본다면 묘향산인과 강매도 당시 유행했던 문화주의 사조에서 영향을 받아 루소에 관한 종합적 소개를 시도했을 것으로 짐작할 수 있다. 신지식인층인 이들은 일본식 근대 교육 제도 안에서 교육받은 사람들이었다.[10] 묘향산인의 「근대주의의 제1인 루소 선생」과 강매의 『자유의 신 루소』에서 루소의 생애와 사상 전반을 본격적으로 소개하고 있는데, 김성권은 이 두 편의 글은 작자 미상의 일본어 원전을 묘향산인과 강매가 각각 자기 나름대로 번

---

10) 묘향산인의 직업은 기자였고, 강매의 직업은 교사였다.

역하여 정리한 글로 추정하였다. 『개벽』에 게재된「근대주의의 제1인 루소 선생」(1권 5호, 1920. 10.)은 루소를 한국 최초로 체계적이고 종합적으로 소개하였다는 점에서 의미가 있다면, 『자유의 신 루소』는 한성도서주식회사가 전기 총서의 일환으로 발간한 책(1921. 6.)으로 국내 최초의 루소 전기 단행본이라는 데 의미가 있다. 위 두 편의 글의 양을 비교해보면, 강매는 미확인 원전을 자세하게 번역하여 소개하려 하였고 이와는 대조적으로 묘향산인은 이를 좀 더 간결하게 요약하려 하였음을 알 수 있다.

묘향산인과 강매의 글을 중심으로 당시 루소 소개의 양상을 살펴보면 다음과 같다. 우선 묘향산인의「근대주의의 제1인 루소 선생」은 다섯 가지 소주제로 나누어져 있다. ① 그의 일생(一生)과 성격(性格), ② 그의 표어 — 자연(自然)에 귀(歸)하라, ③ 인생 불평등 원인론(人生不平等原因論)과 민약론(民約論), ④ 그의 교육관(敎育觀), ⑤ 여자(女子)는 일종물(一從物) — 그의 '여성관(女性觀)'이 그것인데, '① 그의 일생과 성격'은 『참회록』에 근거한 설명이며, '④ 그의 교육관'과 '⑤ 여자는 일종물'은 『에밀』에 근거한 설명이다. '② 그의 표어'는 자연으로 돌아가라는 루소의 사상을 개괄적으로 살펴보고 있다. 각 작품에 대한 설명에서는 『에밀』을 압도적으로 많이 다루고(전체 논문의 반을 차지한다), 다음으로 『참회록』, 그다음으로 『사회계약론』, 『인간 불평등 기원론』의 순서로 다루고 있음을 알 수 있다. 물론 각 저서의 두께에 비례해서 설명이 이루어지는 측면도 있겠지만, 설명하는 양의 많고 적음은 당시 사회의 관심 정도를 반영하고 있다고도 볼 수 있다.[11] 1920년대 당시의 상황은 정치적이고 혁명적인 성격

---

11) 이 글이 어떤 일본어판의 번역본인지 확인할 수 없어서 원본에서 각 작품의 내용을 어떤 비율로 다루고 있는지 판단할 수 없다. 하지만 이 원본을 묘향산인이

의 글로 평가되는『사회계약론』과『인간 불평등 기원론』에 관한 폭넓은 소개를 허용하지 않았을 것으로 짐작된다. 이 시대의 주요 관심은 비정치적인 분야인 교육과 문학에 놓여 있었다고 볼 수 있다.

강매의『자유의 신 루소』는 일곱 가지 소주제로 나누어져 있다. ① 루소의 인물과 사상 ② 루소의 주의 ③ 루소의 교육관 ④ 루소의 인생관 ⑤ 루소의 사회관 ⑥ 루소의 여성관 ⑦ 루소의 문학관이 그것으로, 묘향산인의 글에 없는 것은 '④ 루소의 인생관'과 '⑦ 루소의 문학관'이다. '④ 루소의 인생관'은『에밀』의 4권에 있는 "사부아 보좌 신부의 신앙고백"에 근거하여 루소의 의지론, 인식론, 종교론, 영혼론, 양심론을 요약하고 있으며, '⑦ 루소의 문학관'은『신엘로이즈』에 나타나고 있는 자연주의문학과 낭만주의 문학을 간단하게 설명하고 있다. 여기서 ③, ④, ⑥이『에밀』과 연관된 내용임을 고려할 때 총 내용의 50% 이상(총 68쪽에서 35쪽 정도의 분량)이, 묘향산인의 글의 경우와 마찬가지로,『에밀』의 소개에 할당되어 있음을 확인할 수 있다.

1920-21년 사이에 묘향산인과 강매가 루소를 종합적으로 소개한 이후, 1922년에 들어서도 루소 사상을 소개하는 글들이 발표되는데 대표적인 것이 최팔용의『자유(自由)의 모(母) 루소』와 꽂주머니의『루소의 교육관』이다. 1929년에는 LWM의「루쏘와 그의 교육론(教育論) 대의(大意)」가 발표되었는데, 그 이후에는 루소의『에밀』에 관한 글을 잡지나 서적에서 더 이상 찾아볼 수 없게 되었다.

앞에서 언급했듯이 묘향산인은 자신의 글에서『에밀』외에도『참회록』을 중요하게 다루고 있는데,『참회록』이 우리에게 최초로 소개된 것은 1900년대 량치차오에 의해서이다. 즉 그의『음빙실문집』중

1920년에 번역해서『개벽』에 게재했다는 것은 이러한 내용에 대한 사회적 요구나 사회적 계몽의 필요성이 있었다는 것을 보여준다고 할 수 있다.

「연사피리순(煙士披里純, inspiration)」에서 그 일부분이 소개되고 있는데, 전항기가 번역한 『음빙실자유서』에 따르면 그 내용은 다음과 같다.

> 盧騷가 일즉이 其 懺悔記 後에 自書ᄒᆞ야 曰「余가 孤節單步로 所遇ᄒᆞᆫ 百事百物이 다 我의 思想을 鼓舞發揮ᄒᆞ야 全體가 動ᄒᆞ면 余心도 亦 動ᄒᆞ니 余가 오즉 飢ᄒᆞ면 食ᄒᆞ고 飽ᄒᆞ면 行ᄒᆞ미 當時에 余의 心目中에 所存ᄒᆞᆫ 자ᄂᆞᆫ 오즉 新大國이 有ᄒᆞ야 余가 日노 思ᄒᆞ고 日노 求ᄒᆞᆯ 쑨이니 余의 一生得力이 진실노 此 在」에 ᄒᆞ다 云ᄒᆞ니 嗚呼라 盧騷心力의 大로써 소위 歐洲億萬人心의 火種에 放火ᄒᆞ얏다 호딕 其 成就ᄒᆞᆫ 바ᄂᆞᆫ 行脚中의 '煙士披里純'으로 得來흠이니 煙士披里純의 動力은 진실노 可히 思議치 못ᄒᆞ리로다(전항기 역술, 1908: 17).

여기서 량치차오는 걸을 때만 사고할 수 있고 영감을 얻을 수 있다는 루소의 말을 강조하여 설명하고 있다. 량치차오가 윗글에 인용된 『참회록』의 일부분을 어떤 출처에서 따왔는지는 확인할 수 없으나, 1883년에 일본에서 이미 『참회록』이 『노소씨 참회기사』란 이름으로 최초로 번역되었다는 것을 고려하면, 일본의 번역서를 참조했을 가능성이 크다.[12]

루소의 『참회록』의 내용에 관해서는 묘향산인이 쓴 「근대주의의 제1인 루소 선생」의 도입 부분인 '그의 일생과 성격' 및 강매가 쓴

---

[12] 『참회록』에 대한 초창기 일본어 번역본을 살펴보면 다음과 같다. 小野衛門太 驛, 『蘆騷氏 懺悔記事』(博聞社, 1883); 栗原亮一 驛, 『魯曹自敍祥-傳』(書物出版所, 1883); 宮崎夢柳 驛, 『垂天初影』(土陽新聞, 1886). 김성권(1982: 78) 참조.

『자유의 신 루소』의 제1장 '루소의 인물과 사상' 부분에 자세하게 나타나 있다. 이 두 글에서의 루소의 생애에 관한 소개는 『참회록』의 전체 분량과 비교하면 상당히 간략하지만 당시 독자들의 지적인 호기심을 만족시키는 데는 미흡하지 않은 것으로 짐작할 수 있다. 묘향산인은 자신의 글을 마무리하면서 "그 思想과 그 文學의 如何는 世間의 評論이 既定하얏스며 坐 우리가 벌서 잘 斟酌하는 것이니 더 말할 必要가 무엇이리요"라고 쓰고 있는데, 이 말은 루소의 사상과 문학이 당시에 상당히 일반화되어 있었음을 보여준다고 할 수 있다.

루소의 『참회록』은 특히 1920-30년대의 문학사조에 크게 영향을 미친 것으로 평가되고 있다. 문학사조상, 루소는 낭만주의와 자연주의의 연원으로 수용되고 있는데, 이러한 사조의 영향을 받아 많은 문학작품이 출간되었으며, 『참회록』에 나타난 자기 고백적 문학 양식에서 자극을 받아 최학송의 『탈출기』, 나도향의 『J의사의 고백』과 같은 서간체 단편소설이 출판되기도 하였다(김성권, 1982: 82-89). 1930년대 이후 루소 사상이 새롭게 전파된 측면은 찾아보기 어렵다. 일본이 1931년 만주사변을 일으키고, 1937년 중일전쟁을 개시함에 따라, 한국 사회는 전시체제로 바뀌어갔는데, 이러한 암울한 시대적 배경 속에서 루소의 사상은 그 내렸던 뿌리조차도 잃어갔다고 할 수 있다.

2. 후기 수용의 시대, 제6-7기

1) 초기 번역의 시기(1945-1978)

해방 이전까지 루소의 작품 중에서 번역된 것은 1909년 『황성신문』에 게재된 「노사민약」과 1930년 묵암생이 『대조(大潮)』지에 게재했던 「사회계약론(1)」으로, 둘 다 『사회계약론』의 부분 역일 뿐이다. 이는 한마디로 말해, 여타 다른 서구 사상가의 경우와 마찬가지로, 우리는 해방 전까지 국어로 번역된 변변한 루소 작품을 하나도 가지지 못했음을 의미한다.

해방 당시 한국의 번역 상황을 1880년대 일본의 메이지 시대의 번역 상황과 비교해보면 격세지감을 느끼지 않을 수 없다. 박상익은 메이지 시대의 번역 상황을 다음과 같이 말한다.

> 『번역과 일본의 근대』에서 마루야마 마사오와 카토 슈이치는 일본이 근대화를 이루는 데 번역이 가장 결정적인 역할을 했다고 단언한다. 특기할 것은, 일본 정부가 이 작업을 주도했다는 것이다. 일본은 메이지유신을 단행하면서 정부 내에 번역국을 두고 서양 서적을 조직적으로 번역해온 것이다. 그 결과 메이지 초기에 이미 서양 고전이 대거 번역되었다. 1881년에 버크의 『프랑스혁명에 대한 고찰』이, 1883년에 홉스의 『리바이어던』과 몽테스키외의 『로마인 성쇠 원인론』이 번역되었다. 이 무렵 일본은 그야말로 번역의 홍수에 빠져 있었다. 오죽하면 『역서독법』(1883년)이라 하여, 엄청나게 쏟아지는 번역서들을 안내하는 책자가 따로 나올 정도였다(박상익, 2006: 27).[13]

해방 이후 과연 언제쯤에 우리가 일본이 1883년에 도달한 『역서독법』의 수준에 도달했는지는 반문하지 않을 수 없다. 루소의 경우

---

13) 『역서독법』은 야노 후미오(矢野文雄, 1850-1931)가 지은 책으로 1883년 호치샤라는 출판사에서 출간되었다.

만 살펴보자면, 한국에서 1960-1970년대에 그의 주요 작품이 대부분 번역되었고 일본에서는 그러한 작업이 1880-1890년대에 이미 끝났으므로, 한국과 일본 사이에는 시간적으로 근 80여 년의 격차가 존재한다고 할 수 있다.

해방 이후 한글로 최초로 번역된 루소의 작품은 『민약론 — 정치적 권리의 제 원칙』(1946)이었다. 이 작품을 번역한 성인기는 다음과 같이 역자의 머리말을 달고 있다.

> 온갖 지능을 모으고, 있는 힘을 다 바쳐서 건국 일로에 매진하고 있는 오늘날, 『정치적 권리의 제 원칙』을 논술하야 근대 정치학의 출발점이며 되게 한 쟌 짝크·루소(1712-1778)의 주저 Contrat Social 『민약론』을 번역 상재하는 것은 결코 도로가 아닐 것이다. …
> 역사적인 대전환기에 직면한 우리 조선! 아니, 민족만년의 대계를 세워야 할 우리 동포는 이 정치적 원칙을 술한 『민약론』에 힘입을 바 어찌 적다고 할 것인가. 다만 번역이 졸렬하여 원뜻을 그대로 전하지 못할 바 있음을 두려워하는 바로 대방의 질정을 빌어 완역이 되기를 기하는 바다. 지면 관계로 원서 중의 주를 약간 할애한 것이 있음을 부언한다. 단기 4279년 병술 대서일.

이 글에서 성인기는 해방이라는 역사적 대전환기를 맞아 건국 일로에 매진하고 있는 한국이 민족 만년의 대계를 세우기 위해서는 『민약론』의 도움을 받아야 할 것을 강조하고 있다. 성인기는 1955년 제5판을 중간하면서 자신이 사용한 원전에 대해 "불어를 잘 해득치 못하는 까닭에 영역, 일역을 주로 하고 불어에 능숙한 친구의 조력을 받아 이것을 번역"하였다고 밝혔다. 이를 고려해본다면 아마도 영역이나 일역에 의존해서 번역하는 것이 초기 번역 시대의 일반적인 특징이라고 할 수 있다. 성인기의 번역 의도가 건국의 과정에서 어느 정도 성과를 거두었는지 확인할 수 없으나 그의 의도는 국가 건설에 대한 원대한 포부를 담고 있다고 할 수 있다.

『인간 불평등 기원론』은 1956년 김영국에 의해서 최초로 번역되었다. 그는 대본으로 본(C. E. Vaughan)이 편집한 『루소의 정치 저서(The Political Writings of Jean Jacques Rousseau)』(Cambridge, 1915)를 사용했음을 머리말에서 밝히고 있다. 본이 편집한 책은 불어 원문을 담고 있다. 김영국의 번역본에서 하나 아쉬운 점은 번역자의 번역 의도나 배경에 대한 언급이 없다는 점이다. 이러한 점은 이후의 많은 번역자에게서도 발견되는 아쉬운 점이다.

『에밀』은 1960년 김봉수에 의해서 최초로 번역되었다. 그는 바버라 폭슬리(Barbara Foxley)의 영문 번역본을 대본으로 쓰고 있다고 하면서 루소의 학설 소개도 일본에서 간행된 철학 사전에 의거하고 있음을 밝히고 있다.

이 외에 앞의 1장에서 언급한 바와 같이 『참회록』은 이강록이, 『고독한 산책자의 몽상』은 방곤이, 『학문예술론』은 민병산과 박상규가 초역을 했다. 초기 번역 시기의 한 획을 긋는 ≪루소전집≫은 김붕구와 박은수의 공동 작업의 결과라고 할 수 있다. 총 8권으로 구성된 전집은 불어 원문을 대본으로 하였는데, 불문학자인 김붕구는 『고백』(제4-6권)을 박은수가 『에밀』과 『사회계약론』을 포함한 나머지 5권을 번역하였다. 이로써 영역이나 일역을 대본으로 한 중역 시대가 마감되었다고 할 수 있다.

2) 재번역과 처녀 번역의 시대(1979-현재)

1978년 이후 루소의 중요 작품에 대한 번역물이 많이 출판되었지만, 새롭게 초역된 작품은 별로 없었다. 기존 번역본이 개역되거나, 새로운 번역자들에 의해 위에서 거론된 루소의 동일 작품에 대한 현대적이고 참신한 번역본이 출판되었다. 새로운 번역자들은 대부분 불어를 전공하였으며, 불어판을 대본으로 삼았다. 여기서 그 목록을 일일이 열거할 수는 없지만,[14] 주요 (재)번역 작품은 초기 번역 시대와 마찬가지로 『사회계약론』, 『인간 불평등 기원론』, 『에밀』, 『고백록』, 『고독한 산책자의 몽상』 등이다.

2000년대에 들어와서 초역이 이루어진 작품이 생겼는데, 여기에 포함되는 작품으로 『인간 언어 기원론』(이봉인 역, 2001),[15] 『산에서 쓴 편지』(김중현 역, 2007), 『루소의 식물 사랑』(진형준 역, 2008), 『신 엘로이즈』(서익원 역, 2008), 『루소, 장 자크를 심판하다 — 대화』(진인혜 역, 2012)를 들 수 있다. 역자들은 모두 불어판을 직역했음을 밝히고 있다. 아래에서 몇몇 초역 작품의 성격을 간단히 살펴보기로 하자.

---

14) 인터넷으로 한국교육학술정보원(RISS) 자료를 검색하면 자세한 도서 정보를 얻을 수 있다. 2012년 6월 1일 현재 교보문고 홈페이지 검색창에 장자크 루소를 입력하면 60여 권의 번역서 목록이 검색된다. 이중에서 17권 정도가 『에밀』, 15권 정도가 『사회계약론』, 7권 정도가 『인간 불평등 기원론』, 6권 정도가 『고독한 산책자의 몽상』, 4권 정도가 『고백록』, 1권이 『신엘로이즈』로 확인된다. 여기서 '정도'라는 표현을 쓰는 이유는 『사회계약론』과 『인간 불평등 기원론』이 합본되는 경우도 있고, 『에밀』, 『고백록』, 『신엘로이즈』가 2권으로 분책되는 경우도 있기 때문이다. 같은 번역자의 책이 출판사를 달리하여 출간된 경우도 있다.

15) 비슷한 시기에 주경복·고봉만 공역으로 『언어 기원에 관한 시론』(책세상, 2002)이 출판되었다.

『산에서 쓴 편지』는 제네바 정부의 검찰총장인 트롱생(Tronchin)이 루소를 비난하기 위해 쓴 글인 『시골에서 쓴 편지』를 루소가 비판하기 위해 쓴 글이다. 이 글은 루소가 파리를 떠나 방랑 생활을 하던 시기인 1764년에 출판되었다.

　『루소의 식물 사랑』은 루소가 식물학에 얼마나 깊은 관심을 가졌는지를 잘 보여주고 있다. 이 책에 나오는 다음 문장은 그가 식물학에 심취한 동기를 잘 보여준다. "인간들을 선량하도록 만든 그분(신), 그 작품을 인간들이 괘씸하게도 타락시켜버린 그분의 경이로움에 의해 매일매일 감동을 받고 싶습니다. 숲과 산에 존재하는 저 나무들은 원래 그분의 손에서 나왔을 때의 상태를 그대로 지니고 있습니다. 제가 자연을 공부하고자 하는 것은 그 때문입니다."(루소, 2008: 129) 루소는 이 책에서 자연으로 돌아가려면 식물학을 공부할 필요가 있다고 하면서, 식물을 관찰하고 알아가는 과정을 교육 방법의 한 원형으로 제시하고 있다.

　『신엘로이즈』는 쥘리와 생프뢰의 연애와 사랑을 다룬 서간체 소설로서 낭만주의 문학의 효시로 평가받고 있는데, 이 소설을 통해 루소는 문필가로서의 명성을 확립할 수 있었다. 한편 이 책은 미국에서는 1997년에야 비로소 완역되었고, 국내에서는 2008년에 처음으로 완역되었는데, 이러한 사실은 루소에 대한 관심과 연구가 더한층 깊어지고 있음을 나타낸다고 하겠다.

　『루소, 장 자크를 심판하다 — 대화』는 루소가 자신의 선하고 순수한 영혼과 자신의 철학 체계를 정당화하기 위하여 쓴 작품으로, 그 내용은 두 작중 인물인 '루소'와 '프랑스인'의 대화로 이루어져 있다. 번역자 진인혜는 이 책이 "루소의 주요 저작들 중에서 가장 안 읽히고 연구되지 않은 작품으로, 최근까지 이 책을 읽은 대부분의 사람들은 주로 루소의 망상증에 대한 증거로 이 책에 관심을 보였다. 특히 우리나라에서는 이 책이 번역·소개되지 않은 탓에, 일반 독자들에게 거의 알려져 있지 않았다"(루소, 2012: 420)라고 지적하고 있다. 최근 프랑스에서는 이 책을 루소의 중요한 저서로 주목하면서 그 가치를 새롭게 평가하려는 시도가 이루어지고 있는데, 이 점을 고려한다면 이 책의 한국어 번역본이 출판된 것은 시의적절하다고 할 수 있다.

『루소, 장 자크를 심판하다』는 책세상 출판사에서 기획하고 있는 ≪루소전집≫의 제3권에 해당하지만, 기획 작품 중에서 제일 먼저 출판되었다.[16] 루소 탄생 300주년을 기념하고 루소에 대한 새로운 해석을 요구하는 시대적 상황에 부응하기 위해 ≪루소전집≫을 기획하였다고 하는데, 이 전집이 계획대로 출판되면, 한국에서 루소 연구는 새로운 전기를 맞이하게 될 것이며, 루소 수용사의 제8기가 열릴 것이다.

---

16) 책세상 ≪루소전집≫은 총 13권으로 구성되어 있다. 각 권에 수록될 루소의 작품은 다음과 같다. 1-2권: 『고백』. 3권: 『루소, 장 자크를 심판하다』. 4권: 『고독한 산책자의 몽상』, 『말제르브에게 보내는 편지 외』. 5-6권: 『신엘로이즈』. 7권: 『학문예술론』, 『인간 불평등 기원론』, 『그림에게 보내는 편지 외』. 8권: 『사회계약론』, 『코르시카헌법구상』, 『정치경제론』, 『생피에르 영구평화안 발췌』, 『생피에르 영구평화안 비판』. 9권: 『폴란드 정부론 외』. 10권: 『에밀』. 11권: 『보몽에게 보내는 편지』, 『도덕 서한』, 『프랑키에르에게 보내는 편지』. 12권: 『바랑 부인의 과수원 외』, 『마을의 점쟁이 외』, 『달랑베르에게 보내는 연극에 관한 편지』. 13권: 『언어 기원에 관한 시론』, 『프랑스 음악에 관한 편지 외』, 『식물학에 관한 편지 외』. 출판사는 2012년 연말까지 완간할 계획이었지만, 아직 완간하지 못했고, 2016년 11월 현재 출판된 책은 총 8권(1, 2, 3, 4, 5, 6, 8, 11권)이다.

참고 문헌

강매, 1921, 『자유의 신 루소』, 한성도서주식회사.
김도형, 1994, 『대한제국기의 정치사상연구』, 서울: 지식산업사.
김병철, 1975, 『한국근대번역문학사연구』, 서울: 을유문화사.
김병철, 1980, 『한국근대서양문학이입사연구』, 서울: 을유문화사.
김성권, 1982, 「루소의 이입과 영향에 관한 연구 — 개화기에서 1920년대까지를 중심으로」, 서강대학교 국어국문학과 석사 논문.
김학동, 1990, 『한국개화기시가연구』, 서울: 시문학사.
김학준, 2002, 『한말의 서양정치학 수용 연구 — 유길준·안국선·이승만을 중심으로』, 서울: 서울대학교 출판부.
김효전, 1996, 『서양 헌법 이론의 초기 수용』, 서울: 철학과 현실사.
김효전, 2000, 『근대한국의 국가사상 — 국권회복과 민권수호』, 서울: 철학과 현실사.
량치차오, 1908, 『음빙실자유서』, 전항기 역술, 탑인사.
량치차오, 1905, 『음빙실문집 상, 하』, 상해: 광지서국.
루소, 장 자크, 2008, 『루소의 식물 사랑』, 진형준 옮김, 서울: 살림.
루소, 장 자크, 2012, 『루소, 장 자크를 심판하다 — 대화』, 진인혜 옮김, 서울: 책세상.
묘향산인, 1920, 「근대주의의 제일인 루소 선생」, 『개벽』 1: 5.
박상익, 2006, 『번역은 반역인가』, 서울: 푸른역사.
박찬승, 1992, 『한국근대정치사상사연구: 민족주의 우파의 실력양성론』, 서울: 역사비평사.
이예안, 2011, 「개화기의 루소 『사회계약론』의 수용과 번역 — J. J. Rousseau *Du Contrat Social*에서 中江兆民, 『民約譯解』로 그리고 『황성신문』 「로사민약」으로」, 『일본문화연구』 제40집.
정용화, 2004, 『문명의 정치사상: 유길준과 근대한국』, 서울: 문학과 지성사.

3장 연구 현황과 책의 구성

김용민

1. 루소 탄생 300주년 이전의 연구 현황

나는 2004년 『루소의 정치철학』을 출판하면서, 단행본으로 발간된 루소에 관한 한국 학자의 연구 업적과 한국어로 번역된 외국의 연구 업적을 다음과 같이 정리한 바 있다. (1) 국내 학자 연구 업적: 안인희·정희숙·임현식, 『루소의 자연교육사상』(1992); 김수동, 『루소의 자연주의 교육사상』(1997); 문정자, 『루소의 누벨 엘로이즈 — 감각세계의 이미지들』(2002). (2) 번역 소개서: 게오르크 홀름스텐 지음, 한미희 옮김, 『루소』(1997); 로버트 워클러 지음, 이종인 옮김, 『루소』(2001); E. 캇시러 지음, 유철 옮김, 『루소, 칸트, 괴테』(1996).

2004년 이후 출판된 국내 업적과 중요한 외국 서적 번역물은 다음과 같이 정리할 수 있다. (1) 국내 학자 연구 업적: 이용철, 『루소: 분열된 영혼』(2006); 김영인, 『맹자와 루소의 인성론 비교』(2006); 임태평, 『루소와 칸트 교육에 관하여』(2008); 박호성 편역, 『루소 사상의 이해』(2009); 김상섭, 『현대인의 교사 루소 — 루소는 에밀을 어떻게 가르쳤는가』(2009); 김행선, 『루소의 생애와 사상』(2011). (2) 번역 소개서: 리오 담로시 지음, 이용철 옮김, 『루소 — 인간불평등의 발견자』(2011); 데이비드 에드먼즈·존 에이디노 지음, 임현경 옮김, 『루소의 개』(2011).

이용철이 지은 『루소: 분열된 영혼』은 『고백록』에 나타난 루소의 삶의 궤적을 따라 연대순으로 루소의 내면세계를 보여주고 분석하고 있다. 특히 30장에 이르는 소주제들은 일목요연하게 루소의 삶의 윤곽을 잘 묘사하고 있다. 김영인의 『맹자와 루소의 인성론 비교』는 루소만을 다루는 본격적인 연구라기보다는, 루소와 맹자의 윤리사상을 비교 사상적 차원에서 분석한 연구이다.[1] 임태평의 『루소와 칸트 교육에 관하여』는 루소의 자연주의 교육관을 소개하고, 칸트의 『교육학 강의』 등을 번역하여 같은 책에 싣고 있다. 김상섭은 『현대인의 교사 루소』에서 루소 사상에 대한 '해석학적 철학하기'를 시도하고 있는데, 이 시도는 루소 사상의 이해를 통해 우리 자신을 이해하는 것을 목적으로 하고 있다. 김행선의 『루소의 생애와 사상』은 그 참고 문헌이 잘 보여주고 있듯이 전문성이 있는 연구 업적이라기보다는 일반 독자를 대상으로 하는, 루소에 대한 종합적인 안내서이다. 박호성이 편역한 『루소 사상의 이해』는 저자의 독자적 연구 업적이 아니라, 저자가 루소를 연구하면서 중요하다고 판단했던 여러 외국 학자의 글을 모아서 번역한 것이다. 루소를 전문적으로 연구하는 학자들의 다양한 관점을 파악하는 데 큰 도움을 주는 편역서라고 할 수 있다.

이용철이 번역한 『루소 — 인간불평등의 발견자』는 루소의 파란

---

[1] 이 연구와 비슷한 맥락에서 이루어진 연구로 줄리앙(2009) 참조.

만장한 생애를 자세히 잘 보여주고 있다. 루소의 삶은 물론 그의 『고백록』을 읽으면 알 수 있다. 하지만 『고백록』을 제대로 이해하려면 루소를 둘러싸고 있는 배경을 잘 알아야 한다. 『고백록』에 등장하는 많은 인물에 대한 사전 지식이 없으면 루소가 말하는 맥락을 제대로 이해할 수 없다. 이러한 문제를 해결하려면 무엇보다 전기 작가의 도움이 필요한데, 이 번역본은 그러한 배경적 지식을 잘 전달해주고 있다.

『루소의 개』의 번역은 루소의 삶에 대한 학문적 혹은 대중적 관심이 계속되고 있음을 보여주는 하나의 증거이다. 루소는 1762년 파리 정부의 체포령을 피해서 프랑스를 탈출한 후 1767년 프랑스로 다시 돌아와 1770년 파리에 완전히 정착하기까지 방랑 생활을 계속하였고, 이 기간에 데이비드 흄의 초청을 받아 영국에서 1년 5개월 동안(1766. 1.-1767. 5.) 머문 적이 있는데, 『루소의 개』는 당시 프랑스와 영국의 위대한 철학자인 루소와 흄 사이에 갈등과 불화가 증폭되는 과정을 기술한 책으로, 루소와 흄 사이에 양립할 수 없는 기질, 성격, 사고방식의 차이가 존재하고 있음을 보여준다.

위에서 단행본을 중심으로 한국에서의 연구 현황을 살펴보았지만, 학술연구정보서비스(RISS)를 통해, 학위논문이나 학술지 논문을 검색해보면 루소에 관한 연구 실적이 근대 정치사상가인 마키아벨리, 홉스, 로크, 몽테스키외 등에 관한 실적보다 월등히 많다는 것을 확인할 수 있다.[2] 검색창에 루소를 입력해 조사해보면, 루소 관련 논문으로 1964-2012년 동안에 발표된 석사 학위논문은 총 187편에 이르며, 1976-2010년 동안에 발표된 박사 학위논문은 총 24편에 달함

---

[2] 물론 번역서의 수에서도 마찬가지이다. 번역서의 종류와 양을 볼 때, 한국에서 루소에 필적할 만큼 많은 독자를 확보하고 있는 서구 사상가는 없다고 할 수 있다.

을 확인할 수 있다. 석사 논문을 일일이 주제별로 분류할 수는 없지만, '루소, 에밀'을 입력하면 36편의 논문이, '루소, 사회계약론'을 입력하면 14편의 논문이 검색된다. 총 24편의 박사 학위논문을 정치, 교육, 문학, 기타의 4범주로 분류하여 구별하면 각각 6편, 13편, 4편, 1편의 논문을 확인할 수 있다. 그리고 석·박사 학위논문 수로 단순 분류하면 교육학 → 정치학 → 문학의 순으로 루소가 연구 대상이 되고 있음을 알 수 있다.

정치학 분야의 주요 학술지인 『한국정치학회보』와 『정치사상연구』에 발표된 루소에 관한 논문을 조사해보면 전자에서는 9편, 후자에서는 8편을 찾아볼 수 있는데, 이러한 논문 편수는 개별 정치사상가의 연구에서 가히 상위권에 해당하는 수준이라고 할 수 있다. 『한국정치학회보』에는 플라톤에 관한 논문이 9편, 마키아벨리에 관한 논문이 7편 게재되어 있는데, 루소에 관한 논문은 이들과 더불어 상위권을 형성하고 있다. 『정치사상연구』에는 플라톤에 관한 논문이 5편, 마키아벨리에 관한 논문이 5편 게재되어 있는데, 이러한 편수에 비하면 루소에 관한 논문 편수는 상대적으로 많다고 할 수 있다.

루소에 관한 국내 최초의 석사 학위논문은 김용구의 「J. J. Rousseau의 평화사상: 국가연합사상을 중심하여」(서울대학교, 1964)이며, 최초의 박사 학위논문은 이태일의 「루소의 정치사상: 평등주의적 참여 이론을 중심으로」(성균관대학교, 1976)이다. 『한국정치학회보』에 게재된 최초의 학술 논문은 김홍명의 「루소와 정치적 상상」(15집, 1981)과 임효선의 「근대적 국가개념과 정통성의 부재문제 — 루소의 비판을 중심으로」(15집, 1981)이다. 석사 학위논문은 1980년 이후에, 박사 학위논문은 1990년 이후에 계속해서 생산되었으며, 『한국정치학회보』에는 김홍명과 임효선의 논문에 이어 김용민의 「에밀에 나타난 새로운 인간상으로서의 민주적 인간」(27집 2호, 1994)과 박호성의 「루소의 자연개념」(27집 2호, 1994)이 게재되었다.

루소에 관한 학위논문이나 학술 논문을 검토해보면 1980년대에 들어서 비로소 연구가 진작되기 시작하였고, 1990년대 들어서 본격적인 연구가 진행되었음을 알 수 있다. 박사 학위를 취득한 본격적인 연구자들이 등장하면서 루소 작품의 재번역에 대한 기대가 커졌고, 이에 부응하여 2000년대 들어서는 불어학자 또는 루소 전공 학자에 의해서 불어 원전에 근거한 새로운 번역이 이루어졌다고 할 수 있다. 김중현, 이용철, 서익원과 같은 학자들은 루소 작품을 새롭게 번역하고 또한 초역하는 데서 선두 그룹을 형성하고 있다.[3] 앞에서 언급했듯이 ≪루소전집≫이 완간된다면 한국에서 루소 연구의 새로운 지평이 열릴 것으로 보인다.

2. 프랑스학회 주최 루소 탄생 300주년 기념 학술 대회 발표 논문 소개

머리말에서 언급했듯이 한국정치사상학회와 프랑스학회가 각각 루소 탄생 300주년을 기념하는 학회를 개최했다.[4] 다음 절에서 이 책의 구성과 관련해서 한국정치사상학회에서 발표된 논문을 소개하기로 하고, 여기에서는 프랑스학회에서 한국 학자가 발표한 논문을

---

3) 김중현은 『인간 불평등 기원론』, 『사회계약론』, 『에밀』, 『학문과 예술에 관하여』, 『산에서 쓴 편지』, 『고독한 산책자의 몽상』을 번역했으며, 책세상 ≪루소전집≫의 제11권에 「보퐁에게 보내는 편지」, 「도덕 서한」, 「프랑키에르에게 보내는 편지」를 번역해서 실었다. 이용철은 『에밀』과 『고백록』을 번역했다. 서익원은 『신 엘로이즈』를 초역했고, 『고백』을 번역했다.
4) 두 학회가 각각 주최한 학술 대회의 프로그램에 관해서는 부록 참조.

내 나름대로 요약해서 소개하기로 한다.

  이날 학술 대회에서 총 12편의 논문이 발표되었는데 4편은 외국 학자가, 8편은 한국 학자가 발표하였다. 4명의 외국 학자의 발표문은 프랑스어로 써졌기 때문에 한국인 일반 독자에게는 가독성이 높지 않다고 판단되고 국내 업적이라고 볼 수 없기 때문에 여기 소개에서는 제외하였다. 학술 대회는 하나의 기획 발표 세션과 세 개의 분과 회의로 구성되어 총 네 세션이 운영되었다. 기획 발표 세션에서는 2명의 외국 학자와 1명의 국내 학자가 발표하였고, '루소와 문학'으로 명명된 제1분과에서는 3명의 국내 학자가, '루소와 사회'로 명명된 제2분과에서는 4명의 국내 학자가, '루소와 언어'로 명명된 제3분과에서는 2명의 외국 학자가 발표하였다.

  기획 발표 세션에서 이동렬은 "루소와 사회적 불평등의 문제"라는 제목으로 발표하였는데, 여기서 이동렬은 루소의 『인간 불평등 기원론』을 개략적으로 요약하면서 설명하고 있다. 이동렬은 『인간 불평등 기원론』을 루소의 사유가 위대한 체제의 성격을 띠면서 강력한 통일성으로 발전할 기미를 보이는 작품으로 평가한다. 이동렬은 『인간 불평등 기원론』에 루소의 위대한 사유가 나타나 있음에도 불구하고, 이 작품이 "일반적으로 널리 읽히지는 않는 것으로 보인다"라는 판단 아래 이 작품을 자세히 소개하고 있다. 이동렬의 소개와 설명은 평이해서, 자신의 말마따나 '평범한 독자의 기초적 시도'라고 할 수 있다. 그는 기초적 시도를 마무리하면서, 루소가 이 작품을 통해서 불평등이 한 시대, 한 정치체제에 국한된 특수 현상이 아니라 인류의 발생 기원에서부터 인간의 존재 양식과 연결된 보편적 문제라고 말하고 있다고 주장한다. 그는 결론적으로 불평등이 존속하는 한 『인간 불평등 기원론』은 문명과 사회에 대한 강렬한 비판적 기능을 수행하면서, 인간의 존재 양식에 대한 근원적 반성으로 우리를 이끄는 고전으로 남을 것이라는 관점을 제시한다.

제1분과인 '루소와 문학'에서는 이용철, 이봉지, 이충훈이 발표하였다. 이용철은 「루소: 공동의 자아(moi commun) 만들기」에서 자기 충족적인 '존재의 느낌(sentiment de l'existence)'을 향유하는 자연인이나 고독한 철학자가 어떻게 '공동 존재의 느낌(sentiment de l'existence commun)'을 갖는 공동의 자아로 변해갈 수 있는지 그 가능성의 양태를 모색하고 있다. 그 하나의 양태는 『사회계약론』에서 제시되는 시민이 되는 것이다. 이용철에 따르면, 사회계약을 통해서, "각자는 공동체에 자신을 양도하고 각자는 모든 사람의 인정을 통해 '공동의 자아'를 돌려받는다." 또 다른 양태는 루소의 바랑 부인과의 사랑에서 잘 나타나고 있듯이 애인, 친구, 또는 주위 사람들과의 '존재의 공유'를 통해 공동의 자아를 형성하는 것이다. 전자의 양태가 가능하기 위해서는 미덕이 필요하며, 후자의 양태가 가능하기 위해서는 '자기애'와 '동정심'의 상호작용이 필요하다. 이용철은 루소가 미덕을 통해 이루어지는 공동의 자아를 지향하다가 점차 자기애와 동정심을 통한 공동의 자아로 방향을 바꾸고 있음을 지적하면서, 루소가 글쓰기를 통해서 꿈꿔왔던 것은 바로 후자의 공동의 자아였다고 주장한다.

이봉지는 「루소의 반여성주의: 소피의 교육을 중심으로」에서 루소가 성차별주의자라는 사실을 부각시키면서 루소의 여성관을 신랄하게 비판하고 있다. 이봉지는 오늘날 루소가 성차별주의자라는 사실은 기정사실로 받아들여지고 있다는 판단 아래, 루소의 여성주의자적인 측면은 별로 언급하지 않고, 다시 말해 찬성과 반대의 양 측면(pros and cons)에서 논의하지 않고, 오로지 반대의 측면에서 루소의 여성 교육에 내재하는 반여성주의적 전제들을 드러내고 있다. 이봉지의 루소에 대한 비판은 아주 강력해서 "만약 청소년들이 이 책

『에밀』의 제5권을 아무런 사전 준비나 비판적 해제 없이 읽는다면 이는 그들의 양성평등 교육에 상당한 해악을 끼칠 것이다"라며 심각한 염려를 표명하고 있다. 이봉지는 루소의 여성관 및 여성 교육의 기본 원칙이 남성에 대한 여성의 종속성에 근거하는 것으로 파악하며, 루소의 반여성주의의 핵심은 그가 여성에게 불공평한 사회, 즉 남성에 대한 여성의 종속을 전제로 하는 가부장적 가족에 기초한 사회를 이상적 공동체로 상정한 데 있다고 보고 있다. 이봉지는 서구 사상사에서 막강한 영향력을 행사한 루소가 제시한 반동적 여성상에서 해방되기 위해서 여성들이 힘겨운 투쟁을 벌여왔으며 아직도 그 투쟁이 계속되고 있음을 비판적 어조로 강조한다.

이충훈은 「루소와 기호」에서 기호로서의 악보와 언어가 가지는 의미가 무엇인가를 천착하고 있다. 악보, 문자, 언어는 기호의 일종이다. 기호란 사물 자체가 아니라 사물에 대한 대리물을 제시하여 (représenter) 의사소통을 하는 방식이다. 루소는 「악보 기호 개혁안」에서 오선지에 음의 높낮이만 시각화하는 음악 표기법에 근본적인 문제가 있음을 제기하면서, 계명을 1, 2, 3, 4, 5, 6, 7과 같이 숫자로 대체하여 기록하고 조성 역시 숫자로 앞에 적는 방법을 제안하였다. 그는 전통적인 표기법은 그 기호 자체가 불완전하고, 대리물의 역할을 제대로 수행하지 못하고 있다고 지적한다. 루소는 『인간 불평등 기원론』과 『언어 기원론』에서 기호의 한 형태로서 언어가 어떻게 기원하고 발전해왔는지를 설명한다. 여기서 이충훈은 언어 자체가 인간의 감정과 생각을 전달하는 데 적합하지 않음을 지적하면서, 이렇듯 결함이 많은 언어가 사용된다는 것은 공동 사용을 강제하는 강력한 정치권력이 전제되어 있다는 것을 보여준다고 주장한다. 루소는 『고백록』, 『대화』, 『몽상』에서 문자라는 기호를 통해 자기 자신을 재현하고자 하고 있는데, 이충훈은 루소가 자신의 모습을 자연 그대로 재현하기 위하여, 제도적 기호가 아닌 자연적 기호를 사용하고 있으며, 이 자연적 기호는 루소 스스로가 기호가 되는 것이었다고 해석하고 있다. 이충훈은 루소의 기호를 이해하지 못하는 사람들에게 루소의 자화상은 영원한 침묵으로 남을 것이라고 글을 마무리하고 있다.

제2분과인 '루소와 사회'에서는 홍광엽, 황성원, 박윤덕과 나를 포함한 4명의 학자가 발표하였는데, 나의 발표는 앞 1장의 글과 동일하므로 여기서는 생략하기로 한다. 홍광엽은 「루소 사상의 약소국 민족을 위한 고찰과 타르드와 데리다를 통한 포스트모던적 조명」이라는 긴 제목의 글을 발표하였는데, 그 글의 내용은 긴 제목과는 달리 상당히 소략하다고 할 수 있다. 홍광엽은 「코르시카 정부에 관한 구상」과 「폴란드 정부에 관한 구상」의 저술 배경과 내용에 대해 간략히 언급하면서, 이 두 작품은 약소국들이 독립하여 자결권을 얻기 위하여 사회계약에 입각한 헌법을 제정하고 공화국 체제를 세우는 일이 시대적 요구라고 본 루소의 관점과 연결되어 있음을 지적하고 있다. 아쉽게도 루소를 보는 타르드나 데리다의 관점은 제목과는 달리 별로 개진되지 못했다.

황성원은 "아동기의 발견자, 루소의 교육론"이라는 제목으로, 루소의 『에밀』에서 기술되고 있는 15세가 되기까지의 교육에 관해서 그 중요한 내용을 설명하고 있다. 황성원은 이 글을 통해 현대 교육의 사상적 토대를 만들어준 루소의 『에밀』을 다시 살펴봄으로써 한국 사회가 기본으로 돌아가 근본적으로 교육관과 교육 실천을 반성해볼 필요가 있다고 역설한다. 황성원은 루소가 우리 교육에 주는 현재적 의미를 세 가지로 정리하고 있다. 첫째, 루소의 교육론은 인간 본성을 다시 생각해볼 기회를 제공한다. 둘째, 루소의 교육론은 자연주의에 기초한 인성 교육의 필요성을 일깨우고 있다. 셋째, 루소의 교육론은 신체 교육과 감성 교육을 모두 향상시킬 수 있는 균형 있는 교육 계획의 필요성을 부각시킨다. 황성원은 『에밀』을 오늘의 교육 현실에서 학생들이 자연성을 지닌 바람직하고 건강한 인간으로 성장할 수 있도록 교육자들이 어떠한 노력을 할 것인가에 대한 해답을 주는 고전으로 파악하고 있다.

박윤덕은 「루소와 프랑스혁명 ―『사회계약론』의 역사적 역할과 한계」라는 글에서, 루소가 프랑스혁명에 미친 영향을 평가하고 있다. 박윤덕에 따르면, 프랑스혁명의 지적 기원에 관해서 메르시에(Louis-Sébastien Mercier)와 무니에(Jean-Joseph Mounier)의 입장이 대립되고 있다. 메르시에가 루소와 혁명 사이에는 친자 관계가 성립한다는 통념을 지지하면서 『사회계약론』이 혁명의 지렛대임을 인정하고 있다면, 이와는 대조적으로 무니에는 계몽사상과 루소가 없었더라도 혁명가들은 그들이 처한 상황에 대처하기 위해서 필요한 이념과 논변을 어디에서든 찾아냈을 것이라고 주장하고 있다. 이어서 박윤덕은 두 가지 대립되는 입장에서 주요 학자들의 견해를 살펴본다. 그는 텐(Hyppolite Taine)과 토크빌(Alexis de Tocqueville)을 계몽사상과 혁명을 직접 연결시키는 단선적인 인과론을 견지하는 학자로 해석하며, 모르네(Daniel Mornet)를 프랑스혁명을 야기하는 데 사상은 단지 부분적으로 작용했으며 루소가 직접적으로 혁명에 영향을 미친 것은 아니라는 주장을 전개한 학자로 제시하며, 바르니(Roger Barny)를 수정주의적 입장에서 모르네의 주장을 비판하면서 혁명에서 루소의 역할은 가변적이고 모순적이긴 하지만 그의 역할을 보다 적극적으로 평가할 것을 요구하는 학자로 제시한다. 박윤덕은 루소주의의 역사적 역할이 가변적이고 모순적일 수밖에 없는 이유가 『사회계약론』에 내재해 있다고 지적한다. 그는 바르니를 인용하면서, 루소의 『사회계약론』은 순전히 정치적인 차원에 머물러 있고, 계급투쟁을 논의하지 않기 때문에 프랑스혁명에 미친 영향력은 한계점을 지닐 수밖에 없었다고 주장한다.

3. 책의 구성

프랑스학회에서 발표된 논문들은 정치학자인 홍광엽과 김용민의 글을 제외한다면, 주로 비정치학자들이 루소의 사상에 접근하는 다양한 관점을 잘 보여주고 있다. 이러한 관점들에는 정치학자들이 제기하기 어려운 것들이 포함되어 있는데, 이것들은 정치학자들에게 신선한 자극을 주고 있다. 루소의 사상 체계는 상당히 포괄적이며, '움직이는 타깃(moving target)'이라고 흔히 평가받고 있다. 루소 사상이 움직이는 타깃이니만치, 그의 사상을 이해하기 위해서는 다양한 배경지식을 갖추고 있는 철학자, 정치학자, 문학가, 언어학자, 심리학자, 정신분석학자, 음악가, 식물학자 등의 전문적인 접근은 물론 다양한 전공학자 사이의 학제간 연구의 필요성이 제기된다.

이 책은 정치사상을 전공으로 하는 정치학자들이 루소를 보는 다양한 관점을 제시하는 것을 목적으로 삼고 있다. 총 4부로 구성되어 있으며, 제1부에서는 "루소 사상의 수용과 연구 현황"을 다루고, 제2부에서는 "루소와 정치사회", 제3부에서는 "루소와 여성", 제4부에서는 "루소와 비교 사상"이라는 제목 아래 오늘날의 한국 정치학자들이 300여 년 전에 탄생한 루소와의 대화를 시도하고 있다.

제1부에서는 "루소 사상의 수용과 연구 현황"이라는 제목 아래 김용민이 루소 사상이 한국에 수용되는 역사적 경로 및 한국에서의 루소에 대한 연구 현황에 관해 개괄적인 기술을 하고 있다. 김용민은

1장「루소 사상의 이입 과정과 시기 구분」에서 우선 루소 사상이 프랑스혁명의 이념적 횃불이었고, 근대 서구 정치 질서의 형성 과정에서 심대한 영향을 미쳤을 뿐만 아니라, 19세기 중엽 이후 서세동점의 시대에 국가적 위기에 봉착한 한국, 중국, 일본을 포함한 동아시아에서 새로운 정치 질서가 모색되는 과정에서도 동아시아의 지식인들에게 큰 영향력을 미쳤음을 지적하고 있다. 또한 김용민은 루소의 사상이 여타의 서양 근대 사상가의 사상보다도 동아시아에서 비교적 빨리 그리고 호의적으로 수용되기 시작했음을 거론하면서, 이런 빠른 수용의 중요한 이유로 루소의 정치사상이 프랑스혁명의 지적 원인으로 여겨졌다는 점과 아울러 인민주권과 민주주의라는 근본이념을 강력하게 표방하고 있다는 점을 제시하고 있다. 이어서 김용민은 루소 사상이 일본과 중국에 이입되는 과정에서 큰 역할을 한 나카에 초민(中江兆民, 1847-1901)과 량치차오(梁啓超, 1873-1929)를 다루면서, 이들이 루소 사상의 한국에의 이입에 끼친 영향과 그 이후의 수용 과정을 분석하고 있다. 분석의 편의를 위해 김용민은 루소 사상 수용의 역사를 크게 개화기를 포함하는 '초기 수용의 시대' (1895-1944)와 '해방 이후 후기 수용의 시대'(1945-현재)로 나눈 후, 초기 시대를 제1기 개화운동의 시기(1895-1904), 제2기 애국 계몽의 시기(1905-1910), 제3기 무단정치의 시기(1911-1919), 제4기 문화 운동의 시기(1920-1930), 제5기 문화적 공백기(1931-1944)로 세분하고, 후기 시대를 제6기 초기 번역의 시기(1945-1978), 제7기 재번역과 처녀 번역의 시기(1979-현재)로 세분하고 있다.

2장「루소 사상 수용의 역사 및 그 의의」에서 김용민은 1장에서 분류한 시기별로 루소 사상 수용의 역사적 배경과 수용의 내용, 루소의 작품이 번역되어온 경로와 그 의미를 살펴보고 있다. 총 일곱 시기로 나누고 있지만, 제3기인 무단정치의 시대와 제5기인 문화적 공백기는 눈에 두드러진 수용 현상이 없다는 이유로 구체적 서술 없이 간략한 소개로 대체되고 있다. 1절 초기 수용의 시대에서 다루는 세 시기 중에서 김용민은 신지식인층에 의해 루소 사상이 본격적으로 한국에 유입되었던 제4기인 '문화 운동의 시기'에 주목하면서, 묘향산인은 「근대주의의 제1인 루소 선생」이라는 글을 통해, 그리고 강매는 『자유의 신 루소』라는 짤막한 책을 통해 루소 사상을 보급하는 데 기여했다고 강조하고 있다. 초기 수용 시대의 전반적인 특징으로, 루소 사상이 한국인의 선택에 따라 자율적으로 수용된 것이 아니라 주로 일본의 손을 거쳐 타율적으로 수용되었기에 그 수용의 과정은 처음부터 굴절될 운명에 처해 있었다는 점이 지적되고 있다. 2절 후기 수용의 시대에서는 해방 이후 루소 사상이 한국인에 의해 자율적으로 수용되는 과정이 기술되고 있다. 김용민은 해방이 우리의 안목에서 서구의 사상과 문물을 선택해서 직접 수용할 수 있는 계기를 제공했으며 우리에게 '초기 번역의 시기'를 열게 했고, 이러한 숙성의 단계를 거쳐 우리는 현재 '재번역과 처녀 번역의 시기'에 도달해 있다고 보고 있다. '초기 번역의 시기'는 1978년 성문각에서 간행한 ≪루소전집≫의 출판으로 마무리된다. 1980년대부터 루소의 불어 원본 작품의 직역과 루소 사상에 대한 연구가 증가하기 시작했는데, 이때부터 현재에 이르기까지가 명실공히 우리 한국인의 안목에서 루소 사상을 직접 맞대면한 시기라고 김용민은 주장하면서, 책세상에서 기획하고 있는 ≪루소전집≫이 완간된다면 루소 연구에 새로운 지평이 열릴 것으로 기대하고 있다.

3장 「연구 현황과 책의 구성」에서 김용민은 첫째, 루소에 관한 국내의 석·박사 논문, 국내 학자의 연구 업적, 국내 학자에 의해서 번역된 외국 학자의 연구 업적 등을 정리하고, 둘째, 최근의 연구 현황을 보여준다는 의미에서 프랑스학회가 루소 탄생 300주년을 맞이하여 개최한 기념 학술 대회에서 발표된 논문을 소개하고, 끝으로 한국정치사상학회가 루소 탄생 300주년을 맞이하여 개최한 기념 학술 대회에서 발표된 논문을 주축으로 하여 구성된 이 책의 내용을 각 장별로 소개하고 있다. 김용민은 구태여 프랑스학회 발표 논문들을 소개하는 이유로 우선 이 논문들이 루소에 관한 국내 학자들의 최근의 업적이라는 점, 둘째로 이 논문들이 정치학자들이 결여하고 있는 비정치적인 관점에서, 즉 언어나 문학의 관점에서 루소 사상에 다양하게 접근해가는 모습을 보여주고 있다는 점을 제시하고 있다. 이런 맥락에서 김용민은 움직이는 타깃으로서의 루소 사상에 관한 학제 간 연구의 필요성을 강조하고 있다.

제2부에는 "루소와 정치사회"라는 큰 제목 아래 임금희, 오수웅, 최일성의 글이 실려 있다. 임금희는 4장 「루소의 정치사회에서 언어의 역할」에서 루소 자신이 비중 있게 다루고 있는 인간 언어의 특성에 새롭게 주목하면서, 언어와 정치 질서의 관계를 고찰하고 있다. 임금희는 정치사상 분야에서 루소의 사상은 언제나 중요한 연구 대상이 되고 있지만, 그의 정치사상에서 언어가 차지하고 있는 역할에 대해서는 거의 논의되지 않거나 크게 주목되지 않았다는 점을 지적하면서, 루소에게서 언어는 인간성의 역사적 전개 과정의 궤적을 보여주는 중요한 특질로서 인간의 내적 본성을 구체적으로 보여준다고 주장한다. 루소에 따르면, 언어는 인간의 고유한 능력인 이성과 감성을 경험적인 형태 속에서 드러나게 만들며, 이성 언어와 감성 언어는 정치 질서가 인간성의 조화로운 실현에 토대를 두기 위하여 확보해야 할 조건들을 제시한다. 임금희는 루소의 이성 언어와 감성 언어는 서로가 대신할 수 없는 고유한 역할을 통해 서로를 보완하는 관계에 있음을 주장하면서, 일반의지가 지배하는 정당한 정치 질서는 언어 발달에 매개된 이성 능력에 의존하며, 이성적 논증의 힘이

미칠 수 없는 영역에서 감성 언어는 정치 질서의 존속을 가능하게 하는 공감적 유대를 형성함으로써 이성의 결함을 메우고 있음을 보여주고 있다.

오수웅은 5장 「루소의 시민사회와 인권 실현」에서 루소의 사상을 중심으로 시민사회 속에서의 인권(droit naturel et civil), 시민사회(société civile)의 개념을 정의하고, 인권이 시민사회를 통해 실현되는 경로를 논리적으로 증명하고 있다. 오수웅에 따르면, 루소에게 있어서 자연권은 자기 보존을 위한 '자연적 필요들을 충족시킬 수 있는 영혼의 능력'이며, 자연권은 사회계약에 의해, '자신의 자연적·사회적 필요를 충족시킬 수 있는 사회적 능력'인 시민권으로 전환된다. 이처럼 루소에게 있어서 인간 영혼의 능력으로서 인권은 자연권과 시민권을 포함한다. 오수웅은 이같이 정의된 인권의 개념을 가지고 인권이 시민사회와 국가에 대하여 가지는 관계와 실현 양태를 드러내고 또한 사회계약과 참여의 의미를 밝히고 있다. 오수웅은 이 글을 통해 루소에게 있어서 인권, 시민사회 그리고 국가는 사회계약에 의해 연계되고 있으며, 각 개인이 시민사회를 통해서 자신의 인권을 실현하려는 행위는 '공적 영역에서의 활동과 토론' 그리고 '사적 이익과 공적 이익의 조화'라는 의미의 참여와 같으며, 여기에서 인권과 민주주의 간의 이상적인 관계가 발견될 수 있다는 주장을 전개하고 있다.

최일성은 6장 「루소의 공화국 이론 비판」에서, 프랑스혁명을 공포정치로 치닫게 만든 루소 이론에 대한, 19세기 사상가 이폴리트 텐의 비판을 다루고 있다. 국가는 난폭해지고 혁명은 전제주의로 회귀했다는 텐의 관점은, 자코뱅의 공포정치에서 볼 수 있듯이, 왜 자유롭고 평등한 개인들에 근거를 둔 공화국이 억압의 주체로 등장했는가에 대한 논쟁의 연장선상에 있다. 텐은 루소의 사상이 공화국 내부의 제 사회 영역들 — 사적 관계 — 에 대한 해체를 정당화함으로써 국가가 난폭해지지 않을 수 없었다고 진단한다. 다시 말해 루소는 국가에게 '일반의지'의 구현체라는 절대적인 위상을 부여함으로써 혁명이 나폴레옹의 등장과 같은 전제정치로 회귀하는 것을 예방하지 못했다는 것이다. 텐을 비롯한 제3공화국 건설가들은 혁명적 변화의 역사 과정에서 가족과 사회를 부당하게 희생하며 국가에게 부여한 지나친 특권 속에서 공화국 실패의 원인을 찾았다. 다시 말해 사회계약이 사회적 연대의 한 표현임에도 불구하고 루소는 그 계약 자체를 사회 구성의 절대 원리 — 일반의지 — 로 추상화함으로써 함께 공존해야 했던 다른 사회적 연대들을 파괴하고 제거했다는 것이다.

제3부에는 "루소와 여성"이라는 큰 제목 아래 김용민, 박의경, 조희원의 글이 실려 있다. 루소의『에밀』에 나타난 여성관을 중심으로 필자들의 논의가 진행되고 있으므로, 논의의 상관성이 상당히 높다고 할 수 있다. 이 세 필자들이 보여주는 루소의 여성관에 대한 관점은 앞의 2절에서 논의된 바 있는 이봉지의 입장과 비교해보면 보다 분명히 드러날 수 있다.

김용민은 7장「메리 울스턴크래프트의 페미니즘 재조명」에서『에밀』에 나타난 루소의 여성관을 조목조목 비판하고 있는 울스턴크래프트의 관점을 그녀의 저서『여성의 권리 옹호』를 중심으로 살펴보고 있다. 근대 최초의 페미니스트라고 할 수 있는 울스턴크래프트는 루소가『에밀』에서 이상적인 여인상으로 제시하고 있는 소피(Sophie)에게서 계몽된 인간이 보편적으로 지녀야 할 "이성, 덕성, 지식"이 결여되어 있음을 강렬하게 비판하면서, 새로운 교육을 통해 에밀과 같이 이성, 덕성, 지식에 근거한 독립성을 지닌 여성을 형성해야 함을 열정적으로 주장한다. 울스턴크래프트는 인간이 지닌 모든 감정과 감수성을 이성의 힘으로써 통제할 수 있다고 믿었는데, 그녀의 철학적 관점에서 볼 때, 인생의 동반자이자 부인인 테레즈를 무시하고 혼자 성적인 상상력의 세계에 도취했던 고독한 철학자인 루소와, 이성에 의한 통제를 받지 않는 감수성이 아직 많이 남아 있다고 판단되는 소피는 적개심의 대상이자 극복할 대상으로 나타나게 된다. 김용민은 이 글에서 루소의 여성관에 대한 울스턴크래프트의 열정적이고 수사학적인 비판은 냉정하고 철학적인 관점에서 재검토되고 재조명될 필요성이 있음을 강조하고 있다. 만약 루소의 『에밀』이 없었더라면 울스턴크래프트의 『여성의 권리 옹호』는 존재하지 않았을 것이므로 울스턴크래프트는 루소에 크게 빚지고 있음을 부인할 수 없다는 관점이 제시된다. 울스턴크래프트는 교육을 통하여 '여성적 풍습에 있어서의 혁명(Revolution in female manners)'을 이룰 수 있다고 생각했는데, 김용민은 이러한 교육의 내용은 『여성의 권리 옹호』를 루소적 관점에서 비판적으로 성찰할 때 찾아질 수 있다고 주장한다.

박의경은 8장 「루소, 울스턴크래프트 그리고 여성 시민」에서, 인간의 자유와 평등을 주장하는 근대 사상가인 루소가 행한 여성에 대한 분석, 평가, 판단을 비판하는 한편, 프랑스혁명 정신을 격찬하는 근대 여성 사상가 울스턴크래프트가 주장한 여성이 지닌 가능성에 대한 논의를 '여성 시민' 개념을 중심으로 비교, 분석하고 있다. 박의경은 프랑스대혁명 이후 인간과 시민이 동일선상에 존재한다는 전제에서, 인간에서 여성이 배제되지 않으면서 시민에서 여성이 배제되어버린 이 역설적 상황을 근대사상의 왜곡으로 보면서, 이 왜곡을 바로잡기 위해서 시민 여성의 가능성에 대한 설명과 논쟁을 통해 여성을 시민에 합류시킬 필요성을 강조하고 있다. 그리고 그 가능성을 루소와 울스턴크래프트에게서 찾고 있다. 박의경에 따르면, 루소는 근대 기획 정신의 근저를 제시한 사상가로서 타락한 현실을 기반으로 하여 정치적 정당성 확보에 치중하면서 현실 사회의 지속 가능성을 위한 여성의 기능과 역량에 집중한다. 또한 울스턴크래프트는 프랑스혁명 정신의 전폭적 지지를 통해 루소의 현실적 구도에 맞는 여성의 역할 강조에 반대하여, 미래 사회를 위한 여성 시민의 가능성에 대해 전향적으로 살펴보고, 적극적으로 여성 시민의 필요성을 제시한다. 박의경은 이 두 근대 사상가의 여성관에 대한 연구를 통하여 여성 시민의 가능성과 새로운 미래 사회의 가치에 대해 논하고 있다.

조희원은 9장 「『에밀』을 통해 본 루소의 여성관」에서 일반적으로 가부장적 가족제도의 옹호자이며 남성 우월주의자라고 평가되고 있는 루소의 여성관을 재조명하고 있다. 조희원은 재조명 작업을 하기 위해 18세기 여성의 위상을 재검토하고, 『에밀』에 나타난 루소의 여성관을 성별 영역 분리와 남성과는 다른 여성 교육이라는 주장을 중심으로 분석하고 있다. 그녀의 분석 결과는 다음과 같이 요약될 수 있다. 첫째, 루소의 여성관은 여성에 대한 서양의 전통적인 가치관을 극복하지 못하였으며 여성을 남성에게 종속시키고 공적 영역의 참여를 인정하지 않는 편파적인 주장이라고 보는 시각이 지배적인 패러다임으로 존재해왔다. 둘째, 루소는 여성을 이성이 결핍된 부차적인 존재로 보던 계몽 시대의 패러다임 속에서 여성이 성(sex)에 있어서만 남성과 다를 뿐 종(species)에 있어서는 같은 인간이라고 규정하고 여성성의 강조와 여성 교육의 필요성을 주장하고 있다. 셋째, 루소는 여성과 남성은 상호 보완적인 존재임을 강조하고 여성 교육에 관한 논쟁의 불씨를 제공함으로써 페미니즘의 발달에 상당 부분 영향을 미쳤다고 평가된다. 이러한 분석 결과는 루소를 반여성주의자로 해석하는 이봉지의 관점과 대비된다. 이처럼 루소의 여성에 대한 관점도 '움직이는 타깃'의 성격을 지니고 있음을 확인할 수 있다.

제4부에는 "루소와 비교 사상"이란 큰 제목 아래 이상익, 공진성, 신충식, 박혁의 글이 실려 있다. 이상익은 동·서양 비교 사상의 관점에서 루소와 주자의 정치철학을 비교하고 있고, 공진성, 신충식, 박혁은 비교 서양 사상의 관점에서 각각 루소와 스피노자, 루소와 칸트, 루소와 아렌트를 비교하고 있다. 이러한 비교 사상적 접근은 루소 철학이 어떻게 내재적으로 심도 있게 해석될 수 있고, 또한 외연적으로 확장되어 해석될 수 있는지를 잘 보여주고 있다.

이상익은 10장 「루소와 주자의 정치철학」에서 루소의 정치철학과 주자의 정치철학 사이에 존재하는 공통점과 차이점을 분석하고 있다. 이상익은 우선 두 가지 공통점을 제시한다. 첫째, 그는 루소가 육체적 본능에서 도출된 의지를 특수 의지로, 도덕적 본성에서 도출된 의지를 일반의지로 규정하고, 바람직한 정치체의 토대를 일반의지에서 찾고 있다고 설명한 후, 이러한 루소의 이론을 주자의 인심도심론(人心道心論)·공론론(公論論)과 궤를 같이하는 것으로 해석하고 있다. 둘째, 이상익은 루소와 주자가 정치체 운영의 근본 덕목을 사랑이나 정의 어느 하나에서 찾지 않고, 사랑과 정의가 합치되는 지점에서 찾는다는 점에서 공통점을 지닌다고 주장한다. 그러나 이러한 공통점에도 불구하고, 이상익은 루소와 주자는 핵심적인 두 문제에 있어서 입장을 달리하고 있다고 주장한다. 정치체가 추구해야 할 공동선의 실질적 내용에 대해 루소는 인권을 강조하고 주자는 인륜을 강조했다는 점, 그리고 정치적 정당성의 궁극적 근거에 대해 루소는 양심을 내세웠고 주자는 천리(天理)를 내세웠다는 점에서 차이점이 존재한다는 것이다. 이러한 분석을 통해 이상익은 주자학적 관점에서 루소의 인권론은 '사람다운 삶'을 제대로 뒷받침하기 힘들고, 루소의 양심론은 '가치판단의 궁극적 근거'를 제대로 해명할 수 없다고 지적하면서, 루소의 정치철학을 비판적으로 극복할 필요성을 결론으로 제시한다.

공진성은 11장「루소, 스피노자, 그리고 시민 종교의 문제」에서 정치-종교 관계를 이해함에 있어 '시민 종교' 관념이 매우 중요하다는 관점에 입각해서, '시민 종교'라는 용어를 처음으로 사용한 루소와, 그 루소의 '시민 종교' 관념이 일정 부분 빚지고 있다고 여겨지는 스피노자의 관계에 대한 연구에 천착한다. 공진성에 따르면 시민 종교에 관한 스피노자와 루소의 생각은 종교개혁 이후에 형성된 유럽의 근대 국민국가 체계가 본질적으로 내포하고 있는 문제가 무엇인지를 보여주고 있는데, 그것은 개인에게 작용하는 정치적이거나 종교적인 구심적 사랑과 원심적 사랑 사이에서 바로 그 개인의 자유와 이익을 위해 필요한 정치 공동체가 어떻게 그 구성원의 사랑을 자기에게 향하게 할 수 있을 것이냐의 문제로 나타난다. 스피노자와 루소의 이성주의적인 시민 종교 기획은 한편으로는 기독교를 탈세속화하고 내면 종교화하지만, 다른 한편으로는 약해진 시민의 국가에 대한 사랑을 회복하기 위해 국가를 재종교화하는 것을 목적으로 한다. 공진성은 좋은 정치에 종교가 필요하다는 보편적 요구와, 그 종교가 관용적이어야 한다는 근대의 특수한 요구를 충족시키기 위해 스피노자와 루소는 모두 관용을 그 핵심 가치로 삼는 시민 종교, 불관용을 금지하는 시민 종교를 제안하고 있음을 밝히고 있다. 루소와 스피노자의 시민 종교는 '기독교의 정신'을 정치적 통합과 시민의 자유와 모순되지 않게 하기 위한 한 방편이었다는 것이 결론으로 제시된다.

신충식은 12장「공화제의 관점에서 본 루소와 칸트의 정치철학」

에서 칸트의 실천철학에서 루소의 중요성에 주목하면서, 칸트에게 도덕적 질서 이념이 어떻게 정치 영역에서 규범적인(prescriptive) 것이 되는지를 제시했던 철학자가 바로 루소임을 밝히고 있다. 루소는 윤리적 자유를 성취하기 위해 필수적인 것은 사회질서의 근본적인 변혁이며, 이 새로운 질서를 법의 지배가 이루어지는 공화주의 질서라고 주장하고 있다. 신충식에 따르면, 칸트는 루소의 주장을 내가 무엇을 하도록 명령하는 도덕법칙은 인간의 경험이나 신의 계시에 의해서 영향을 받지 않는 이성을 통해 입법되어야 한다는 의미로 해석하고 있다. 다시 말해 칸트는 루소의 자유 개념을 수용하면서 한편으로 도덕 세계의 공화제적 구조를 확립했고, 다른 한편으로 법의 지배가 이루어지는 정치 세계의 공화제를 확립했다는 것이다. 이러한 해석을 전제로 해서 신충식은 『영구평화론』을 중심으로 칸트의 공화제적 정치체제에 대한 구상을 살펴보고 있는데, 칸트에 따르면 공화정체란 국가의 형태라기보다는 통치 양식을 의미하고, 통치 양식은 국가가 자체의 통치권을 행사하는 양식을 의미한다. 칸트는 모든 국가가 공화정을 채택할 때 영속적인 평화를 이룰 수 있다고 주장한다. 신충식은 공화정의 원천이 되는 의지의 근본적인 자기 결정으로서 도덕법칙은 천국이나 지상이 아니라 바로 "인간 안에서(in man)" 발견된다는 점을 강조하면서 글을 맺는다.

박혁은 13장 「의지의 정치에서 의견의 정치로」에서, 서구 정치철학 전통에 대한 근본적인 비판을 하고 있는 아렌트의 입장을 확장시켜 루소의 정치 이론에 비판적으로 접근하고 있으며, 아렌트의 비판을 토대로 루소가 서구 정치철학 전통에서 지속적으로 드러나는 반정치적 요소들을 어떤 방식으로 공유하고 있는지를 들춰내고 있다. 박혁은 루소와 아렌트를 다음과 같이 대비시킨다. 루소는 일반의지를 정치의 구성적 원리로 제기함으로써 다원성과 그것을 토대로 한 정치적 행위를 불필요하게 만드는 '의지의 정치'를 역설하고 있다. 이와는 대조적으로 아렌트는 다원성이라는 인간의 조건에도 불구하고 공동의 세계에 관한 서로 다른 관점들과 의견들이 다양한 소통의 계기를 통해 공동의 행위와 권력의 토대를 이루는 것을 목표로 하는 '의견의 정치'를 제시한다. 박혁이 아렌트의 도움을 받아 수행하는 루소 비판의 요지는 의지의 존재는 반의지의 제압 혹은 극복을 의미하며, 그 결과 의지의 정치는 결국 다원성의 파괴로 끝이 난다는 점이다. 다시 말해 루소가 말하는 일반의지의 관철은 모든 개별적 의지의 마비를 의미하고 다원성의 사실을 부정하는 결과를 초래한다는 것이다. 박혁은 아렌트가 정치에서 다원성을 부활시킬 수 있는 방법을 찾아냈다는 점에서 서구 정치철학의 발전에 기여하고 있다고 지적하면서, 의지의 정치를 판단과 의견의 정치로 대체하려는 아렌트의 노력을 높게 평가하고 있다.

이 책은 위와 같은 구성을 통해 300여 년 전에 태어난 루소와의 대화를 시도하고 있다. 죽은 루소는 물론 대화를 할 수는 없지만, 그가 남긴 작품들은 그를 대신해서 후대 사람들과도 계속 대화를 시도하고 있는 것이다. 루소와 생생한 대화를 나누고 싶다면, 그것은 남겨진 우리의 몫이다. 우리가 학문적 관심이나 철학적 질문을 가지고 루소의 작품을 보다 꼼꼼하게 읽고 보다 깊게 사유하는 계기를 가질수록, 그의 목소리는 명료해지고 그와 풍부하고 충실한 '내적인 대화(internal dialogue)'를 나눌 수 있을 것이다. '루소의 세계(Rousseau's world)'는 우리에게 대화를 요청하고 있다. 앞에서 기술한 연구 현황에도 잘 나타나 있듯이 한국에서도 많은 학자가 그러한 요청에 응해서 각자 나름대로 루소와의 대화를 풀어가고 있다. 김용민의 루소 수용사에 관한 연구가 잘 보여주고 있듯이, 루소 사상은 한국의 정치, 교육, 문학, 문화, 예술 등의 제 분야에 아주 깊게 체화되어 있으며, 루소와의 대화 수준은 서구 중심적 시각을 벗어나 독자적으로 대화를 시도할 수 있는 단계에 이르렀다. 이 책은 바로 한국 학자가 주체적으로 대화를 풀어낼 수 있는 가능성을 잘 보여주고 있다. 루소 탄생 300주년을 기념하기 위하여 출판되는 이 책은 루소의 세계와 대화하려는 학문적 노력을 보여주는 준거 자료일 뿐만 아니라 지속적으로 학문적 노력을 진작시키는 중대한 계기를 제공할 것이다. 앞으로 1세기 후에 맞게 될 루소 탄생 400주년이 과연 어떤 의미를 가지게 될지, 또한 1세기 후의 독자가 이 책을 과연 어떻게 평가할지 궁금한 마음을 금할 수 없다.

참고 문헌

김상섭, 2009,『현대인의 교사 루소 — 루소는 에밀을 어떻게 가르쳤는가』, 서울: 학지사.
김수동, 1997,『루소의 자연주의 교육사상』, 서울: 문음사.
김영인, 2006,『맹자와 루소의 인성론 비교』, 서울: 한국학술정보.
김용민, 2004,『루소의 정치철학』, 경기: 인간사랑.
김행선, 2011,『루소의 생애와 사상』, 서울: 노란숲.
담로시, 리오, 2011,『루소 — 인간불평등의 발견자』, 이용철 옮김, 서울: 교양인.
문정자, 2002,『루소의 누벨 엘로이지 — 감각세계의 이미지들』, 서울: 만남.
박호성 편역, 2009,『루소 사상의 이해』, 경기: 인간사랑.
안인희·정희숙·임현식, 1992,『루소의 자연교육사상』, 서울: 이화여자대학교 출판부.
에드먼즈, 데이비드·존 에이디노, 2011,『루소의 개』, 임현경 옮김, 서울: 난장.
워클러, 로버트, 2001,『루소』, 이종인 옮김, 서울: 시공사.

이용철, 2006, 『루소: 분열된 영혼』, 서울: 태학사.

임태평, 2008, 『루소와 칸트 교육에 관하여』, 서울: 과학교육사.

줄리앙, 프랑수아, 2009, 『맹자와 계몽철학자의 대화: 루소, 칸트』, 허경 옮김, 서울: 한울아카데미.

카시러, 에른스트, 1996, 『루소, 칸트, 괴테』, 유철 옮김, 서울: 서광사.

홀름스텐, 게오르크, 1997, 『루소』, 한미희 옮김, 서울: 한길사.

제2부

루소와 정치사회

4장 루소의 정치사회에서 언어의 역할

임금희

1. 루소 정치사상의 재조명: 인간 본성과 언어

이 글은 루소(J. J. Rousseau, 1712-1778)의 사상에 등장하는 언어와 상징에 대한 논의들을 중심으로 루소 정치사상의 특징적 면모와 통찰을 재조명해보려 한다. 루소는 인간 본성에 관한 사유를 제시하면서 인간 언어의 고유한 특질에 대한 폭넓은 인식을 보여주었고, 특히 정치 질서 형성의 핵심적 요건들과 관련하여 언어능력을 중요한 비중으로 언급하고 있다.

루소 사상에서 언어 문제는 『언어 기원에 관한 시론』(Rousseau, 2008)과 『인간 불평등 기원론』(Rousseau, 1958)에서 명시적으로 다뤄지고 있고, 그 밖의 저술들 전반에서도 언급되고 있다. 위 두 저술에서 루소가 중시한 것은 언어의 '기원과 발전'이라는 측면이었다. 이러한 접근은 18세기 전후 유럽에서 광범위하게 진행된 언어의 기원을 둘러싼 논쟁을 배경으로 하고 있는데, 이 논쟁은 근대 세계관의 정립 과정에서 중요한 기점을 이루는 것이었다. 17세기 이래로 전개된 물리학, 천문학, 생물학, 인류학적 발견들이 이끌었던 일련의 과학혁명의 영향 아래에서 인간과 자연에 대한 새로운 관계 및 인간의 세계 내적 지위를 새롭게 정립해야 했을 때[1] 주목된 것이 바로 언어 능력이었기 때문이다. 현대의 언어 이론들은 '이미 있는' 언어의 존재를 전제로 언어의 구조, 체계, 기능과 작용 등 다차원의 특질들을 해명하고자 한다. 반면 18세기 언어 기원론들은 인간성에서 언어 이전과 언어 이후를 상정함으로써 언어를 인간성의 전개 및 실현 과정을 밝혀줄 단서로 삼고 있었다. 그러므로 언어는 인간 외부의 독자적 실재로서 간주되기 보다는 인간의 고유한 정신 능력의 일환으로서 접근되었고, 인간이 지닌 이성 능력 및 감성 능력이 현실화되는 메커니즘을 보여줄 수 있는 주제가 되었다. 루소의 언어관 역시 이러한 당대의 사조와 맥락을 같이하지만, 특히 여기서 더 나아가 '말한다'라는 평범하고 일반적인 현상 속에서 인간의 사회성, 인간 능력의 발전 계기, 정신과 소통 수단의 관계, 언어능력과 정치 질서의 관계 등에 대한 사유를 끌어내고 있다는 점에서 정치사상적 함의는 매우 크다고 볼 수 있다.

  루소가 보는 현대 언어는 인간의 의도가 개입되어 이뤄진 장구하고 역사적인 생성 과정의 산물로서 인류사적 진화 과정과 동일한 발전 궤적을 지녔다. 직접적인 자연조건의 영향 아래서 발생한 자연언어가 정념을 전하는 초기 언어 단계를 거쳐, 보다 복잡한 합리적 표현들을 가능하게 하는 단계의 언어로 점진적으로 발달한 것이다. 따

---

[1] 16-17세기 이래의 자연과학적 성취들과 종교개혁 이래의 갈등 속에서 배태된 새로운 자연관은 종교, 정치, 예술, 학문을 새로이 구성하는 토대로서 18세기의 사고를 일반적으로 지배하는 하나의 경향으로 자리 잡게 된다(Willey, 1965: 2-3).

라서 루소의 관점에서 언어의 공시적 특성들은 역사적 계기들 속에서 작용한 인간적 힘들이 총체화된 형태라고 이해될 수 있다.

인간 언어는 복합적 체계를 이루고 있고, 체계 내 요소들은 상호 연관되어 있다. 따라서 개별적 자의성의 발로로 이뤄지는 활용이나 혁신의 하나하나는 체계에 영향을 줄 수 없고, 체계의 일반적 규칙과 조화되는 한에서만 지위를 부여받는다. 따라서 언어 체계를 변경시킬 권한이나 자유가 개개인에게 주어져 있지 않은 것이 사실이라 해도, 언어가 역사적으로 가변적 성격을 드러내왔다면 그러한 가변성의 원인은 인간의 정신 내적 변동 및 사회구조적 변동과 연관된 것으로 이해되어야 한다(메이예, 1997: 39). 언어의 생성 변화는 시간적 누적과 집합적 결과들로 나타나는 인간 종(種)의 역사에 결부되어 있고, 인간 능력의 잠재성과 한계를 이해하는 데 필요한 풍부한 함축을 담고 있음을 알 수 있다. 언어 문제에 접근하는 다양한 관점 중에서도 특히 '기원'과 '변화'라는 측면에서 언어를 이해한다는 것은 루소 사상의 특징적 성격이 반영된 것이기도 하다. 본문에서 상세히 다루게 될 내용이지만, 언어의 기원 문제를 통해 루소가 밝히고자 한 것은 소멸된 과거의 흔적 자체가 아니라, 흔적들로부터 현재에 이르는 변화의 역동성을 이끌고 있는 본질적 힘이기 때문이다. 그는 이 힘을 인간 능력의 실재성과 일반성으로 확립하여 제시하고자 한다. 루소의 사상에서 정치적 삶을 이끌고 구성하는 것은 바로 이러한 힘이 구체적으로 어떤 맥락에서, 어떤 역량으로 발휘되는가에 달려 있다.[2] 이처럼 언어를 '구조'가 아니라 능동적인 인간적 힘

---

2) 카시러(E. Cassirer)의 경우, 근대 철학사에서의 언어 문제를 다루면서 이러한 동적 언어관에 대한 사유를 비코(Z. Vico)의 『새로운 학문(Scienza nuova)』에서 비롯되는 것으로 소급한다. 비코의 경우 근원적 낱말들의 단음절 어근들이 순수한 감각 음운에 존재하는 정동(情動)의 직접적 표현이라고 주장하는데, 이러한 견해는

의 차원에서 주목할 때, 언어능력 및 언어적 실천은 정치 질서 형성에서 발휘되는 인간 능력의 구체적 모습을 나타내준다. 루소가 사회계약 이론을 통해 구상한 정의로운 정치 질서는 자연 상태의 제한성과 문명 상태의 타락성이라는 양자 모두에서 벗어나 모든 구성원의 자유가 실현되는 정치 공동체였다. 그는 이러한 정치 공동체가 수립되고 유지되기 위해서는 인간의 내부에 자리 잡은 능력인 이성과 감성이 조화롭게 발휘되어야 한다고 보았다. 이때 정치적 삶에서 이성과 감성이 작용하는 서로 다른 방식을 구체적으로 드러내주는 것이 언어이다. 이성은 논증과 성찰이라는 언어 실천으로 나타나고, 감성은 설득과 공감이라는 언어 실천으로 나타난다. 루소에게서 정치 공동체의 수립과 유지는 이 두 측면을 모두 필요로 한다.

아래에서는 먼저 『언어 기원에 관한 시론』과 『인간 불평등 기원론』에서 제시된 인간 언어의 발생과 발전 과정에 대한 루소의 논의를 검토하고, 이를 토대로 그가 『사회계약론』(Rousseau, 1958)에서 제시한 정치적 힘과 잠재성을 언어능력 차원에서 재규정해볼 것이다. 재규정은 두 측면에서 시도될 것이다. 하나는 시민의 정치적 결합 의지를 언어능력이 매개하고 있다는 점을 밝히는 것이고, 다른 하나는 정치적 결합에서는 언어능력이 이성 언어와 감성 언어라는 서로 구별되지만 또한 서로 보완적인 두 차원에서 발휘되어야 한다는 실천적 요청이 함축되어 있음을 밝히는 것이다. 이를 위해 『에밀』에서 제시된 이성과 감성의 관계에 대한 루소의 인식이 검토될 것이다.

"기이한" 인상을 줌에도 불구하고, 언어가 말하는 행위의 동학(Dynamik)으로 들어서고 있다는 점에서 단어의 발음과 의미 사이의 정적(靜的) 관계를 동적(動的) 관계로 대신하는 중대한 싹을 담고 있다는 것이 카시러의 평가이다(카시러, 2011: 178-185).

2. 언어의 기원과 발전

언어의 '기원'을 묻는다는 것은 언어가 '왜 있어야만 했는가'를 묻는 것이다. 루소에 따르면 언어는 동류 존재를 향해 의사를 전할 필요 때문에 생겨났고(Rousseau, 2008: 248), 인간이 필요로 하는 내용이 변화할 때 함께 변화했다(Rousseau, 2008: 298). 물론 동류 존재 사이의 소통은 동물에게서도 발견되는 현상이다. 그러나 소통의 내용이 '의도'와 관련된다는 것, 그리고 소통의 수단이 특정한 감각이나 본능에 의해 고착되어 있지 않고 선택적으로 사용된다는 것은 인간 언어와 동물 언어를 구별해줄 뿐 아니라, 인간의 언어 행위가 정신적 능동성을 함축하고 있음을 나타낸다. 인간이 특정 감각에 속박되지 않고 다양한 감각을 사용하며, 자신의 의도에 보다 더 부합되는 소통 수단을 추구한다는 점은 곧바로 언어의 변화, 발전을 야기하고, 인간 언어의 동태적 성격을 이룬다. 이로부터 인간 언어의 발전적 과정을 추론해볼 수 있고, 그 추론 과정은 언어의 총체적 특질 속에 담긴 구성적 요건들을 분석적으로 이해하도록 이끈다.

최초의 소통에서 수단이 되는 것은 감각이라고 할 수 있다. 최초의 몸짓, 소리를 통한 의사 전달은 시각이나 청각과 같은 감각 내용을 타인의 감각에 대응시키는 것이기 때문이다. 루소에게서 시각과 청각이라는 인간 감각 능력들 간의 차이는 언어가 역사적으로 진화, 발전하는 과정에서 서로 다른 언어 양식들이 출현하는 요인이 된다. 인간 언어의 첫 단계는 감각적으로 시각언어가 청각언어로 대체되는 변동, 즉 '몸짓'에 지나지 않던 것이 '말'이 되는 변동 속에서 마련되었다. 청각언어는 직접적으로 대상을 지시함으로써 곧바로 효과를 내는 데 적합했지만 거리가 멀어지면 볼 수 없었고, 전달의 즉각적 필요가 사라질 때 그 효과도 사라지는 것이었다. 그러나 청각언어느 거리가 떨어진 곳에서도 전달될 수 있었고, 주의를 기울여 경청할 때 연속적인 반응을 만들어내는 효과를 가지고 있었다(Rousseau, 2008: 250). 청각언어가 시각언어를 대체했다고 할 때, 그것은 이 시대의 인간이 두 언어를 두고 양자택일했다는 의미는 아닐 것이다. '가까이서 보는' 언어보다 '멀리까지 들리는' 언어가 선호되었다는 것은 인간의 소통이 일어나는 생활 범위가 확대되었다는 것을 의미할 것이며, '청각'이라는 연속적 주의 집중을 필요로 하는 감각이 더 중심적이 되었다는 것은 사람들이 이전보다 서로에게 더 의존할 필요가 있었다는 것을 뜻할 수 있기 때문이다.

  루소가 이 변화에서 주목하는 것은 인간의 정신에 일어난 변화이다. 본능적 욕구가 언어의 자연적 발생을 가져왔다면, 그러한 본능 해소와 직접 관련은 없으나 내적인 정념을 표현할 필요가 생겨났을 때, '목소리'가 언어 기관으로서 발달을 시작했다는 것이다. 즉 "욕구는 첫 몸짓을 하게 만들었고, 정념은 첫 목소리를 내게 만들었다"(Rousseau, 2008: 252). 이어서 루소는 "말(parole)은 인간과 다른 동물을 구별해주고, 언어(langage)는 서로 다른 민족들을 구별"한다고 제시한다(Rousseau, 2008: 248).[3]

---

[3] 현대 언어학에서 '파롤-랑그(parole-langue)'는 '개인적 행위로서의 언어'-'언어 공동체에 공유된 관습적 규칙의 체계'라는 대비 속에서 이해된다. 그러나 루소의 '파롤'은 개별적 행위라는 특성보다는 '말하기(speech)'를 언어 일반이나 '쓰기(writing)'와 대조하는 맥락에서 사용되는 표현이며, '랑그'는 규범이 공유되는 언어공동체적 의미를 지칭하긴 하지만 동물 언어에도 사용되므로 반드시 관습적이라는 의미가 들어가는 것은 아니다. 루소는 랑그와 '랑가주(langage)'를 함께 사용한다. 『언어 기원에 관한 시론(Essai sur l'Origine des Langues)』이라는 제목에서 '언어'는 '랑그'였고, 위에 인용된 문장에서 '서로 다른 민족들을 구별하는 언어'는 '랑가주'이다. 루소가 '랑그'와 '랑가주'의 의미를 의식적으로 구별하면서 사용했는지를 추론할 만한 진술은 발견되지 않는다. 용례를 살펴보면 '랑가주'는 인간 언어를 가리킬 때만 사용하고 '랑그'는 인간 언어와 동물 언어(Rousseau,

'말하기'로 시작된 초기 언어는 인간이 문명의 전개 속에서 상황에 따라 새롭게 직면해왔던 여러 필요나 욕구가 언어를 변화시키기 이전의 원형적 특징 및 인간 정신의 최초의 상태에 대한 지식을 제공해주는 것이라는 의의가 있다. 루소는 무엇보다도 '말하기'가 '이치를 따지거나 추론하는 것'보다는 '느끼는 것'을 드러낼 필요에서 시작되었다는 것을 강조한다. 말하기 언어는 언어적 규칙들로 가득한 정련되고 짜임새 있는 언어가 아니라 투박하고 불규칙하지만 소리 면에서 풍부하고 표현 면에서는 묘사적·형상적이었기 때문에 '시인의 언어'였다고 할 수 있다(Rousseau, 2008: chap. 2). 그러나 이러한 시적(詩的) 언어의 성격은 문자가 확립되기 이전이라는 제약성이 초래한 불가피한 것이었다. 따라서 묘사적 풍부함은 시적 재능의 발로가 아니라 추상 언어를 발달시킬 문자가 없었던 데 따른 결과, 즉 경험에 밀착된 사고 패턴의 결과라는 점에서 의도의 산물이기보다는 역사적 필연이었기도 하다. 루소 역시 이후의 시간적 경과와 공간적 변이를 통해 이러한 초기 언어의 특성은 점차 사라지고 새로운 양상의 발전을 향하게 된다는 것을 설명하고 있다. 그 과정은 보다 정제되고 분절된 소리가 확립되고, 문법적 정교성과 표현의 정확성이 도입되는 과정이었으므로 언어적 차원에서는 '진화'의 과정이었다. 주목할 점은 루소가 이러한 과정을 단선적인 발전으로 간주하고 있지 않다는 점이다. 오히려 루소는 이 변화들을 초기 언어가 보여준

2008: chap. 1) 모두에 대해 쓸 뿐 아니라, 쓰기 언어(Rousseau, 2008: chap. 5), 관습 언어(Rousseau, 2008: chap. 1), 시인의 언어(Rousseau, 2008: chap. 2) 등과 같이 언어의 하위 유형을 지칭할 때 사용하고 있다. 참고로 소쉬르는 초기에는 '랑그'와 '랑가주'를 구별하지 않았지만 뒤에 '랑가주'를 언어활동이나 언어능력으로 간주하여 초개인적 규범인 '랑그'와 구별하기도 했다고 한다. 그러나 그 역시 뚜렷한 정의상의 구별은 제시하지 않았고 '랑가주=랑그+파롤'이라는 정의를 잠정적으로 제시했다고 한다(전정예, 2010: 78-80).

인간적 활력과 생동적 특질이 상실되어가는 과정으로서 바라본다.

루소의 관점에서 인간 언어에 초래된 가장 큰 변동은 말하기의 언어가 글쓰기의 언어로 변화했다는 사실에 있다. 이것은 단순히 말하기에 글쓰기가 추가된 것이 아니라, 인간 언어의 질적 성격을 바꾸어놓은 변화에 해당한다(Rousseau, 2008: 260). 즉 문자 없이 말하는 것으로 수행하는 언어 행위와 글쓰기가 중심이 되는 언어 행위는 성격이 전혀 다른 두 종류의 정신 작용의 반영일 수 있다는 것이다. 역사적으로 볼 때, 인간은 추론하기에 앞서 느끼는 존재였다. 루소는 서로의 느낌을 전하고 공유하는 데에는 말하기 언어로 충분하다고 본다. 따라서 글쓰기는 서로의 감정을 전하는 것에 우선성이 있는 것이 아니라, 그와는 다른 필요 때문에 생겨나고 발전하는 것인데 그것은 바로 '정확성'에 대한 필요이다.

문자 없이 말로만 이뤄진 언어는 감정의 변화무쌍함과 직접 결부되었지만 조음 규칙에 지배된 소리가 아니었으므로 음색, 음조, 음량과 리듬이 풍부했을 것이고, 표현은 항상 구체적인 상황 속에서 이뤄졌기 때문에 많은 의성어, 의태어, 동의어를 동반했을 것이라고 한다. 이 단계에서 언어는 인간들 간에 공감과 설득이 이루어지도록 했고, 이러한 언어 상황은 공공의 사안 역시 설득에 의존하게 만든다. 이에 따라 루소는 '말'이 중요했던 사회에서는 언변(eloquence)이 공권력을 대신했다고 말한다(Rousseau, 2008: 298). 그러나 글쓰기가 발전하면서 쓰기는 말하기를 대신하게 되고, 이때 쓰기는 거친 정념의 표출보다는 정확성을 중시하고, '감정'을 '개념'으로 대체하며 '마음'이 아닌 '이성'에 호소하는데, 말에서도 중요한 것은 억양이나 음색, 음량이 아니라 명확한 발음이었다(Rousseau, 2008: 256). 루소는 이 변화를 인간의 상호 관계에서 언어가 갖는 힘이 "희미해지고 식어버리는" 것이었다고 보고 있다.

『언어 기원에 관한 시론』에서 루소는 인간 언어가 '느끼는 것'을 표현하는 언어로부터 '추론하는' 언어로, '말하기'로부터 '글쓰기'로, 그리고 노래·시·이야기라는 세 요소가 통합되어 있던 선율적 언어였던·것이 세 요소가 각기 분리되어 독자적 방향으로 발달하는 변화를 노정한 것으로 제시한다. 루소는 이것이 순차적으로 진행된 역사적 변화였다고 보고 있으면서도, 이것을 일면적인 언어 진보가 아니라 상실과 쇠퇴가 동반된 과정으로 보고 있으며, '말하기'와 '쓰기'가 서로 대신할 수 없는 상이한 특질들을 구현하고 있다고 인식하고 있다. 따라서 루소에게 '말하기 언어'와 '쓰기 언어'의 관계는 '저급한 것'과 '진화된 것'의 관계이거나 통시적 단일성 속에 놓여 있는 선후 관계이기보다는 공시적인 요소들의 관계라고 볼 수 있다. 루소가 『언어 기원에 관한 시론』에서는 말하기와 쓰기의 관계를 명확히 하고 있지 않지만 여기서 제시한 '말하기'의 고유한 특질들이 『사회계약론』에서는 이성의 공백을 메꾸는 입법자의 언어가 구현해야 할 특질로서 재등장하고 있기 때문이다. 이 점은 다음 절에서 더 자세히 살펴보기로 한다. 우선 여기서는 '말하기'와 '쓰기'의 관계가 단지 '더 오래된 것'과 '나중에 등장한 것'이 아니라, 서로 다른 성격의 두 가지 정신 구조(mentality)를 나타내는 것임을 보여준 옹(W. Ong)의 연구를 소개함으로써 루소의 언어관을 뒷받침해보고자 한다.[4] 옹은 문자성(literacy)과 구술성(orality)에 대한 연구를 통해 '말하기'와 '쓰기'가 단지 두 가지의 표현 방식이 아니라, 성격이 다른 정신 구조의 반영이라고 설명한다. 서양 최고(最古)의 작품인 호메로스(Homeros)의 서사시들이 기억을 돕는 각운과 정형구로 이루어졌다는 패리(M. Parry)의 연구 결과가 확립되면서 기억에 의존해서 생각해야 했던 문

---

[4] 이하의 논의는 옹(1996: 1-4장)에 의존한 것이다.

자 이전 시대의 정신적 특성이 새롭게 인식되기 시작했다. 문자가 없는 구술 시대에는 정신 외부에 정신의 내용을 저장·보관할 수 없기 때문에 기억에 의존할 수밖에 없고, 생각의 내용과 표현은 그 생각이 발생하는 특수한 상황에 항상 결부되어 있다. 따라서 언어는 생생하고 묘사적이고 감정이입적이지만, 생각을 일으킨 구체적 상황 속에서만 생각이 재생되므로 반복적이고 다변적이며 생활세계에 밀착되어 있다.[5] 이러한 특성은 말의 사용을 언제나 생생한 것으로 만들지만 기억의 한계를 넘는 지속적인 것, 반성적이고 보편적인 것에 대한 추상을 불가능하게 한다. 따라서 옹은 '말하기'는 결국은 '쓰기'를 낳아야만 했다고 말한다. 옹의 연구에 따르면 구술 시대 언어의 생생함과 집합성은 문자 이전 시대라는 특정한 단계에서 필연적인 것이었으며, 공동체적 결속을 특징으로 하는 고대의 사회 성격에 비추어서도 필연적인 것이었다. 그러나 옹의 연구가 강조하려는 것은 '말하기' 또한 분명히 특정 단계에서 인간 정신의 보편적 작동 구조였으며, 문자 언어 단독으로는 인간 정신의 전체적 특성을 모두 구현할 수 없다는 점에서 구술성과 문자성은 서로를 보완해야 한다는 것이었다. 즉 '말하기'는 역사적으로 문자 확립 이전이라는 선행된 과거의 특성이고, 인간의 사고가 보다 '근원적이고 지속적인 것'

---

5) 루소도 호메로스가 문자를 알았는지 여부에 대한 의문을 제기하면서(Rousseau, 2008: chap. 6), 말하기의 정신 구조적 특성을 고대 세계의 구술성과 관련해 이해하려는 의도를 보여주고 있기도 하다. 구술 시대의 생각은 논증이 아닌 이야기 형태를 취했는데, 이야기는 기억을 돕기 위해 음보와 음률을 갖추어야 했고, 표현에 있어서는 구체적이고 묘사적이어야 했다는 것은 이 시대 사유의 '시적 특성'이 선택된 것이기보다는 불가피한 것이었음을 말해준다. 또한 많은 이야기를 기억해내고, 여기에 짜임새를 부여하며, 이를 악기와 함께 대중들 앞에서 생생한 연행(演行)으로 들려주는 기능을 담당한 존재가 음유시인이었다는 점에서 이 시대의 지식과 정신이 시적이고 음악적인 것이었다는 루소의 주장이 특이한 것만은 아니다.

에 대한 성찰로 진행됨에 따라 문자를 고안하고 발전시켜야 했을 때, 문자적 정신에 지배적 자리를 내어주어야 할 운명이었지만, '문자 언어' 역시 '말하는 언어'에 의해 발달한 정신을 토대로 발전을 본 것이고, 구술적 소통이 구현했던 직접성과 풍부함은 문자 언어가 결코 대신할 수 없는 것이다.

『언어 기원에 관한 시론』에서 루소는 언어가 노정한 변화에 대해 논하고 있지만 그러한 역사적 전환의 필연성에 대한 분석으로 나아가지는 않는다. 루소가 언어 변화를 초래한 인류사적 전개 과정을 논의하고 있는 곳은 『인간 불평등 기원론』이다. 여기서 그는 인간의 정신이 보편적이고 일반적인 것을 생각해내기 위해서는 '낱말'의 도움이 꼭 필요했음을 언급함으로써 문자 언어의 고정력에 힘입어 동일한 것에 대해 반성하게 하고, '지속적인 것'에 대한 사유로 나아가게 한 이성 능력의 발달이 문명 세계에서 도덕성을 실현하기 위한 전제라는 인식을 제시하고 있다. 따라서 『언어 기원에 관한 시론』에서 루소가 '말하기 언어'에 높은 가치를 부여하고 있다는 것이 반드시 문자 언어나 쓰기 언어의 가치를 부정하고 있음을 의미하는 것은 아니다. 루소의 '말하기 언어'에 대한 관점은 단순히 언어의 진화적 결과에 대한 부정이거나 상실된 시대에 대한 퇴영적 향수의 소산이라기보다는 원형적 언어 안에 내포되어 있던 언어적 잠재성을 재발견하는 것이었고, 이러한 재발견은 정신 능력의 다면성을 상기시켜 준다는 점에서 큰 의의를 지녔다고 할 수 있다.

언어의 시간적 변화와는 다른 축에서 언어 변이를 낳은 또 다른 요인은 공간적인 것이다. 루소에게서 공간성은 범위의 제약성에 관한 것이 아니라 일정 공간에 가해지는 풍토의 영향에 관한 것으로 고려된다. 공간적 변이에 관한 루소의 인식은 주어진 조건과의 상호작용 속에서 이뤄지는 공동체 형성과 언어 형성 사이의 불가분의 관계를 시사한다. 루소는 북방의 추운 지역과 남방의 따듯한 지역은 서로 다른 언어를 발전시키게 된다고 말한다(Rousseau, 2008: 267-280). 북방 언어와 남방 언어는 각각 '필요의 언어'와 '기쁨의 언어'라는 성격을 대변한다.[6] 추위와 같은 생존 환경의 혹독함은 협력의 필요를 불가피한 것으로 만들고 의사 전달 행위가 생존 필요의 다급함에 구속받기 때문에 언어가 명확성을 중시하는 방향으로 발전하게 된다는 것이다. 반면 생존 환경이 우호적인 곳에서는 협력의 필요성이 긴박하지 않으므로 사회 발생과 국가 발생 자체가 뒤늦을 뿐 아니라, 기쁨과 즐거움이 의사 전달의 계기가 되므로 언어도 지시성보다는 호소성이 강하고 느낌의 생생함이 넘치는 대신 지시 대상이나 의미는 모호할 수 있다고 한다.

북방 언어와 남방 언어에 관한 논의는 인간을 결합하게 하는 서로 다른 요소에 대한 제시라고 볼 수 있다. 인간을 결합하게 하는 요인은 서로에 대한 애착적 감성과 행복을 위한 협력도 있지만, 돕지 않고는 삶의 안정을 확보할 수 없기에 생존을 위해 피할 수 없는 협력도 있는 것이다. 루소는 이러한 차이를 자연 풍토에 기인하는 것으로 제시했기 때문에 인간의 노력과 책임을 물을 수 없는 불가피함으로 인식했을 수도 있다. 그러나 『인간 불평등 기원론』에서 루소는 초기 사회 형성의 대부분은 혼자 힘으로 극복할 수 없는 사태에 대한 공동 대처의 산물이며 공동의 힘으로 자연 제약을 극복하여 산업과 지식을 발전시켜가는 과정이 곧 인간성의 전개 과정임을 제시한다. 따라서 자연 제약적 요소는 항구적인 것이라고는 볼 수 없으며, 민족들의 지리적 고정성은 인간과 물자의 이동과 교류가 낳는 유동

---

6) 말해야 했던 최초의 내용이 북방 언어가 "도와주오(aidez-moi)"였다면, 남방 언어는 "사랑해주오(aimez-moi)"였다고 한다(Rousseau, 2008: 279).

성에 의해 크게 완화될 수 있다. 따라서 풍토와 관련된 루소의 논의는 뉘앙스에 드러난 그의 남방 언어에 대한 선호를 넘어, 언어와 국가 성격의 일반적 관계를 함축하고 있다. 즉 북방 언어와 남방 언어의 차이는 정치 공동체 형성의 계기를 이루는 대비적 요소들을 제시한다. 공동체적 결합이 발생할 때, 생존의 필요라는 측면이나 만족을 낳는 감성적 유쾌함이라는 측면 모두가 계기로 작용할 수 있으며, 이때 동료 인간의 존재가 위협적 대상으로 간주되는 경우와 호감의 대상으로 간주되는 경우가 모두 있을 수 있다는 것이다. 이러한 요소들은 유대가 모색되고 구축되어야 할 공간이 어떤 조건에 놓여 있는가, 이 공간에서 구체적으로 어떤 노력이 요구되는가라는 문제에 대한 합리적 모색의 출발점이 되어줄 수 있다. 루소는 '언어가 인민들의 특색과 풍속과 이해관계의 반영'이라는 뒤클로(Duclos)의 말을 인용함으로써(Rousseau, 2008: 299) 공동체적 결속의 형성과 유지에서 '언어'라는 요소가 고려되는 맥락을 확장하고 있다고 할 수 있다. 앞서 살펴본 루소의 설명은 언어가 단순히 주어지고 고정된 것으로서 도구적으로만 사용되는 것이 아니라, 정신적 역동성을 매개하고 표출하면서 그 자체도 변화·발전하는 것임을 보여주었다. 따라서 언어는 한편으로는 역사적으로 주어진 원초적 동질성이기도 하지만, 다른 한편으로는 언어 행위자의 선택 및 의지 능력을 현실화시키는 경험적 매개물이기도 한 것이다. 그러므로 공동체성의 정의 및 범위와 관련하여 언어적 동질성이나 이질성은 최종적 정의 또는 공동체 범위의 결정적 경계를 지시하는 것이 아니라, 공동체 형성의 출발점을 지시하는 요건이라고 이해되어야 할 것이다.

3. 정치 질서 형성에서 이성 언어와 감성 언어

루소에 따르면 인간은 '완성 가능성(perfectibility)'이라는 '자연성'에[7] 힘입어 스스로 자신을 완성시키는 존재인데, 이는 인간의 특성이 고착화된 속성 속에서가 아니라, 가변성 속에서, 즉 자유로운 존재의 '인간화' 과정 속에서 이해된다는 것을 의미한다. 언어는 이러한 인간성과 인간의 변화가 경험되고 현실화되는 과정에서 가시화된 표식을 제공한다. 루소의 정치 이론은 자기완성 능력에서 비롯된 문명의 부정성을 극복하고, 조화로운 완성을 실현하는 실천적 힘의 조직화에 대한 제시라고 할 수 있다. 아래에서는 이러한 실천적 힘의 발현을 언어능력이 어떻게 매개하고 구체화하는지에 대해 살펴보기로 한다. 정치적 실천에서 언어능력은 문명의 전개 과정에서 발달한 추리와 논증이라는 이성적 힘의 올바른 구현과 문명의 전개 과정에서 약화된 공감력이라는 감성적 힘의 재발견이라는 두 측면에서 구체화될 수 있다.

1) 시민의 일반의지 형성과 언어: 이성 언어와 논증

근대 정치사상에서 이성적 개인의 중요성은 언제나 강조되어왔고, 현대 정치과정에서도 이성 능력에 기반한 공적 의사 형성은 정치 실천의 핵심을 이룬다. 근대 사상가로서 루소 역시 일반 개인들을 '시민'이라는 정치 질서의 구성원 맥락에서 고려했다. 이때 시민

---

[7] 변화 가능성을 의미하는 완성 가능성(perfectibility)과 본능 및 충동을 충족시킬 때조차 의식적 선택행위라는 형태로 개입되는 자유의지(freewill)는 인간과 동물을 구별하는 본원적 특성으로서 자연인과 사회인 모두에게 보유되는 속성이다 (Rousseau, 1958: 170).

은 정치 질서 수립의 주체이자, '모두의 이익'을 의미하는 주권적 '일반의지'를 구성하고 이에 복종함으로써 공동체를 수립·유지하는 존재로 제시된다. 따라서 루소의 시민은 소유와 개별성이 강조되는 '부르주아'와 구별되는 '공민(citoyen)'으로서의 시민을 표상한다.[8] 루소는 근대의 이성적 개인의 정치적 잠재성을 『사회계약론』에 나타난 시민, 즉 자유로운 공동체적 질서 수립을 약속하고 수립된 질서를 유지하는 '공민'의 모습에서 찾는다. 그러나 『사회계약론』만으로는 루소가 근대 개인에게 '공민'이라는 사회적 위상을 부여할 때 담고자 했던 포괄적인 특질을 충분히 파악할 수 없다. '일반의지를 형성하는 공민'이라는 일면 단조로운 규정은 루소가 『인간 불평등 기원론』에서 제시한 타락한 정치사회 아래 있던 개인, 그리고 『에밀』에서 제시한 자연 경향에 따라 자신의 능력을 발달시키는 참된 개인 등을 통해 다각도로 제시된 근대 인간의 특질들과 결부지어 이해될 필요가 있다. 루소는 언어를 이러한 포괄적 인간 특질을 표출하는 요소로서 도처에서 언급하고 있다. 언어 논의를 통해 근대 개인의 일반적 특성을 재구성하는 것은 『사회계약론』에서 제시된 이성적 정치 질서에 대한 이해를 확장시키는 것이기도 하다.

    근대 정치에서 시민들의 자유로운 의사가 갖는 중요성과 그것의 언어 매개적 성격을 인식하고 있는 루소의 사유는 하버마스(J. Habermas)의 공론장(public sphere) 이론과 의사소통 행위(communicative action) 이론을 상기시킨다. 이 두 사상가는 공론 형성의 과정 및 언어가 수행하는 행위의 양상에 대한 사유에서는 큰 차이를 보이지

---

8) 루소는 인간들의 상호 관계가 존재하는 사회 상태에 살면서 자연 상태의 고립적 인간과 같은 단독적 삶을 고수하는 개인을 '부르주아(bourgeois)'라고 불렀다. 그에 따르면 부르주아는 참된 의미에서 '인간'도 '시민'도 될 수 없다(Rousseau, 1991: 40).

만 정치적 근대성을 이성, 언어, 공적 의사 형성의 관계 속에서 사유했다는 공통점이 있다. 그러므로 이들 사이의 일치와 이견을 잠시 살펴보는 것은 루소의 사상을 검토하는 단서가 된다. 하버마스는 『공론장의 구조 변동』을 통해 부르주아 공론장이 처음부터 정치적 공론장이 아니었으나, 궁정, 귀족, 사교계 문화와의 교류 속에서 학습된 교양들이 점차적으로 공동으로 수행하는 실천의 성격을 바꾸어간 것에 대해 설명하고 있다(하버마스, 2001). 루소의 관점에서 도시 중심의 사교 문화는 위선과 이익, 유행과 편견으로 가득 찬 것이었기에, 그 자체로는 공적 능력 형성의 기회로서 고려될 만한 것이 못 되었다. 그러므로 공적 이성과 덕성이 성숙될 수 있는 경로에 대해서 루소와 하버마스가 일치할 수 있다고는 보이지 않는다.[9] 그럼에도 문화적, 정치적으로 계몽된 일반 대중의 능력이 권력에 대한 정당성 요구와 참여 요구의 원천이 된다는 것은 루소에게도 이미 역사적 불가피성으로 인식된다는 점에서 두 사상가는 출발점을 공유한다.

그러나 하버마스는 윤리적 잠재성에 기반한 사회 통합력이 정치적 차원으로 '직접' 이전될 수 없다는 점에서 소통적 여론 형성과 의사 결정의 과정 자체가 핵심이 되지 않고는 민주주의를 말할 수 없다고 본다. 바로 이 점과 관련하여 하버마스는 『사회계약론』에서 제시된 루소의 '일반의지'가 "인간(homme)을 공민(citoyen)으로" 직접 전화시킴으로써 토론과 여론 형성을 봉쇄하는 것이며, 일반의지가 "논증보다는 심정적 합의"를 의미하게 되었음을 비판한다. 일반의지

---

9) 사교계의 덕성 없는 쾌락과 타인의 의견에 예속된 부르주아에 대한 비판은 『에밀』 전반에 걸쳐 이뤄지고 있는데, 이 저술에서 수행된 교육은 제자 에밀을 이러한 영향으로부터 차단된 자유롭고 독립적인 존재로 기르는 것이 목표였다.

는 입법자라는 '대변자'를 통해 "입증 없이 설득하는" 권위를 부르게 될 뿐 아니라 조작적 권력 행사를 초래한다는 위험마저 안고 있다는 것이다(하버마스, 2001: 187-191). 요컨대 루소의 국가는 시민들의 논증적 소통 이성의 역할이 부정되는 질서라는 것이다. 이러한 하버마스의 평가에 대해 루소 사상의 견지에서는 세 가지 반론을 제시할 수 있다. 먼저, 하버마스는 '입증 없는 설득'이라는 문제가 루소에게서 이성의 포기가 아니라 이성의 한계를 보완하는 감성 능력을 도입하는 문제로 고려되었다는 점을 이해하는 데 실패하고 있다. 『사회계약론』에서 루소가 언급한 '입증 없는 설득'은 루소가 『언어 기원에 관한 시론』에서 공권력 없이도 말을 통해 서로의 공감을 확보할 수 있었던 '말하기' 중심의 정념 언어 시대의 특성을 묘사할 때 언급했던 바로 그 구절과 동일한 것이다.[10] 따라서 루소가 입법자의 언어로 제시한 내용은 입증이 필요한 사안에 대해 입증을 회피하는 권위가 아니라, 이성에 호소하여 입증하는 것이 불가능할 때 감성에 호소함으로써 설득과 합의를 포기하지 않는 권위에 대한 주장으로 해석될 수 있다. 이 점은 다음 부분에서 상세히 논의할 감성 언어의 중심 내용이므로 다시 구체적으로 다룰 것이다.

두 번째 반론은 소통 및 논증의 성격에 대한 루소와 하버마스의 이해 내용의 차이와 관련된다. 상호 소통이라는 차원을 근대 위기 극복의 윤리적 계기로 인식하여 담론의 윤리학을 발전시킨 하버마스와 달리 루소는 토의라는 절차에 중심적 중요성을 부여하지 않았고, 언어적 실천을 '시민들 사이의' 상호 대화적 구조로 제시하지 않았다. 그러나 언어능력에 토대를 두고서 공적 의사 형성의 윤리적·

---

[10] "[최초의 언어는] 논증적 성격보다는 금언적 성격을 더 많이 띠고, 설득하지만 입증하지 않으며, 묘사하지만 추론하지 않는다."(Rousseau, 2008: 256. 강조는 인용자)

실천적 가능성을 주장하는 하버마스의 관점은 루소가 사유한 언어 능력의 본원적 중요성을 전제할 때 더욱 강화될 수 있다고 본다. 루소는 소통 행위에 앞서 소통의 필요에 대한 자각과 소통될 내용을 자기 언어로 정립해내는 내적 과정에 주목하고 있는데, 이러한 내적 과정은 대화적 소통 행위를 욕구하고, 의미 있게 만드는 전제가 되기 때문이다. 루소에 따르면 대화적 행위는 언어능력을 통해 표출할 수 있는 많은 양상 가운데 하나일 뿐이며, 타자를 향한 유대의 감정은 오직 타자와의 대화 행위에서만 만들어지는 것이 아니라, '양심의 목소리'와 '동료 인간에 대한 의무의 목소리'를 듣는 내면과의 대화를 통해(Rousseau, 1991: 289-290), 그리고 타인을 해치거나 지배하려는 욕망을 통제하는 이성 능력에 의해서도 만들어질 수 있다.

세 번째 반론은 루소의 '일반의지'가 하버마스가 생각한 것보다 훨씬 더 언어능력에 의존한다는 것이다. 하버마스는 언어 행위의 합리성에 대한 기준들을 고찰하면서 논증 능력에 입각한 비판과 개선 가능성을 제시한다(하버마스, 1995: 23-35). 이때 하버마스의 논증 능력은 상호 소통 행위 구조 내부에 있으므로 참여자를 향한 합의 지향적 행위의 일환으로서 고려된다. 그러나 두 번째 반론에서 지적되었듯이 루소는 언어능력을 상호 행위의 구조에서 사유하지 않았고 독백적 작용과 사회 상태의 상호작용 모두를 포함할 수 있는 포괄적 활동 능력 안에 두고 있다. 따라서 루소가 상호 행위에 대해 민감하게 주목하지 못했다는 점은 인정하더라도, 간과해서는 안 되는 것은 그가 논증과 추론이라는 언어 매개적 행위의 중요성에 대해 충분히 인식하고 있었고, 이러한 언어 의존성을 이성적 정치 주체의 중요한 측면으로 삼고 있었다는 점이다. 『사회계약론』에서 '일반의지'를 자기 의지로 지니는 각성된 개인은 『인간 불평등 기원론』에서 언어 체계에 힘입어 부정의한 사회에 대한 추론과 성찰의 능력을 발휘할 수 있었던 바로 그 개인이기 때문이다. 아래에서 이 측면을 상세히 살펴보고자 한다.

이성 능력에 대한 루소의 인식은 『사회계약론』의 잘 설계된 정의로운 정치사회뿐만 아니라 『인간 불평등 기원론』의 타락한 정치 질서 속에서도 나타난다. 타락한 정치 질서의 모순을 인식하고 새로운 정치적 약속을 향한 의지를 품는 공민이 출현하는 근거는 '사회 상태에서 발달한' 이성 능력에 있기 때문이다. 루소에게 이성은 자연 상태에서는 출현할 수 없고, 사회 상태에서의 상호 관계 및 산업적 발달 과정을 경과하면서 완전하게 발달하는 능력이다. 『인간 불평등 기원론』은 사회계약으로 출현할 정의로운 사회를 향한 의지를 품는 개인이 어디에서 왔는가를 알려준다. 그 개인은 사회 상태의 불평등이 마지막 단계에 이른 시점에 놓여 있었다.

> 이 다양한 변혁 속에서 불평등의 진척을 되짚어보면 우리는 법률과 소유권 설정이 그 1단계이며, 위정자 직위의 설정이 2단계, 마지막 3단계는 정당한 권력에서 자의적 권력으로의 변화였다는 것을 알 수 있을 것이다. … 3단계는 불평등의 최후의 단계이며, 다른 모든 시기가 귀착되는 단계로, 이 시기까지 이르면 새로운 여러 가지 변혁에 의해 정부가 완전히 해체되거나 또는 이것의 정당성을 되찾기에 이르는 것이다(Rousseau, 1958: 215).

그렇다면 이성을 발휘하여 정당한 사회계약을 하고자 하는 개인들은 어디에 있었는가? 그들은 권력에서 소외되어 있지만, '소수의 이익'을 '모두의 이익'으로 정당화한 국가의 부정의를 비판적으로 자각하는 일반인들 가운데에 준비되어 있다. 루소가 상호 소통적 형성 절차와 매개에 대한 인식 없이 공적 이성의 실현을 사유했을 때 주목했던 것은 행위 형식이 확보해주는 이성이 아니라, 자신이 속해 있는 현실에 일반화되어 있는 모순을 자각하고 외양만을 보여주는 추상적 가치들의 실상에 대한 성찰을 통해 추상적 관념과 현실 사이의 관계를 반추하는 능력으로서의 이성이었다. 이때 이성은 언어능력에 의존한다. 여기서 특별한 점은 루소가 이성의 표현을 언어 행위에서 찾고 있다는 것이 아니라, 이성 능력 자체를 발전된 언어의 도움 없이는 불가능한 것으로 인식한다는 점이다.

루소에 따르면 단지 경험된 기억을 상기하거나 상상을 하는 데에는 초보적인 언어만으로도 충분하지만, 이 경우 경험이나 상상이 멈추면 정신 또한 한 발짝도 더 진전하지 못한다는 것이다(Rousseau, 1958: 178). 타락한 정치 질서를 비판적으로 인식하고 스스로 새로운 정치 질서 구성의 주체로 자신을 대상화하기 위해서는 현재 경험하고 있는 현실의 직접적인 구속에서 벗어나야 할 뿐 아니라, '그보다 나은 것'이라는 경험 너머의 선을 상정하는 보편 관념이 필요하다. 보편 관념을 형성하기 위해서는 감각 세계에 직접적인 대응물을 갖고 있지 않은 추상적이고 일반적인 것을 나타낼 수 있어야 하는데, 이러한 일반 관념은 '낱말(mots)'의 형태를 입지 않고는 정신 속에 자리를 잡을 수 없고, 오성은 문장의 도움 없이는 일반 관념을 파악하지 못한다(Rousseau, 1958: 177). 인간이 자기 경험을 대상화하거나 재구성하고, 이를 아직 존재하지 않는 것에 대한 목적 설정으로 연결하기 위해서는 동일한 대상 및 경험에 대한 반복적 성찰과 정밀한 추론을 해야 했는데, 이것은 문법을 갖춘 언어 체계가 허락하는 문장의 연결을 통해서 이뤄질 수 있는 것이었다(Rousseau, 1958: 178).

이러한 이성 언어의 특질에서 알 수 있는 것은 이성 언어가 인간의 다양한 능력과 능력 발달을 자극하는 문명 조건이 일정한 고도에 이르렀을 때 획득되는 역사적인 산물이라는 것이다.[11] 루소에 따르면 이성은 인간의 "다른 모든 능력의 합성물"이기 때문에 가장 나중에야 획득되는 능력이고(Rousseau, 1991: 89), 사회 상태에서라야 발전된 모습을 드러내는 가장 높은 차원의 능력이다.[12] 이성을 표현해낼 수 있는 언어의 체계성은 인류가 오랜 역사 과정을 거쳐 스스로 발전시켜온 산물이라는 점에서 전체 종(種)으로서의 인간 능동성의 표지이다. 그러므로 근대 '개인'에게 능동성과 이성이라는 특질을 부여할 수 있다면, 그것은 전적으로 개인들만의 힘으로 각자가 고유한 능동성과 이성성을 발휘해 보였다는 의미가 아니라, 개인이 언어 체계라는 역사적 산물에 참여하여 자신을 표현할 수 있는 잠재성을 지녔다는 것을 의미할 것이다. 인간의 언어 체계는 종의 집합적 역사 속에서 구현된 역사적 이성을 담고 있기 때문이다.

루소는 이처럼 이성 능력이 언어 체계에 의존한다는 사실로부터 이성의 잠재성과 한계성을 이끌어낸다. 이성을 표현하는 언어 체계

---

11) 언어 체계가 정교화되는 과정 및 감각과 개념 사이의 유기적 관계에 관한 루소의 인식은 콩디약(Condillac)의 연구 성과들을 대부분 수용하여 참조하고 있다. 『인간 불평등 기원론』에서 언어의 '관습적' 기원을 주장한 콩디약을 비판한 것 때문에 루소가 콩디약과 대립적 관점에 있다는 인상을 주고 있는 것과 달리, 당대 언어 논의에서 콩디약의 영향은 매우 큰 것이었다. 특히 루소는 관념의 연합이 생성되는 어휘 결합의 메커니즘, 또는 인간 언어가 낱말에서 문장으로, 그리고 문법의 정교화로 나아가야 했던 필연적 이유가 관념들의 연결(the connection of ideas)을 통해 사고를 조직하고 사고된 것을 표상해내는 정신의 능동적 작용 때문이었다는 콩디약의 결론을 공유한다(Condillac, 2001: 21-33, 69-70 참조).
12) 루소에게 이성은 이를테면 '계산적 합리성'과 같은 한정된 기능이 아니다. 루소는 이성을 '자연 경향(natural disposition)'이라는 정신 작용의 동적 구조로 이해하는데, 그것은 감각 지각으로부터 감정과 판단으로 점진적으로 확장되면서 복합적 내용을 갖추게 된 과정 도식 자체를 의미한다. 이러한 전체 과정이 확보된 상태를 루소는 자연적 경향에 부합하는 이성이라 보고, 이 도식에서 벗어나는 것을 타락이라고 말하고 있다(Rousseau, 1991: 39).

는 앞서 언급한 대로 특수성을 넘어서는 진전된 사유와 판단을 가능하게 하는 반면, 판단의 오류, 외관과 실제 사이의 괴리를 야기하는 원천이기도 하다. 발달된 사회 상태의 언어인 정치사회적 언어는 본능을 수단으로 하는 자연 언어가 아니라 약정된 기호들의 체계인 관습 언어이다. 관습 언어는 인류 문명의 발달 과정에서 인간의 상호 관계가 가족 관계를 넘어선 사회적 관계로 확장될 때, 안정되고 합의된 언어를 통해 의미를 공유할 필요가 있었기 때문에 발전해온 것이다. 그런데 이것이 추상 언어 및 더 이상 감각되지 않는 대상들에 대한 지칭을 포함하는 높은 분화 수준의 낱말 및 문법의 체계를 갖추는 단계에 이르면 그 의미에 대한 보편적 공유 가능성은 크게 축소되며, 그에 따라 또렷한 상호 전달의 가능성도 축소된다.[13] 루소가 『에밀』 2권에서 아동기 교육을 다루면서 경계하고 있듯이, 어린 아이들도 이성과 도덕에 관한 풍부한 어휘를 사용하는 것이 가능하지만 그것은 감각적 대응물이 없는 기호의 암기에 지나지 않는 것이다. 한 언어공동체 안에서 관습 언어를 사용하는 삶이 시작될 때 그것은 이미 타인의 의견, 사회의 고정관념이 부과하는 제약 안으로 들어가는 것이다. 따라서 언어는 정치적 기만과 타율성의 원천이기도 하다.

루소가 『인간 불평등 기원론』에서 제시한 근대 정치 질서의 기원은 이러한 기만의 산물이었다. 그에 따르면 "수많은 범죄와 전쟁과 살상", 그리고 "수많은 공포와 불행"을 가져온 정치사회가 생겨난 기원은 재산 소유자들이 소유의 권리를 주장하기 시작한 것에 있

---

[13] 인간 언어는 초기의 감각 언어에서 출발하여 오랜 시간에 걸쳐 수, 시제, 동사 변화, 추상어, 통사법 등을 발달시켜왔는데(Rousseau, 1958: 176-179), 앞 절에서 언급되었듯이 언어의 이러한 진화 과정에서 '말하기'가 '글쓰기'로 대체되었고 '표현성'을 대신한 '정확성'이 지배적 요소가 되었다.

다(Rousseau, 1958: 192). 그러나 이것이 무력이 아닌 '동의'를 통해 가능했던 것임을 주목해야 한다. '기만적' 정치 질서는 부자와 강자라는 소수의 이익을 '모두의 이익', '정의'와 같은 추상적이고 보편적인 관념으로 표상해냄으로써 지배-피지배 관계를 일반적 목적을 위해 이뤄진 결합으로서 정당화시킬 수 있었기 때문에 가능했던 것이다.[14] 여기서 루소는 이 동의가 "현혹"이었다는 것, 그리고 시간의 경과에 따라 이뤄진 부정의에 대한 자각이 다시 진정으로 정의로운 정치 질서 수립을 향한 의지로 나아갈 수 있게 한다는 것을 기술하고 있다. 추상적 정당화는 "성미가 거칠고 남의 선동에 놀아나기 쉬운 사람들"을 향해서는 시도조차 되지 않는다. 이러한 시도는 "정치제도에서 오는 이득을 알아차릴 만한" 사람들을 향해 이루어진 것이다(Rousseau, 1958: 205). 그러나 거기에 따르는 위험을 내다볼 "경험을 갖지 못한" 상태에서 "누구나 자신의 자유를 희망했지만 실은 스스로 자기의 족쇄를 향해 달려가는" 결과가 되었다고 한다(Rousseau, 1958: 205). 이것은 역사적으로 볼 때, 소유를 권리로 인식하는 관념이 소유권이 갖는 의미에 대한 판단보다 선행했고, 현실 속에서 관념과 실제 사이의 괴리를 경험함으로써 그 괴리에 대한 성찰이 진행되었음을 뜻한다. 루소가 『사회계약론』에서 제시한 계약은 현실을 반성하고 동일한 추상 관념에 대해 대안적 의미를 구성해내는 이성 능력의 산물이다.

정의와 이성이 많이 선언될수록 실상은 "덕성 없는 명예, 지혜 없

---

14) 부자는 이렇게 말한다. "약자를 억압으로부터 지키고 야심가를 억제하여 각자에게 속한 소유를 보장하기 위해 결합하자. 정의와 평화를 위한 규칙을 정하자. 그것은 모든 사람이 예외 없이 복종해야 하며 강자와 약자를 평등하게 상호 의무에 따르게 함으로써 이를테면 운명의 변덕을 어느 정도 교정하려는 규칙이다."(Rousseau, 1958: 205)

는 이성, 행복 없는 쾌락"(Rousseau, 1958: 221)으로 귀결되는 상황이라면 모든 발전과 고귀함에 관한 언명들은 더 많은 비판적이고 성찰적인 노력이 동반된 것이어야 한다는 요구를 받게 된다. 루소가 인식하는 '기만'은 언어적 성격에서 볼 때, 하버마스의 견해처럼 사회적 행위 가운데 은폐되어 있는 전략적 행위 유형의 산물이라거나, 기표와 기의로 이중화되어 있는 기호 구조가 산출하는 불일치의 산물이라고만 볼 수는 없다. 루소가 보기에 '기만'과 '현혹'은 기호와 정신의 엄연한 비동일성에 따른 귀결이다. 그러므로 그 해법을 모색할 때도 단순히 의도된 전략을 폭로함으로써 극복해야 한다고 주장하거나, 기호 작용이라는 물적 과정의 불가피한 효과를 분석적으로 제시하는 방식으로 나아가지 않는다.[15] 루소가 정치사회적 삶에서 발생하는 '기만'과 '현혹'이라는 사태를 언어 현상 속에서 포착했을 때 주목한 것은 기호와 정신과의 관계이다. 기호를 사용할 때, 자기가 보고 느끼는 대로 판단하는 이성의 자연적 도식이[16] 정신 안에서

15) 언어를 '과학' 영역에 자리매김하고, 정신이나 역사라는 차원을 '비과학적인' 요소로 간주하여 도입하기를 회피하는 현대의 관점에서 언어의 동적 측면은 주로 '기호 작용'이라는 범주에서 사유된다. 그러나 기호에 내포된 내용/관념과 소리/표상이라는 이중 구조는 소쉬르가 시니피에(signifié)-시니피앙(signifiant)으로 개념화하기 이전에도 고대 이래의 서양 사상가들이 언어 문제에 주목할 때 항시 인식하고 있던 부분이다. 그러므로 이러한 규정 자체가 이전의 언어관을 전(前) 과학적인 것으로 만드는 신기원적인 인식이라고는 할 수 없다고 본다. 페르(J. Fehr)의 지적을 빌리면 소쉬르 언어학의 독창성은 이중 구조의 발견보다는 고대 이래로 인식되어온 언어기호의 작용 원리를 현대에 다시 도입하고 재해석한 방식에 있다고 할 수 있다(페르, 2002: 167; 슈밋터, 2003도 참조).
16) 이러한 견해는 『에밀』에서 이성 발달의 자연 경향적 도식에 대한 논의를 통해 명료하게 제시되었다. 그는 인간 본성(human nature)과 '굳어진 습관(habit)'을 구별하면서, 자연 본성이 정적인 속성이 아니라 발전적으로 드러나는 '경향(disposition)'이라고 설명한다(Rousseau, 1991: 39). 이 경향은 한 개체 안에서는 완전한 모습을 나타낼 수도 있고, 나타내지 못할 수도 있지만, 인간성 일반의 특성을 이루는 일종의 객관적 도식이므로 내적 심성을 뜻할 수 있는 성향(性向)

작동하지 않는다면, 기만은 언제든 발생할 수 있는 것이고, 타인의 의사에 지배받거나 타인을 지배하려는 의지로 오용될 수 있는 것이다. 살아 있는 정신 작용이 부재한 곳에서 기만과 현혹의 가능성은 상존하며, 역으로 기호 자체는 맹종의 대상이 아니라 정신에 의한 고안과 판단의 대상으로서만 인간적 가치와 조화를 이룰 수 있다. 이처럼 불일치와 조화 사이에서 작동하는 기호와 정신 사이의 본래적인 관계는 근대 세계에서 발생하는 정치적 쇠퇴를 언어적 차원에서 설명해준다. 기호와 정신의 괴리 속에서 "언제나 다수는 소수를 위해 희생되고 공공의 이익은 개인의 이익을 위해 희생되며, 정의니 복종이니 하는 그럴듯한 말은 언제나 폭력의 도구이자 부정의 무기로 이용된다."(Rousseau, 1991: 236)

정의롭고 자유로운 정치 질서를 실현한다는 것은 스스로 일반적인 관념을 형성하고 보편적 견지에서 판단을 내리는 시민의 능력, 즉 공적인 사안에 대해 옳고 그름을 논증적으로 밝힐 수 있고, 특수한 것과 일반적인 것을 변별하여 판단할 수 있는 구성원의 인간적 역량을 요구한다. 인간은 신(神)이 아니므로 "완전한 정의"를 실현할 수는 없다. 그러나 "이성에서 나오는 유일하고 보편적인 정의"인 '법'을 세워 그 지배를 받을 수 있다(Rousseau, 1958: 32). 이러한 법의 지배를 수용하는 선택이 사회계약이다. 사회계약을 하는 이성의 힘

과는 다르다고 말할 수 있다. 하나의 생명체로서 여러 감각기관을 지니고 태어난 인간은 성장 과정에서 자신이 속한 주변 세계의 영향을 받게 되는데, 이 영향에 대해 감각기관이 반응하여 감각 판단과 감정의 복합성을 경험하게 되고 이러한 복합적 내용들로 이뤄진 판단을 토대로 판단에 대한 판단을 수행하는 이성 능력이 출현한다. 최종적으로 자신의 행복과 완전성이라는 포괄적 견지에서 이성적 판단을 내리는 것으로 진전되는 것이 '경향'적으로 실현되는 자연적 판단 능력이다. 루소에게는 이러한 내부적인 과정 도식을 확보하는 것 자체가 인간의 자연 본성의 실현을 의미한다.

은 약속을 맺을 당시, 즉 정부 수립 시점에서만 중요한 것이 아니라 정치 질서의 일상적 유지에서 항상 발휘되어야 한다. 시민들의 결합이 주권을 탄생시키지만 "주권자는 집회하고 있을 때만 활성적"일 수 있고(Rousseau, 1958: 74), '정부의 힘이 강할수록 주권자는 의사를 표시해야 하기 때문이다'(Rousseau, 1958: 75).

논증적인 이성 언어는 '외관'과 '실제' 사이의 괴리(Rousseau, 1958: 202), '외부의 견해'와 '자신의 판단'의 차이(Rousseau, 1958: 220)의 간격이 만들어내는 기만과 현혹의 세계에서 진정한 공동의 이익을 인식해내고 자신을 보편화하는 힘이다. 이러한 이성 언어는 루소가 인민이 직접 정치에 참여할 때 야기될 수 있다고 본 문제들, 즉 내란과 내분 가능성(Rousseau, 1958: 52-53), 결론 없이 길어지는 토론으로 인한 의견의 분열과 개인 이익의 우세 가능성(Rousseau, 1958: 87)에 대한 인식에도 불구하고 인민들 자신의 일반의지만이 자유로운 공동체의 토대라고 주장한 근거가 되었다고 할 수 있다.

2) 유대 형성과 언어: 감성 언어와 공감

루소에 따르면 이성의 힘은 '타락한 정치 질서', 즉 정의를 표방하지만 실제적으로는 불평등과 예속이 일반화되어 있던 상태를 극복하고, 진정으로 정의로운 질서 수립을 향한 의지를 일깨운다. 그러나 그처럼 정의로운 질서의 수립과 유지는 전적으로 인간의 이성에만 의존해서 실현될 수 있는 것이 아니다. '사회계약'이라는 합리적 해법은 자신을 보편적인 목적 아래에 두고 일반적인 것을 자신의 이익으로 정립하는 높은 이성 능력을 필요로 하는데, 이러한 높은 추상성 자체가 다시 문제가 된다.

첫 번째 문제는 일반성과 진실성의 문제이다. 지적 논증력이라는 형태의 이성은 루소가 지속적으로 강조하듯이 모든 사람에게서 고르게 나타날 수 있는 능력이 아닐뿐더러(Rousseau, 1958: 156-157), 추상 관념의 언어들은 언제나 외관과 실제 사이의 괴리로 인한 또 다른 혼돈을 야기할 가능성을 함께 안고 있기 때문이다.

보다 중요한 두 번째 문제는 유대감 생성의 문제이다. 추론적 사유를 토대로 하는 정치제도와 권위의 정당성은 합리적 동의의 형식을 확보한다 해도 유대감이라는 내적 결속을 창출하는 데까지는 미치지 못한다. 무엇보다도 이성 언어는 인간의 '느끼는 능력'이 가능하게 해주는 인간들 사이의 연결, 유대와 공감, 생동감을 대신할 수 없는 것이다. 합리화된 정치 질서 내에서 실제적으로 경험되는 것은 법적 엄격성, 제도의 강제성, 불복에 따르는 처벌 가능성 등과 같은 강제의 기제들이다. 그러나 루소는 이러한 강제의 기제들로는 구성원들의 마음으로부터의 유대와 신뢰를 얻어낼 수 없다고 본다. 루소가 음성언어의 힘을 논의할 때 밝혔듯이 구성원들에게 서로의 연결성에 대한 감각과 인상을 남기는 곳은 마음이며, 신념이 형성되는 곳도 마음이다. 루소가 언어와 노래와 운문(시)의 동일 기원을 주장할 때(Rousseau, 2008: 282), 이 세 가지가 공유하는 특성은 사람의 마음을 움직이고, 사람들이 서로에게 끌리게 하는 작용이 중심을 이룬다는 점이었다.

루소는 이성의 시대라는 외양에도 불구하고 기만과 대립이 횡행하는 근대 문명의 조건 속에서 과거에 존재했으나 쇠퇴해버린 감성 언어의 힘을 재발견하려 한다. 감성의 언어는 법과 제도에 의존하는 합리적 정치가 메울 수 없는 공백을 메우는 언어라고 할 수 있다. 루소는 인간 언어가 정확한 전달에 보다 유리한 이성 언어의 상태로 발전해왔음을 인식하지만, 이러한 발전은 이성이 대신해줄 수 없는 또 다른 특성의 약화를 수반한 과정이기도 했다는 점에서 그대로 긍정되기보다는 보완이 뒤따라야 하는 과정임을 시사하고 있다. 즉 언어적으로 인간은 "더 정확해지면서 덜 열정적으로 되었고, 감정을 관념으로 대체했으며, 마음을 향해 말하는 대신 이성을 향해 말하게 되었다"(Rousseau, 2008: 256)는 것이다. 루소는 인류사적 과정에서 볼 때, '느끼는 능력'은 '추론하는 능력'보다 훨씬 앞서 존재하면서 인간에게 생동감을 부여했고, 이 점은 근대 개인의 정신 형성 과정에서도 마찬가지였다고 본다. 루소는 문자에 의존하기 이전의 시대에 '말'이 가졌던 힘인 생생함과 공감력의 재발견이 인간들 사이의 감정적 연결을 상실한 근대 세계에서 유대 회복의 새로운 계기로 제시될 수 있다고 인식하고 있다. 루소가 논증적이고 정확한 글쓰기 언어를 향한 발전을 냉소적으로 기술한 이유는 여기에서 찾을 수 있다.

루소에 따르면 이성 이전의 능력인 감성은 열등하거나 미비한 능력이 아니라 고유한 방식으로 인간의 능동성과 자유를 표현한다. 인간 능력의 발전과 실현은 반드시 이성을 향한 단일한 상승을 통해 성취되는 것이 아니라, 이성과 감성이 각각의 고유한 작동 논리를 통해 조화를 이루는 것에 있다고 할 수 있다. 루소는 본능과 감각, 감성, 지성, 이성 각각의 능력을 단일한 위계 내에서 차등화하기보다는 각 단계를 채우는 고유한 힘들이라는 특질을 부여하고 이 각각의 특질들이 '전체적 조화'를 일궈내는 것에 우위를 부여한다.[17] 인간 능력의 진정한 실현과 발전은 이성 편향의 발전이 아니라, 감성과 이성의 조화로운 관계 속에서 이뤄질 수 있다는 점에서 정치 질서는 합리성에만 의존할 수 없으며 감성의 적절한 역할에도 의존해야 한다. 루소의 감성 언어는 이러한 맥락에서 근대 정치의 이성적 기획

---

17) 이러한 관계에 대한 인식은 앞의 각주 16의 내용을 중심으로 『에밀』 1권에 압축적으로 제시되었다.

의 한계에 대한 비판과 대안이 될 수 있다.

사회계약으로 수립될 정치 공동체 내에서 정치제도와 법률이 작동하기 위해서는 정치 공동체 존립 자체에 대한 신뢰와 승인이 확보되어야 한다. 이것은 정치과정에서 산출되는 것이기보다는 정치과정을 작동하게 하는 선결 조건이다. 루소는 바로 이것을 '입법자'의 과업으로 설정한다. 이 과업은 이성과는 다른 종류의 힘을 필요로 하는 것이다. 즉 '사회적 정신'이 구현된 새로운 질서를 구성원들이 받아들이게 할 때, "무력이나 이성에 의존하지 않고", "입증하지 않고도 설득시킬 수 있는 다른 종류의 권위에 의존해야 한다"는 것이다(Rousseau, 1958: 34). 여기서 루소가 언급하는 "다른 종류의 권위"란 바로 그가 초기 언어의 원형적 힘에 대해 논의할 때, 정확성이 지배하는 '글'과 대비되는 표현 중심의 '말'의 특성으로 제시한 바 있는 그것임을 알 수 있다. 루소는 표현 중심의 언어 상황에서 '말하기'는 "논증적이라기보다는 함축적 금언이고, 설득은 하지만 입증하지 않으며, 묘사하지만 추론하지 않았"(Rousseau, 2008: 256. 강조는 인용자)으며, 이미지와 형상과 느낌으로 가득했다고 주장했다. 루소는 이때의 언어가 가졌던 힘을 다시 불러일으킨다. 그것은 사람의 마음에 직접 호소하고 마음에서 직접 우러나오는 말로서, 문자가 정신을 낱말로 고정시킴으로써 언어와 정신이 분리되기 이전의 말이었다. 루소는 말이 사람을 움직이던 시대에 연설이 했던 역할을 말의 힘을 잃게 된 현재에는 공권력이 하고 있다고 주장한다(Rousseau, 2008: 298). 논리적 완결성이나 사실과의 일치 여부를 가지고 동의하도록 압박하는 것이 아니라, 지성으로 이해될 수 없는 사안에 대해서조차도 공감 확보가 가능할 때 정치 질서는 구성원들에게 보다 안정적인 공적 중심으로 존재할 수 있다. 공감 확보 노력은 구성원들의 마음에 호소하는 것 자체를 목적으로 한다는 점에서 그 시도 자체만으로도 구성원들의 신뢰와 유대를 불러일으킬 수 있다.

소수의 이익을 위한 것이 아니라 모두의 이익을 위한 정치 질서가 이성적으로 기획된다 해도 이러한 질서의 존재 자체에 대해서 신뢰를 보낼 수 없다면 이성적 실천의 공간 자체가 열리지 않는다. 공동체적 존립과 공동체적 결정에 대한 신뢰가 이성적 기획을 현실화하는 전제라면 이러한 신뢰 확보에 있어서 이성의 언어는 오히려 취약한 것이다. "평범한 말로 고칠 수 없는 사상이 수없이" 많고, 장기적인 이익, 모두의 이익에 관한 판단은 일반 대중에게 일상적인 말로써 쉽게 납득되는 것이 아닐 수 있기 때문이다(Rousseau, 1958: 34). 주권을 구성하는 참여적이고 공적인 시민은 이성적인 내용들을 '아는 자'가 아니라 '행위하는 자'여야 한다. 그런데 이 행위는 지시된 행위를 이행하는 그런 것이 아니라, 스스로 공적인 의지를 가지고 수행하는 행위라는 점에서 정신으로부터 귀결되는 것이어야 한다. 루소의 생각에 따르면 이러한 언어는 고정된 의미 체계 안에 놓여 있는 합리적 낱말들로 완전히 옮겨질 수 있는 것이 아니라, 각자의 마음속에서 인상을 불러일으키는 것이어야 한다. 루소는 "정신의 언어를 이해할 수 있게 해주려면, 그것이 마음을 통해서 받아들여지도록" 해야 한다고 말한다. "냉철한 이론은 우리의 의견을 결정할 수 있지만", 행동을 낳기에는 미약한 것이기 때문이다(Rousseau, 1991: 323). 루소는 정치적 소통에 있어서 이성 언어의 한계를 인정하는데, 그것은 반드시 대중에 대한 불신에 기인한다기보다는 이성의 맹신과 그로 인한 말과 실천의 분리 때문이라고 볼 수 있다. 루소는 다음과 같이 말한다.

우리 시대의 잘못 중 하나는, 마치 인간이 정신이기만 한 것처럼 너무나 이성에만 치우친다는 점이다. 우리는 상상력을 향해 말했던 기호들의 언어를 무시함으로써 가장 강력한 언어를 잃어버렸다. 말이 주는 인상은 항상 약하며, 귀를 통해서보다는 눈을 통해서도 훨씬 더 마음에 호소할 수 있다. 모든 것을 추론에 맡기려 했기 때문에 우리는 교훈을 말로 축소시켰고 아무런 행동을 하지 않았다. 이성만으로는 행동할 수 없다(Rousseau, 1991: 321).

입증하지 않고 설득한다는 것은 정합적인 논리를 제시하는 것으로 성취되는 것이 아니라, 구성원의 마음에 호소력을 가질 때 이뤄진다. 설득을 위한 언어는 짜임새와 조리가 잘 갖춰진 말일 필요가 없고, 많은 말일 필요도 없으며, 나아가 말이 아닌 기호의 언어(Language of signs)[18]도 사용될 수 있다(Rousseau, 1991: 322). 루소는 설득하고자 하는 사람들에게 상상을 일깨우고, 그들이 호기심과 기대에 사로잡히게 할 수 있는 모든 것이 언어가 될 수 있다고 본다. 루소는 말을 하지 않고 시각적 기호들로 설득해낸 예로서 구약성서에서 레위 사람이 아내의 죽음에 복수하기 위해 아내의 시신을 열두 토막을 내어 열두 지파에게 보내자 그들이 곧바로 복수의 칼을 들고 모여 나왔다는 것, 연설가 히페레이데스가 창녀 프리네를 변호하기 위해 청중들에게 가려진 얼굴(즉 미모)을 보여주는 것으로 무죄 판결을 이끌어냈다는 것(Rousseau, 2008: 249-250), 안토니우스가 시저의 시해에 대해 연설하지 않고 그의 시신을 대중에게 보여준 일(Rousseau, 1991: 323) 등을 거론한다. 이 외에도 의복, 꽃, 물품, 화관, 의례 용품 등 보는 이들이 의미를 알 수 있는 모든 주변 사물이 글이나 말을 대신할 기호가 될 수 있다고 주장한다. 기호들은 '그것을 보는 순간 보는 사

---

18) 여기서 루소가 말하는 기호(sign)는 '낱말 기호'가 아니라 '상징 기호'이다.

람의 마음이 직접 말하게' 하므로 스스로 자신의 상상을 통해 생생한 상을 재생하는 구성원들 사이에서는 강압이나 설교의 필요성이 크지 않을 수 있다는 것이다.

켈리의 경우 이러한 정치 언어들을 '입법자의 언어'라고 부르고 그것을 '설득의 언어'로 규정한다(Kelly, 1987: 331-333). 그는 합리적 언어가 적합한 설득의 수단이 되지 못할 때, 시민의 감성과 상징에 호소하는 '합리적이지 않은(non-rational)' 방식으로 설득이 시도되지 않는다면, 이 상황은 합리화된 질서라는 외관에도 불구하고 실제로는 정치 권위가 시민의 승인보다는 힘과 폭력에 의존하여 지속되고 있음을 의미하는 것이라고 주장한다.[19] 켈리는 루소가 인식한 합리성의 한계와 감성의 중요성을 통해 정치 질서가 이성적 능력뿐 아니라 공감의 능력에도 의존한다는 것을 지적해주고 있다. 그러나 그의 주장대로 이러한 소통 방식이 '입법자'의 언어에 국한되는 것이라면 합리성의 한계에 대한 정치적 대안으로서의 현실성은 크게 제약될 수밖에 없다. 공감적 언어를 '입법자의 언어'로 한정할 경우, 공감과 설득이 건국이라는 비상적 상황에서, 그리고 입법자라는 비범한 지도자의 재량을 통해서만 발휘될 수 있는 것으로 비춰지기 때문이다. 그러나 루소가 말하는 공감 언어가 입법자의 언어라는 비범성 영역에 국한되는 것이 아니라는 것은 쉽게 알 수 있다.

루소에게 감성 능력은 일부에게서만 발달하는 지적 능력과 달리, 모든 인간에게 자연적으로 내재하는 것이면서, 내부로부터의 직접성과 자발성 때문에 보다 더 명료하게 자유를 표현한다. 따라서 정

---

19) 특히 켈리는 루소의 입법자의 언어에 대한 논의가 합리적 계산에 대한 관심으로 설득의 조건에 대한 관심을 대체해버리고 있는 자유주의 전통에 대한 도전이라는 점에서 의의가 있다는 평을 덧붙인다(Kelly, 1987: 334).

치 공동체 구성원들 사이의 공감적 소통은 사회적 삶의 유대 형성에서 일상적 중요성을 갖는 것이기도 하다. 따라서 공감적 소통은 입법자의 언어로서가 아니라 일상적인 공동체 내에서 작동하는 것이어야 한다. 이 점을 루소는 그의 사회제도에 대한 인식을 통해 표현한다. 루소에게 '입법자'가 정치 질서에 구현될 정신을 의미하는 것이라면, 이 정신은 입법자의 인격적 지도력과 분리되어, 사회의 법과 제도를 통해서도 구현될 목표여야 한다. 이에 따라 『사회계약론』에서 루소가 제시한 '입법자'의 정신은 『에밀』에서 "좋은 사회제도"의 정신으로 반복되고 있다.[20]

말과 상징을 통해 시도되는 공감의 소통은 한 공동체가 공유해온 경험과 공감의 자원이 확보되어 있지 않으면 성공적으로 이뤄질 수 없다. 입법자와 사회제도가 확보하려는 것이 구성원들의 지지와 신뢰라면 그러한 지지와 신뢰는 일반적인 이익을 위한 것이어야 하고, 특수한 이익을 목적으로 하는 것이어서는 안 된다. 그렇다면 공동체가 이미 공감의 매체로 기호화시킬 수 있는 공동의 자원을 보유한

---

[20] '입법자'와 '좋은 사회제도'가 동일한 내용을 담는다는 것은 두 문헌을 비교하면 알 수 있다. 길지만 인용하면 다음과 같다. "인민에게 감히 국가의 제도를 만들어주고자 하는 사람은 자신이 소위 인민의 본성을 변화시킬 수 있다고 느껴야 한다. 그는 자기 자신만으로 하나의 완전하고 고립된 전체를 이루는 각 개인을 변형시켜 보다 큰 전체 속에 포함되는 한 부분으로 만들어서 개인이 오직 그 전체로부터 어떤 의미에서는 자신의 생명과 존재를 부여받도록 할 수 있어야 하고, 인간의 내적 구성을 강화시키기 위해 이를 변화시킬 줄 알아야 하며, 또 우리가 자연으로부터 받은 육체적이고 독립적인 존재를 부분적이고 도덕적인 존재로 바꾸어놓을 수 있어야 한다."(Rousseau, 1958: 32) "좋은 사회제도란 어떻게 하면 인간을 탈자연화시킴으로써 그에게서 절대적 존재성을 박탈하고 상대적 존재성을 부여하여 '자아'를 사회라는 단일 공동체 속에 옮겨놓을 수 있을지를 가장 잘 알고 있는 제도를 말한다. 이 결과로 각 개인들은 자신이 하나의 인간이 아니라 전체의 부분으로서 전체 안에서가 아니면 자신을 느끼지 못하는 것이다."(Rousseau, 1991: 40)

경험의 공동체여야 하고 공동체 내의 이익 대립이 심화되어 있지 않아야 한다. 하나의 기호가 대립된 감정을 불러일으키는 것이 아니라 공감을 불러일으킨다는 것은 그러한 기호적 자원이 작동할 수 있는 공동의 감각적 기반이 확보되어 있다는 것을 의미하기 때문이다. 위에서 루소가 거론한 시각적 기호를 통한 전달의 사례에서도 이러한 전달이 성공할 수 있었던 것은 구성원들 사이에 윤리적 감정과 경험, 선행 맥락에 대한 공유가 전제되어 있었기 때문이다. 이러한 맥락에서 도벨은 루소의 정치 언어가 한 사회에 구축된 상징의 세계에서 작동하고 있는 '정박된 언어(anchored language)'라고 해석한다(Dobel, 1986: 648). 상징 기호를 작동시키는 토대는 한 공동체가 공유하는 역사적, 사회적 자원이라고 할 수 있다. 이러한 자원이 확보된 공동체에서는 합의를 위해 서로를 기만할 필요 없이 기호의 언어로 소통할 수 있으며, 이로써 언어적 상호작용은 이성 언어의 한계를 메우고 공동체의 유대를 안정화하는 역할을 할 수 있게 된다.

  루소가 상징에 중요성을 부여할 때, 그것은 상징이 음성이나 문자가 할 수 없는 역할을 하기 때문이었다. 루소가 "영혼의 언어"라고 표현한(Rousseau, 1991: 321) 상징은 마음에 직접 호소하고, 신념을 만들어내는 원천이다. 루소는 정치 질서의 유대에서 이러한 감성적 요소가 뒷받침되지 않으면 권력이 "엄격한 법률", "힘과 이해관계"만으로 지배하게 될 것이라고 본다. 이 점에서 루소는 법과 제도, 이익 정치에 치중된 정치 질서가 갖는 결함이 무엇인지 지적해준다. 정치적 유대감은 "처벌과 공포"에서 오는 것이 아니라(Rousseau, 1991: 321), 심정적 지지에 의해 만들어진다. 루소에게 언어는 한 시점에서 만들어낼 수 있는 사태가 아니라, 한 공동체가 오랜 시간에 걸쳐 정착시킨 건전한 습속(mores)이기도 하다. 루소는 사회계약을 통해 구성될 공동체는 "모르는 사이에" 권위의 힘을 대체할 "습속, 관습, 의견"을 만들어낼 것이며, 그것이 곧 "시민의 가슴에 새겨진" 법으로 그 공동체를 지켜갈 것이라고 말한다(Rousseau, 1958: 44). 루소가 사회계약을 통해 수립해낼 새로운 정치 질서는 결국 공동체적 삶에의 의지와 경험이 구성원들의 마음 안에서 자리 잡아 새로운 결속을 창출하는 상태를 지향한다. 이러한 심성적 배경이 없다면 법과 제도는 단지 외면적 강제에 머물게 되고, 자유 실현을 위한 '정의의 법'으로서는 불완전한 것이다(Rousseau, 1958: 29).

루소가 음성언어의 시대를 회고적으로 진술한 것은 현재 낱말은 남아 있지만 그 낱말을 배태한 정신과 사회는 더 이상 존재하지 않는다는 이유 때문이었다. 감성적 언어가 공동체 결속과 관련하여 발휘하는 힘은 이성이 할 수 없는 것을 성취하는 것이지만 감성 언어에 대응하는 경험이 사라질 때는 그 힘도 함께 사라진다. 그럼에도 불구하고 루소의 감성 언어에 대한 분석은 설득과 공감의 언어가 이성이 남기는 모호함을 해롭지 않은 상태로 수용할 수 있는 잠재력을 가졌다는 점에서 공동체적 힘으로 작동할 수 있음을 보여주었다고 할 수 있다. 그러므로 루소의 상징 언어 논의는 사물에 대한 경험의 일정한 공통성, 사물과 행위의 의미에 대한 공유, 윤리적 가치에 대한 공유 등이 미리 선결되어 있지 않을 때는 어떤 미사여구나 상징도 실제적 힘을 지니지 못하거나 또 다른 기만의 원천이 될 수 있다는 취약성 또한 시사한다. 이러한 취약성은 정치사회의 감성적 토대만으로는 만족시킬 수 없는 측면에 대한 성찰의 필요를 다시 요청함으로써 이성적 경계심의 공간을 함께 마련한다.

4. 맺음말: 이성, 감성의 정치적 잠재성과 언어능력

이상에서 살펴본 대로 언어는 인간의 다면적 잠재성을 부각시키고, 이성과 감성이라는 범주를 통해 정치사회의 상호 행위를 새롭게 이해하도록 돕는다. 이 점에서 루소의 사상이 언어 문제에 대한 폭넓은 관심을 포함하고 있다는 것은 그의 사상이 지닌 독창성과 풍부함을 나타내는 것이기도 하다. 루소의 언어 논의는 근대 합리주의 세계관이 빠지기 쉬운 합리성 대 비합리성이라는 대립적 관계 설정의 논리가 지닌 문제점, 즉 인간 능력의 왜곡과 환원이라는 문제점을 극복하는 이론적 출발점도 제공한다. 이성과 감성은 인간의 전체성이라는 측면에서는 서로 통합되어야 하는 것이지만 분명히 변별되는 성격을 지니고 있으므로 인간 실현에서 담당할 수 있는 역할도 서로 다른 것이다. 언어는 이러한 차이를 구체적으로 예시해준다. 루소는 이 차이와 각각의 작용 구조가 적절하게 이해될 때라야, 인간이 자신의 능력을 오용하거나 혼란을 야기하지 않고 조화로운 자기 실현의 경로를 갈 수 있다고 보고 있다.

루소는 순차적으로 발달해온 인간성에 대해 이해할 때, 과거의 것보다 현재의 것에 절대적 가치를 부여한다거나 한 국면의 특성을 분리하고 절대시하기보다는, 각각을 복합성의 일부로 보고, 모두가 인간성 전체를 이루는 구성적 힘들이라고 이해한다. 따라서 전체 인간 형성의 역사는 현재의 개인의 인간 형성에서 성찰적으로 반복될 수 있고, 우리는 현대 문명의 실천적 과제들을 제기하고 감당하는 인간적 힘에 대한 기대를 버리지 않을 수 있다. 나아가 이러한 실천적 언어관은 근대의 국민국가적 정체성에서 '주어진' 요소로 전제되었던 '언어적 공동성'을 재고하도록 자극한다. 즉 언어적 공동성은 주어진 전승을 넘어서, 정체성 형성의 동적 과정 속에서 시민 구성원들의 역량에 의해 새로이 획득되어야 하는 실천적 행위 대상이라는 정치적 잠재성을 지니고 있음에 주목할 필요가 있다.

참고 문헌

강정인, 2009, 「루소의 정치사상에 나타난 정치참여에 대한 고찰」, 『한국정치학회보』 43집 2호.
메이예, 앙트완 1997, 『일반언어학과 역사언어학』, 김현권 역, 어문학사.
서규환, 2008, 「장 자크 루소에서 언어와 정치: 폴 드만(Paul de Man)과 자크 데리다(Jaques Derida)에 대한 비판을 중심으로」, 호남대 인문사회과학연구소, 『인문사회과학연구』 vol. 19.
슈밋터, 페터, 2003, 『언어기호론』, 신형욱 외 역, 한국외국어대학교 출판부.
옹, 월터, 1996, 『구술문화와 문자문화』, 이기우 외 역, 문예출판사.
전정예, 2010, 『언어학특강』, 도서출판 경진.
카시러, 에른스트, 2011, 『상징형식의 철학: 제1권 언어』, 박찬국 역, 아카넷
페르, 요하네스, 2002, 『소쉬르, 언어학과 기호학 사이』, 최용호 역, 인간사랑.
하버마스, 위르겐, 1995, 『소통행위 이론: I. 행위합리성과 사회적 합리화』, 서규환 외 역, 의암출판.
하버마스, 위르겐, 2001, 『공론장의 구조변동 — 부르주아 사회의 한 범주에 관한 연구』, 한승완 역, 나남.
Aarsleff, H., 1982, *From Locke to Saussure: Essay on the Study of Language and Intellectual History*, Minnesota: University of Minnesota Press.
Christman, J., 2002, *Social and Political Philosophy: A Contemporary Introduction*, London & New York: Routledge.
Condillac, E. B., 2001, *Essay on the Origin of Human Knowledge*, trans. & ed. H. Arsleff, Cambridge: Cambridge University Press.
Dobel, P., 1986, "The Role of Language in Rousseau's Political Thought", *Polity*,

vol. 18 no. 4.

Kelly, C., 1987, "To Persuade without Convincing: the Language of Rousseau's Legislator", *American Journal of Political Science*, vol. 31 no.2.

Kymlicka, W., 1995, *Multicultural Citizenship: A Liberal Theory of Minority Rights,* Oxford: Clarendon.

Rousseau, J. J., 1958, *The Social Contract and Discourses,* trans. G. D. H. Cole, London J. M. Dent & Sons.

Rousseau, J. J., 1969, *Essai sur l'origine des langues,* ed. Charles Porset, A. G. Nizet-Paris.

Rousseau, J. J., 1991, *Emile,* Intro., trans. & notes A. Bloom, Penguin Classics.

Rousseau, J. J., 2008, *The Discourses and Other Early Political Writings,* ed. & trans. V. Gourevitch, Cambridge: Cambridge University Press.

Willey, B., 1965, *The Eighteens Century Background,* London: Chatto and Windus.

5장 루소의 시민사회와 인권 실현

오수웅

1. 민주 사회에서 참여의 의미는 무엇인가

　대의제 민주주의에 대한 반성적 성찰과 함께 국민발안, 국민소환 등등의 직접 민주주의적 제도의 도입이 지속적으로 논의되어왔다. 동시에 직접민주주의를 실현할 수 있는 매개이자 공간으로서 시민사회에 대한 관심이 증가되었다. 이런 논의와 관심은 참여 민주주의 담론을 형성하게 되었고, 담론의 중심은 참여의 의미와 양상(범위와 정도)에 초점이 맞춰져 있다.[1] 대의제 민주주의의 '제한된 참여'라는 제도적 차원을 넘어서, 시위나 혁명처럼, 종종 폭력적인 행위가 수반되는 비제도적 차원까지 참여로서 인정해야 한다거나(서유경, 2003: 247-256), 혹은 대표자에 의한 정치와 시민 자치의 정도를 비교하여 민주주의의 강약을 평가하는 시도도 있으나(안태준, 2007: 488-491),

---

1) 참여의 다양한 의미와 가치에 대해서는 김대환(1997: 15-48) 참조.

참여 민주주의 담론의 핵심은 역시 참여의 의미와 양상(범위와 정도)을 보다 명료하게 정립하고 확인하는 것에 있다고 할 수 있다.

인간의 모든 행동은 목적에서 비롯되기에, 행동으로서 참여의 의미를 파악하기 위해서는 먼저 참여의 목적에 관해 성찰할 필요가 있다. 정치는 "가치의 권위적 배분", 또는 "자유의 실현"과 같이, 정치에 대한 다양한 정의가 있지만, 민주 사회에 있어서 아마도 가장 흔하게 접하는 것은 치자가 곧 피치자가 된다는 자기동일성의 원리에 기초한 "자치의 실현"일 것이다. 그러나 자치의 실현은 그 자체로도 추구할 만한 가치인 것은 분명하지만, 모든 인간 행동의 궁극적인 목적이 자신의 생존과 삶을 보다 행복하게 영위하려는 것이라는 점을 고려한다면, 목적보다는 수단에 가깝다고 할 수 있다. 다시 말해 행동으로서 참여의 의미와 양상, 나아가 정치적 함의를 보다 정확하게 파악하기 위해서는 각인이 자신의 생존과 삶을 위해 선택하는 행동들과 양상들을 짚어볼 필요가 있다는 것이다.

루소의 『사회계약론』은 바로 이런 관점에서 출발한다. 루소는 "인간을 있는 그대로 바라보고, 법을 있을 수 있는 것으로 간주하면서, 시민 질서에 있어서 합법적이고 정당한 통치의 규칙이 가능한지를 탐구하고자 한다. 이 작업을 함에 있어서 항상 권리가 허용하는 것과 이익(interest)이 처방하는 것을 화해시킴으로써 정의와 유용성을 일치시키고자 시도할 것"이라고 밝히고 있기 때문이다. "있을 수 있는 법"과 "있는 그대로의 인간"은 권리와 이익, 정의와 유용성과 대구를 이루고 있으며, 있을 수 있는 법, 권리, 정의가 "합법적이고 정당한 통치의 규칙"에 수렴된다면, 있는 그대로의 인간, 이익, 유용성은 특히 『인간 불평등 기원론』에서 묘사한 당시의 사회인들과 그들의 행동적 특징에 관계한다고 할 수 있다. 루소는 『인간 불평등 기원론』에서 인류의 역사를 개괄하면서, 인간의 자연적 필요와 능력이 사회적으로 발현될 때, 아름다움과 능력(beauty and merit)에 대한 우열 판단과 거기에서 비롯되는 자기 편애(amour-propre)라는 불평등의 씨앗이 발아됨으로써 불평등한 인간관계의 질서가 생겨나게 되었고, 그런 불평등의 씨앗과 질서가 재생산되고 심화됨으로써 불평등한 사회질서가 제도화되었다고 고발하고 있다.『사회계약론』은 『인간 불평등 기원론』에 대한 루소의 정치적 처방인 셈이다.

루소는『인간 불평등 기원론』에서 자연 상태의 인간을 묘사하고 자연인이 자신의 생존과 삶을 위해 가지는 능력들에 대해서 언급하고 있다. 루소는 태어날 때부터 부여되는 이런 능력들로부터 자연권이 구성된다고 보고 있으며, 사회인의 권리, 시민의 권리는 바로 그런 자연권에 토대를 두어야만 한다고 주장하고 있다. 즉 오늘날 논의되는 인권의 전신이 자연권이라는 학자들의 합의에 따르면, 루소는 인권의 개념과 그것이 사회 속에서 실현되는 양상을 살펴봄으로써 "있을 수 있는 법"과 "합법적이고 정당한 통치의 규칙"을 도출하고자 했다는 것이다.

이런 관점에 따라 이 글은 루소의 인권 개념과 인권이 시민사회를 통해 실현되는 양상을 살펴봄으로써 '참여의 의미와 양상'에 대한 하나의 이해를 제공하고자 한다. 이를 위해 첫째, 루소의 저서에서[2] 나타나는 자연권과 시민권 개념을 접맥시킴으로써 인권 개념을 정의할 것이다. 둘째, 루소가 사용한 시민과 사회의 개념을 살펴봄으로써 시민사회(société civile)의 개념과 국가와의 관계를 밝히고, 또 이를 바탕으로 인권이 시민사회를 통해 실현되는 양상을 보여줌으로써

---

[2] 자주 인용되는 루소의 저작(영역본)을 인용하기 위하여 머리글자로 약칭하여 표기할 것이다.『학문예술론』은 FD로,『인간 불평등 기원론』은 SD로,『사회계약론』은 SC로,『에밀』은 EM으로,『극장에 관하여 달랑베르에게 보내는 편지』는 LDT로 표기한다. 불어본은 플레이아드(Pléiade) 판본을 P1-5로 표기한다.

참여의 의미와 양상에 대한 이해는 물론 나아가 바람직한 참여 민주주의를 위한 조건들을 제시해보고자 한다.

2. 인권: 자연권과 시민권

현대 인권 담론은 인권의 본성을 무엇으로 간주하는가에[3] 따라 크게 법적인 권리성과 도덕적 권리성을 강조하는 입장으로 나눌 수 있다. 그리고 이는 각각 인권의 보편성과 상대성을 강조하는 입장으로 분화되기도 한다. 그러나 대체로 학자들은 당위적 차원에서 인권의 도덕적 권리성과 보편성을 인정하면서도 실천적 차원에서 법적인 권리성과 상대성을 부인하지 않는다. 또한 인권이라는 용어의 효시를 무엇으로 간주하는가에 따라 자연권, 자연법론의 연장선상에서 파악하려는 입장과 세계인권선언 등 국제인권규약에 기초하여 20세기에 이르러 논의되어 첨가된 새로운 개념들과 사실들의 중요성을 강조함으로써 현대적 개념의 인권을 근대적 인권과 구별하려는 입장도 발견된다. 그러나 대체로 많은 학자가 자연권을 인권의 전신으로 수용하고 있는 듯이 보인다. '생활양식', '행동 양식', 또는 '상징체계'로서 특정한 가치들의 질서와 위계가 달리 나타남에 따른 소위 '문화적 차이'에도 불구하고, 인권의 도덕적 권리성과 보편성을 논리적으로 인식하기 위해서는 근대의 자연권과 자연법에 대한 논의가 필수적이기 때문이다.[4] 그리고 근대의 자연권과 자연법에 대

---

3) 학자들은 대체로 인권의 본성을 이익이나 이해관계, 도덕적 주장, 승인된 권한, 주장·자유·힘·면제로 구성되는 법적 권리 그리고 최후 수단(trumps) 등으로 간주하고 있다(오수웅, 2007: 95-96).
4) 인권에 관한 현대적 논의에 대해서는, Tuck(1979), UNESCO(1986), Winston

한 논의는 중세의 '순수한 상태'에 대한 논의로부터 기인한 '자연 상태'에 대한 논의와 분리되기 어렵다. 근대의 사상가로 잘 알려진 홉스, 로크와 함께 루소도 이러한 논의의 연장선상에 서 있다.[5]

1) 자연권

루소에게 있어서 자연권은 자연 상태의[6] 인간의 본성과 기본적인 필요들로부터 발견될 수 있는 것으로 간주된다. 루소는 다음과 같이 말한다.

> 자연권의 진정한 정의에 대해 불확실성과 모호성을 주는 것은 바로 인간의 본성에 대한 이러한 무지인 것이다. 뷔를라마키(Burlamaqui)가 말하길, 권리에 대한 관념 나아가 자연권에 대한 관념은 인간의 본성에 관계하는 관념들이다. 그래서 이 학문의 원칙들은 바로 인간의 본성과, 그 구성과 상태로부터 연역되어야 하는 것이다(SD, 131).

그리고 루소는 최초의 인간 본성에는 먼저 자기애(자기 보전의 욕구)[7]와 동정심(고통 받는 타인을 보는 것에 대한 혐오감)이 있고, 그리고

(1989), Bell, Nathan and Peleg(2001), 크랜스턴(1981), 유홍림(2003), 이봉철(2001), 젠크스(1996), 차병직(2003), 도널리(2002) 참조.
5) 이 글에서 홉스, 로크와 루소의 자연권과 자연법 개념을 도출하고 비교하여 연구하는 것도 의미 있는 시도가 되겠지만 이 글의 연구 목적에 견주어 후일로 미루기로 한다(오수웅, 2007: 135-163 참조). 그리고 '순수한 상태'와 '자연 상태'에 관해서는 Tuck(1979) 참조.
6) 자연 상태와 자연권, 자연법에 관한 논의가 가지는 정치적 의미와 루소에게 있어서 자연의 양면적 의미에 대해서는 박호성(1994) 참조.

나중에 발달하게 되는 이성이 있다고 간주한다. 그리고 "우리의 정신이 이 두 가지 원칙 사이에서 만들 수 있는 결합과 배합으로부터 바로 자연권의 모든 규칙이 나오는 것"(SD, 132-133)이라고 말함으로써 바로 자연으로부터 인간 본성에 부여된 능력들로부터 자연권이 도출되어야 한다고 주장한다.

인간 본성, 다시 말해 인간 영혼의 능력들로부터 자연권이 비롯된다면, 다음은 그러한 능력들이 발휘되는 대상들이 요청되게 된다. 루소가 "양심과는 독립된 채, 이성에만 의해서는 어떠한 자연법도 성립될 수 없고, 만약 인간의 마음에 있는 자연적 필요에 기초하지 않는다면, 모든 자연권은 단지 하나의 망상이라는 것을 또한 보여줄 것"(EM, 235)이라고 말하는 것에서, 그가 자연권의 대상들을 자연적 필요에 연결시키고 있다는 것을 알 수 있다.

인간의 자연적 필요는 자연 상태의 자연인의 존재 방식에서 찾을 수 있다. 루소에 따르면 자연인은 "오크 나무 아래서 배고픔을 채우고, 처음 만나는 시냇가에서 갈증을 해결하고, 그에게 먹을 것을 제공했던 같은 나무 아래서 잠자리를 찾고 그리고 그것으로 그의 필요가 충족되는"(SD, 141-142) 인간이며, 그가 아는 "유일한 좋음들은 음식, 여성, 그리고 휴식이고 그가 두려워하는 유일한 악함들은 고통과 굶주림"(SD, 150)이다. 즉 자연적 필요는 인간의 본성 중에서도 자기보존(에 대한 욕구 또는 자기애)과 관계되는 것이며, 따라서 자연권의 대상들은 음식, 휴식, 성욕을 뜻한다.[8] 그리고 자연인은 그에게 부여된 능력으로 이와 같은 자신의 자연적인 필요들을 충족시킬 수 있었

---

7) amour de soi(self-love)의 한글 번역에 대해서는 박호성(1994: 42-43) 참조.
8) 플라톤은 기본적인 필요로서, 음식, 음욕, 성욕(food, drink, sex)을 들고 있지만, 루소는 음식, 휴식(rest), 성욕을 들고 있다. 앞의 두 가지가 생존에 직접적이라는 측면에서 일차적이라면, 성욕은 이차적이라 할 수 있다(김용민, 2004: 75-76).

으며, 그러한 충족으로부터 현존감을 느끼며 행복에 도달하는 인간이다. 그래서 자연으로부터 부여받은 권리를 실현하는 것은 곧 행복을 추구하는 것과 같게 된다.

이상과 같이 볼 때, 루소에게 있어서 자연권은 '인간 영혼의 능력'이라는 것과 자기 보존을 위한 '자연적 필요들의 충족'으로 정의될 수 있다고 할 것이다. 즉 그에게 있어서 자연권은 자기 보존을 위해 '자신의 자연적 필요들을 충족시킬 수 있는 영혼의 능력(힘)'을 뜻한다는 것이다.[9]

2) 시민권

루소의 자연권은 사회 상태로 진입하면서 시민권으로 전환되게

---

9) 오늘날 영어의 right는 라틴어 ius의 번역이고, 이는 그리스어 δίχαιο(dikaio)의 번역이다. 리처드 터크(Richard Tuck), 모튼 윈스턴(Morton Winston) 등의 연구는 라틴어 ius는 정의와 관계되거나 정의로부터 비롯된다고 보고하고 있으며, 실제로 그리스어의 δίχαιο는 정의 또는 권리라는 두 가지 의미를 지니고 있다. 중근세에 이르러 간혹 ius가 법으로 번역되기도 했는데, 그리스어의 법은 νομος(nomos)이고 이에 대한 라틴어 번역은 lex라는 점에서 ius를 법으로 번역하는 것은 의문의 여지가 있다고 할 것이다. 어찌되었건, 이러한 정의 또는 권리는 플라톤, 스토아 학파를 거쳐 중근세의 사상가들에게 '영혼의 어떤 성향적인 힘 또는 능력'으로 간주되었다. 이 글에서는 능력만을 표기하기로 한다(Richard, 1979; 오수웅, 2007: 109 참조). 지면상 많은 예를 들 수는 없지만, 주지하다시피, 근대적 의미의 권리의 주관성을 확립한 사람으로 평가되기도 하는 홉스는 자연권을 "자신의 힘을 사용하려는 자유"로 파악하고 있다(Hobbes, 1996: 104). 로크는 자연 상태에 대한 가정에서 "일체의 권력과 권한은 상호적인 것이며 … 즉 … 똑같은 능력을 행사할 수 있으므로…" 평등한 상태라고 가정하고 있다(Locke, 1993: 116). 루소도 또한 자유를 의지의 힘(la puissance de vouloir, P3.142)(SD, 148) 그리고 고귀한 능력(faculty)(SD, 189)이라고 표현하고 있고, 덕을 '영혼의 강함이나 활기'로 말하고 있다는 점에서 그에게 있어서 권리(정의)가 영혼의 능력 또는 힘으로 간주되었다고 해석하는 것이 가능하다고 할 수 있다.

된다.[10] 그리고 이를 가능하게 하는 것이 바로 사회계약이다. 사회계약은 사회 상태 이전의 자연인들이 지속적인 존속을 위해서 선택하지 않을 수 없는 행위이며, 이는 한마디로 "자신의 모든 권리와 함께 자신을 공동체에 양도하는 행위"(SC, 53)이다.

사회계약을 통해서 사적인 인격들(private persons)은 하나의 도덕적이고 집합적인 몸체를 형성하게 된다. 이 도덕적이고 집합적인 몸체는 사회계약을 통해서 그 통일성, 공적 자아, 생명과 의지를 부여받은 공적 인격(public person)이다. 그래서 이 결합의 행위는 공적 인격과 사적 인격들 사이의 상호적인 약속을 포함하게 되고, 여기에 참여한 각 개인은 이중적인 지위를 지니게 된다. 하나는 주권의 구성원으로서 사적 개인이고 다른 하나는 국가의 구성원으로서 주권자인 공적 개인이다(SC, 53-54).[11] 따라서 자신의 모든 자연권을 양도한 후에 다시 공적 인격으로부터 받게 되는 권리는 사적 개인으로서 지니는 자연권이자 동시에 사회계약에 토대를 둔 공적 개인으로서 지니는 시민권(droit civil, P3, 290; droits du Citoyen, P3.291)이 된다. 루소는 다음과 같이 말한다.

사회계약을 통해서 인간이 잃는 것은 그의 자연적 자유와 그의

---

10) 여기서 말하는 사회 상태와 시민권은 『학문예술론』과 『인간 불평등 기원론』에서 말하는 당시의 사회 상태와 시민권이 아니다. 잘못 발달된 사회 상태와 시민권에 대한 대안으로서 제시된 사회계약의 논리에 따라 전환된 이상적인 사회 상태와 시민권을 가리킨다.
11) 인격(person)에 대한 홉스의 설명에 따르면 인격은 한 개인이 대상과의 관계에서 자신을 보여주는 가면과 같은 것으로, 각 개인이 반드시 하나의 인격을 가진다는 것을 의미하지 않는다. 주어진 역할에 따라 다른 연기를 보여주는 배우처럼, 한 개인은 사적 영역에서는 사적 인격을, 공적 영역에서는 공적 인격을 보여줄 수 있다(Hobbes, 1996: 106-107).

마음을 끌고 가질 수 있는 모든 것에 대한 무제한의 권리이다. 그가 얻는 것은 시민적 자유와 그가 소유한 모든 것에 대한 소유권이다. 이런 보정(compensation)에 관해 실수하지 않기 위해서 우리는 개인의 힘에 의해서만 제한되는 자연적 자유와 일반의지에 의해서 제한되는 시민적 자유를 그리고 힘의 결과 또는 최초 점유자의 권리인 소유와 단지 실정법적인 명목에 기초해야만 되는 소유권을 주의 깊게 구별해야만 한다(SC, 56).

근본 계약은 자연적 평등을 파괴한다기보다는 오히려 반대로 자연이 사람들 사이에 부여한 물질적 불평등을 도덕적이고 정당한 평등으로 대체하는 것이다. 그리고 그들이 비록 힘과 재능에 있어서 평등하지 않다 하더라도 그들 모두는 계약을 통해 그리고 권리에 의해서 평등하게 된다(SC, 58).

그런데 위 인용문에서 자연권이 시민권으로 전환되고 나면 완전히 소멸되는 것으로 생각할 수 있는 여지도 있으나 루소에게 있어서 권리는 영혼의 능력이기 때문에 능력은 영혼이 없어지지 않는 한 분리되지 않는다. 인권을 천부 불가양의 권리라고 명하는 이유가 바로 여기에 있다. 그래서 사회계약에 의해 자연권이 시민권으로 전환된다고 하나 소멸되지 않으며, 전환된다는 것은 자발적으로 그 성격을 변화시킨다는 것을 뜻한다고 할 수 있다. 사회계약에 참여하는 사람들은 사회계약의 관념을 이해하고 이를 실천하는 행위를 통해서 자연권을 스스로 시민권으로 전환시켜 이를 따른다는 것이다.[12] 따라

---

12) 루소에게 있어서 자연권이 자신의 자연적 필요를 충족시키는 영혼의 능력(힘)으로 정의된다는 것을 고려할 때, 시민권으로 전환시킨다는 것은 자연으로부

서 실천적 차원에서 사적 개인이 시민으로서 정부와 입법에 자발적으로 참여하여 자연권을 반영하여야만, 그 과정에서 정부는 정당성을 획득하게 되고 법은 자연법을, 법으로 보장되는 시민권은 자연권을 최대한 반영하게 될 가능성을 담보하게 되는 것이다.[13]

루소의 이러한 의도는『인간 불평등 기원론』과『사회계약론』에 잘 나타나 있다. 그는『인간 불평등 기원론』에서 기존 사회의 발달 과정에서 인간과 그의 자연권이 사회 속에서 불평등하게 된 원인과 그 사회적 토대를 밝혀내고, 나아가『사회계약론』에서는 사회 상태에서도 자연권과 시민권이 일치할 수 있는 방법에 관한 고민을 풀어내고 있다. 루소는 다음과 같이 말한다.

> 나는 인간을 있는 그대로의 모습으로 보고 또한 법은 변화할 수

터 부여받은 능력을 사회적인 능력으로 변화시킨다는 것을 뜻한다. 자연권과 시민권은 궁극적으로 이를 담지하고 있는 인간의 영혼에 있는 능력의 다른 표현이기 때문에 이 양자는 모두 인권의 개념에 포섭될 수 있다. 다시 말해 자연권과 시민권은 동일한 인간 영혼의 능력을 가리키지만 그것이 외재화되는 상태가 자연인가 사회인가에 따라 달라지는 동전의 양면과 같다는 것이다. 물론 이는 사회계약이라는 관념을 통해서 논리적으로 상호 연관되는 이상적인 경우에 한해서만 가능하다는 비판이 가능할 것이다. 그러나 비록 이상적이고 추상적이라 하더라도, 이러한 인권 개념은 오늘날의 인권 현실에 영향을 미치고 있는 많은 인권선언이 과연 이러한 인권 개념의 조건들을 충족시키고 있는지 아닌지를 검토하고 또 개선시키는 데에 있어서 매우 중요한 함의를 지닌다고 할 수 있다.

13) 자연권과 자연법의 관계에 대해서는 많은 논쟁이 있어왔다. 법학자들은 자연권을 자연법에 의해 부여된 권한이나 권능 또는 힘으로 파악하려는 경향을 보인다. 그러나 로크가 중세 법학자들처럼 자연법을 신의 법으로 간주하고 이 법 안에서 자연권이 부여됨과 동시에 제한되는 것으로 간주한 반면, 루소는 자연권을 확립하고 이를 잘 반영하는 법이야말로 비로소 자연법이라 부를 수 있다고 간주한다. 그래서 루소는 자연법에 대한 자연권의 우선성을 강조하고 있다고 할 수 있다.

있는 것으로 보면서 시민적 질서 속에서 정당하고 신뢰할 수 있는 통치의 법칙이 있을 수 있는지에 관해 탐구해보고자 한다. 이 연구에 있어서 나는, 정의와 유용성이 대립되지 않는다는 것을 보여주기 위해, 권리가 허용하는 바와 이익이 규정하는 바가 조화되도록 계속 시도할 것이다(SC, 46).

이는 결국 루소가 『사회계약론』을 통해 자연권이 반영된 시민권으로부터 나오는 질서[14]와 그 질서로부터 나오는 통치의 법칙을 찾아보겠다는 것이며, 만약 그러한 통치의 법칙이 있다면 그것은 권리와 이익이 일치되는 길이자[15] 동시에 사회적 정의와 유용성이 일치되는 길이라는 것을 주장하는 것이 된다.

홉스나 로크가 자연인의 자기애에 기초한 권리 행사가 서로 간의 충돌을 일으키기 때문에 갈등과 전쟁 상태의 원인이 되는 것으로 간주하고 그러한 권리 행사를 제한하거나 또는 통치자나 자연법[16] 아래에 묶어두려고 했다면, 루소는 이들의 자연 상태에 대한 가정은 사회 상태의 인간의 모습을 역투영한 것이라 비판하면서, 바로 자기

---

14) 인용문에서 '시민적 질서(L'ordre civil)'란, 『사회계약론』의 이전 판(première version)이 "Tant d'Auteurs célèbres ont traité des maximes du Gouvernement et des règles du droit civil…"로 시작하고 있다는 것을 고려할 때, '시민권의 규칙들(règles du droit civil)'이라 해석할 수 있을 것이다(P3.282 참조).
15) 여기서 이익이란 자연적·사회적 필요를 충족시켜줄 수 있는 대상들을 의미한다. 그리고 루소가 이미 사회 상태에 있는 인간을 자연 상태로 되돌릴 수는 없다고 보았다는 점에서, 사회 상태의 인간이 가질 수 있는 일정 정도의 사회적 필요를 인정하는 것은 불가피할 것이다. 이와는 별개로, 인용문의 '있는 그대로의 인간'의 의미에 대해서는 김용민(2004: 140-147) 참조.
16) 홉스는 이성에 기초하여 18개(내용상 15개)의 자연법을 추론해 제시하고 있으며, 로크는 자연법을 신법과 동일하게 간주하고 있다(Hobbes, 1996; Locke, 1993 참조).

애에 기초한 자연인의 권리 행사가 그것의 이익이 규정하는 바와 조화될 수 있고, 나아가 사회적 정의와 유용성이 일치될 수 있을 것이라고 본 것이다. 물론 이는 기만 계약이 아니라 사회계약에 의해서만 가능한 것이다.

루소는 자기 스스로의 자발적인 선택에 의해서 이루어지지 않는 계약은 사회계약이 아니며, 또한 그러한 계약에 의한 인간 군집의 상태는 사회 상태가 아니라 여전히 자연 상태에 머무르는 것이라고 비판한다(SC, 52). 루소는 사회 상태를 만드는 것은 오직 구성원들이 "자신의 모든 권리와 함께 자신을", 특정한 왕이나 군주에게가 아니라 바로 그 자신들의 집합체인 "공동체에 양도"(SC, 53)하는 사회계약에 의해서 가능하다고 보았기 때문이다.

이상과 같이 볼 때, 루소에게 있어서 시민권은 '사회계약에 의해서 전환된 자연권'이라 할 수 있으며, 사회계약에 의한 공공 인격으로부터 부여받은, '자신의 자연적·사회적 필요를 충족시킬 수 있는 사회적 능력'을 의미한다고 정의할 수 있을 것이다.[17]

---

17) 이와 같이 인권을 자연적인 기본적 필요와 권리 그리고 사회적 필요와 권리의 관계를 중심으로 파악하려는 연구자로는 대표적으로 조셉 라즈(Joseph Raz)와 요한 갈퉁(Johan Galtung)을 들 수 있다. 조셉 라즈는 인권의 본성을 자기 보전과 복지에 대하여 가지는 이익(interests)으로 파악하고 있고, 특히 요한 갈퉁은 인권과 필요의 관계를 경험과학적인 분석 연구로까지 발전시키고 있다. 요한 갈퉁은 필요에 관계되는 인권과 그렇지 않은 인권을 구분하고 있는데, 이는 자연적 필요와 사회적 필요가 구분될 수 있음을 시사해준다고 할 수 있다(Raz, 1989: 10-11, 52-59; Galtung, 1994 참조).

3. 시민사회와 사회계약

1) 부르주아사회: 기만 계약과 파리

『인간 불평등 기원론』에 따르면 자유롭고 독립적으로 존재하던 최초의 자연인은, 자기 보존을 위해 자연적 필요를 충족시키기 위해서는 혼자보다는 둘 이상이 협력하고 그 협력의 규칙들을 따르는 것이 유익하다는 것을 알게 됨으로써, 점차 자신과 같은 존재를 만나 군집을 이루고 살기 시작한다.[18] 그 후 몇몇의 진보를 통해 인간 사회는 점차 외적이고 내적인 발달을 거치게 된다. 루소에게 있어서 인간 사회는 대체로 5단계의 자연 상태와 2단계의 사회 상태를 거쳐,[19] 당시 영국의 런던이나 프랑스 파리와 같은 마지막 사회 상태[20]에 이르게 된다.

그러나 여기서 말하는 법과 정부가 등장하는 최초의 사회 상태는[21] 사회계약에 의해 생겨날 수 있는 사회 상태와는 거리가 멀다.

---

[18] 인간이 사회를 이루게 되는 원인에 대해 루소는 이전 사상가들처럼 사회성 이론에 기대지 않고, 모든 자연권이 비롯되어 나오는 인간 본성, 즉 자기애와 동정심으로부터 찾고 있다(SD, 132-133).

[19] 몇 가지 물질적 진보에 기초한 장 스타로뱅스키(Jean Starobinski)의 5단계와 정신적 진보에 기초한 김용민의 5단계 구분이 있다. 여기서 마지막 사회 상태란 루소가 살았던 당시의 문명사회를 의미하지만, 루소가 묘사하는 문명사회의 문명인의 삶의 모습은 현대인들과 매우 흡사하다. 이 글에서는 5단계의 자연 상태보다는 사회 상태에 대한 루소의 비판에 초점을 맞추고자 한다(김용민, 2004: 69-71; Starobinski, 1988: 297-299 참조).

[20] 18세기 당시 영국의 런던과 프랑스 파리는 루소에게 있어서 전형적인 부르주아사회로 간주된다. 루소는 부르주아를 타락한 인간의 전형으로 간주하고 있다(Melzer, 1980: 1018-1033 참조).

[21] 홉스와 로크도 사회계약에 의한 법의 존재 여부로 자연 상태와 사회 상태를 구분하고 있다. 홉스가 사회 상태 이전의 상태(자연 상태)를 전쟁 상태라고 보았다

이 최초의 사회 상태는 가난한 자들에 대한 부자들의 '기만 계약'에 의한 법과 정부로 구성된 사회 상태이지(SD, 183-185), 『사회계약론』에서 말하는 모든 인간이 자신과 자신의 자연권을 공동체에 양도하는 사회계약에 의한 사회 상태가 아니기 때문이다. 그래서 이런 상태는 물리적 폭력, 경제적 부 등을 소유한 강자의 권리가 지배하는 홉스적 자연 상태에 불과한 것으로 간주된다.

이 최초의 사회 상태는, 집정관 제도와 강자와 약자의 구분이 상징하는 바와 같이, 통치 조직과 지배 구조가 확립되는 두 번째 단계로 그리고 그러한 지배 구조의 정당성이 희미해지고 단지 주인과 노예의 지배 관계만 족쇄처럼 부여된 마지막 단계로 진행하게 된다. 이 과정은 자유롭고 평등하게 태어난 인간이 노예와 불평등한 상태로 전락하게 되고 그러한 사회적 토대가 점점 더 공고하게 되어가는 과정을 나타낸다. 이런 사회에서는 기존의 기만 계약에 의한 강자의 이익을 대변하는 법이 확립되고 그 법에 의해 부여되고 유지되는 권리와 의무만이 강요되므로 자연권과 시민권이 일치하지 않게 되며, 시민과 시민권 개념의 핵심은 '부르주아'와 '재산'으로 변질되게 된다. 그래서 루소는 "이 단어[Cité]의 진정한 의미는 근대인들 사이에서 거의 완전히 사라져버렸다. 대부분은 마을(ville)을 도시(cité)로, 그리고 부르주아를 시민이라고 잘못 알고 있다. … 내가 아는 바로는 어떠한 프랑스인 저자도 시민이라는 단어의 진정한 의미를 모르

면 로크는 자연 상태를 자연법에 의해 규율되기 때문에 기본적으로 평화로운 상태라고 보았다. 다만 로크도 평화로운 상태에서 사회 상태로 진행하는 사이에 인간 이기심에서 비롯된 전쟁 상태가 있다고 본다. 이렇게 본다면 루소가 말하는 황금시대는 홉스보다는 로크가 말하는 것과 가깝다고도 할 수 있다. 그러나 로크가 그런 시대가 인간의 이성에 기초하고 있다고 보았다면 루소는 동정심과 양심에 기초하고 있다고 보았다는 점에서 차이가 난다.

고 있다"(SC, 54)라고 하여[22] 당시 프랑스인들의 시민에 대한 이해를 비판하고 있으며, 그가 "울타리를 두르고 '이것을 내 것이다'라고 외친 최초의 사람이 시민사회의 창립자"(SD, 170)라고 말할 때의 시민사회는 바로 이러한 타락한 사회를 일컫는 것이다.

파리와 같은 타락한 사회는, 비록 그 구성원들이 자신들을 도시에 거주한다는 이유에서 시민이라 부르고 그들의 사회(société)[23]를 시민사회라 부른다 하더라도, 루소가 보기에 기존 질서에 순응하고 오히려 적극적으로 옹호하면서 그 안에서 자신들의 사적 이익만을 추구하는 부르주아들로 이루어진 신민 사회에 불과하다. 그래서 이들의 사회는 국가라는 이름의 단일한 공동체를 형성하지 못한다. 왜냐하면 부르주아들의 계약은 기만 계약이지 사회계약이 아니며, 이들은 "시민적 질서 속에 있음에도 불구하고 자연의 감정을 우선하려 하므로 항상 자기 자신과 모순되고, 늘 자신의 성향과 의무 사이를 방황하면서 결코 인간도 시민도 되지 못하고"(EM, 40), 이들이 만든

---

[22] 마이클 에드워즈는 고대로부터 근대 시기까지 시민사회와 정치적으로 조직된 조직체, 즉 국가는 구별되지 않고 동격으로 간주되었으나, 1750년부터 1850년의 근대 산업혁명의 시기에 시장경제가 이익집단들을 태동시킴으로써 이들에 의해 시민사회의 개념이 변화하게 되었다고 보고하고 있다(에드워즈, 2005: 30-32). 루소가 프랑스인들의 Cité와 시민의 개념 이해를 비판하고 있는 것은 아마도 프랑스에서도 이런 영향에 의해 시민과 cité의 개념이 변화했음을 반영해준다고 하겠다. 소문자 c로 표기할 때는 도시를 뜻하지만 대문자로 표기할 때는 공화국 또는 국가를 뜻한다.

[23] 루소에게 있어서 société는, ville와 cité가 내포하는 인간 삶의 공간적 조건이라는 의미보다는, 단순한 인간들의 모임을 뜻하는 les hommes assemblés의 의미에 가깝다고 할 수 있다. les hommes assemblés는 ville와 cité, Cité 내에서도 얼마든지 발견될 수 있는 단순하고도 자연스런 군집을 뜻한다. 이는 루소가 société를 클럽이나 서클 등과 동일한 의미로 간주하고 있다는 것에서도 확인할 수 있다(LDT, 99). 덴트도 루소에게 있어서 사회는 단지 '인간 결합체(human association)'를 의미한다고 말하고 있다(Dent, 1992: 225).

"모든 특정한 사회는, 이것이 좁고 단일하게 되어버릴 때, 전체로부터 떨어져나갈 것"(EM, 39)이기 때문이다.

이러한 파리라는 국가(Cité)에 대한 루소의 처방은 『사회계약론』과 『에밀』이라고 할 수 있다. 루소가 말하는 좋은 사회제도는 "인간을 자연으로부터 벗어나게 하는 방법, 자신을 관계되는 사람들에게 주기 위해 자신으로부터 절대적 존재를 떼어내는 방법 그리고 나를 단일한 공동체로 전환하는 방법"(EM, 40)이며 이는 곧 사회계약을 의미한다(김용민, 2004: 68). 그리고 『에밀』은 자연 교육, 취향 교육,[24] 시민교육에 초점이 맞춰져 있다. 파리와 같은 도시의 부르주아들을 먼저 인간으로 만든 다음 이들이 자발적으로 시민이 되게 함으로써 인간과 시민의 일치를 꾀하고자 한 것이다. 그래서 교육의 목적도 인간과 시민을 양성하고 양자를 일치시키고자 하는 데에 있게 된다. "만일 자기가 뜻하는 두 가지 목적이 하나로 일치될 수 있다면, 인간의 진정한 행복을 가로막는 큰 장애물도 제거할 수 있을 것이기"(EM, 41) 때문이다. 다시 말해 부르주아에 대한 루소의 처방은 자연성을 간직한 인간이자 사회계약의 관념을 이해하고 이를 실천하는 시민이라는, 두 가지가 일치된 사람이 되도록 교육해야 한다는 것이다.

2) 시민과 시민사회: 사회계약과 제네바

앞에서 논의한 바에서 추측할 수 있듯이 루소에게 있어 시민은 개

---

[24] 루소에게 있어서 취향은 도덕과 밀접한 관계가 있는 것으로 간주된다. 도덕이 국가에 중요한 영향을 미친다는 점에서 취향 교육은 도덕교육과도 마찬가지라 할 수 있고, 인간과 시민의 경계를 넘나들 수 있게 하고 양자를 매개해주는 교육이라고도 간주할 수 있을 것이다(오수웅, 2007: 108-140 참조).

인이 국가(Cité)²⁵⁾에 대하여 가지는 관계 속에서 부여되는 지위이다. 루소는 다음과 같이 말한다.

> 즉 계약을 맺은 각 집단의 사적인 인격들을 대신하여, 이 결합 행위는 집회에서 목소리를 가지는 것만큼의 많은 구성원으로 구성된, 도덕적이고 집합적인 결합체를 만들어낸다. 이[결합 행위]로부터 결합체는 그 통일성, 공동 자아, 생명 그리고 의지를 받게 된다. 이 공공 인격은 그래서 모든 사람의 연합에 의해서 형성되고 이전에는 국가(Cité)라는 이름을 가졌지만, 현재는 공화국 또는 정치체라는 이름을 가진다. 그 구성원들은 이것이 수동적일 때 정부, 능동적일 때 주권자, 그리고 다른 유사한 몸체와 비교될 때 권력이라 부른다. 그 구성원들은, 집합적으로는 국민이라는 이름을 가지고, 개별적으로는 주권적 권위에 참여하는 참가자로서 시민이라 불리며, 그 정부의 법에 종속된 자들로서 신민이라고 불린다(SC, 53-54).

여기서 주권적 권위에 참여한다는 것은 결국 사회계약의 당사자로서 자신과 자신의 모든 자연권을 국가에 양도하고 동시에 그 국가

---

25) Cité는 글자 그대로 본다면 도시 또는 도시국가로 번역하는 것이 옳을지도 모른다. 그러나 루소가 이를 공화국 또는 정치체와 동일하게 간주했다는 것을 보다 중요하게 고려한다면 Cité를 국가로 의역할 수 있을 것이다. 왜냐하면 루소가 Cité가 가지는 추상적 의미보다 그 단어가 가지는 구체적 의미를 보다 중요하게 고려했다면 공화국이나 정치체와 동일하게 간주하지 않았을 것이고 프랑스인들의 시민에 대한 이해 또한 비판하지 않았을 것이기 때문이다. 루소가 Cité와 cité를 구별하여 사용하고 있다는 사실을 보더라도, Cité가 반드시 '도시'라는 공간적 의미를 수반해야 하는 것은 아니라고 할 수 있다. 인용문 마지막 문장에서 정부는 국가가 수동적일 때를 말하는 것으로 국가의 다른 얼굴이라 할 수 있다.

로부터 시민과 신민으로서의 권리와 의무를 부여받는 행위, 즉 법과 정부를 구성하고 그에 따르는 행위를 한다는 것을 의미한다.[26] 그래서 파리와 같은 신민 사회를 시민사회로 전환시키는 것은 파리의 사람들로 하여금 자발적인 사회계약을 하게 하는 것이다. 왜냐하면 마치 스스로 독립할 수 있는, 즉 자기 보전을 위해 자기 자신의 유일한 판단자로 성장한 자식들이 아버지와 가족을 이루고 사는 것은 부모와 자식 간의 암묵적이고 자발적인 계약에[27] 의한 것인 것처럼(SC, 47), "사회계약은 모든 시민사회의 기초이고, 그것이 형성하는 사회의 본성은 이런 전환의 본성 속에서 찾아져야만"(EM, 460) 하기 때문이다. 이는 루소가 왕에게 자기 자신을 양도했기 때문에 국민이 된다는 그로티우스(Grotius)의 주장을 비판하면서, 개인들이 국민이 되는 것은 왕에게 자신들을 양도했기 때문이 아니라 사회계약 자체에 의해서 스스로 국민이 되었기 때문이며 이것이 다른 것들에 필연적으로 선행하는 사회의 진정한 토대(SC, 52)라고 말하는 것에서도 확인할 수 있다.

이와 같이 볼 때, 루소에게 있어서 사회계약이라는 관념은, 플라톤의 좋음의 이데아가 우주와 국가 그리고 개인의 영혼에 작용하는 동일한 원리로 간주되는 것처럼, 개인 간의 관계는 물론 작은 규모

---

[26] 즉 시민은 '국가의 주권적 권위에의 참여'라는 행위적 조건을 충족시켜야만 부여될 수 있는 지위이며, 동시에 신민은 그 정부(수동적일 때의 국가)의 법에 종속되어야 하는 지위라는 것이다. 그래서 또한 이들로 이루어진 사회는 국민 사회, 시민사회, 신민 사회라는 이름을 가지게 된다.

[27] 루소는 『에밀』에서 "사회들의 원칙으로서 힘의 권리를 거부하고 자연의 권리 또는 부권적 권위를 받아들인다고 가정한다면, 우리는 그 권위의 정도와, 어떻게 본성에서 찾아질 수 있는지 그리고 아이들의 유용성, 아이들의 약함과 그들의 아버지가 가지는 자연적인 사랑 외의 다른 근거를 가지는지 아닌지를 살펴보아야 할 것"(EM, 459)이라고 말함으로써 사회계약이 힘에 의해 강요된 것이 아니라 '자발적으로 선택된' 것으로서 자연적인 것이라고 강조한다.

의 결합체나 국가 같은 보다 큰 규모의 결합체에도 적용될 수 있는 보편적 관념이라 할 수 있다. 즉 사회계약을 통해서 결합된 모든 결합체는 구성원의 지위와 권리의 동일한 전환에 기초하고 있기 때문에 루소의 시민사회는 사적 개인들의 결합이라는 미시적 수준과 이들이 공적 개인들로서 결합한 국가라는 거시적 수준을 넘나들며 적용될 수 있는 개념이라는 것이다. 그래서 마치 세계는 상호 연관된 부분들의 합으로서 단일한 전체(the whole)라는 파르메니데스(Parmenides)의 존재론처럼(Plato, 1997 참조), 루소에게 있어서 국가는 그 안에 크고 작은 시민사회들을 가진, 거대하고 단일한 추상화된 시민사회와 같고, 개인은 시민사회들의 부분인 동시에 국가의 부분으로서 시민사회와 국가에 모두 관여하는 구성원과 같다.

루소가 제네바를 찬양하기를 주저하지 않았던 것은 바로 제네바에서 이와 같은 단일한 공동체의 상을 발견할 수 있었기 때문이다. 루소가 제네바에 살았던 그의 아버지의 삶을 묘사하는 부분에서 엿볼 수 있듯이(SD, 126) 제네바의 사람들은 개인인 동시에 시민이며, 이런 사람들로 이루어진 그들의 사회는 시민사회인 동시에 국가, 즉 하나가 아니면서도 하나인 단일한 공동체로 간주될 수 있다는 것이다. 이는 그가 『인간 불평등 기원론』의 헌정사에서 제네바 공화국을 현존하는 최선의 정체로서 간주하고 이들의 삶을 찬양하는 것을 주저하지 않았으며, 항상 자신을 제네바의 시민으로 칭하길 원했다는 사실에서 확인할 수 있다.

파리가 단일한 공동체가 될 수 없었던 것이 파리 사회가 개인의 차원을 벗어나지 못했기 때문이라면, 제네바가 단일한 공동체가 될 수 있었던 것은 제네바 사회가 개인과 사회를 견고하게 묶어주었기 때문이라고 할 수 있다. 이와 같이 본다면, 루소가 보여주는 제네바 시민사회들의 모습에서 개인, 사회 그리고 국가가 어떻게 단일한 공동체로 결합될 수 있었는지가 드러나게 될 것이다.

4. 시민사회와 인권 실현

1) 공화국 시민의 도덕: 공적 영역에서의 활동과 토론

루소는 제네바의 시민사회의 구성과 행태를 다음과 같이 묘사하고 있다.

내 어릴 적에 클럽은 사회(société)라는 이름으로 존재했다. 그러나 그 형태는 그렇게 좋거나 정기적인 것은 아니었다. 매년 봄에 서로 모이게끔 하는 무기 연습, 한 해의 일정 시기에 수여되는 다양한 포상, 이런 포상을 하는 군대의 행사들, 모든 제네바 사람을 일상적으로 자주 모이게 만드는 사냥 취향들은, 사람들에게 저녁식사를 겸한 서클, 시골 방문 그리고 마침내 우정을 결속시키는 기회를 제공하였다. 그러나 즐거움(pleasure)과 기쁨(joy)만을 위한 이런 회합들은 항상 선술집에서 보다 잘 형성되었다. 이런 일들의 필요성이 우리로 하여금 보다 자주 만나게 하고 보다 냉정하고 침착하게 심사숙고하게 하는 사이, 우리의 시민적 불일치는 이런 소동을 일으키는 사회들을 보다 준수한 결합체로 변하게 만들었다. 이런 결합체들은 서클이란 이름을 썼고, 아주 슬픈 이유로부터 아주 좋은 영향들을 나오게 했다(LDT, 99).

이런 서클들은 공통의 비용으로 가구와 필요한 물품들을 제공

하는 안락한 장소(quarters)들을 빌리는 12-15명의 사람들로 구성된 사회였다. 매일 오후 모든 구성원은 자신의 일이나 즐거움 때문에 그 장소에 가는 것을 잊지 않았다. 그들은 만나서, 각자 자기 취향의 즐거움을 제한 없이 향유하였다. 그들은 도박을 하고, 대화하고, 독서하고, 술 마시고, 담배를 피웠다(LDT, 99).

위 인용문에서 사회가 형성되는 원인을 발견할 수 있다. 즉 사회는 그 구성원들이 쾌락과 즐거움이라는 자기 자신의 이익을 위해 자발적으로 구성한 인간 결합체라는 것이다. 쾌락과 즐거움은 필요의 충족에서 나오는 것이며, 필요의 충족은 그 대상들을 확보하는 행위를 전제한다는 점에서, 사회는 곧 각 개인들이 자신의 인권을 실현하여 행복을 얻고자 하는 목적에서 자발적으로 형성한 결합체라고 해석할 수 있다.[28] 그래서 루소가 말하는 '아주 슬픈 이유'라는 것은 바로 그 구성원들이 사적 이익을 추구한다는 사실인 것이다.

홉스가 말하는 자연권의 충돌처럼 각 개인들은 그 자신의 이익을 추구하는 과정에서 필연적으로 "시민적 불일치"에 직면하게 된다. 그러나 이러한 시민적 불일치는 오히려 이 사회들을 준수한 단체로 변하게 하는 이른바 "아주 좋은 영향들"을 가져온다. "아주 좋은 영향들"은 다름 아닌 "준수한"의 내용에 해당하고, 이는 공화주의자들의 도덕을 함양하게 된다는 것을 뜻한다. 루소가 "이런 것이 제네바

---

28) 인권을 실현한다는 것은 인간 영혼의 능력을 사회 속에서 발현시켜 자신의 자연적·사회적 필요들을 충족시키려는 행위를 한다는 것을 뜻한다. 이러한 행위를 하는 것은 사적 이익을 추구하는 것과 동일하게 간주될 수 있다는 점에서 자연권의 실현과도 같고, 동시에 이 행위는 사회 상태에서 이루어지는 것이므로 공적 이익과의 관계 속에서 규정될 것이 요구되는, 시민권의 실현과도 같다고 보는 것이 타당할 것이다.

사람들의 일상적인 즐거움이다. 쾌락과 유쾌함이 부여된, 이런 즐거움들은 공화주의자들의 도덕[29]에 적합한 단순하고 순수한 무언가를 가지고 있다"(LDT, 99-100)고 말하고, 그 단점들, 즉 즐거움이나 기쁨을 추구하는 행위들의 남용에도 불구하고, "서클은 그러나 우리 사이에서 고대의 도덕들에 대한 몇몇의 이미지를 여전히 유지하고"(LDT, 104) 있다고 말하는 것에서 확인할 수 있다.

"시민적 불일치"의 존재는 곧 어떤 식으로든 일치를 향한 '대화' 또는 '토론'을 수반하게 된다는 점에서, 고대 공화국의 도덕이란 바로 공적 영역에서의 활동과 토론을 의미한다고 할 수 있다. 루소는 공화주의자들의 도덕에 대해 다음과 같이 말한다.

> 군주가 남성이나 여성을 통제하는 것은 차라리 그에게는 상관 없는 일이다. 그에게 복종하기만 한다면. 그러나 공화국에서는 남성들이 필요하다. 고대인들은 그들의 거의 대부분의 삶을, 그들의 일에 관계하거나 공공 영역에서 국가의 일들을 돌보거나 하는, 공개된 상태에서 보냈다(LDT, 100-101).

> 우리의 서클은 사람들 간의 오래된 도덕들에 대한 이미지를 여

---

[29] 여기서 도덕으로 번역한 moeurs는 영어의 mores로서 흔히 습속, 양속 등으로 번역된다. 그러나 루소에게 있어서 moeurs는 그를 도덕철학자로 간주할 수 있을 정도로 매우 중요한 개념으로 습속, 양속 등으로 이해되어서는 안 될 것이다. 루소에게 있어서 moeurs는 감각과 이성을 통해서 영혼에 형성되는 관계 관념과 관계 감정으로서, 이것이 외재화될 때 예절이 되고, 이러한 예절이 개인적 차원에서는 습관으로, 국가적 차원에서는 관습으로 나타나게 되고 결과적으로 이러한 관습들은 법에 스며들게 된다. 따라서 공적 영역에서의 활동과 토론을 통해서 형성되는 도덕은 분명 국가의 법과 밀접한 관계를 지닌다고 할 수 있다 (오수웅, 2007: 108-121 참조).

전히 간직하고 있다. 자신들의 생각을 여성들 수준으로 낮추고, 이성에 화려함을 입히는 것에서 면제된 남성들은 자신들 스스로 조소당할 두려움 없이 깊고 진지한 토론에 열중한다. 그들은 허풍쟁이로 흐르지 않고 국가와 덕에 대해서 말하고, 심지어 수다쟁이의 공리들에 얽매이지 않을 수 있다. 만약 대화의 순서가 덜 방해받는다면, 이성은 보다 중요하게 되고, 그들은 농담과 불평에 만족하지 않게 된다. 그들은 훌륭하게 답변하는 것을 피할 수 없게 되고, 서로 진지하게 논쟁하게 된다. … 그들은 우리의 도시에서 거의 검열관의 역할을 수행한다. 그래서 로마가 번창할 시기에 시민들은 서로를 감시하면서 정의를 향한 열정(zeal)에서 공개적으로 서로를 고소하였다. 그러나 로마인들이 타락하고 나쁜 것을 숨기는 것 외에 좋은 도덕을 위해 할 수 있는 것이 아무것도 남지 않았을 때는 숨겨진 것들을 폭로하려는 악덕에 대한 증오 자체가 숨겨지게 되었다(LDT, 105-106).

이와 같이 서클들은 공적 영역에서의 활동과 토론을 하는 관행을 유지하고 있으며, "숨겨지기를 원하지도 않고 그럴 수도 없고, 공적으로 허용됨으로써 질서와 규칙이 그 안에 만연해 있기 때문"(LDT, 108)에, 루소는 "개인들을 함께 모여 살게 하는 모든 종류의 관계 중에서, 서클은 논의의 여지없이, 가장 합당하고, 가장 준수하며, 그리고 가장 덜 위험한 관계들을 형성한다"(LDT, 108)고 믿고 있는 것이다.

루소가 『극장에 관하여 달랑베르에게 보내는 편지』에서 사람들의 취향이 사치스럽게 타락하게 되면, 사람들은 더 이상 사회나 서클과 같은 공적 영역에 나오지 않고 공적인 일에 대해 관심을 가지지 않게 되어 결과적으로 국가가 약해지게 된다고 걱정하는 것처럼(LDT,

101-103),[30] 공적 영역에서의 활동과 토론은 공화국의 건강함에 필수적인 것이다. 이는 "정부의 형태와 연계되고 그것을 유지하는 데에 도움을 주는 관행들이 발견되지 않는 잘 구성된 국가란 존재하지 않는다. 『관찰자(Spectator)』의 저자들에 의해서 시기에 맞지 않게 조롱거리가 되기 전까지 런던에 있는 클럽(coteries)은 이런 종류의 제도였다 … 유사한 클럽이 제네바에서 서클(cercles)이란 이름으로 현재 성립되어 있다 … 내 어릴 적에 클럽은 사회라는 이름으로 존재했다"(LDT, 98-99; P5.90)고 말하는 데서 확인할 수 있다.

이러한 루소의 경고는 『사회계약론』에서도 찾아볼 수 있다. 여기서 루소는 주권자는 국민이 집회를 하고 있을 때만 행동할 수 있기 때문에 로마 시기처럼 자주 집회를 가져야만 정부에 대해 검열관의 역할을 할 수 있다고 말한다. 이때는 최하층 시민의 인격도 최고 행정관의 인격처럼 신성하고 불가침한 것이 된다. 그러나 시민이 탐욕스럽고 겁 많고 게으르게 되고 자유보다는 평안한 것을 선호하게 되면, 결국 전제적인 정부의 방해에 오래 견디지 못하고 주권과 국가는 소멸하게 된다(SC, 99-101)고 말하고 있다.

2) 인권의 실현과 습합: 사익과 공익의 조화

루소에게 있어서 국가는 자기 스스로의 주인인 사람들이 자신과 자신의 모든 권리를 양도함으로써 형성되는 공공 인격이기 때문에, 국가의 소멸은 사람들이 더 이상 자기 스스로의 주인이 아니거나,

---

30) 루소는 오늘날의 문화 개념에 포함된 예술적 또는 정신적 활동 및 결과, 예를 들어 영화, 연극, 음악, 스포츠, 게임 등등의 발달과 국민들의 공적 영역에의 참여와 토론의 관계에 대해 연구해볼 만한 주제를 안내해주고 있다고 할 수 있다. 문화 개념에 관해서는 오수웅(2007) 참조.

자신과 자신의 모든 권리를 공동체에 양도하지 않음으로써 발생한다고 간주할 수 있다. 자기 스스로의 주인이 된다는 것은 자기 보전에 무엇이 필요한지를 스스로 판단하는 판단자가 된다는 것을 의미한다(SC, 47). 즉 자기 자신의 주인이 되는 사람은 자기 보전을 위하여 자신의 자연적·사회적 필요를 어떻게 충족할지를 스스로 판단하고 그것을 충족시키기 위해 자신의 권리를 실현하려고 하는 사람이고 역으로 노예는 자기 자신이 아니라 타인의 판단이나 힘에 자신을 종속시키는 사람을 뜻한다.

따라서 주권적 권위에 참여하는 것은 곧 자기 자신의 자연권을 시민권으로 전환시키는 행위가 되며, 이 행위의 결과는 곧 법의 제정으로 귀결된다. 즉 주권적 권위에 참여하는 것은 입법권을 행사한다는 것을 뜻하며, 이러한 행위를 하는 주권을 가진 자가 된다는 것은 곧 자신의 인권을 실현하려는 의지를 발현하는 자가 된다는 것과 같다. 그래서 루소는 다음과 같이 말한다.

일반의지가 항상 옳고, 모든 이가 항상 각자의 행복을 원하는 것은, 각자라는 단어를 자기 자신에게 적용시키지 않는 사람이 없기 때문에 그리고 각자가 모든 이를 위해 투표할 때 자기 자신을 생각하지 않는 사람이 없기 때문에란 말인가? 이는 정의의 관념을 만드는 권리의 평등이 각인의 자기 자신에 대한 선호 그리고 결과적으로 인간의 본성에서 비롯된다는 것을 증명한다. 진정한 일반의지가 되기 위해서 일반의지는 그 대상에 있어서뿐만 아니라 그 본질에 있어서도 일반적이어야 한다. 그것은 모든 이로부터 나와서 모든 이에게 적용되어야 한다. 그리고 그것이 어떤 개인적이고 특정한 대상을 향하게 된다면 그 자연적 올바름을 잃게 된다. 왜냐하면 그럴 때는 우리와는 상관없는 것을 판단하게 되고, 우리는 우리를 안내하는 참된 공평의 원칙을 가질 수가 없기 때문이다(SC, 62).

자신의 인권을 실현하려는 의지를 발현한다는 것은 자신들의 의견을 말함으로써 입법에 관여한다는 것을 뜻하고 이는 곧 자신이 자기 자신에 대한 판단자임을 실현해내 보이는 것, 즉 주권자임을 드러내는 것이 된다. 이렇게 하는 것은 일반의지에 자신의 의지를 관여시키는 것이자 곧 국가라는 전체의 한 부분으로서 자신의 역할을 다하는 것이 된다.

그럼에도 불구하고 자신의 의지를 일반의지에 관여시키지 않는다면 이는 곧 타인의 의견에 자신을 내맡긴다는 것을 의미하게 되며, 동시에 자기 자신과 자신의 모든 권리를 공동체에 양도하지 않는다는 것을 의미하게 되기 때문에 각 개인은 사적 이익의 추구에 함몰된 노예와 같게 된다. 그래서 루소는 "일반의지는 항상 많은 작은 차이들로부터 나오는 것인데 … 파당이나 편파적인 결합체들이 형성되고 … 결합체(파당)들 중 어느 하나가 다른 것들을 압도할 정도로 거대해지게 되면 그 결과 거기에는 더 이상 작은 차이들의 합은 없고 단지 하나의 커다란 차이만 있게 된다. 그러면 거기에는 더 이상 일반의지란 존재하지 않게 되고, 그 결합체(파당)의 압도적인 의견은 단지 사적인 의견에 불과하다. 일반의지가 잘 표현되기 위해서는 국가에 편파적인 사회가 없는 것 그리고 각각의 시민이 그 자신의 의견을 말하는 것이 중요하다"(SC, 61)고 강조하는 것이다.

이와 같이 볼 때 시민사회는 그 구성원이 자신의 인권을 실현함과 동시에 자신을 국가에 연계시키는 매개적 공간이라 할 수 있다. 구성원 각각은 자신의 사적 이익을 위해 자신의 능력 또는 힘을 발휘할 수 있으며, 동시에 발생할 수 있는 사적 이익 간의 불일치를 일치시킬 수 있는 공간이라는 것이다. 그리고 사적 이익 간의 불일치를 일치시킨다는 것은 결국 사적 이익을 추구하는 개별 의지를 공적 이익을 추구하는 일반의지에 습합시킨다는 것을 의미한다.

루소는 이를 가능하게 하기 위해 사람들에게 자신의 능력과 욕망을 일치시킬 것을 주문하고 이를 위한 교육이 이루어져야 한다는 것을 강조한다. 루소에게 있어서 인간의 지혜 또는 참된 행복의 길은, 우리의 욕망을 제한하는 것이나 능력을 확장하는 것이 아니라, "능력을 넘어서는 욕망들의 초과분을 줄이고 힘과 의지를 완전한 평등에 있게 하는 데에 있다. 그때가 활동하는 모든 힘을 가진 영혼이,[31] 그럼에도 불구하고 평화로운 상태에 있고, 그리고 인간이 질서 지어지게 되는 유일한 때"(EM, 80)이기 때문이다.

사적 이익과 공적 이익의 조화, 개별 의지와 일반의지의 조화는 시민사회 속에서의 활동과 토론을 통해 가능하게 된다. 공적 영역에서의 활동과 토론은 개인들에게 각자의 의견보다 높은 수준의 좋음을 추구하는 의견을 배우고 따를 수 있는 기회를 제공하기 때문이다. 이런 일종의 교육 효과를 통해 개인은 자신의 사적 이익과 공적 이익을 조화시킬 수 있게 되고, 또 국가적 차원에서 자신의 개별 의지와 일반의지를 일치시키게 됨으로써 결과적으로 권리와 이익이, 사회적 정의와 유용성이 일치하도록 만든다는 것이다. 또한 공적 영역에서의 활동과 토론에 참여하는 과정에서 개인들은 사적 이익에 함몰된 개별 의지가 아니라 공적 이익을 지향하는 일반의지를 따르려는 성향이 함양될 것이기 때문에 결과적으로 이들로 이루어진 사회는, 제네바와 같이, 구성원들 상호 간에 우정의 결속과 애국심

---

31) 영혼이 가진 활동하는 모든 능력(힘), 이는 곧 앞에서 정의한 바 있듯이 바로 인권이라 할 수 있다.

에 토대를 두고 있다고 할 수 있게 된다.[32] 이런 국가는 강하고 평화롭게 번영할 수밖에 없고, 인권의 보호와 증진이 이루어지는 장소가 될 것이 분명하다.

5. 인권과 참여 민주주의

이상과 같이 살펴본 바를 정리하면 루소에게 있어서 자연권은 자기 보존을 위한 '자연적 필요들을 충족시킬 수 있는 영혼의 능력'이며, 이는 사회계약에 의해, 또 사회계약에 의해 생성되는 공공 인격으로부터 보장받게 되는, '자신의 자연적·사회적 필요를 충족시킬 수 있는 사회적 능력'인 시민권으로 전환된다. 따라서 루소에게 있어서 인간 영혼의 능력으로서 인권은 자연권과 시민권을 포함한다고 할 수 있다.

그리고 국가는 사회계약에 의해서 '그 통일성, 공동 자아, 생명 그리고 의지를 부여받은, 그것에 참여하는 수만큼의 구성원들로 구성되었으나 하나의 도덕적이고 집합적인 몸체를 가지는 결합체(공적 인격)'이고, 시민사회는 '국가의 주권적 권위에 참여하는 참가자들의 또는 이들에게 속하는 사회'라 할 수 있다.

한 국가 내에 존재하는 국민과 사회는 그 국가의 주권적 권위에 참여할 때 그리고 공적 영역에서의 활동과 토론을 통해 사적 이익과 공적 이익을 조화시키는 행위를 할 때, 각각 시민과 시민사회라 불릴 수 있게 된다. 이는 결국 시민사회는 '공적 영역에서의 활동과 토

---

32) 김용민에 따르면 애국심은 국가라는 공간에 대한 사랑이 아니라 그러한 공간에서 함께 살아가는 사람들에 대한 사랑이다(김용민, 2004: 170 참조).

론' 그리고 '사적 이익과 공적 이익의 조화'라는 두 가지 조건의 충족 여부에 의해 규정될 수 있다는 것이다.

루소에게 있어서 '공적 영역에서의 활동과 토론', '사적 이익과 공적 이익의 조화'라는 조건은 인간이 사회 상태 속에서 자신의 인권을 실현하는 방식이 된다. 그리고 이 과정에서 사람들은 '자신의 사적 이익과 국가의 공적 이익을 조화'시키게 됨으로써 각자 자신 스스로가 주권자임을 확인하고 유지하게 된다는 것이다. 바로 여기서 인권과 민주주의의 이상적인 관계가 발견될 수 있다.

그러나 만약 '사적 이익과 공적 이익의 조화'가 없는 참여라면, 어떠한 토론도 이루어지지 않은 상태에서 공적 이익을 방기하고 사적 이익에 매몰된 사람들만의 참여라면, 이때의 사회는 분명 홉스의 자연 상태와 다를 바가 없게 될 것이고, 제네바가 아닌 파리와 같게 될 것이다. 아마도 루소는 이런 사람들에게 말할 것이다. 겉으로는 시민이나 실제로는 신민일 뿐인 이들이, 신민이자 동시에 시민이 되기 위해서는, 그리고 제네바와 같은 사회를 만들기 위해서는 개인적 차원에서는 물론 국가적 차원에서도, 폭력이 아닌 계몽(교육)에 의해 공화국 시민의 도덕을 함양함으로써 "자유롭도록 강제되어야 한다"고 말이다.

참고 문헌

김용민, 2004, 『루소의 정치철학』, 고양: 인간사랑.
도널리, 잭, 2002, 『인권과 국제정치』, 박정원 역, 서울: 도서출판 오름.
루소, 장 자크, 2003, 『인간 불평등 기원론』, 주경복·고봉만 역, 서울: 책세상.
루소, 장 자크, 2004, 『인간 불평등 기원론·사회계약론』, 최현 역, 서울: 집문당.

박의경, 2005, 「루소에 나타난 애국심과 시민의식: 민주주의를 위한 공적 의지의 두 가지 조건」, 『한국정치학회보』 39권 5호.

박호성, 1994, 「루소의 자연개념」, 『한국정치학회보』 27권 2호.

서유경, 2003, 「현대 대의 민주주의에 있어 시민 불복종의 정치철학적 논거: 미셸 푸코와 한나 아렌트의 '저항' 개념 연구」, 『정치사상연구』 9집.

안태준, 2007, 「참여 민주주의 그리고 아시아: 이론 틀을 찾아서」, 『민주주의와 인권』 7권 2호.

에드워즈, 마이클, 2005, 『시민사회: 이론과 역사 그리고 대안적 재구성』, 서유경 역, 서울: 동아시아.

오수웅, 2007, 「루소에 있어서 문화와 인권: culture, droit naturel, moeurs 개념들을 중심으로」, 한국외국어대학교 박사 학위논문.

오수웅, 2007, 「루소에 있어서 인권사상: 자연권과 자연법을 중심으로」, 『한국정치학회보』 41권 4호.

유홍림, 2003, 『현대 정치사상 연구』, 고양: 인간사랑.

이봉철, 2001, 『현대인권사상』, 서울: 아카넷.

이한구 외, 1999, 『사회변혁과 철학』, 서울: 철학과 현실사.

젠크스, 크리스, 1996, 『문화란 무엇인가』, 김윤용 역, 서울: 현대미학사.

차병직, 2003, 『인권의 역사적 맥락과 오늘의 의미』, 서울: 圖書出版 芝山.

크랜스턴, 모리스, 1981, 『人權과 自由』, 황문수 역, 서울: 문예출판사.

하버마스, 위르겐, 2004, 『공론장의 구조변동』, 한승완 역, 서울: 나남출판.

Bell, Lynda S., Andrew J. Nathan and Ilan Peleg ed., 2001, *Negotiating Culture and Human Rights,* New York: Columbia University Press.

Cooper, John M. ed., 1997, *PLATO: Complete Works,* Indianapolis: Hackett Publishing Company.

Cropsey, Joseph, 1995, *Plato's World: Man's Place in the Cosmos,* Chicago: The University of Chicago Press.

Dent, N. J. H., 1992, *A Rousseau Dictionary,* Cambridge: Blackwell Publishers.

Duffel, Siegfried van., 2004, "Natural Rights and Individual Sovereignty", *The Journal of Political Philosophy,* Vol. 12, no. 2.

Galtung, Johan, 1994, *Human Rights in another key,* Cambridge: Polity Press.

Geuss, Raymond, 1999, *Morality, Culture and History: Essays on German Philosophy,* Cambridge: Cambridge University Press.

Hobbes, Thomas, 1996, *Leviathan,* Oxford: Oxford University Press.

Locke, John, 1993, *Two Treatise of Civil Government,* Mark Goldie ed., London: Everyman.

Melzer, Arthur M., 1980, "Rousseau and the Problem of Bourgeois Society", *The American Political Science Review,* Vol. 74, No. 4.

Plato, 1968, *The Republic of Plato,* translated by Allan Bloom, New York: Basic Books.

Plato, 1987, *Theaetetus, Sophist,* translated by Harold North Fowler, Massachusetts: Harvard University Press.

Rousseau, Jean Jacques, 1970, *Emile or On Education,* translated by Allan Bloom, New York: Basic Books Inc.

Rousseau, Jean Jacques, 1968, *Politics and the Arts: Letter to M. D'Alembert on the Theatre,* translated by Allan Bloom, Ithaca: Cornell University Press.

Rousseau, Jean Jacques, 1959-1969, *Oeuvres Complètes,* Vol. I-V, edited by Bernard Gagnebein & Marcel Raymond, Paris: Gallimard, Bibliothèque de la Pléiade.

Rousseau, Jean Jacques, 1978, *On the Social Contract with Geneva Manuscript and Political Economy,* edited by Roger D. Masters, New York: St. Martin's Press.

Rousseau, Jean Jacques, 1986, *The First and Second Discourses and The Essay on the Origin of Language,* edited by Victor Gourevitch, New York: Harper & Row.

Starobinski, Jean, 1988, *Jean-Jacques Rousseau: Transparency and Obstruction,* Chicago: The University of Chicago Press.

Tuck, Richard, 1979, *Natural Rights Theories: Their Origin and Development,* New York: Cambridge University Press.

UNESCO, 1986, *Philosophical Foundations of Human Rights,* Paris: UNESCO.

Williams, Raymond, 1983, *Keywords: A vocabulary of culture and society,* London: Flamingo.

Winston, Morton E., 1989, *The Philosophy of Human Rights,* California: Wadsworth Publishing Company.

Le Petit Larousse: Illustré, 1999, Paris: Larousse.

Dictionnaire de L'Académie Française, Septiéme Édition, 1878, Paris: Libraire de Firmin-Didot et Imprimeurs de L'institut de France.

6장 루소의 공화국 이론 비판
혁명기 국가는 왜 난폭해졌는가?

최일성

1. 루소의 공화국, 그리고 공포정치

1789년 프랑스 혁명가들은 자유롭고 평등한 개인들로 구성된 이른바 '공화국'을 건설함으로써 루소(J.-J. Rousseau)의 정신을 실현하고자 하였다. 어려운 문제는 원자화되고 파편화된 개인들을 바탕으로 어떻게 통합된 국가를 건설할 수 있을 것인가 하는 문제였다. 그들은 혁명 정신의 이념적 슬로건이었던 '형제애(fraternité)'의 이상을 바탕으로 그러한 공화국을 건설하고자 하였다. 그러나 결과적으로 보았을 때 프랑스혁명은 형제애로 충만한 공화국의 이미지라기보다는 무자비한 폭력과 살생이 난무하는 공포정치의 이미지에 가까웠다. 혁명기에 걸쳐 사용된 형제애의 용법을 연구한 다비드(M. David, 1987)는, 삼부회가 소집된 1789년 5월 5일부터 발미 전투에서 프로이센에게 승리를 거둔 1792년 9월 20일까지의 형제애는 거의 '평등(égalité)'의 개념과 동의어처럼 사용되지만, 왕정의 폐지가 결정되고 공화정이 선포되는 1792년 9월 21일 이후의 형제애는 '나와 너' 혹은 '적과 동지'를 구분하는, 달리 말해 '형제와 배신자'를 구분하는 공포정치의 수단으로 변질된다고 지적한다(David, 1987: 166-187). "형제애 아니면 죽음을"이라는 슬로건은 당대의 이러한 변화를 상징적으로 대변한다.

자코뱅의 공포정치에 대한 경험은 자유롭고 평등한 개인들에 근거를 둔 공화국이 왜 그렇게 폭력적으로 돌변했는지에 대한 격렬한 논쟁을 촉발시켰다. 이 문제에 대한 진지한 고민은 19세기 말 보불전쟁의 패배를 경험한 제3공화국 건설가들에 의해 본격화되었다. 전제 왕권을 상징하던 나폴레옹 3세의 굴욕적인 투항은 당시 정국을 주도하던 다양한 정치 세력들 간의 첨예한 갈등으로 이어졌고, 그 결과는 '피의 일주일'로 명명된 코뮌주의자들에 대한 무자비한 탄압으로 드러났다. 이러한 분위기는 프랑스인들로 하여금 루소가 제안한 공화국, 다시 말해 사회 제 세력들 간의 갈등이 서로 균형을 유지할 수 있는 모종의 공화국 체제가 가장 현실적인 대안임을 인식케 만들면서도, 다른 한편으로는 그러한 공화국이 난폭해지지 않을 수 있는 근본적인 처방이 무엇인지에 대한 근심을 동시에 안겨주었다. 역사가 증명하듯이 프랑스인들의 혁명 과업은 모두 전제정치로 종결되는바,[1] 그들이 보기에 이러한 모순의 역사는 혁명과 동시에 등장한 국가의 폭력성과 무관하지 않은 것처럼 보였다.

이러한 문제의식 속에서 당대의 지식인들은 1789년 프랑스 민중들의 열망을 공포정치로 치닫게 만든 루소의 공화국 이론의 문제점

---

[1] 주지하다시피 1789년 대혁명은 나폴레옹의 제1제정으로, 1830년 7월 혁명은 7월 왕정으로, 1848년 2월 혁명은 나폴레옹 3세의 제2제정으로 종결되었다. 이러한 모순적 역사는 공화국을 염원한 혁명적 정치과정이 전제군주정으로 종결될 수밖에 없었던 이유에 대한 논쟁을 촉발시켰다.

이 무엇인가에 대해 질문하기 시작했다. 루소의 정치사상에 대한 공격은 특히 19세기 사상가 이폴리트 텐(Hippolyte A. Taine)의 『현대 프랑스의 기원(Les Origines de la France Contemporaine, 1875-1893)』에서 두드러졌다. 혁명기의 공화국은 왜 난폭해졌는가? 혁명 과업은 왜 공화국이 아닌 나폴레옹의 등장과 같은 전제정치로 종결되었는가?

여기서 텐은 프랑스혁명을 비판했던 버크(E. Burke)의 견해에 공감을 표하고, 루소의 정치사상이 공화국 내부의 급격한 해체, 다시 말해 가족, 사회 등과 같은 이른바 '사적 관계'의 해체를 정당화함으로써 폭력적으로 변질되었다는 주장을 제기한다(Taine, 2011: 888). 루소의 『사회계약론』(Rousseau, 1964)은 국가에게 '일반의지(volonté-générale)'의 구현체라는 절대적 위상을 부여하는데, 놀랍게도 이는 국가의 지나친 권력 남용 — 가족과 사회의 영역을 침범할 뿐만 아니라 국가 자체를 파괴하는 권력 남용 — 을 예방할 수 있는 적절한 방어책의 미비를 의미하는 것이기도 했다. 그런 의미에서 루소의 정신과 그에 따른 1789년 혁명가들의 행동은 그들 스스로가 전복시킨 구체제의 전제정치로 회귀하지 않을 수 없었다는 것 — 예를 들어 나폴레옹의 제1제정 — 이 그의 논지이다(Taine, 2011: 240). 혁명가들은 구체제와의 단절을 원했지만, 실제로는 국가를 절대화함으로써 절대군주로 상징되는 구체제적 전제주의를 오히려 연장하고 완성시켰다는 것이다(Taine, 2011: 399).

그러므로 텐을 비롯한 제3공화국 건설가들은, 가족과 사회를 희생시키며 루소가 국가에게 부여한 지나친 특권 속에서 공화국 실패 — 전제정치로의 회귀 — 의 원인을 찾기 시작한다. 그리고 그들의 주된 근심의 대상이었던 공화국의 폭력성이 바로 루소의 정치사상 내부에 "더 이상 사회가 없다는 것, 국가와 개인 사이에서 더 이상 아무것도 찾아볼 수 없다는 것, 개인을 그 망들 사이에 붙들어놓을 만큼 충분히 강력한 아무런 기구도 더 이상 없다는 것"(동즐로, 2005: 50)에 있다고 진단한다. 따라서 제3공화국 건설을 위해 시급한 문제는 절대화된 '공화국'과 원자화된 '개인들' 사이의 안정적인 충격 흡수 장치, 즉 공화국 내부에서 생기를 잃어가고 있는 가족과 사회를 어떻게 구해낼 수 있을 것인가 하는 문제로 귀결되었다. 루소의 공화국에 대한 텐의 비판은 이러한 문제의 핵심을 구성한다.

이 글은 19세기 말 텐의 『현대 프랑스의 기원』을 바탕으로 루소의 공화국 이론을 비판하며, 그러한 비판의 정치사상적 함의를 조망해본다.

2. 공화국 실패의 두 요소

텐에 의하면 정치사상적인 측면에서 프랑스혁명은 '과학적 사고'와 '고전주의 이성'이 결합된 결과인 바(Taine, 2011: 129-153), 주지하다시피 이러한 결합은 프랑스혁명을 성공으로 이끈 주요한 원동력이기도 했지만, 다른 한편에서는 그러한 혁명을 단명시킨 역설적인 패인이기도 했다. 텐이 보기에 루소의 정치사상은 이러한 역설적인 모순을 신중하게 고려하지 못했다. 그러므로 루소의 공화국에 대한 텐의 비판을 이해하기 위해서는 혁명 정신의 이러한 두 요소가 루소의 정치사상에 어떻게 반영되고 있는지, 더 나아가 그러한 요소들이 어떻게 루소의 공화국을 변질시키고 있는지를 분석해볼 필요가 있다.[2]

---

2) 루소의 정치사상에 내재된 '과학적 사고'와 '고전주의적 이성'의 측면에 대해서는 Taine(2011: 129-152) 참조.

1) 과학적 사고

일반적으로 계몽철학은 17-18세기에 등장한 갈릴레오(G. Galileo)의 천체론, 데카르트(R. Descartes)의 기계론, 뉴턴(I. Newton)의 물리학 등과 같은 과학적 사고에 의해 영향을 받은 진보적인 인문 사조로 정의된다. 인류는 비로소 스스로의 힘으로 '보편적 진리'에 도달할 수 있다는 믿음을 피력하기 시작한다. 이러한 계몽주의가 혁명에 미친 영향에 대해서는 아무리 강조해도 지나치지 않는다. 예를 들어 샤르티에(R. Chartier)는 계몽주의와 프랑스혁명 사이의 긴밀한 인과관계를 강조하는 다니엘 모르네(Daniel Mornet)의 고전적 저작 『프랑스혁명의 지적 기원: 1715-1787』에 많은 학자가 동의하고 있다고 지적한다(샤르티에, 1998: 28-29). 요컨대 "혁명이라는 결과를 산출하고 조직한 것은 지성(Chartier, 1998: 28)", 즉 과학적 사고(계몽주의)라는 주장이다.

그런데 텐이 보기에 과학적 사고에 대한 지나친 신뢰는 루소에게 한 가지 치명적인 허상을 안겨주었다. '실제적 개인(individu réel)'을 대신하는 '인간 일반(homme en général)' ― 계몽주의자들이 기대하는 '보편적 진리' ― 의 실재성에 도달할 수 있다는 허상이 바로 그것이다(Taine, 2011: 137-139).[3] 이러한 생각은 확실히 '전체의지(volonté de

---

3) 과학적 사고가 보편적 진리가 아닐 수도 있다는 사실은 일찍이 자연주의 이데올로기가 진실이 아님이 논의되면서부터 받아들여졌다. 예를 들어 『섹스의 역사』를 쓴 라커(T. Laqueur)에 의하면 현재 우리가 알고 있는 성차 ― 남과 여 ― 가 과학적으로 연구되기 시작한 것은 18세기 계몽주의 시기였지만(라커, 2000: 225-226), 이 당시 성차에 대한 과학적 인식은 '수동 vs. 능동' 등과 같은 전통적 대립 체계에 투영되고 있는 사회적 편견 ― 예를 들어 남존여비 ― 을 정당화하는 이데올로기적인 정치과정의 일부이기도 했다(부르디외, 2000: 27). 성차에 대한 과학적 연구는 남성의 신체적 특성과의 대칭 관계 속에서 여성에 대한 사회적

tous)'와 구분되는 이른바 '일반의지(volonté générale)'의 실재성을 확신하는 루소의 신념에 잘 드러나 있다. "일반의지와 전체의지 사이에는 현저한 차이가 있다. 일반의지는 공적 이해를 지향하지만, 전체의지는 사적 이해를 지향하며 따라서 개별 의지의 총체인 것이다." (Rousseau, 1964: 371) 주지하다시피 루소에게 있어서 일반의지는 개개인의 이해관계에 따라 모습을 달리하는 전체의지와는 달리 "한결같고 확고하며 순수한"(Rousseau, 1964: 438) 보편적인 진리이며, 따라서 공화국 건설이라는 그의 생각이 전개되는 궁극적인 원천이기도 하다.

그러나 이 지점에서 텐은 루소의 정치사상이 모든 이론적인 어려움을 일반의지에 의존하려는, 다시 말해 구성원들의 실제적인 관계와 구체적인 의지에 대면하기보다는 그것들을 거부하거나 적어도 회피하기 위하여 가공의 '일반성' 개념 — 인간 일반, 일반의지 — 에 의존하려는 위험한 의도를 발견한다. 이러한 추상화 작업은 결과적으로 혁명가들에게 '공중(le public)'과 구분되는 '인민(le Peuple)'의 개념을(Vovelle, 1985: 99-107), 또는 '공론(opinion collective)'과 구분되는 '여론(opinion publique)'의 개념을 허락하였지만,[4] 텐이 보기에 이것은 국가를 '일반의지의 구현체'라는 형이상학적 개념으로 변질시키는, 따라서 '부분을 부정하는 총체'로 왜곡시키는 잘못된 노선의 출

편견을 정당화하는 방식이었다는 것이다. 이러한 정당화로 말미암아 여성에게는 그들의 신체적 특징에 맞는 수동적 역할이 주어져야 하며, 남성에게는 그 반대로 정치나 사업 등과 같은 능동적 역할이 주어져야 한다는 남녀 차별적 믿음 체계가 정당화되었다. 이것이 당대의 '자연의 질서'이자 '사회의 질서'라고 주장된 이른바 '자연주의 이데올로기'의 허구성인 것이다.

[4] 오주프(Ozouf, 1989)는 18세기 '여론' 개념의 관행에는 '개인적 의견들(opinions individuelles)'의 합이라는 인식과 함께 모든 개인이 공유하는 '일반의지'에 근거한 것이라는 인식이 공존하고 있었음을 논증하고 있다.

발점으로 파악된다(Taine, 2011: 137-139). 그의 어조는 단호하다. "『사회계약론』은 군주주권을 인민주권으로 대체한다. 그러나 … 루소가 건설한 민주적 단위체 안에서 개인은 무(無)가 되며 국가는 전부가 된다."(Taine, 2011: 183) 텐의 입장에서 루소의 사회계약은 과학적 사고에 대한 신뢰를 바탕으로 실제적인 것들에 대한 추상화를 정당화하는, 따라서 그러한 과정의 결과물인 '국가'를 기반으로 사회의 제 요소들 — "내 재산, 내 자녀, 내 교회, 내 의견"(Taine 2011, 186) — 에 대한 실제적인 검토를 거부하는 허구적인 개념이 된다. 이때 국가의 권력은 매우 강력해지지 않을 수 없는데, 추상화의 최종적 결과물인 '국가'만이 보편적 진리라는 믿음이 루소의 정치사상에 수반되기 때문이다.

루소가 '입법자'라는 현명한 지성인 — 루소의 또 다른 표현에 의하면 '신적인 존재들(Rousseau, 1964: 381)' — 의 중재를 요청했던 이유는 아마도 국가의 전횡 가능성에 대한 이와 같은 우려 때문이었을지 모르겠다.[5] 그러나 텐은 루소가 예비한 입법자의 중재적 기능 역시 상기한 루소적 허상의 연장일 뿐이라고 해석한다. 주지하다시피 루소의 공화국은 인민주권을 통해 실현되는 것이지만, 실제적으로는 일반 대중들의 지적·도덕적 한계로 인해 그들의 주권 행사가 일반의지의 구현, 즉 공화국의 구현이라는 이해를 불가능하게 만들기 때문이다. 그런 의미에서 현명한 입법자의 존재는 일반의지를 구현하기 위하여 '보조적으로' 혹은 '일시적으로' 요청되는 것일 뿐(이상익·강정인, 2004: 100), 국가의 절대적 위상을 대체하거나 넘어서

---

[5] '일반의지' 개념이 실제 적용에 있어서는 일반적이지 않을 수 있다는 이론적 약점을 극복하기 위해 루소가 '입법자'의 개념을 별도로 고안한 것이라는 일부의 주장은 그런 의미에서 유효한 것이다(김용민, 2001: 119-122 참조).

기 위함이 아닌 것이다. 이러한 관점에서 자코뱅이 행사한 절대권력의 성격이 설명될 수 있다. "그들(자코뱅)은 썩어가는 부식토의 독버섯들이 그러하듯이 사회가 해체되는 순간에 태어난다. … 이제 모든 것은 낡고 잉여적인 것이 된다. 자코뱅은 즉각 무엇이 정당한 정부인지, 그리고 무엇이 좋은 법률인지를 안다. … 왜냐하면 2,600만 명의 살아 있는 프랑스인들에게 적합한 것을 간파하기 위해서는 오랜 시간의 숙고가 필요하지만, 이론 속의 추상적 인간이 원하는 것을 알기 위해서는 한 번의 곁눈질이면 족하기 때문이다."(Taine, 2011: 575-578. 강조는 인용자) 결국 루소의 정치사상은 과학적 사고에 대한 무한한 신뢰를 바탕으로 국가에 대한 이론적 추상화를 정당화했을 뿐만 아니라, 혁명정부(자코뱅)가 실제적인 존재들을 위해서가 아니라 추상화된 국가를 위해 존재하는 것을 허락함으로써 혁명 과업이 실제적 개인들을 존중하기보다는 사실상 부인하도록 이끈 사상적 근원이었던 것이다(Taine, 2011: 418).

2) 고전주의 이성

텐이 지적하는 혁명 정신의 두 번째 요소는 이른바 '고전주의 이성'이다. 인간의 이성에 대한 신뢰를 바탕으로 중세의 신학적 세계관에 대한 거부를 기치로 내세운 고전주의는 앞서 언급한 계몽주의적 사고의 사상적인 토대를 제공하였을 뿐만 아니라, 종교적 이분 질서(신/인간)와 더불어 군주제적 이분 질서(왕/신민)의 이론적 기반을 약화시켰다. 이러한 고전주의적 사고의 가장 충실한 기획은 17세기 철학가 데카르트에게서 발견된다. 그는 『방법서설』(1637) 서두에서 자신의 철학적 출발점들을 밝히면서, 사물의 진리에 도달하는 방법은 오직 '이성'뿐이며 그것은 궁극적으로 '모든 것' — 신학의 영역을 포함해서 — 에 대해 일러줄 수 있다는 믿음을 피력한다. 이러한 맥락에서 고전주의자들은 사물을 지배하는 법칙, 즉 '변함없는 계율' 혹은 '영원한 진실'을 밝히는 데 자신들의 모든 관심을 집중시킨다(이환, 1993: 226). 그런데 이때 이들이 밝히고자 했던 계율이나 진실은 '현실적인 것'이 아니라 전적으로 '관념적인 것'이 된다. 왜냐하면 전자가 "실제로 일어난 일"에 대한 것이라면, 후자는 "필연적으로 혹은 개연적으로 그렇게 될 수밖에 없다고 믿어진 것"에 대한 것이 되며, 따라서 전자가 "특수한 것"으로 축소되는 반면, 후자는 "보편적인 것"으로 확장되기 때문이다(이환, 1993: 241-242).

이러한 고전주의 이성은 중세의 신학적 세계관을 거부함과 동시에 사물 전반에 대한 논리적·이성적 해명을 주장한다. 그리고 수학적 방법론 — 데카르트의 기계론[6]에 철저하게 반영되고 있는 — 을 바탕으로 인간의 모든 실재를 파악할 수 있다는 믿음을 피력한다. "모든 연구에 있어서 머뭇거리거나 주저하지 말고 수학적 방법론을 전적으로 신뢰하며 따르라. 즉 매우 단순하고 매우 일반적인 몇몇 개념을 추출하고 제한하고 고정하라. 그리고 경험을 뛰어넘어 그것들을 비교하고 조합하며, 그리하여 획득된 인공적인 구성물이 함축하는 모든 결과를 가장 순수한 추론에 의해 연역하라. 그것이 바로 고전적 이성의 자연스러운 절차이다."(Taine, 2011: 151) 루소는 이러한 이성을 바탕으로 모든 현실을 투명하게 해명할 수 있다고 믿은 고전주의적 기획의 충실한 추종자로 이해된다.

그런데 텐이 보기에 고전주의적 이성에 대한 이와 같은 신뢰는 위

---

[6] 데카르트는 사물에 대한 신비주의적 해석을 극복하기 위해 사물이 철저하게 '수동적'이라는 명제를 주장하고, 따라서 수학에 의해 사물이 파악될 수 있다고 주장한다(김성환, 1994 참조).

험한 기획을 동시에 함축하는 것이다. '모든 것'에 대해 말한다는 미명하에 이성의 영역 '외부'에 존재하는 불가해한 것들에 대한 파괴의 기획, 더 나아가 이성적 능력을 소유하고 있는 몇몇 소수자를 제외한 다수의 욕구, 다수의 감정, 다수의 사랑, 다수의 야망 등에 대한 거부의 기획 등이 그것이다(Taine, 2011: 147-148).[7] 혁명 당시 버크와 같은 반혁명주의자들의 비판에서 중요하게 거론되었던 이른바 '사적인 것' 그리고 그것과 연계된 형태로서의 '가족적인 것'에 대한 거부나 회피의 기획 등은 그러한 고전주의적 기획의 대표적인 양태로 이해된다.

좀 더 살펴보자. 헌트는 혁명기에 대한 자신의 연구들(헌트, 1999; Hunt, 1999) 속에서 혁명가들에 의한 사적 관계의 철폐 과정이 궁극적으로 공적 관계의 절대적 우위를 확립하는 과정과 긴밀하게 연결되어 있음을 지적한다. 예를 들어 국민공회는 가족 내의 폭군과 같은 아버지(군주)로부터 아이들(형제들)을 보호하기 위하여 적극적으로 국가가 개입해야 한다고 믿었으며, 이로부터 가족과 교회를 대신하여 국가가 직접 학교를 설립하고 운영하여야 하며, 더 나아가 자녀들에 대한 은밀한 사적 폭력을 예방하기 위하여 국가가 의무교육을 강화해야 한다고 주장했다. 이를 위해 당통(G. Danton)은 "자녀들이 가정에 속하기 이전에 사회에 속한다"고 주장했고, 로베스피에르(M. Robespierre)는 "가족을 대신하여 국가가 아이를 양육할 권리를

---

7) 1830년 7월 혁명 이후 기조(F. Guizot)는 공포정치의 원인이 무분별하게 확대된 주권 개념이라는 판단하에 경제적 능력과 이성적 능력에 따른 제한선거를 지지한다. 이에 대해 홍태영(2008: 108-111)은 프랑스혁명을 지배한 전통적인 주권론, 즉 보편성을 추구한 루소의 인민주권론에 대해 기조가 문제 제기를 하고 있다고 주장하고 있으나, 텐에 의하면 루소의 인민주권론 역시 기조의 주권론 — 이성주권론 — 과 마찬가지로 소수의 지배를 주장하는 제한적인 개념이다.

가진다"고 선언했다(헌트, 1999: 101). 비록 루소의 정치사상이 사적이고 가족적인 것의 모두를 부정할 수는 없었을지라도,[8] 적어도 원칙적으로는 그러한 부정을 이론적인 토대로 삼았던 것은 분명해 보인다. 샤르티에는 다음과 같이 지적한다. "절대적인 투명성과 열정적인 만장일치를 확립하기 위하여, 혁명은 생활의 모든 면을 공적 감시 아래 두고자 하였다. 그렇게 함으로써 혁명은 사적 영역이 내포하고 있는 위험, 모순되는 이해관계, 이기적인 향락, 그리고 은밀한 사업의 영역을 없애고자 하였다. 모든 행위의 공공성은 새로운 질서의 조건이자 징표가 되었다."(샤르티에, 1998: 278. 강조는 인용자)

사적인 것과 가족적인 것은 투명하지 않다는 점으로 인해, 다시 말해 그것에 대한 파악이 고전주의적 이성의 영역을 넘어선다는 이른바 '은밀함'으로 인해 의심받기 시작했다.[9] 따라서 루소 정신의 실천가들은, 구체제적 이분 질서 — '왕/신민' 혹은 '신/인간' — 를 해체하고 더불어 해방된 인민들 — '형제들' — 을 결집시키기 위해서는, 가능한 한 개인과 국가가 직접적으로 대면하는 관계를 만들 필요가 있다고 생각했다. 국가는 정치적 군주, 종교적 신 혹은 가족적 아버지를 대신하여 형제들을 보호하는 직접적인 후견인이 되어야 하며, 그들 사이의 신뢰 관계를 방해하는 중간 단체들에 대한 해체

---

8) 예를 들어 혁명가들에 의해 주창된 '자애로운 어머니' 상은 여성을 폄훼된 사적 공간 — 가정 — 으로 격리시키기 위한 부정적인 이데올로기였지만, 다른 한편에서 그것은 그러한 가정이 행복하다는 것을 강조하는 양가적인 이데올로기였다. 이에 대해서는 Pancera(1990: 473-479) 참조.

9) 이와 관련해서는 뒤에 언급할 아리에스(P. Ariès)의 『아동의 탄생』(1973)을 참조하는 것으로 충분할 것이다. 그는 15-17세기경 이래 보편화되기 시작한 이른바 '사생활'에 대한 인식이 그것에 대한 두려움과 함께 공존했음을 잘 보여준다. 즉 아이들의 순수함과 연계되어 긍정적인 것으로 인식되었던 가족생활은, 그럼에도 불구하고 어른들의 육체적 욕망과 그러한 욕망의 은밀함으로 인해 여전히 근심어린 부정적인 개념이었다고 주장한다(아리에스, 2003: 564-585).

및 제거의 실질적인 주체가 되어야 한다는 것이다. 그러나 이것은 한편으로는 국가가 해방된 개인들의 실질적인 보호자가 되는 것을 의미했지만, 다른 한편으로는 그들 사이에 아무것도 존재하지 않음으로 인해 국가가 개인들의 직접적인 두려움의 대상이 되는 것을 의미하기도 했다.

3) 혁명 실패의 두 요소

텐은 과학적 사고와 고전주의적 이성이 루소의 혁명 사상에 핵심적인 요소라고 정의함으로써 프랑스혁명의 기원을 계몽주의는 물론이거니와 고전주의로까지 소급해 올렸고, 따라서 혁명은 그때부터 이미 준비되기 시작했다는 입장을 견지하였다. 그런데 이러한 시각은 혁명을 구체제적 전제주의와의 '단절'이라는 차원에서가 아니라 오히려 그러한 정치과정의 '연장'이라는 차원에서 해석할 수 있음을 암시하는 것이다. 샤르티에는 이 점을 중요하게 생각한다. 그는 프랑스혁명의 문화적 기원에 대한 자신의 저서에서 혁명이 구체제와의 단절이라는 혁명가들의 신념은 물론이거니와 그러한 신념을 이론적으로 정리한 모르네(D. Mornet)의 시각에 이의를 제기하고, 오히려 텐의 계보학 — "구체제가 혁명을 낳았고, 그 혁명이 신체제(절대주의)를 낳았다"(Taine, 2011: 5, 괄호 추가) — 에 더 높은 권위를 부여한다(샤르티에, 1998: 33-37). 어떤 의미에서 혁명은 구체제적 전제주의를 해체하는 불가분의 정치과정이었지만, 실제적인 측면에서 그것은 복잡하고도 풍부한 현실적인 요소들을 이른바 '추상적 국가'에 종속시키는, 따라서 구체제적 절대왕권과 유사한 절대권력을 새롭게 재구성하는 역설적인 과정처럼 보였기 때문이다.

이런 이유로 혁명가들은 루소가 고안한 '일반의지'의 개념 틀에 모든 현실을 끼워 맞추고 이른바 '모호함' 혹은 '은밀함'을 상징하는 사적 관계의 요소들을 배제하는 폭력적인 작업에 착수하지 않을 수 없었던 것이다. 따라서 그들은 현실 사회와 동떨어진 사회, 다시 말해 '성인' '부르주아' '남성들'만이 존재하는 제한적인 범주의 공적 영역만을 공화국으로 정의하기에 이른다. 이때 여성, 무산자, 이주민 등과 같은 이른바 '수동적 시민들'은 물론이거니와, 은밀함과 모호함으로 인해 이성의 영역 외부에 존재하는 것으로 여겨진 '사적 관계들' 역시 이른바 '주변적인 존재' 혹은 '주변적인 것들'로 취급 — 비록 공화국 내부에 존재하는 것이 분명할지라도 — 되어 공화국 형성 과정에서 의도적으로 배제되어왔던 것이다. 이러한 배제의 기술, 혹은 이러한 배제의 정치가 바로 일반의지로 정의된 루소의 공화국의 본질이자, 당시의 혁명을 위기로 몰아간 근원으로 파악되는 것이다.

그런 의미에서 루소에 대한 텐의 비판은 루소의 사회계약론 속의 행위자(계약자)가 '욕망하는 실제적 개인'이 아닌 '무덤덤한 추상적 개인'이기를 강요했던 혁명 정신의 두 요소를 겨냥하지 않을 수 없었던 것이다(Taine, 2011: 147-151). 그것들은 결국 혁명 실패의 두 요인으로 작용했던 셈이다. 이런 이유로 프랑스혁명의 실패에 대한 책임은 많은 부분 루소의 정치사상에 할당된다는 것이 텐의 입장인 것이다.

3. 가족과 사회의 부재, 혹은 '사적 관계'의 해체

그렇다면 루소의 공화국 이론이 구체적으로 실패한 내용은 무엇인가? 루소의 『인간 불평등 기원론』(Rousseau, 1964)은 자연 상태로부터 오늘날에 이르는 인간의 역사 과정을 재구성함으로써 불평등 사회의 기원을 이론적으로 추론한다. 이러한 추론은 그 스스로가 밝히고 있는 바와 같이(Rousseau, 1964: 132-133) 가설적이기 때문에 그것의 역사적 실재성을 따지는 것이 중요한 문제는 아니다. 그러나 그 추론의 이론적 전제에 대해서는 재검토해볼 필요가 있는데, 루소는 홉스(T. Hobbes)와는 달리 자연 상태를 인간의 완전한 자족과 자유의 상태로 설정함으로써 문명화의 과정을 불평등화의 역사 과정으로 규정하고 있기 때문이다. 그에 의하면 전제정치는 가장 심각하며 가장 최종적인 단계의 불평등이며, 폭력에 의하여 유지되기 때문에 그것을 전복시키기 위한 또 다른 폭력 행위에 대해 이의를 제기할 수 없다(Rousseau, 1964: 191). 따라서 혁명은 물론이거니와 자코뱅의 테러리즘마저도 그토록 아름다운 인간의 자유를 파괴해버린 문명적 불평등 — 전제주의 — 을 재차 인위적으로 파괴·해체하는 루소적 역사관의 논리적 연장선상에서 정당화된다. 제3공화국 건설을 위한 투쟁의 중심에는 따라서 루소에 대한, 그의 테러리즘 옹호에 대한 증오가 있다. 그러나 공화국 건설 과정이 전제주의(구체제)에 대한 해체 및 그에 대한 폭력을 전제로 하지 않는다면 어떻게 실현될 수 있을 것인가? 이러한 난관에 직면하여 텐은 혁명의 폭력성 그 자체를 비판하기보다는, 그것이 구체적으로 해체하고 있는 문명적 요소가 무엇인지를 밝힘으로써 루소의 공화국 이론에 대한 비판에 도달한다.[10]

10) 텐은 프랑스혁명을 "이 세상에 나타난 가장 절대적인 전제주의"(Taine, 2011: 400에서 재인용)라고 평가한 버크의 보수주의 사상에 공감을 표현하면서도 이른바 '반혁명주의자'로 분류되는 보날드(L. de Bonald)나 르플레(F. Le Play)와는 달리 역사의 혁명적 변화를 거부하지 않는다. 영국의 1689년 권리장전(Bill of Rights)에 대한 그의 긍정적 평가가 이를 단적으로 증명한다. 그의 논지에 의하면 이 조약은 기존의 상황들을 승인하고 현존하는 그룹들을 인정하는 것이기에 긍정할 수 있는 반면, 프랑스혁명은 추상적 개인을 근거로 기존의 것들을 해

루소의 사회계약은 완전히 평등하고 완전히 자유로운 존재들 사이에 맺어진 '양도할 수 없고(inaliénable)' '분할할 수 없는(indivisible)' 주권 개념에 근거한 것이다(Rousseau, 1964: II, i & ii 참조). 주권이 양도될 수 없고 분할될 수 없는 이유는 그것이 구성원들의 구체적인 개별 의지가 아닌 이른바 추상적인 '일반의지'에 근거를 두고 있기 때문이다. 이를 바탕으로 루소는 공화국이 개인들의 구체적인 문제에 대한 최종적이며 궁극적인 해결책이 되길 원했다.

그러나 텐이 보기에 그러한 공화국은 커다란 위험 요소를 동시에 함축하고 있는 것이다. 왜냐하면 일반의지라는 추상적 개념에 근거를 둔 공화국은 '만장일치'라는 하나의 신화적 형식을 완성하기 위해 개인들의 차이를 무시하는 일종의 전제적인 힘을 요청하지 않을 수 없기 때문이다(Taine, 2011: 186-187). 프랑스혁명의 경우 입법가들은 루소가 고안한 일반의지의 개념 틀을 구해내기 위해 개인들의 사적 관계를 희생시키는 작업에 몰두했고(Taine, 2011: 579-583), 더 나아가 그러한 일반의지를 가정하기 위해 '여론'의 개념을 동원하지 않을 수 없었다(Taine, 2011: 131-132). "구체제 말기 20-30년간 정치·행정·사법 등 사회 모든 분야에 침식해 들어간 여론의 개념은 분열과 사회적 정당화의 강력한 도구로 작용했다. 실제로 여론은, 자신들이 여론과 관련된 법령만을 실현했다고 주장함으로써 여론의 판단을 선고할 자격이 있다고 자칭하는 모든 사람에게 권위의 근거를 마련해주었다."(샤르티에, 1999: 71. 강조는 인용자)

루소가 기대하는 공화국이 형성되는 순간 모든 개별적인 것을 무시하는 이른바 '절대 권력체'가 탄생하는 이유가 이 때문이다(Taine, 2011: 575-578). 구체제적 전제주의를 해체한다는 미명하에 루소의

체하는 것이기에 비판해야 하는 것이 된다(Taine, 2011: 187-206 참조).

공화국은 개인적이고 구체인 것의 실재성을 부인하는 또 다른 전제주의로 치닫지 않을 수 없다는 것이다(Taine, 2011: 181-182). 이 지점에서 텐은 루소에 의한 문명 해체의 사상적 함의에 도달한다. 즉 루소의 공화국은 구체제적 전제주의와의 이른바 '단절성'을 꿈꾸며 혁명적 폭력을 예비하였지만, 그것의 역사적인 실천은 개인의 실제적인 자유를 파괴하는 구체제적 전제주의를 그대로 계승하고 있다는 소위 '연속성'으로 설명된다는 것이다(Taine, 2011: 399).

그렇다면 루소적 혁명으로 인해 실질적으로 파괴되거나 해체된 문명적 요소들은 무엇인가? 텐이 보기에 그것은 혁명가들이 기대했던 정치적 전제주의가 아니라, 사적 소유, 사적 질서(가족), 사적 신념(종교) 등과 같은(Taine, 2011: 184-186), 이른바 '사적 관계'가 연계된 형태로서의 '가족'과 '사회'에 대한 것들이다. 논증적인 사례로 앞서 언급한 '형제애'의 어법을 들 수 있는데, 이는 정치·사회적인 측면에서뿐만 아니라 문화적인 측면에서도 '아버지(군주)/아들(신민) 관계'에 의지하고 있던 구체제적 가족 질서와의 단절을 의미하는 상징적인 선언으로 이해된다(헌트, 1999: 11). 이를 자세히 살펴보자.

주지하다시피 구체제에 대한 정치 담론의 중심에는 언제나 국가에 대한 가족 은유가 자리하고 있다. 절대군주는 가부장적 가족 이데올로기를 동원하여 자신에 대한 정치적 재현을 추구하고 있었기 때문이다. 샤르티에는 이 당시 프랑스인들이 향유하고 있던 집단적인 가족 이데올로기를 다음과 같이 언급한다. "1789년 프랑스인들의 국왕에 대한 사랑은 손상되지 않은 것처럼 보인다. 진정서(Cahiers de doléance)는 전체적으로 군주에 대한 열정과 서사로 가득 찬다. 경건하고 열정적인 진정서의 서문은 군주에게 감사를 돌리면서 군주에 대한 한결같은 충성과 그의 호의로 가능해진 새롭고 행복한 질서에 대한 확신을 표현한다. 진정서에 나타난 왕은 무엇보다도 가장 나약한 아이들에게 조력적이며 자상한 아버지이다."(샤르티에, 1999: 169. 강조는 인용자) 구체제적 질서에서 신민들의 '군주'는 가족의 영역에서 자녀들의 '아버지'와 유사한 이미지로 재현되었던 것이다.

그러므로 루소 정신의 실천가들은 절대군주와 함께 아버지의 권위를 동시에 제거하길 원했고, 자녀들 혹은 형제들 사이에 자유롭고 평등한 관계를 창조하길 원했다. 그리고 형제들 사이의 사회계약이 구체제의 군주적 혹은 부성적 권위를 새롭게 대체할 수 있기를 기대했다. 만일 혁명가들이 '군주-아버지'의 제거를 통해 이른바 '자유롭고 평등한 형제들의 공동체'를 성취하길 원했다면, 그것은 전적으로 '가족의 죽음'(Vovelle, 1990: 15)에 기초한 것이 되지 않을 수 없었다. 달리 말해 루소적 혁명은 가족 관계의 희생 — 아버지의 죽음 — 을 통해 구성원들(자녀들 혹은 형제들) 사이의 완전한 자유와 평등을 쟁취하려는 시도라는 것이다. 따라서 국가는 모든 이의 평등과 모든 이의 자유를 보장한다는 명분하에 개인들의 실질적 차이를 줄이기 위한 집행 권력의 절대화에 나서지 않을 수 없었고, 그 결과 역설적이게도 무질서해지지 않을 수 없었던 것이다. 이때 국가는 차이를 없애고 평등을 실현한다는 대의를 명분으로 자신의 정치권력을 '무한한 것'으로 정의하지 않을 수 없는데, 역설적이게도 그러한 절대성은 자신의 권력에 대한 '거부'도 허용해야 하는 역설적인 모순을 의미하는 것이었다(Taine, 2011: 182). 그러므로 루소에 대한 텐의 비판은 혁명가들에 의해 자행되었던 어느 특정 군주에 대한 폭력성 그 자체를 겨냥하는 것이 아니라, 구체제가 의지하고 있던 사적 관계의 해체, 즉 가족 질서나 사회질서에 대한 국가적 파괴와 해체를 겨냥하지 않을 수 없었던 것이다.

이러한 토대에서 루소의 『사회계약론』은 군주주권을 인민주권으로 전환하는 정치 과업 못지않게 구체제적 개인 관계를 해체하여 재구성하는 사회 문화적 과업에 동일한 중요성을 부여한다. 루소 정신의 실천가들이 혁명을 단순히 구체제에 대한 정치적 전복으로 이해하지 않고, 다양한 문화 일반 — "모든 관습, 축제, 의식, 의복, 시대, 달력, 무게, 계절·달·주일·날의 이름들, 장소와 기념물, 성명과 세례명, 공손한 언어, 연설의 어조, 인사하고 말하는 방식 등"(샤르티에, 1998: 35) — 에 대한 해체 및 재설정 과정으로 이해했던 이유가 바로 여기에 있다. 혁명가들의 입장에서는 실제적인 인간들이 "보편적이고 절대적이며 신비한 인간성"(샤르티에, 1998: 36)으로 대체될 수 있음을 확신하기 위해서는 공화국 내부의 다양한 문화적 재료들이 동원될 필요가 있었기 때문이다.

만일 군주의 폭력으로부터 해방된 인민들 사이의 계약이 이러한 공화국 건설에서 중요한 위치를 차지하고 있다고 한다면, 가족 관계 역시 아버지의 권위에 의존하던 가부장권을 대신하여 코드화된 계약관계에 자신의 자리를 양보해야만 했다. 루소는 자연적 가족 관계에서조차 이러한 계약관계의 모태를 발견한다. "모든 사회에서 가장 오래되고 가장 자연스러운 것은 가족 사회이다. 자녀들이 아버지와 맺어져 있는 것은 오직 그들이 스스로를 보존하기 위하여 아버지가 필요한 기간뿐이다. 이 필요가 없어지게 되면, 자연적인 유대는 사라진다. 자녀들은 아버지에 대한 복종의 의무에서 벗어나며, 아버지는 자녀들에 대한 양육의 의무에서 벗어난다. 따라서 양자는 모두 독립하게 된다. 만일 그들이 계속 같이 살게 된다면 그것은 자연스러운 것이 아니라 의도적인 것이며, 가족 그 자체는 협약(convention)에 의해서만 유지된다."(Rousseau, 1964: 352) 루소는 자녀들의 부모에 대한 복종이 자신들의 완전한 자유와 평등성을 확보할 때까지라는 최소주의적 입장을 지지한다. 따라서 혁명가들은 자녀들이 성인이 되는 시점을 기점으로 사적인 가족 관계에 대한 해체를 정당화했고, 그러한 해체를 바탕으로 '개인 대 개인', 더 나아가 '개인 대 국가' 사이의 공적 계약관계를 수립하는 정치과정에 관심을 집중했던 것이다.

개인들 사이의 부당한 사적 관계를 정의로운 공적 관계로 전환하고자 했던 프랑스 혁명가들의 노력은 특히 '부자 관계', '부부 관계' 그리고 '자녀들 사이의 관계'에서 두드러졌다. 먼저, '부자 관계'와 관련하여 혁명 의회는 1792년 9월 자녀들에 대한 부권의 폭력성이 인민들에 대한 전제군주의 폭력성만큼이나 위험하다고 보아 성인 자녀에 대한 부권의 철폐를 논의하였고, 성년의 나이를 25세에서 21세로 낮추는 법안을 통과시켰다(Carbonnier, 1990: 298). 그러한 연장선상에서 혁명 의회의 의원이었던 캉바세레(J-J. Cambacérès)는 1793년 민법 법률안을 발표하면서 공화국 내부에 "더 이상 부권은 존재하지 않는다"고 선언하였고(Schnapper, 1990: 331), 혁명 의회는 '1793년 3월 8일 법'을 통하여 '가정교육' 혹은 가사 노동에 근거를 둔 '견습 교육'을 이른바 국가에 의한 '국민교육'으로 대체하였다.[11]

둘째, '부부 관계'와 관련하여 혁명가들은 혼인이 당사자들의 평등한 자유의지에 근거를 두는 일종의 '시민 계약'임을 분명히 하였다. 구체제하에서 결혼은 신적 서임(敍任)으로 간주되어 한 번 성립되면 더 이상 파기될 수 없는 것으로 인식되었지만(Lebrun, 1986: 124-127), 1791년 헌법은 결혼을 '시민 계약'으로 선언하고, 이를 근거로 '1792년 9월 20일 법'은 부부 중 누구라도 그 계약에 이의를 제기하면 결혼을 파기할 수 있는 임의적인 것으로 규정하였다(Dessertine, 1990: 79). 이러한 논리에서 혁명은 가족 내부에 존재해 있던 부권적 특권들을 빠르게 해체시켰고, 자녀들에 대한 양육의 책임 역시 더 이상 아버지만의 몫이 아니라는 인식을 확산시켰다(Schnapper,

---

11) 혁명기에 진행된 교육개혁 관련 사항은 줄리아(Julia, 1990) 참조.

1990: 326).

마지막으로, '자녀들 사이의 관계'와 관련하여 '1791년 3월 12일 법'은 직계와 방계를 막론하고 동일 서열 간의 유산상속을 평등하게 규정하였고(Schnapper, 1990: 334-335), 이어 '1793년 3월 7일 법'은 직계 자녀들 사이의 유산상속의 평등성을, 그리고 같은 해 '10월 26일 법'은 방계 자녀들에게까지도 상속권의 평등성을 보장하였다(헌트, 1999: 100). 이러한 노력의 측면에서 '1792년 1월 18일 법'은 입양 자녀와 혈연 자녀 간의 차별을 철폐하여 비혈연 자녀에게도 그러한 평등성을 적용시켰다(Fortunet, 1990: 344).

정치철학적인 관점에서 이러한 시도들은 자유주의의 승리라고도 평가할 수 있는 상당히 중요한 변화를 함축하고 있는 것이 분명하다. 그러나 보다 구체적인 현실에 있어서는, 특히 사적 관계와 관련하여서는 몇몇 당혹스러운 문제를 거부하거나 적어도 회피하고 있다는 사실도 분명해졌다. 텐에 의해 중요하게 언급되고 있는 소위 '어린이'의 문제는 이러한 미묘함을 상징적으로 보여준다(Taine, 2011: 184-185 참조). 루소의 공화국, 즉 자유롭고 평등한 형제들의 계약 공동체에서 어린이들은 도대체 어디에 위치하고 있는 것인가? 그들은 사회계약의 주체인 '개인들'의 범주에 포함되는 것인가? 이때 가족 개념은 불가피하게 논쟁의 중심이 되지 않을 수 없는데, 그것은 가족이 생물학적이고 공간적인 이유로 인해 어린이의 존재성을 가장 선명하게 보여줄 수 있는 영역으로 간주되기 때문이다. 여기서 혁명기의 가족 관계를 묘사하는 것이 중요한 문제는 아닐 것이다. 그보다는 가족에 대한 인식, 특히 어린이에 대한 인식과 관련하여 루소적 혁명이 어떤 태도를 취하고 있는지를 질문하는 것이 중요하다.

혁명기를 전후하여 어린이와 관련된 프랑스인들의 인식 변화를 추적하고 있는 아리에스(P. Ariès)의 『아동의 탄생』(1973)은 우리에게 몇 가지 중요한 실마리를 제공해준다. 그의 연구에 의하면 17-18세기를 거쳐 근대에 나타난 가족 관련 변화는 인구학적인 측면보다는 심리학적인 측면이 보다 근본적이다(아리에스, 2003: 573). "18-20세기에 서양에서 일어난 인구 혁명을 통해 우리는 지금까지 그 생물학적 속성 때문에 변하지 않을 거라고 생각했던 구조들의 상당한 변화 가능성을 인식하게 되었다. … 그러나 여기서 문제가 되는 것은 실체로서의 가족이라기보다는 가족에 대한 의식이다."(아리에스, 2003: 654. 강조는 인용자)

그는 프랑스의 구체제가 어린이에 대한 특별한 애정을 발전시키지 못하다가 17세기 말경이 돼서야 그러한 의식을 표현하게 되었다고 지적한다. 왜냐하면 과거에는 사적 관계에 대한 인식의 결여로 이른바 '친밀함'의 인식을 발전시키기 어려웠지만(아리에스, 2003: 629), 18세기부터 가족이 부부 사이와 부모 자식 사이의 "필수적인 애정의 공간"(아리에스, 2003: 36)으로 인식되기 시작하면서 조금씩 자녀들에 대한 "강박적 사랑"(아리에스, 2003: 648)을 표현할 수 있는 매체가 되었기 때문이다. 이 지점에서 아리에스는, 텐이 중요하게 언급하는 고전주의 이성의 이른바 '투명성' 기획에 대한 비판과도 유사하게, 사생활(가족)에 대한 인식이 그러한 투명성 기획의 '외부'에 존재한다는 일종의 모호함과 공존하고 있음을 지적한다(아리에스, 2003: 585-591). 다시 말해 사생활(가족)의 은밀함과 폐쇄성은 모든 것에 대해 일러줄 수 있다는 과학적 사고와 고전주의적 이성의 투명성 기획에 제동을 걸었고, 그 틈새에서 사적 관계에 대한 불확실성이 공존하는 가족 의식이 형성되었다는 것이다.

논증적인 사례는 혁명기에 걸쳐 두드러지게 등장했던 가족에 대한 이중적인 태도일 것이다. 즉 한편으로는 가족을 은밀한 사적 공간으로 인식하는, 따라서 어른들에게 용인되는 성적 욕망(사적 욕망)으로부터 어린이를 보호해야 한다는 근심과 두려움의 태도이며, 다른 한편으로는 가족을 투명한 공적 공간으로 인식하는, 그리하여 부부 관계와 마찬가지로 부자 관계 역시 투명한 관계로 만들어야 한다는 이성적 확신의 태도이다. 이러한 이중적 태도 속에서 루소적 혁명 과정은 자연스럽게 이성의 영역 외부에 존재하는 것으로 여겨진 가족 구성원들의 사적이고 은밀한 것들을 의심하고 부인하는 자세를 취했다. 혁명가들이 보기에 개인적이고 사적인 욕망은, 그것이 비록 '전체의지'의 일부를 구성할지라도 공적이고 보편적인 행복을 나타내는 공동체의 '일반의지'에 부합하지 않는 혼란스러운 것이기 때문이다. 이런 이유로 그들은 어린이의 존재를 비교적 일찍부터, 다시 말해 생존을 위해 필요한 최소 기간만큼을 제외한 시점에서부터 이른바 '계약 당사자'로 인정하는 방식을 통하여 어린이의 존재성을 해체하거나 아니면 회피하는 태도를 취하지 않을 수 없었던 것이다.

이처럼 어린이와 가족에 대한 이중적 태도에서 극명해지는 사적 관계의 부인은 실제적인 것들을 부인하거나 적어도 회피한다는 점에서 공화국의 완성을 지향하기보다는 그것의 파괴를 가져오지 않을 수 없었던 것이다. 그 결과 루소의 이상은 개인들의 실제적 자유를 보장하기보다는 사실상 해칠 위험이 컸다는 것이 텐의 논지이다. 제3공화국 건설가들에게 있어서 루소가 예비한 공화국이 "모든 것인 동시에 아무것도 아닌"(동즐로, 2005: 49) 양면적인 개념으로 취급되었던 이유가 바로 이 때문이다.

4. '일반의지'에서 '연대성'으로

 루소적 혁명과 함께 펼쳐진 역사 속에서 유일한 승자로 나타난 것은 이른바 '공화국'이었다. 그러나 이 공화국은 무엇을 의미하는가? 이 질문과 관련하여 텐은 사회의 모든 권력을 흡혈귀처럼 빨아들이는 일반의지의 '폭력성'과 동시에, 종국적으로는 스스로의 역할까지 부인해버리는 일반의지의 역설적인 '자폭성'을 지적한다. 그리고 이 지점에서 텐은 루소에 의한 혁명 과업이 구체제적 전제주의를 답습하면서도 사회의 실제적인 제 요소들을 파괴해버리는 '자발적인 무정부주의(l'anarchie spontanée)'로 치닫고 있음을 발견한다(Taine, 2011: 313-390). 그러므로 텐이 보기에 진정한 공화국 — 그의 입장에서는 제3공화국 — 의 건설과 관련된 시급한 과제는 사회 구성원들의 실질적인 사적 관계를 부인할 수밖에 없는 '일반의지'를 대신하여 그들의 관계를 충실히 엮어낼 수 있는 보다 평화로운 계약 원리를 고안해내는 것이었다.
 프랑스의 정치사상사에서 '연대성(solidarité)'의 원리는 이러한 맥락에서 등장한다. 일반의지가 국가를 절대화하면서 실제적인 것들을 배척하는 배제의 기술로 기능했다면, 연대성은 그러한 배제의 기술을 뛰어넘을 수 있는 새로운 길을 제시해줄 수 있다고 판단되었기 때문이다. 프랑스의 사회학자 뒤르켐(E. Durkheim)은 연대성에 기반을 둔 새로운 국가 이론의 가능성을 보여주었다. 그에 의하면 현대사회는 고도로 분업화된 사회이며, 따라서 개인들 역시 유기적으로 서로 긴밀하게 연결되어 있다. 국가는 그러한 관계들의 총체로 파악되며 따라서 국가의 활동 범위는 그러한 '연대의 관계 내에서만' 실현될 수 있는 것으로 파악된다. 그러므로 국가를 구성하는 사상적인 원리는 계약 참여자들 사이의 사회적 연대 — 그가 '유기적 연대'라고 명명한 — 를 근거로 해야 하며, 바로 그러한 '연대의 범위 내에서만' 국가가 개입할 수 있다는 새로운 국가 이론이 성립하는 것이다(최일성, 2011: 196 참조). 제3공화국 건설가들이 보기에 프랑스혁명이 변질될 수밖에 없었던 주요한 이유 가운데 하나는 사회계약이 사회적 연대의 한 표현임에도 불구하고 루소는 그 계약 자체를 사회 구성의 절대 원리 — 일반의지 — 로 추상화함으로써 함께 공존해야 했던 다른 사회적 연대들을 파괴하고 제거하는 폭력적인 노선을 정당화했기 때문이다. 루소의 공화국에 대한 텐의 비판은 바로 이 지점을 겨냥하는 것이다.

참고 문헌

김성환, 1994, 「데카르트의 운동론과 기계론」, 『철학사상』, 제4권, 서울대 철학사상연구소.

김용민, 2001, 「루소의 일반의지에 나타난 권력 개념 — 정당성을 중심으로」, 『정치사상연구』 제5집, 한국정치사상학회, pp. 105-124.

동즐로, 자크(Donzelot, Jacques), 2005[1994], 『사회보장의 발명: 정치적 열정의 쇠퇴에 대한 시론』, 주형일 역, 서울: 동문선.

라커, 토마스(Laqueur, Thomas W.), 2000[1990], 『섹스의 역사』, 이현정 역, 서울: 황금가지.

부르디외, 피에르(Bourdieu, Pierre), 2000[1998], 『남성지배』, 김용숙·주경미 역, 서울: 동문선.

샤르티에, 로제(Chartier, Roger), 1998[1990], 『프랑스혁명의 문화적 기원』, 백인호 역, 서울: 일월서각.

아리에스, 필립(Ariès, Philippe), 2003[1973], 『아동의 탄생』, 문지영 역, 서울: 새물결.

이상익·강정인, 2004, "동서양 사상에 있어서 정치적 정당성의 비교 — 유가의 공론론과 루소의 일반의지론을 중심으로", 『정치사상연구』 제10집, 한국정치사상학회, pp. 83-110.

이환, 1993, 『프랑스 고전주의 문학』, 서울: 민음사.

최일성, 2011, 「라이시테, 프랑스 민주주의 공고화의 이념적 토대: RMI법안의 국가개입주의 성격에 대한 정치학적 연구 시론」, 『한국프랑스학논집』, 제76집, 한국프랑스학회.

헌트, 린(Hunt, Lynn), 1999[1992], 『프랑스혁명의 가족 로망스』, 조한욱 역, 서울: 새물결.

홍태영, 2008, 『국민국가의 정치학: 프랑스 민주주의의 정치철학과 역사』, 서울: 후마니타스.

Charbonnier, Jean, 1990, "Le statut de l'enfant en droit civil pendant la Révolution", in Marie-Françoise Lévy (sous la dir.), *L'enfant, la famille et la Révolution française*, Paris: Olibier Orban.

Dessertine, Dominique, 1990, "Le divorce féminin sous la Révolution: une quête du bonheur?", in Marie-France Brive (éd.), *Les Femmes et la Révolution française 2*, Toulouse: P. U. du Mirail.

Fortunet, Fronçoise, 1990, "De l'égalitédans la différence: les enfants dans le droit révolutionnaire", in Marie-Françoise Lévy (sous la dir.), *L'enfant, la famille et la Révolution française*, Paris: Olibier Orban.

Hunt, Lynn, 1999, ""Révolution française et vie privée", in P. Ariès & G. Duby (sous la dir.), *Histoire de la vie privée 4. De Révolution à la Grande Guerre*, Paris: Seuil.

Julia, Dominique, 1990, "L'institution du citoyen: Instruction publique et éducation nationale dans les projets de la période révolutionnaire(1789-1795)", in Marie-Françoise Lévy (sous la dir.), *L'enfant, la famille et la Révolution française*, Paris: Olibier Orban.

Lebrun, François, 1986, "Le contrôle de la famille par les Églises et par les États", in André Burguière et al. (sous la dir.), *Histoire de la famille 3: Le choc des mo-*

dernités, Paris: Armand Colin.

Ozouf, Mona, 1989, *L'homme régénéré: essais sur la Révolution française*, Paris: Gallimard.

Pancera, Carlo, 1990, "la tendre mère", in Marie-France Brive (éd.), *Les Femmes et la Révolution française 2*, Toulouse: P. U. du Mirail.

Rousseau, Jean-Jacques, 1964, "Discours sur l'origine et les fondements de l'inégalité", in *Œuvres complètes III*, "Bibliothèque de la Pléiade", Paris: Gallimard.

Rousseau, Jean-Jacques, 1964, "Du contrat social", in *Œuvres complètes III*, "Bibliothèque de la Pléiade", Paris: Gallimard.

Schnapper, Bernard, 1990, "Liberté, Égalité, Autorité: La famille devant les Assemblées révolutionnaires(1790-1800)", in Marie-Françoise Lévy (sous la dir.), *L'enfant, la famille et la Révolution française*, Paris: Olibier Orban.

Taine, Hippolyte, 2011[1875-1893], *Les Origines de la France Contemporaine*, Paris: Robert Laffont.

Vovelle, Michel, 1985, *La mentalité révolutionnaire*, Paris: Messidor.

Vovelle, Michel, 1990, "L'enfance et la famille dans la Révolution française", in Marie-Françoise Lévy (sous la dir.), *L'enfant, la famille et la Révolution française*, Paris: Olibier Orban.

제3부

루소와 여성

7장 메리 울스턴크래프트의 페미니즘 재조명
루소에 대한 비판을 중심으로

김용민

1. 메리 울스턴크래프트: 근대 최초의 페미니스트

메리 울스턴크래프트(Mary Wollstonecraft, 1759-1797)가 근대 최초의 페미니스트라는 데는 이론의 여지의 여지가 없다. 도노번(Josephine Donovan)의 말마따나, 그녀의 『여성의 권리 옹호』는 아직도 페미니스트 이론의 고전으로 남아 있으며, 혁명적인 열정으로 가득 찬 이 글의 수사학은 지금도 여전히 마음을 뒤흔드는 확신에 찬 어조로 울려 퍼지고 있다(도노번, 1998: 26). 울스턴크래프트는 루소(Jean-Jacques Rosseau, 1712-1778)가 『에밀』에서 이상적인 여인상으로 제시하고 있는 소피(Sophie)에게 계몽된 인간이 보편적으로 지녀야 할 "이성, 덕성, 지식"이 결여되어 있음을 강렬하게 비판하면서, 새로운 교육을 통해 에밀과 같이 이성, 덕성, 지식에 근거한 독립성을 지닌 여성을 형성해야 한다고 열정적으로 주장한다. 그녀는 루소를 포함한 전통적인 교육자들이 여성에 대한 교육을 통해 이루려고 한 것은 여성을 '매혹적인 연인(alluring mistresses)'으로 만드는 것이었지, 중산층에 속하는 "다정한 부인이자 합리적인 어머니(affectionate wives and rational mothers)"를 만드는 것이 아니었다며 강력하게 비판한다. 울스턴크래프트는 여성의 교육과 관련하여 그레고리 박사(John Gregory, 1724-1773), 포다이스 박사(David Fordyce, 1711-1751), 체스터필드 경(Lord Chesterfield, 1694-1773)의 관점을 비판하고 있지만,[1] 그녀의 주된 비판 대상은 루소임을 부인할 수 없다. 여기서 하나의 중요한 의문이 제기된다. 과연 여성 교육론에 관해, 울스턴크래프트의 루소에 대한 비판은 모두 옳고, 체계적이며, 정당한 것이었을까? 울스턴크래프트가 『여성의 권리 옹호』를 출판할 당시인 1792년에, 하나의 가정이 되겠지만, 만약 루소가 살아 있었다면 이 두 사상가 사이에는 치열한 논쟁이 벌어졌을 것이다. 하지만 죽어 있는 루소는 말을 할 수 없다. 이 글에서 나는 루소를 대신하여 울스턴크래프트의 루소 비판을 재검토하고자 한다.

울스턴크래프트의 『여성의 권리 옹호』는 루소의 『에밀』에 크게 빚지고 있음을 부인할 수 없다. 만약 『에밀』이 없었다면 『여성의 권리 옹호』는 존재하지 않았을지도 모르고, 존재했더라도 페미니즘 이론의 발달에 심대한 영향을 미친 위대한 고전이라는 명성을 누릴 수

---

[1] 그레고리 박사는 스코틀랜드의 의사로서, 에버딘대학의 교수로 활동했다. 그의 『딸들에게 남기는 아버지의 유산(A Father's Legacy to His Daughters)』(1774)은 임종을 앞둔 그가 딸에게 남기고 싶은 말을 기록한 짧은 책인데, 옷 입는 방법에서 식사하는 방법에 이르기까지의 예의범절을 포함한 여성 교육을 다룬 18세기의 중요한 문헌의 하나이다. 포다이스 박사는 스코틀랜드의 철학자로서, 그의 『젊은 여성에게 보내는 설교(Sermons to Young Women)』(1765)는 어린 소녀의 행실 교육을 위한 지침서로 널리 사용되었다. 체스터필드 경은 영국의 정치가로서, 『아들에게 보내는 편지(Letters to His Son)』(1774)에서 품위 있는 예의범절과 도덕을 논하고 있다.

없었을지도 모른다. 울스턴크래프트의 교육에 대한 관심은 남다르게 일찍 시작되었는데, 그녀의 사상가로서의 첫 작품인 『여성 교육에 관한 고찰(Thoughts on the Education of Daughters)』은 그녀가 27세 때인 1786년에 쓰이고 이듬해인 1787년에 출간되었다. 제임스 버그의 1747년 작품인 『교육에 관한 고찰(Thoughts on the Education)』과 로크의 『교육에 관한 단상(Some Thoughts Concerning Education)』의 영향을 받은 이 작품은, 이성이 제대로 작용하기 위해 마음을 열정으로부터 안전하게 지키고 제어할 필요가 있는 명백한 실체로 간주하는, 당시 로크식의 관점을 받아들이고 있는 것으로 평가된다(토드, 2003: 202). 이 책에서 울스턴크래프트는 여성의 교육을 단순히 결혼 및 예속을 위한 준비로 보고 있는 남성 중심적인 관점에 반발하고 있다. 이 책을 쓸 당시 울스턴크래프트는 아직 루소의 『에밀』을 읽지 않은 상태였다. 그녀가 『에밀』을 읽게 된 때는 그녀가 킹스버러 자작의 집에서 가정교사로 일하고 있었던 1787년이었다. 울스턴크래프트는 "루소가 자신과 같은 정신을 가지고 있으며, 현실에서는 절망에 빠져 자신처럼 자기 생각에 골몰하는 쓸쓸한 이상주의자, 마음의 기복이 심하고 불행했던 기묘한 인물"이라는 것을 깨달았으며, 후에 임레이(Gilbert Imlay)에게 보낸 편지에서 자신이 반쯤은 루소를 사랑하고 있음을 인정하였다(토드, 2003: 249).[2] 루소의 여성 교육론에 관

---

[2] 울스턴크래프트는 미국인 사업가 임레이를 1793년 파리에서 만나 사랑에 빠지게 되어 그 이듬해인 1794년에 딸 프랜시스 임레이(Francis Imlay)를 낳는다. 임레이와의 결혼 생활이 파국으로 치닫자 울스턴크래프트는 자살 시도를 하게 된다. 이후 울스턴크래프트는 고드윈(William Godwin)과 동거를 하다가 1797년에 두 번째로 결혼을 한다. 이해 그녀는 출산 후의 산욕열로 인해 사망하게 되며, 그녀가 죽은 후 딸 프랜시스는 고드윈에게 입양된다. 프랜시스는 1816년 물에 빠져 자살한다. 울스턴크래프트와 고드윈 사이에서 태어난 메리 울스턴크래프트 고드윈(Mary Wollstonecraft Godwin, 1797-1851)은 결혼 후에 셸리(Shelley)라는

해 이해가 깊어지면서, 울스턴크래프트의 여성관은 기존의 전통적인 이론에 대해 투쟁적이고 대항적인 성격을 띠게 된다.[3] 로크가 강조하는 합리적 이성을 토대로 삼아, 이성을 중시하면서도 아직 감수성(sensibility)의 차원과 결별하지 못하고 있는 것으로 보이는 루소의 여성 교육관을 비판하는 것이 울스턴크래프트의 기본 입장이라 할 수 있다.

울스턴크래프트의 루소에 대한 '반쪽 사랑'은 다른 한편으로는 '반쪽 증오'를 의미한다. 그녀의 반쪽 증오는 말 그대로 반에 머물지 않고 일방적인 증오로 변해갔다고 볼 수 있다. "나는 능력 있는 작가인 루소의 천재성을 열렬히 칭송하지만, 항상 분개(indignation)가 칭송(admiration)을 대신하게 되며, 내가 루소의 직감적인 회상을 읽을 때, 모욕당한 덕의 찌푸린 눈살은 그의 유려한 미문이 불러일으키는 회심의 미소를 지워버린다."(Wollstonecraft, 1988: 24-25) 울스턴크래프트는 루소의 성격과 그의 이념에 대하여 한편으로는 깊이 동감했지만, 다른 한편으로는 루소와 같이 위대한 정신을 가진 사람이 여성에 대한 올바른 관점을 지니지 않았다는 점에 실망했고 분노했는

성을 갖게 되는데, 그녀는 문필가로 활동했으며 『프랑켄슈타인』이란 대표작을 남겼다.
3) 울스턴크래프트가 루소의 『에밀』(1762)에 대한 비판으로 『여성의 권리 옹호』(1792)를 썼다면, 버크의 『프랑스혁명에 관한 성찰』(1790)에 대한 비판으로 『인간의 권리 옹호(A Vindication of the Rights of Men)』(1790)를 썼다고 할 수 있다. 버크에 대한 비판에서도 우리는 그녀의 격정적이며 투쟁적인 기질을 확인할 수 있다. 『여성의 권리 옹호』나 『인간의 권리 옹호』는 매우 짧은 시간 내에 쓰였다. 고드윈은 울스턴크래프트가 『여성의 권리 옹호』를 쓰는 데 6주가 걸렸다고 말하고 있지만, 자넷 토드는 울스턴크래프트의 주장들이 전부터 아무리 많이 거론되어 왔다고 하더라도 그녀가 『여성의 권리 옹호』를 쓰는 데 족히 석 달은 걸렸을 것이라고 주장하고 있다. 『인간의 권리 옹호』는 버크의 『프랑스혁명에 대한 고찰』이 나온 지 28일 만에 출판되었다.

데, 이 과정에서 그녀의 루소에 대한 반쪽 사랑은 일방적인 증오 속에 파묻혀버린다. 증오심에 불탄 울스턴크래프트는 루소를 가혹하게 깎아내리고, 자신이 우뚝 서기 위해 가능한 수단과 방법을 다 동원한다. "『분석 비평(Analytical Review)』을 위해 글을 쓰면서,[4] 울스턴크래프트는 전후 관계없이 책을 인용하거나 별개의 문구들을 함께 실어놓으면 우스꽝스러워 보인다는 것을 터득했다. 그녀는 루소에게 적극적으로 그 방법을 써서 그가 자신의 주제인 여성에 대해 전혀 모르는 것처럼 보이게 만들었다. 그토록 거대한 문화적 우상(루소)을 내리 깎는 것이 바로 자기의 작품에서 가장 얘기하고 싶은 부분이었다."(토드, 2003: 391)

만약 울스턴크래프트의 루소에 대한 비판의 중심에 증오심에 놓여 있고, 그녀가 "전후 관계없이 루소의 『에밀』을 인용"하면서 왜곡된 관점에서 의도적으로 독자를 혼동 시켜가면서 루소를 비판하고 있다면, 그녀의 비판은 거부되거나 아니면 보다 조심스럽게 수용될 필요가 있다. 루소가 여성을 사적인 영역인 가정에만 가두려고 하고 여성의 참정권을 인정하지 않았으며 공적 영역에서의 여성의 활동을 적극적으로 고려하지 않았다는 비판은 적절한 것이지만, 모이라 게이튼스가 지적하고 있듯이(게이튼스, 2004: 196), 루소의 여성관의 기저에는 '외설 철학'이 있고, 루소의 철학이 숱한 모순으로 가득 찬 이유는 루소가 자신의 성욕을 서투르게 통제했기 때문이라는 울스턴크래프트의 주장을 나는 수긍하기가 어렵다. 이 글은 2절에서 울스턴크래프트가 루소를 어떻게 평가하고 있는지를 검토한 후, 3절에

---

[4] 『분석 비평』은 잡지로서 주로 책에 대한 비평으로 구성되었고, 비평은 긴 평론문의 형식을 띠었다. 이 잡지는 급진적인 성향을 지녔는데, 자유주의 경향에 의거하여 국가의 규범을 개조하려고 했다. 1788년에 간행되기 시작하였으며, 울스턴크래프트는 창간호에 비평가로 참여했다.

서 루소의 여성 교육관에 대한 그녀의 비판에 대한 재비판을 시도하고, 4절에서 울스턴크래프트가 여성 교육론에서 차지하는 철학적 위상을 결론으로 제시하고자 한다.

2. 울스턴크래프트가 본 루소

울스턴크래프트를 연구하는 많은 학자는 그녀의 삶이 그녀의 사상과 밀접하게 관련되어 있음을 지적한다. 자넷 토드는 이 점을 다음과 같이 말한다. "울스턴크래프트의 사상만을 다룬 책은 많다. 그러나 나는 그녀의 사상이 삶과 끊을 수 없을 정도로 불가분의 관계에 있다는 것을 알고 있기 때문에 그 책들을 모방하지 않으려고 했다. 울스턴크래프트의 작품이 삶과 서로 영향을 미칠 때가 그녀가 가장 훌륭하고 독창적인 때이기 때문이다."(토드, 2004: 48) 울스턴크래프트의 첫 작품인 『여성 교육에 관한 고찰』은 그녀가 교사로 활동하면서 겪은 경험을 바탕으로 소녀들의 교육에 대한 조언을 쓴 소책자이며, 그녀의 첫 소설인 『메리, 소설(Mary, A Fiction)』이 주인공의 이름도 작가의 이름과 동일하고 주인공의 가족 상황이라든가 성장 과정도 작가의 성장 과정과 거의 같게 묘사되고 있는 자전적 소설이라는 점을 고려한다면, 그녀의 삶이 사상 속에 녹아들어가 있다는 것을 우리는 확인할 수 있다. 자신의 삶 속에서 사상을 발견했기 때문인지 몰라도, 울스턴크래프트는 루소의 삶과 여성 편력이 그의 여성 교육관과 밀접하게 관련되어 있다고 파악한다.

울스턴크래프트는 루소의 여성에 대한 관점이 근본적으로 테레즈(Thérèse Vasseur)와의 관계에서 형성되었다고 주장하고 있는데, 이 주장은 루소의 고백과는 일치하지 않는다. 루소는 『고백록』에서 테레즈를 천치처럼 묘사하고 있다.[5] 루소는 그녀에게 시계를 보는 법을 한 달 동안이나 가르쳤는데도 별로 효과가 없었다고 말하고 있으며, 그녀는 열두 달을 순서대로 외지도 못하고, 글을 읽을 줄도, 셈을 할 줄도 모른다고 묘사하고 있다. 하지만 루소는 그녀에게서 자연이 준 선물인 순박함과 유순함을 발견했으며, 세계에서 가장 뛰어난 천재와 같이 있는 듯한 즐거움으로 그녀와 함께 살았으며, 그녀 곁에서 사상도 얻고, 행복도 얻었음을 이야기한다(Rousseau, 1988: 309-312). 이러한 루소의 고백과는 달리, 울스턴크래프트는 루소가 천치인 테레즈와 같이 살고 있는 자신의 입장을 정당화하기 위해 테레즈가 지닌 여성적 덕목을 과장하고 있지만, 그러한 과장 속에는 여성 비하적인 루소의 기본 관점이 숨어 있다고 다음과 같이 신랄하게 비판한다.

> 전반적으로 볼 때 루소는 항상 여성을 비하하려고 노력했다. 그렇지만 누가 루소 이상으로 고양된 여성의 성격을 그려낼 수 있겠는가? 그리고 왜 그는 그토록 여성을 고양시키려 하였는가? 그 이유는 자신의 나약함과 덕에 근거한, 바보 같은 테레즈에 대한 애정을 정당화하기 위한 것이다. 루소는 테레즈를 평범한 여성 수준으로 끌어올릴 수 없었다. 그러므로 그는 여성을 테레

---

5) 루소는 그의 일생의 동반자인 테레즈를 1745년 뤽상부르 근처의 한 여관에서 만나게 된다. 테레즈는 여관에서 온갖 잡일을 하는 하녀로 일하고 있었는데, 루소가 손님들의 거친 농담과 조롱으로부터 수줍어하는 그녀를 보호해준 일을 계기로 하여 루소는 그녀와 친해지고 드디어는 동거를 시작한다. 루소는 자기가 죽은 후 테레즈가 궁핍하게 살 것을 염려하여, 그녀가 자기 재산의 상속자로서의 권리를 가질 수 있도록 23년간의 동거 생활 끝에 1768년에 그녀와 결혼한다. 테레즈는 루소보다 아홉 살 연하로 루소가 죽은 후 은둔 생활을 하다가 1801년 80세의 나이(1721-1801)로 사망했다.

즈의 수준으로 끌어내리고자 노력했다. 루소는 테레즈를 편안하고 겸손한 동반자로 생각했고, 그의 자부심은 자신이 같이 살기로 선택한 존재에게서 어떤 뛰어난 덕목을 찾아내게끔 했다. 그러나 루소의 생전이나 사후에 테레즈가 보여준 행실은 그녀를 천진무구한 사람(a celestial innocent)이라고 불렀던 루소의 판단이 얼마나 잘못되었는가를 잘 보여준다. 루소는 자신이 육체의 병으로 인해서 테레즈를 더 이상 여자로 상대할 수 없게 되었을 때 테레즈가 자신에 대한 사랑을 거두었다고 마음 아프게 한탄하고 있다. 그리고 테레즈가 그렇게 한 것은 자연스러운 일이다. 함께 공유한 감정이 별로 없고 성적인 유대도 끊어졌을 때 무엇이 테레즈를 잡을 수 있겠는가? 한 남성에게로 향하는 한정된 감수성(sensibility)을 지닌 그녀의 애정을 잡기 위해서는, 감수성을 인간성(humanity)이라는 넓은 통로로 전환시키는 분별이 필요하다(Wollstonecraft, 1988: 174-175).

울스턴크래프트는 루소와 테레즈 사이에 기본적으로 "함께 공유한 사랑의 감정"이 별로 없었으며, 그나마 두 사람을 이어주던 성적인 관계가 끊어짐에 따라 그들은 서로 남남처럼 살았다고 보고 있다. 루소가 그나마 감수성에 근거했던 테레즈와의 애정을 인간성에 근거한 우정(friendship)으로 바꿀 수 있었다면 그토록 남남처럼 되지 않았을 것이라고 울스턴크래프트는 잊지 않고 말하고 있다. 그녀에게 "우정은 가장 신성한 사회의 유대"로 나타난다(Wollstonecraft, 1988: 30). 한 걸음 더 나아가, 그녀는 루소를 사랑을 모르는 '고독한 동물(a solitary animal)'로 내몰아치며, 진정성이 지닌 소박한 매력을 더 이상 음미할 수 없는 관능주의자, 부드러운 친밀감에서 우러나오는 즐거움을 맛볼 줄 모르는 관능주의자로 단정한다. "아름답고 유

용한 동반자와 함께 살면서 만족할 수도 있었던 루소는 정신없이 관
능적인 탐닉에 빠지면서 보다 세련된 즐거움에 대한 취향을 잃어버
렸다. 차분한 만족은 하늘의 소리 없는 이슬처럼, 타들어가는 마음을
시원하게 만드는데, 그는 자기를 이해하는 사람으로부터 사랑을 받
는 데서 오는 차분한 만족을 전혀 느끼지 못했다. 루소는 성적인 야
수로 변하기 전까지는 자신의 부인과 함께 있으면서도 혼자였다."
(Wollstonecraft, 1988: 90)

울스턴크래프트는 루소의 여성에 대한 잘못된 관점은 그가 너무 감수성에 매몰되어 있었기 때문에 생긴 것이라고 지적한다. 사랑에는 감정의 통제를 위해서 이성도 필요하고, 성적 쾌락을 즐기는 것도 중요한데, 그가 즐긴 것은 단지 '상상'이라는 것이다. 여성은 상상을 하기 위한 수단일 뿐, 그는 고독한 자신만의 세계에 탐닉했다는 것이다.

그러나 루소의 추론에 있어 모든 오류는 감수성에서 기인하며, 여성들은 자신들의 매력에 대한 감수성을 매우 너그럽게 봐주고 있다! 루소는 추론을 해야 할 경우에 감정에 휩싸이며, 그의 성찰은 자신의 오성을 계몽시키기보다는 상상력에 불을 지핀다. 그의 덕은 그를 더욱 헤매게 만든다. 루소는 온화한 성품과 활기찬 공상력을 갖고 태어났기 때문에 그의 본성은 그가 열정을 갖고 여성에게 이끌리게 만들며 그 결과 그는 곧 지극히 욕정에 휩싸이게 된다. 만약에 루소가 이러한 욕망에 순응했더라면 그 열정의 불은 자연스럽게 소진되었을 것이다. 그러나 덕과 낭만적 섬세함은 그로 하여금 극기를 실천하도록 만들었다. 하지만 공포, 섬세함, 또는 덕이 그를 제약했을 때, 그는 자신의 상상력을 타락시켰으며, 환상이 힘을 부여한 감각을 곱씹으면서

그는 이러한 감각을 가장 열렬하게 추적해나갔고, 이 감각들을 영혼 깊은 곳에 자리 잡게 했다(Wollstonecraft, 1988: 90-91).

루소가 지극히 섬세하고 민감한 감수성과 뛰어난 상상력을 지녔고, 상상 속에서 사랑의 욕정을 해소하려고 했다는 울스턴크래프트의 지적은 옳다고 볼 수 있다. 루소는 자신에게 상상력이 지나치게 발달되어 있음을 다음과 같이 시인하고 있다. "나는 내가 공상하는 인물의 한 사람이 되어 내 취미에 맞는 가장 즐거운 위치에 항상 내 자신을 올려놓고, 그리하여 마침내 도달한 가공의 경지에서 불만스런 현실의 처지를 잊어버릴 수 있다고 생각했다. 그와 같이 공상의 사물을 사랑하고 또 쉽사리 그것에 몰두하게 된 결과 나는 나를 둘러싼 모든 것을 싫어하게 되어 그후 영구히 내 마음속에 남게 된 저 고독벽을 결정적인 것으로 만들어버렸다."(Rousseau, 1988: 48) 인간의 상상력은 사랑의 감정 속에서 가장 광적이 된다. 우리는 루소가 상상 속에 빠져 연애 감정의 극치를 느낀 경우를 1757년에 발생한 소피 두드토 부인(Mme Sophie d'Houdetot)과의 연애에서 찾아볼 수 있다.[6] 『학문예술론』과 『인간 불평등 기원론』 등으로 세속적인 성공을 거둔 루소는, 1756년에 파리의 바쁜 생활을 청산하고 몽모랑시에 있는 '작은 외딴 집(Hermitage at Montmorency)'에 기거하게 된다. 오랜만에 한가로움을 만끽하게 된 루소는 자기의 삶을 되돌아볼 여유를 갖게 되고, 자신의 삶에 많은 친구와 여인이 등장했었지만 진실한 사랑의 경험이 자신에게 결여되어 있음을 깨닫는다. 그 순간 루소의 상상력은 발현된다. "현실의 존재에 도달하는 것이 불가능하

---

6) 에밀의 연인 이름이 소피임을 기억하자. 루소는 두드토 부인의 처녀 시절 이름을 따서 에밀의 연인에게 소피라는 이름을 부여했다.

므로 나는 공상의 세계에 뛰어들었다. 자신이 열중하기에 적당한 어떤 존재도 발견할 수 없었으므로 나는 그것을 어느 이상 세계 속에서 키워나갔다. 그러자 곧 창조력이 풍부한 나의 상상력은 내 마음에 맞는 존재들이 그 세계를 가득 채우게 만들어주었다."(Rousseau, 1988: 398) 루소는 '쥘리'라 부른 자기 상상 속의 연인과 사랑에 빠졌고, 그는 사랑의 감정을 표현하기 위하여 쥘리에게 보내는 편지를 쓰기 시작했다. 그는 자신을 사랑에 빠진 남자 주인공인 '생프뢰'로 상상했으며, 자신의 사랑의 대상으로 쥘리와, 쥘리가 자기의 심정을 토로하는 친구로서 쥘리의 사촌인 클레르를 창조해냈다. 그는 자신이 창조한 상상 속의 인물에 매몰되고 도취되어가는 도중 소피 두드토 부인을 만나 그녀와 사랑에 빠지게 된다.[7] 루소의 상상력 속에서 두드토 부인에 대한 사랑의 감정이 참을 수 없이 강렬해지면서, 루소는 자신의 욕정을 도저히 주체하지 못해 자위행위를 통해 긴장의 해소를 도모하기도 한다.

두드토 부인과의 연애는 루소가 지닌 감수성과 상상력의 한 단면을 보여주지만, 두드토 부인과 이별하게 되고 그녀의 연인인 생랑베르와의 우정을 회복하는 과정을 통해서 이성적 존재가 되어가고 있는 루소의 모습에서, 우리는 루소가 감수성과 상상력을 극복하고 한 단계 높은 '추론'과 '오성'의 단계로 진입하는 모습을 확인할 수 있다. 젊은 시절 사랑이란 감정의 폭풍에 휩싸였던 생프뢰와 쥘리가, 쥘리의 남편인 볼마르가 준비하고 마련한 이성적 질서에 순응하는 모습으로, 다시 말해 이성으로 사람의 감정을 성공적으로 통제하는 모습으로 끝을 맺는『쥘리』는 루소의 보다 성숙된 이성적인 모습을

---

[7] 『쥘리 또는 신엘로이즈』는 바로 루소의 상상력와 소피라는 현실의 여인과의 만남이 이루어낸 낭만적 사랑의 결정체라고 할 수 있다.

보여주고 있다.

　루소의 삶에는 루소가 사랑했던 많은 여인이 등장한다. 루소가 유일하게 진실한 사랑을 느껴본 여인이라고 말하는 바랑 부인, 루소에게 성적인 환락을 느끼게 해준 라르나주 부인, 아름다움의 화신이고 자연의 걸작품이라고 여겨졌지만 급기야는 괴물로 인식되었던 창녀 줄리에타, 그리고 가정의 안온함을 제공했던 테레즈 등이 바로 그들이다. 이 여인들과의 사랑을 통해 루소는 여성과 사랑에 대한 관점을 형성하게 되는데, 그의 성숙된 관점은 『쥘리』와 『에밀』에 투영되어 있다.

　울스턴크래프트는 테레즈 이외의 연인들에 대한 루소의 사랑에 대해서는 언급하기를 회피하면서, 오로지 테레즈와의 관계에 근거해서 루소의 여성관을 도출해내고자 하고 있다. 앞에서 지적한 바와 같이, "루소가 여성을 테레즈의 수준으로 끌어내리고자 노력했다"는 그녀의 해석은 타당하지 않다고 볼 수 있다. 루소의 이성적인 측면을 일부러 외면하고자 하는 울스턴크래프트의 입장은, 루소에 대한 '반쪽 사랑'과 '반쪽 증오'가 조화를 이룬 균형 있는 관점이 아니라 편향된 관점을 제시하고 있는 것으로 판단된다.

3. 루소의 관점에서 본 울스턴크래프트

　우리는 『여성의 권리 옹호』에서 울스턴크래프트가 루소의 철학 전반에 대해 심도 있게 이해하고자 노력했던 흔적을 별로 찾아볼 수 없다. 앞 절에서 논의한 대로, 루소가 지닌 지나친 감수성에 대한 그녀의 비판을 볼 때 그녀가 『고백론』을 읽었다는 것을 짐작할 수 있다. 아마도 『에밀』과 『고백록』의 내용이 울스턴크래프트가 루소를 비판하는 준거점이 된다고 할 수 있을 것이다.

 루소 철학의 대원칙은 "인간은 자연적인 선함을 지니고 태어났으나, 사회에서 타락되었다"라는 말로 요약될 수 있다. 인간이 자연 상태에서 자연적인 선함을 지니고 있었을 때 인간은 자유롭고 평등하고 행복했지만, 사회 상태로 이행된 이후 인간은 타락하고 불행해졌다는 것이 루소의 기본 관점이다. 루소에게 있어서 자연과 '문명(civilization)'은 핵심적인 개념으로 등장한다. 울스턴크래프트는 『여성의 권리 옹호』의 머리말에서 "여성에 대한 차별이 '자연(nature)'에 따른 것인지 '문명'에 따른 것인지" 고민했다고 말하고 있는데, 여기서 잘 드러나듯이 이 두 개념은 울스턴크래프트에게 있어서도 역시 핵심 개념으로 등장하고 있다. 그러나 그녀는 "자연 상태가 완전한 문명의 상태보다 좋다"고 주장하는 루소의 관점은 신의 속성을 잘못 이해한 데서 나오는 "비철학적이고 불경한(as unphilosophical as impious)" 것이라고 가차 없이 비판한다. "인간에게 행복을 소유할 수 있도록 생명을 부여한 신, 상식과 느낌을 지닌 사람은 감히 의심할 바 없는 그러한 신이 지닌 좋음(Goodness)에 대한 존경에 잘못 인도되어, 루소는 악을 인위적이며 인간이 만든 작품이라고 생각했다. 하지만 그는 신적인 완전성을 구성하는 데 똑같이 필요한 속성 중에서, 한 가지 속성을 희생하면서 다른 한 가지 속성만 고양시키는 잘못을 저질렀다."(Wollstonecraft, 1988: 13-14)

 울스턴크래프트에 따르면 루소가 고양시키는 신의 속성은 '신의 좋음(Goodness)'이며, 그가 무시하는 신의 속성은 '신의 전지(Omniscience)'이다. 울스턴크래프트는 신은 좋음과 전지라는 두 가지 속성을 동시에 가지고 있는데, 루소는 신의 전지를 인식하지 못하고 신의 좋음만을 인식하고 있다는 것이다. 루소가 『에밀』의 서두에서 "모든 것은 조물주의 손을 떠날 때는 좋으나 인간의 손에 의해서 타락된다(Rousseau, 1979: 37)"라고 선언하고 있는 데에서 잘 나타나고 있듯이 루소는 오류가 인간에 의해 만들어졌다고 보고 있는 데 비하여, 울스턴크래프트는 인간의 오류는 모든 것을 아는 신의 계획에 의한 것이었고, 오류로부터의 해방도 신에 의해서만 가능하다고 보고 있다. 울스턴크래프트는 문명이 신의 저주이고, 인간이 저주스러운 문명에서 벗어날 수 없도록 운명 지워졌다고 보는 것은 신의 뜻에 어긋나는 것이며, 신의 섭리에 의한 문명의 발전은 인간에게 행복을 보장해줄 것이라 보고 있다. 그녀는 루소의 철학적 기반을 그 근본에서부터 부정하고 있다. "잘못된 가정에 입각하여 자연 상태를 선호하는 루소의 주장은 그럴듯해 보이지만 불합리하다(plausible but unsound). 나는 불합리하다고 말했다. 왜냐하면 자연 상태가 완전한 문명의 상태보다 좋다고 주장하는 것은, 다시 말해 신의 최상의 지혜를 비난하는 것이기 때문이다. 또한 신은 모든 사물을 올바르게 창조했고, 신이 자신이 무엇을 만드는지 알고 창조한 인간에 의해서 오류가 생겨났다는 역설적 주장은 불경스러울 뿐 아니라 비철학적이다."(Wollstonecraft, 1988: 14)

울스턴크래프트는 "신이 의도적으로 계획하지 않은 어떠한 악덕도 이 세상에 존재할 수 없다"는 종교적 관점에서, 신의 섭리에 따라 미래의 어느 시점에 완전한 문명이 도래할 것을 의심치 않았다. "루소는 모든 것이 과거에 원초적으로 옳았다는 것을 증명하고자 노력했으며, 일군의 학자들은 모든 것이 현재에 옳다는 것을 증명하고자 노력한다. 나는 모든 것이 미래에 옳게 될 것이라는 것을 증명하고자 노력한다."(Wollstonecraft, 1988: 15) 루소가 그의 철학 전반에 걸쳐 자연을 기준으로 삼아 인간에게 행복을 보장해줄 수 있는 올바른 문명을 기획하고 있는 데 반하여, 울스턴크래프트는 『여성의 권리 옹호』에서 신의 섭리라고 여겨질 수 있는 완전한 문명을 기준으로 여성에게 행복을 가져다줄 수 있는 교육제도를 기획하고 있다. 그녀에게 자연, 다시 말해 인간 본성에 대한 탐구와 정의는 별로 중요하지 않은 것으로 나타난다. 남녀의 본성이 어떠하든지 간에, 국가가 관리하는 남녀공학의 교육제도 아래서 바람직한 '중성적 문명인'이 생겨난다면 그녀의 교육 목표는 달성되는 것이다.

울스턴크래프트는 여성에 대한 성적 차별이 여성의 본성에 의한 것인지, 문명의 성격에 의한 것인지를 고민하면서, 당대의 여성 문제를 다음과 같이 진단한다. "여성들의 행동과 풍습은 사실 그들의 정신이 건강한 상태에 있지 않음을 확실하게 보여준다. 매우 비옥한 땅에 심어진 꽃들처럼, 힘과 유용성은 아름다움을 위해 희생되고 있다. 멋지게 뽐내는 잎사귀들은 까다로운 사람들의 눈을 만족시켜준 다음에는, 활짝 펴야 하는 계절이 오기 전에 시들어버리고 더 이상 사람들의 눈길을 끌지 않게 된다."(Wollstonecraft, 1988: 7) 이러한 진단 후에, 울스턴크래프트는 여성이 꽃도 피기 전에 조락하는 중요한 원인을 당대의 문명의 일부를 구성하는 '잘못된 교육제도'에서 찾았다. 그녀는 잘못된 교육제도의 배후에는 여성이 본성상 지닌 '힘과 유용성'을 의도적으로 무시하고 '성적인 아름다움'만을 강조하는 남성 우월적이며 가부장적인 관념이 존재하고 있음을 강력하게 비판한다. 아울러 그녀는 여성의 평등성을 획득하기 위해서는 여성을 위한 새로운 교육이 필요함을 역설한다.

> 나의 주된 논리는 다음과 같은 단순한 원칙에 기반하고 있다 — 만약 여성이 남성의 동반자가 되도록 교육에 의해 준비되지 않는다면, 여성은 지식과 덕의 진보를 멈추게 할 것이다. 진리는 모두에게 공통되어야 한다. 그렇지 않다면 진리는 자신의 일반적 실천에 대한 영향력에 있어서 비효과적이게 될 것이다. 그리

고 여성이 왜 자신이 덕 있는 존재가 되어야 하는지 알기 전에 여성에게 협동을 기대할 수 있겠는가? 또한 자유가 여성의 이성을 강화해서 여성이 자신의 의무를 이해하고 이 의무가 자신의 진정한 좋음과 어떻게 연결되는지에 관한 방법을 알기 전에 여성에게 협동을 기대할 수 있겠는가? 만약에 어린이들이 진정한 애국심의 원리를 이해할 수 있게끔 교육시키고자 한다면 그들의 어머니는 애국주의자가 되어야 한다. 인류에 대한 사랑으로부터 질서 있는 일련의 덕이 생성되는데, 이 같은 인류에 대한 사랑은 인류에 대한 도덕적이고 시민적인 관심을 기울이는 데서 생산된다. 그러나 현재의 여성에 대한 교육과 여성이 처한 상황은 여성을 그러한 탐구의 영역에서 배제시키고 있다(Wollstonecraft, 1988: 4).

울스턴크래프트는 당대의 성적 편견에 대항하여, 여성은 이성을 멀리하고 남편이 즐겁기를 원할 때마다 남편 귀에다 듣기 좋게 딸랑이를 울려대는 남성의 장난감, 그의 노리개가 아니라고 말하면서 (Wollstonecraft, 1988: 34), 여성을 수단화시키거나 도구화시키는 어떠한 논리도 거부한다. 루소의 에밀이 독립성을 지닌 합리적 존재이듯이, 여성 역시 자율적이고 합리적인 존재여야 함을 『여성의 권리 옹호』전편을 통해서 누누이 강조하고 있다. 울스턴크래프트는 "여성은 남성을 기쁘게 하기 위해 존재한다", "여성은 남성에게 복종해야 한다", "여성의 교육은 독자적으로 기획될 수 없고 남성과의 관계에서 기획되어야 한다"는 등에 나타난 루소의 여성 교육관에 극렬하게 반대한다.[8]

---

8) 루소의 여성관에 대해서는 김용민(2004, 353-388) 참조. 루소는 문명 시대에 이

이러한 반대를 통해 그녀가 제시하는 대안은 남성인 에밀에게 적용된 교육 방법을 여성에게도 적용하자는 것이다. 에밀이 교육을 통해 가정과 국가에서 남편/아버지/남자 시민의 역할을 잘 수행할 수 있게 되듯이, 여성도 교육을 통해 아내/어머니/여자 시민의 역할을 잘 수행할 수 있게 만들자는 것이 울스턴크래프트의 주장의 핵심이다. 물론 울스턴크래프트가 루소의 여성 교육관을 비판하는 논리에도 문제가 있지만, 그러한 비판을 거쳐 도출된 결론은 의외로 싱겁다고 할 수 있다. 그 결론은 한마디로 말하면 루소가 소피에게도 에밀과 같은 교육을 시키지 않았기 때문에 심각한 문제점을 노정하고 있다는 것이다. 이러한 면에서 볼 때, 그녀가 타도의 대상으로 삼는 것은 루소가 아니라 루소의 소피라고 할 수 있다. 우리가 그녀가 바라는 새로운 여성을 에밀리(Emily)라고 부르기로 한다면,[9] 에밀리가 과연 사적 영역인 가정에서 "다정한 부인이자 합리적인 어머니"의 역할과 공적 영역인 정치에서 여성 시민의 역할을 동시에 잘 수행할

르러 오히려 여성이 남성을 지배하게 되었다고 그 위험성을 경고하고 있다. 루소에 따르면, 자연 상태에서의 성적 결합은 성적 쾌락을 얻기 위한 자연스러운 육체의 결합에 불과했으나, 문명 상태에서의 성적 결합은 '공격과 방어'라는 메커니즘 속에서 '자기 편애(amour propre)'라는 심리적 만족을 얻기 위한 수단으로 변한다. 여성들이 남성의 자기 편애를 조작할 수 있게 되면서, 남성들은 이제 자신에게 육체적인 성적 쾌락과 자기 편애를 부여하는 여성들의 의지에서 벗어날 수 없게 된다. 공격과 방어라는 성적 메커니즘 속에서 여성들은 수줍음을 무기로 하여 남성의 성적 에너지와 열정을 극대화시킬 수 있게 됨으로써 남성들에게 선택적으로 기쁨을 부여해줄 수 있는 주체적이고 지배적인 성이 된다. 공격은 남성이 하지만 공격을 유도하는 것은 여성이 된다. 자연의 법칙에 따라서 수동적인 입장에서 남성을 즐겁게 해주었던 여성은, 이제 문명 시대에 이르러 사랑의 법칙에 따라서 주체적인 입장에서 남성을 즐겁게 해줄 수 있게 된다.
9) 울스턴크래프트는 자신이 바라는 이상적인 여인에게 이름을 붙이지는 않았다. 제인 로랜드 마틴은 자신의 책에서 울스턴크래프트가 말하는 이상적인 여인에게 에밀리라는 이름을 붙여 자신의 논지를 전개하고 있다. 나는 마틴의 표현을 따라 에밀리라는 이름을 쓰고자 한다(Martin, 1985 참조).

수 있을지, 다시 말해 플라톤과 루소가 불가능하다고 생각했던 사적 영역과 공적 영역의 조화가 울스턴크래프트에게 있어서는 성공적으로 이루어질 수 있을지의 여부는 중요한 논쟁점으로 부각된다.

사적 영역과 공적 영역은 각각 '자연'과 '문화'와 연관된다. 사적 영역의 기반은 자연이라고 한다면, 공적 영역의 기반은 문화이다. 모이라 게이튼스는 자연과 문화의 차이를 부각시키면서 루소와 울스턴크래프트를 다음과 같이 비교하고 있다. "루소에게 있어서 가장 중요한 교육의 목표는 자연과 문화를 잘 조화시켜서 어느 하나도 과도하게 양보하지 않도록 하는 것이다. … 울스턴크래프트에 따르면 교육의 진정한 목표는 이성에 의해서 감정과 본능을 통제하거나 제거할 수 있도록 하는 것인데, 이런 의미에서 볼 때 교육은 이성이 부여할 수 있을 만큼 최대한으로 자연으로부터의 자율성을 함양하는 것이다."(Gatens, 1986: 10-11) 만약 울스턴크래프트가 여성 교육에 있어 '사적 영역/자연/감성'이라는 전통적인 여성적 가치와 '공적 영역/문화/이성'이라는 전통적인 남성적 가치를 조화롭게 접합시킬 수 있는 방법을 제시하는 데 성공한다면, 그녀는 여성 교육론의 발달사에 있어 플라톤과 루소에 버금가는 자리를 차지할 수 있을 것이다.

아래에서 나는 울스턴크래프트의 『여성의 권리 옹호』를 제인 로랜드 마틴(Jane Roland Martin)의 관점을 따라 정리하고, 루소의 관점에서 이를 비판하고자 한다. 마틴에 따르면 울스턴크래프트는 『여성의 권리 옹호』에서 세 가지 목표를 설정하고 있다(Martin, 1985: 76-84). 첫째, 여성이 합리적이지 않고 감성의 노예라는 선입견을 타파한다. 둘째, 남성이 누리는 권리가 확대되어 여성에게 적용된다면, 여성은 고통스러운 가사의 의무에서 벗어날 수 있다는 것을 보여준다. 셋째, 남성이 누리는 정치적 권리를 여성도 똑같이 누리도록 하기 위해서, 여성 스스로가 독립적으로 사고할 수 있는 능력을 충분히 개발시킬 수 있는, 여성을 위한 교육과 양육의 방법을 제시한다.

첫째 목표를 달성하기 위해서 울스턴크래프트는 여성은 인간이거나 아니면 여성은 짐승이라는 극단적인 이분법적 논리를 채택한다. 이 이분법에 따르게 되면, 여성을 이성적이라고 보지 않는 남성 우월론자는 여성을 짐승으로 보는 사람으로 내몰린다. 울스턴크래프트는 여성이 짐승이라는 입증의 책임을 그에게로 돌린다. 만약 그가 입증을 못한다면, 여성은 남성과 동등한 인간으로 받아들여져야 한다는 것이다. 다시 말해 합리적인 교육을 통해서도 여성에게 전혀 이성적 능력이 향상되지 않는다는 것을 남성 우월론자가 증명해내지 못한다면, 이 결과는 여성을 짐승으로 볼 수 없으며 따라서 여성도 남성과 동등한 인간이라는 것을 보여준다는 것이다.

둘째 목표는 여성을 자신의 아이들을 잘 키울 수 있는 '합리적 어머니'인 동시에 합리성과 자율성을 지닌 가운데 자기 입법의 원칙을 지킬 수 있는 '여성 시민'으로 만드는 것이다. 울스턴크래프트는 여성이 합리적 입법자가 되어야만 가정에서 남편과 동등해질 수 있고, 동등함을 통해서 남편과 친구가 될 수 있고, 남편과 친구가 됨으로써 여성은 자신의 아름다움에서 오는 사랑이 사라지더라도 가정생활을 행복하게 꾸려갈 수 있다고 강조하여 말한다. 가정에서 남녀의 평등은, 여성을 현명한 어머니인 동시에 훌륭한 정치적 시민으로 만든다는 것이다.

셋째 목표는 에밀에게 적용된 교육 방법을 여성인 에밀리에게도 똑같이 적용하는 것이다. 그러나 에밀리의 교육은 에밀의 교육과 똑같지 않다. 첫째, 에밀은 사회에서부터 절연되어 사교육인 가정교육을 통해 교육받은 데 비하여, 에밀리는 사회 속에서 남녀공학이란 교육제도를 통해서 교육받게 된다. 남녀공학의 이념은 남성과 여성에 대한 교육이 각각 달라야 하고, 남성과 여성은 따로따로 교육받아야 한다는 루소의 교육 원칙과는 대립된다. 둘째, 울스턴크래프트는 9세까지의 초기 아동교육에 있어서 읽기와 쓰기뿐만 아니라, 추상적인 학문 분야인 식물학, 공학, 천문학, 수학, 철학, 종교, 역사, 정치 등등이 가능하다고 보았는데, 이 같은 입장은 아동 자신이 직접적인 경험을 통해서 스스로 지식을 얻고 이성적인 능력을 키워가야 한다고 강조한 루소의 입장과 구별된다.

  이제 위에서 논의된 울스턴크래프트의 세 가지 목표가 루소의 여성 교육의 목표와 어떤 유사점과 차이점을 갖는지 내가 이해하고 있는 바의 루소의 관점에서 살펴보겠다. 첫째, 여성이 인간이며 합리적 존재라는 데 대해서 루소와 울스턴크래프트는 생각이 일치한다. 하지만 루소는 '인간 본성(human nature)'의 탐구를 통해 여성이 합리적 존재임을 밝히는 데 비하여, 루소처럼 인간 본성에 관한 심오한 이론을 갖지 못한 울스턴크래프트는 당대 문명이 지니고 있는 여성에 대한 편견을 공격하고 극복하기 위해 이분법적 논리를 전개해서 동물로 여겨질 수 없는 여성은 남성과 같은 합리적 존재임을 보여주고 있다. 이처럼 울스턴크래프트는 한편으로는 남성과 여성의 평등성을 강조하고 있지만, 다른 한편으로는 남녀 사이에 존재하는 자연적 불평등성을 인정하는 모순된 견해를 나타내고 있다.

> 육체적 세계에 있어서 여성은 일반적으로 힘의 측면에서 남성보다 열등하다는 것이 관찰된다. 이것은 자연의 법칙이다. 그리고 이 자연의 법칙은 여성을 위해 연기되거나 폐기되지 않는 것처럼 보인다. 그러므로 어느 정도 신체적 우월성이 존재한다는 것을 부정할 수 없다. 이것은 고귀한 특권이다! 그러나 자연적인 우월성에 만족하지 않고 남성들은 우리 여성을 더욱 비하시

키고 단순히 순간적인 유혹의 대상으로 만들려고 노력하고 있다. 여성적 감각의 영향하에서 남성들이 표출하는 찬탄에 매료된 여성들은 남성들의 마음에 영속적인 관심을 심어놓으려고 하지 않고 있으며, 여성과의 교류에서 즐거움을 찾는 동료 남성의 친구가 되려고 노력하지 않고 있다(Wollstonecraft, 1988: 8).

둘째, 루소와 울스턴크래프트는 현모양처이자 여성 시민인 여성을 키우는 것을 목표로 한다는 점에서 일치하나, 현모양처의 속성과 여성 시민의 속성을 어떻게 결합시키는가에 관해서는 차이점을 보인다. 루소는 한 가정의 주부는 남편을 덕으로 인도하고, 국가를 위해 덕이 있는 자식을 생산하고 교육함으로써 여성 시민의 역할을 충실히 수행할 수 있다고 보고 있다. 루소는 이상적인 여성 시민의 모습에 대하여 『인간 불평등 기원론』의 제네바에 보내는 헌정사에서 다음과 같이 말하고 있다.

다른 사람들에게 행복을 갖다 주는, 공화국의 반을 차지하고 있는 보배로운 여성들, 그리고 부드러움과 지혜로 공화국의 평화와 좋은 도덕을 보존하게 만드는 그러한 여성들을 어찌 제가 잊을 수 있겠습니까? 상냥하고 덕 있는 여성 시민들이여, 남성을 다스리는 것은 항상 당신들의 운명입니다. 결혼을 통해서만 행사되는 당신들의 정숙한 힘이 오로지 국가의 영광과 공중의 행복을 위해서 사용되고 있다면 얼마나 행복한 일이겠습니까? 이러한 방식으로 스파르타의 여성들은 명령을 내렸으며, 또한 제네바의 여성들도 이러한 방식으로 명령을 내릴 만한 자격을 갖고 있습니다(Rousseau, 1990: 127).

루소는 여성들의 힘이 "결혼을 통해서만 행사되는" 것으로 파악하고 있는데, 이러한 논리에 따르면 여성 시민이란 지위는 가정주부란 지위에 종속되는 것으로 나타난다. 이와는 달리 울스턴크래프트는 가정주부란 지위와 여성 시민이란 지위가 동등하게 양립할 수 있다고 보았다. 플라톤이『국가』에서 여성 시민을 만들기 위해서 여성으로 하여금 가정주부의 역할을 할 수 없도록 만들고, 루소가 여성의 정치 참여를 간접적으로 만들었다는 사실을 고려한다면, 울스턴크래프트가 여성이 사적 영역과 공적 영역에서 동등하게 존재할 수 있다고 주장하는 것은, 만약 그것이 성공적으로 실천될 수 있다면, 남녀평등의 실현을 위한 가히 획기적인 방안으로 받아들여질 수 있을 것이다. 그러나 게이튼스의 지적에 따르면, 울스턴크래프트는 여성의 사적 영역과 남성의 공적 영역이라는 도덕적·정치적 분리를 해결하려고 하면서 중대한 어려움에 직면하게 된다. 그녀는 육아와 가정 유지라는 책임을 여성이 떠맡게 된 것은 사회적으로 강요된 것이 아니라 자연적인 것이라는 관점을 수용함으로써 더 커다란 어려움에 직면하게 되는 것이다(게이튼스, 2004: 202).

　울스턴크래프트에게 있어서 현모양처는 이성을 가지고 아이들을 기르는 합리적 어머니, 그리고 이성을 가진 존재로서 사랑이 아닌 우애를 기반으로 남편과 친구처럼 지내는 좋은 부인이라는 의미를 지니고 있다. 여기서 문제는 모든 감정을 '이성의 절대적 권위(absolute authority of reason)'에 종속시키고 있으므로 여성적인 감수성을 상실하게 된 그러한 합리적 어머니가 자신의 아이들을 과연 감성이 풍부하고 합리적인 인간으로 기를 수 있고, 자신의 남편과 애정을 갖고 부부 관계를 유지할 수 있겠는가 하는 것이다. 울스턴크래프트도 여성들이 남편에게 우정을 갖는 일이 그다지 쉽지 않은 일임을 인정하고 있다. "대부분 여성들은 여자에 대한 애정을 갖거나,

남자에 대한 우정을 가질 정도로 지성을 갖고 있지 못하다. 남성에게 의존해 생계를 유지하게 만드는 여성의 성적 위약성은 일종의 교활한 애정을 생산하는데, 여성은 자기를 먹여 살리고 애무해주는 어떤 남자에게든 그러는 것처럼 자신의 남편에게도 애교를 부린다. 대다수의 남자는 자기만을 향한 이런 야만적인 애정에 만족을 느낀다. 만약 남성들이 더욱 덕성스러워진다면, 연인과 유희가 끝난 후에는 화롯가에서 친구로 변한 연인과 담소를 나누길 원할 것이다."(Wollstonecraft, 1988: 175) 이 인용문에 따르면, 여성이 남성의 친구가 되고 싶더라도 '덕성스러운 남성'이 존재하지 않는다면 남성이 "친구로 변한 연인과 담소를 나누는" 그런 경우는 발생하지 않을 것이다. 이와 관련하여 루소는 남성 같은 여성과는 연인도 친구도 되고 싶지 않다고, 랑클로 부인의 예를 들어 자신의 심정을 토로하고 있다. "그녀는 비범한 인물로 간주되었다. 그녀는 여성의 미덕을 경멸하고 남성의 미덕을 실천했다고 한다. 그녀는 솔직함·올바름으로 찬양을 받았다. 그녀는 신뢰할 수 있는 인물이었으며 성실한 친구였다. 그녀는 자신의 명예를 완벽하게 하기 위해 남성이 되었다고 한다. 훌륭한 일이다. 그러나 그녀가 아무리 높은 명성을 얻고 있다 하더라도, 나는 그런 남성과 같은 여성을 나의 연인으로는 물론 친구로도 삼고 싶지 않다."(Rousseau, 1979: 386) 울스턴크래프트는 루소와 같은 의견을 가진 사람을 이성이 불완전하고 덕이 없는 사람으로 매도할지 모른다. 그러나 아직도 많은 남성이 그렇듯 불완전한 존재라면, 울스턴크래프트의 처방은 그 효력을 상실할 것이다.

셋째, 루소와 울스턴크래프트가 가장 첨예하게 대립하고 있는 부분이 남성과 여성에게 상이한 교육을 시킬 것인지, 아니면 유사한 교육을 시킬 것인지의 문제이다. 루소는 남성성과 여성성의 분화를 인류가 진화하면서 발생한 자연적 필연성으로 인정한다. 그는 '완전한 남성상'과 '완전한 여성상'이 같을 수 없기 때문에, 남성에게는 남성에게 맞는 교육이 여성에게는 여성에게 맞는 교육이 필요하다고 주장한다. 루소는 한 성에 있어 불완전한 성적 발현은 다른 성의 지배를 초래하게 된다고 말한다. "여성들이 남성들을 닮아 가면 갈수록, 여성들은 남성들을 지배하지 못할 것이며, 그 결과 남성들은 진정으로 지배자가 될 것이다."(Rousseau, 1979: 363) 즉 여성들이 수줍음에 근거한 여성성을 포기하는 순간, 여성들은 도덕적 세계에서 자연의 세계로 추락하며, 자연의 세계에서는 물리적 힘의 법칙에 의해서 남성에 종속될 수밖에 없게 된다는 것이다. 루소와는 달리, 울스턴크래프트는 여성을 남성처럼 교육시켜서 여성 자신에 대한 지배력을 향상시킬 것을 의도하고 있다(Wollstonecraft, 1988: 62). 여성을 남성처럼 교육시켜야 한다는 울스턴크래프트의 주장은 독창적인 것이 아니다. 이미 플라톤은 여성을 남성처럼 교육시키는 방법을 제시한 바 있는데, 이에 대해 루소는 플라톤의 여성 교육 방법이 여성에게서 가정을 빼앗아 간다는 이유로 반대하고 있다. 루소는 건정한 가정에 존재하는 애정에 기초해서만이 국가가 성립될 수 있다고 강조하여 말하고 있다.

울스턴크래프트는 에밀에게 적용된 교육 방법을 에밀리에게 적용해야 한다고 말하고 있을 뿐, 보다 구체적인 교육 프로그램을 제시하지 못하고 있고, 자신의 교육 방법을 통해 합리적인 어머니이자 정치적인 여성 시민이 탄생할 수 있는지에 관해 보다 설득력 있게 주장하지 못하고 있으며, 또한 경험적이고 구체적인 성공 사례를 제시하지 못하고 있는 등의 약점을 노정하고 있다. 사실 울스턴크래프트가 궁극적으로 이상적인 여인상으로 묘사하고 있는 "다정한 부인이자 합리적인 어머니(affectionate wives and rational mothers)"의 모습이, 그녀가 비판하고 있는 루소의 "정숙한 부인이자 분별 있는 어머니(chaste wives and sensible mothers)"의 모습과(Wollstonecraft, 1988: 90) 어떤 점에서 다른지 분명하지 않다. 에밀리에 관해, 울스턴크래프트의 말을 들어보자.

> 나는 아주 천한 일만 하녀에게 맡기고 아이를 돌보고 다른 집안일을 하는 여인을 기쁜 마음으로 바라보았다. 그녀는 아이와 함께 깨끗이 씻는 것 말고는 별 치장 없이 남편을 맞이할 준비를 했고, 저녁 무렵 잔뜩 피곤에 지쳐 집에 돌아온 남편은 활짝 웃는 아기와 깔끔하게 정돈된 집을 보았다. 내 마음은 이들 옆에 머물렀고 낯익은 발소리가 들려오자 좋아서 어쩔 줄 몰라 하는 이들의 마음이 느껴져 가슴이 두근거렸다(Wollstonecraft, 1988: 142-143).

에밀리에 관해 많은 지적을 할 수 있겠지만, 많은 학자가 이구동성으로 지적하는 사항은 에밀리가 가정에서 독립성을 지니기 위해서 다른 여성인 하녀의 도움과 희생이 필요하다는 것이다. 중산층 가정주부인 에밀리의 해방은 하녀에게 예속을 가져오는 모순을 산출한다. 위 인용문에 잘 나타나 있듯이, 울스턴크래프트는 부인/어머니/가사 노동자로서의 역할을 여성의 생물적 특성에서 직접 도출된 역할로 취급하는 경향이 있는데, 이 때문에 그는 페미니스트로서 여성의 사회적·정치적 지위를 분석하는 데 더 많은 곤란을 겪게 된다(게이튼스, 2004: 187).

위에서 울스턴크래프트가 의도한 세 가지 교육목표를 루소적 관점에서 재조명해보았지만, 우리는 울스턴크래프트가 루소의 여성 교육관을 뛰어넘는 새로운 교육관을 제시하지 못하고 있을 뿐만 아니라, 그녀의 에밀리는 루소의 소피 없이 존재할 수 없다는 것을 확인할 수 있었다. "전후 관계없이 책을 인용하거나 별개의 문구들을 함께 실어놓으면 우스꽝스러워 보인다"는 것을 터득한 울스턴크래프트는 루소의 『에밀』에 나오는 구절을 맥락 없이 인용하면서 비판하는 데 부분적으로 성공을 거두고 있는 것처럼 보이기도 하지만, 인간 본성을 심오하게 이해하려는 진지한 노력이 결여된 그녀의 열정적인 시도는 결국 루소 철학의 범주를 벗어나지 못하는 사상적 한계를 노정한다.

루소는 문명사회에서 여성은 남성의 자기 편애(amour propre)를 심리적으로 지배할 수 있는 사랑의 기술을 갖게 됨으로써 남성보다 우월한 입장에 서게 되며, 남성의 여성에 대한 의존이 심화된다고 보고 있다. 문명사회에서 남성은 항상 여성을 기쁘게 할 수 있게끔 여성에 의해서 만들어진다는 것이다. 루소가 문명사회에서 심화되고 있는 남성의 의존성을 타파하고 남녀 간의 성적 평등성을 회복하고자 제시한 해결책은 바로 덕이 있는 남성을 산출해내는 것이었다. 에밀은 '이성(reason)'을 기반으로 하여, 여성의 심리적 지배에 대항할 수 있어야 한다. 그렇지만 덕이 있는 남성을 교육하기 위해서는 무엇보다도 먼저 덕이 있는 여성인 소피가 존재해야 한다. 루소에게 있어서 소피에 대한 교육은 거대한 문명사적 요청에 부응하는 것이다. 이와는 달리 울스턴크래프트는 자신의 역사적 시야를 좁혀서 당대 영국의 여성 문화에 초점을 맞춰 논의를 전개하고 있는데, 이러한 그녀의 근시안적 관점은 루소의 거시적 관점과는 많은 경우 핀트가 맞지 않게 된다. 루소가 거시적 관점에서 쓴 여성 교육론은 울스턴크래프트의 근시안적 관점에 의해서 자주 왜곡되어 해석되고 있다. 그러나 왜곡된 해석을 통해서 울스턴크래프트가 도달한 결론은 루소 철학에로의 회귀라고 볼 수밖에 없다.

4. 여성 교육의 새로운 가능성

제인 마틴이 잘 지적하고 있듯이, 울스턴크래프트는 계몽 시대의 딸이며, 존 로크와 그의 계승자들에 의해 세계관이 형성된 18세기의 진정한 합리주의자이다. 이성은 로크의 정치철학에 있어서 출발점이듯이, 울스턴크래프트의 정치철학에 있어서도 출발점이다. 그녀는 인간이 합리적 존재이기 때문에 부여받은 그러한 권리들이 있다고 믿는다(Martin, 1985: 76). 합리주의자인 울스턴크래프트는 '이성, 덕성, 지식'이 개인의 행복의 원천이며, 사회제도의 근간이라고 말한다. "인간 본성의 완성과 행복의 가능성은, 각 개인들을 구별해 주기도 하고 사회를 결속시키는 법률을 지도하기도 하는 이성, 덕성, 지식의 정도에 따라 평가되어야 한다. 만약 우리 모두가 인간을 관찰한다면, 지식과 덕성은 이성의 행사로부터 자연적으로 도출되어 나온다는 것 또한 부정할 수 없다."(Wollstonecraft, 1988: 12)

계몽주의자로 완전한 문명의 실현 가능성을 믿는 울스턴크래프트는 교육을 통하여 '여성적 풍습에 있어서의 혁명(Revolution in female manners)'을 이룰 수 있다고 생각했다. 그녀는 교육이 지닌 가능성에 큰 기대를 걸었으며, 교육에 의해 남성도 여성화될 수 있음을 군인들의 교육제도를 예로 들어 보여주고 있다. 그녀에 따르면, 군사훈련의 본질은 복종과 엄격함이기 때문에 군인들은 자유를 상실하며, 여성과 같이 권위에 맹목적으로 복종하게 됨으로써 여성화된다는 것이다.

교육이 여성에게 가식적 위약성을 부여하는 증거로 우리는 군인의 예를 들 수 있는데, 군인들은 여성들과 마찬가지로 그들의 정신이 지식으로 채워지고 원칙에 의해 강화되기 전에 세상으로 내보내진다. 그 결과는 동일하다. 군인들은 복잡한 대화의 흐름에서 단절되어, 단지 피상적 지식을 얻는다. … 여자들은 물론 군인들은 판에 박힌 공손함을 가지고 작은 미덕을 실천한다. 교육이 같았을 때, 어디에 남녀의 성적인 차이가 존재하는가? … 여성과 마찬가지로 장교들의 일이라는 것은 가식적 꾸밈이다. 군인들은 남을 즐겁게 하도록 교육받으며, 남을 즐겁게 하기 위해 삶을 살아간다(Wollstonecraft, 1988: 23-24).

군인들은 남을 즐겁게 하기 위해서 교육을 받는다는 점에서 여성과 마찬가지이며, 이성과 덕성과 지식이 결여되었다는 점에서 여성과 다를 바가 없다. 울스턴크래프트는 교육이 남성을 여성화시킬 수 있다면, 교육을 통해 여성을 남성화시킬 수 있다고 믿었고, 그 교육의 토대는 이성이어야 한다고 생각했다. 그러나 울스턴크래프트는 이성에 너무나 절대적 지위를 부여했다. 인간이 지닌 모든 감정과 감수성을 이성의 힘으로만 통제하고자 했던 울스턴크래프트가 볼 때, 인생의 동반자이자 부인인 테레즈를 무시하고 혼자 성적인 상상의 세계에 도취했던 고독한 존재로서의 루소와, 이성에 의해 통제받지 않는 감수성이 아직 많이 남아 있다고 판단되는 소피는 적개심의 대상이자 극복할 대상으로 나타났던 것이다. 루소는 교육에 있어 로크가 말하는 이성에 반대했다. 울스턴크래프트는 『여성의 권리 옹호』에서 죽어 있는 로크를 대신해서 루소를 비판하고 있는 듯이 보이기도 한다.

루소는 문명사회에서 여성이 남성을 기쁘게 하기 위해 존재한다기보다는 남성이 여성을 기쁘게 하기 위해 존재한다고 주장한다. 문명사회에서 여성은 더 이상 남성에게 복종하는 존재가 아니라 남성에게 명령을 내리는 존재가 되어버렸다. 루소는 여성 교육을 통해서 덕이 있는 여성을 만들고, 덕이 있는 여성이 다시 덕이 있는 남성을 만듦으로써 여성 쪽으로 기울어진 남녀의 상호 의존 관계를 다시 균형이 이루어진 상태로 되돌릴 수 있을 것이라고 믿었다. 루소는 여성 교육의 미래에 많은 희망을 걸었다.

> 만약에 남성을 지배하는(govern) 인류의 반을 차지하는 여성이 보다 좋은 교육을 받을 수 있게 된다면, 사회에 얼마나 많은 혜택이 돌아오는지 우리는 아직도 충분하게 인식하지 못하고 있다. 남성들은 항상 여성들을 기쁘게 할 수 있게끔 여성들에 의해서 만들어진다. 그러므로 만약 남성들을 위대하고 덕이 있게 만들고 싶다면, 여성들에게 영혼과 덕의 위대성이 무엇인지를 가르쳐야 한다. 이 주제가 인도하는 여성에 관한 성찰, 플라톤이 이미 이전에 행했던 이러한 성찰은, 플라톤과 같은 대가를 본받을 수 있고, 그렇듯 원대한 명분을 옹호할 수 있는 능력을 지닌 학자에 의해 보다 심도 있게 세밀히 연구될 충분한 가치가 있다 (Rousseau, 1990: 17, footnote).[10]

루소는 울스턴크래프트를 알지 못했다. 만약 루소가 그녀의 『여성의 권리 옹호』를 읽었다면 그녀에 관해 어떤 평가를 내렸을까 하는 의문이 떠오른다. 과연 루소는 그녀를 "원대한 명분을 옹호할 수 있는 능력을 지닌 학자"로 평가했을까? 만약에 그런 학자로 평가했다면, 울스턴크래프트는 플라톤과 루소의 뒤를 잇는 여성 문제의 대가

---

10) 루소는 『인간 불평등 기원론』, 『에밀』, 『쥘리 또는 신엘로이즈』, 『극장에 관하여 달랑베르에게 보내는 편지』 등에서 여성에 대한 고찰을 계속 시도하고 있다. 이런 점을 고려할 때 루소는 플라톤의 뒤를 이은 여성 문제의 대가라고 할 수 있다.

로 자리 잡을 수 있었을 것이다. 독자마다 평가가 다르겠지만, 나는 울스턴크래프트가 아직도 루소의 그늘 아래 있다고 평가한다. 21세기를 맞이하여 루소의 그늘을 벗어나서 새로운 여성 교육의 지평을 열어줄 또 하나의 울스턴크래프트를 바라는 것은 나의 과욕일까?

참고 문헌

게이튼스, 모이라, 2004, 「억압된 나의 성: 울스턴크래프트가 본 이성, 감성, 평등」, 『페미니즘 정치사상사』, 캐럴 페이트만·메어리 린든 쉐인리 엮음, 이남석·이현애 옮김, 서울: 이후.

김용민, 2004, 『루소의 정치철학』, 경기도: 인간사랑.

도노번, 조세핀, 1998, 『페미니즘 이론』, 김익두·이월영 옮김, 서울: 문예출판사.

토드, 자넷, 2003, 『위대한 페미니스트 울스턴크래프트의 혁명적 생애, 세상을 뒤바꾼 열정』, 서미석 옮김, 서울: 한길사.

Gatens, Moira, 1986, "Rousseau and Wollstonecraft: Nature vs. Reason", *Australasian Journal of Philosophy,* Supplement to Vol. 64 (June).

Martin, Jane Roland, 1985, *Reclaiming a Conversation: The Ideal for the Educated Woman,* New Haven and London: Yale University Press.

Rousseau, Jean-Jacques, 1979, *Emile or On Education,* Translated by Allan Bloom, New York: Basic Books, Inc.

Rousseau, Jean-Jacques, 1988, *The Confessions,* Translated by J. M. Cohen, New York: Penguin Books.

Rousseau, Jean-Jacques, 1990, *The Second Discourse,* in *The First and Second Discourse and Essays on the Origin of Languages,* Edited by Victor Gourevitch, New York: Harper & Row.

Wollstonecraft, Mary, 1988, *A Vindication of the Rights of Woman,* Edited by Carol H. Poston, New York: W·W·Norton & Company.

8장 루소, 울스턴크래프트 그리고 여성 시민

박의경

1. 여성은 시민이 될 수 있는가?

프랑스혁명은 근대사회의 획을 그으면서 시민의 등장을 알리는 인류의 대사건이었다. 모든 사람이 시민이 되어 정치의 주체로서 활동할 수 있다는 꿈같은 생각이 현실이 되어 사람들 앞에 나타나게 된 것이다. 만인의 평등이라는 꿈과 생각, 이상이 현실의 옷을 입고 제도로서 등장하고, 거리를 자유롭게 활보하는 '자유로운 개인'들을 대량생산하게 된 사건이 바로 프랑스혁명이었다. 오랫동안 사상가들이 다루어왔지만 어떤 모습인지 확실히 알 수 없었던 인간의 자유와 평등, 개인의 독립성과 자율성 등이 혁명의 시대를 지나면서 법과 제도로 구체적 틀을 갖추며 인간 사회에 자리 잡아가는 이 시기를 우리는 근대라 부르고, 당시의 제도적 정착 과정을 근대 기획이라 칭한다. 인류의 역사에서 역동성이 가장 두드러지는 시기이자, 삶의 패러다임이 거대한 변화를 겪었던 시기도 바로 프랑스혁명 당시

18세기 유럽에서 발견된다.

　프랑스혁명을 통해 모든 인간의 자유와 평등을 근간으로 하는 이성 중심의 계몽사상은 현실에서 개인을 정치의 주체로 등장시키면서 법과 제도로 그 구체적 모습을 드러내게 되는 것이다. 계몽사상은 근대 기획을 거쳐 근대의 법전에 그 정신을 담고, 모든 개인을 정치 현장에 들어서도록 하는 계기가 된다. 이러한 계기를 기회로 프랑스혁명 당시 올랭프 드 구주는 여성의 정치적 권리를 주장하게 되지만, 역사는 여성을 비켜간다. 올랭프 드 구주는 단두대에서 처형당했고, 혁명 이후 거리로 나왔던 모든 여성[1]은 가정으로 돌아가 남성들이 그들만의 근대 기획을 추진하는 모습을 보아야만 했다. 모든 개인에서 여성이 배제되는 상황에서 역사는 퇴행적으로 돌아가 있었지만, 당시의 정치 지도자 어느 누구도 이에 대해 관심을 두지 않았다. 실로 '근대 기획의 신비'[2]라 하지 않을 수 없는 상황이 18세기 여성의 삶을 지배하게 된다. 사회의 모든 곳에서의 진보가 여성에 이르러서는 퇴행하고, 역전하는 현실에 대한 이성적이고 합리적인 답변을 찾아내기란 그리 쉬운 일이 아니다.

　모든 개인이 시민이 되는 상황에서 왜 여성은 시민의 반열에 들어서지 못했는지, 그렇게 형성된 시민에 '모든 개인, 국민의 시민화'라는 말이 적용될 수 있는 것인지에 대한 질문도 당시에는 사회적으로 형성되지 않았던 점을 살펴보면 그야말로 '역사의 신비'라고 할 수 있는 일이다. 인간과 시민이 동일선상에 존재한다는 전제에서, 인간에서 여성이 배제되지 않으면서 시민에서 여성이 배제되어버린 이

---

1) 들라크루아의 그림 〈민중을 이끄는 자유의 여신〉을 보라.
2) 여성이 자신을 위한 일을 하면서 죄책감을 느끼는 점을 지적한 베티 프리단(Betty Friedan)의 『여성의 신비』에서 원용한 말이다.

역설적 상황을 근대의 합리적 사상으로는 설명할 수 없다. 이는 근대 기획이 역사의 현장을 통과하면서 왜곡된 모습으로 변형되어버린 것이기에 당연한 결과인지도 모른다. 이성적 존재인 인간을 말하면서, 여성을 설명할 때 왜 다른 요소가 등장하는지에 대한 근거도 근대 기획은 제시할 수 없다. 이미 시민에서 여성이 배제되면서 근대사상은 왜곡되어 그 본모습을 상실했기에 제 기능을 기대하는 것이 불가능했다.

근대 기획의 정상 작동을 위해 필요한 것은 바로 이러한 왜곡을 바로잡는 일일 것이며, 그 열쇠는 바로 여성의 지위에 있다. 시민 여성의 가능성에 대한 설명과 논쟁을 통해 여성을 시민에 합류시킬 때, 왜곡된 근대 기획의 모습은 정상을 되찾을 수 있을 것이다. 계몽사상의 시기에 여성 시민에 대한 언급을 한 사상가로서 루소와 울스턴크래프트를 들지 않을 수 없다. 루소는 근대 기획 정신의 근저를 제시한 사상가로서 타락한 현실을 기반으로 하여 정치적 정당성 확보에 치중하면서 현실 사회의 지속 가능성을 위한 여성의 기능과 역량에 집중한다. 울스턴크래프트는 프랑스혁명 정신의 전폭적 지지를 통해 루소의 현실적 구도에 맞는 여성의 역할 강조에 반대하며, 미래 사회를 위한 여성 시민의 가능성에 대해 전향적으로 살펴보고 적극적으로 여성 시민의 필요성을 제시한다.

이 글에서 나는 인간의 자유와 평등을 주장하는 근대 사상가로서 루소의 여성에 대한 분석과 평가, 판단과, 프랑스혁명 정신을 격찬하는 근대 여성 사상가 울스턴크래프트의 여성에 대한 가능성을 '여성 시민' 개념을 중심으로 비교, 분석하고자 한다. 나아가 루소의 여성에 대한 이해와 좋은 사회를 위한 각자의 역할을 찾아보고, 울스턴크래프트의 루소 비판을 분석한다. 특히 루소와 울스턴크래프트의 여성에 대한 이해는 각자의 소설에 잘 드러나 있는 만큼, 루소의 소설 『에밀』의 여주인공 소피(Sophie)와, 『신엘로이즈』의 여주인공 쥘리, 울스턴크래프트의 소설 『마리아: 여성의 고난』의 여주인공 마리아와 저마이마의 삶을 통해 드러나는 희망과 절망을 통해 이들의 사상을 들여다보면서, 여성 시민의 가능성과 새로운 미래 사회의 가치에 대해 논해보고자 한다.

2. 현재의 안정과 지속: 두려움과 통제의 대상으로서의 여성

1) 루소의 인간과 시민 그리고 여성

계몽사상의 대표자이자 근대 기획자로서, 루소에게 가장 중요한 것은 인간의 독립성이었다. 자연 상태에서 독립적이었던 인간이 사회 상태로 들어서면서 그 독립성을 상실하게 되면서 인간과 사물에 의존하게 되고, 그 의존성으로 인해 질서가 흔들리면서 인간의 도덕성과 사회질서에도 나쁜 영향을 미친다는 것이 루소의 설명이다.

> 두 가지 종류의 의존 상태가 있다. 하나는 사물에 대한 의존으로 자연적인 것이고, 다른 하나는 인간에 대한 의존으로 사회에서 발생하는 것이다. 어떤 도덕성도 없는 사물에 대한 의존은 자유에 해가 되지 않으며 악을 만들어내지도 않는다. 그러나 인간에 대한 의존은 무질서하기에 모든 악의 근원이 된다. 이로 인하여 주인과 노예 모두 타락하게 된다(Rousseau, 1979: II. 85).

따라서 루소는 인간에게 가장 중요한 것은 독립성을 회복하거나 형성하고 유지하는 일이라고 주장하며, 교육의 궁극적인 목표도 인간의 독립성 확보로 설정한다. 따라서 루소는 자연 상태로의 역전이나 회복이 불가능하고 이미 역사적으로 이행되어버린 사회 상태에서 합리적 정통성의 회복을 차선의 목표로 내세운다. 이를 위해 인간은 사회 상태의 질서를 유지하기 위해 독립적이며 자존적인 시민의 형성에 초점을 맞춘다.

『에밀』에서 루소는 독립적이며 자존적인 시민의 형성을 위해 여러 가지 조건을 인위적으로 제시하여 맞추어간다. 에밀의 성장 과정에 맞추어 필요한 덕목들이 에밀에게 자연스럽게 채택될 수 있도록 숨어 있는 기제와 배려를 통해 교육과정을 제시한다. 에밀의 성장을 위해 많은 것이 미리 준비되는 과정에서 에밀의 반려자로서 여성인 소피가 등장한다. 소피는 에밀을 위해 준비된 여성으로 예비 시민 남성 에밀의 시민으로서의 존재를 드러내기 위한 장치로 등장한다. 루소가 에밀에게 보였던 인간적인 애정이 과연 소피에게도 존재하는지에 대해서는 논란의 여지가 있으나, 소피는 에밀이 완벽한 시민이 되기 위해 절대적으로 필요한 중요한 소품(소품 중에서도 많은 노력이 들어간 소품)인 셈이다. 인간으로서의 절대 가치를 존중하고, 시민으로 성장하여 사회를 합리적으로 이끌어가기를 원하는 루소에게, 에밀과 소피는 근본적으로 다른 존재였다.

루소는 현재를 그대로 정당한 방법으로 유지하고자 했다. 계몽사상의 낙관적 역사관을 비판하는 루소에게 현재는 그나마 현재로 남아 있어야 차선이라도 유지되는 상황이었다. 역사가 진행되면서 문명과 학문의 발전은 인류를 지속적으로 타락시키고 있다는 루소의 주장에 따르면 현재를 유지하는 일이 인간에게는 당면한 최선의 과제였던 것이다. 이를 위해 루소는 정치적 정통성과 정당성의 확보를 추구했다. 상실되어버린 인간의 독립성의 회복을 추구하면서, 더 이상의 독립성의 상실을 막는 현실적 작업에 초점을 맞춘 이유가 바로 여기에 있다.

자연 상태에서 사회 상태로 진행하면서, 인간은 자연에서 가지고 있었던 많은 것을 상실한다. 자신에 대한 당당한 애정(amour de soi)과 타인에 대한 동정심과 연민(pitié) 등이 비교 의식을 통해 자기 편애(amour propre)와 허영심(vanité)으로 변화해나간다. 전자가 독립적 심성이라면, 후자는 타인과의 비교에 근거한 의존적 심성이다. 독립적 판단 능력을 갖추어나가기 위해서는 자연 상태의 심성으로의 회복이 필요하겠지만, 이미 진행되어버린 역사의 시간에서 인간이 주인이 아니기에 이는 불가능했다. 역사의 진행과 더불어 자연인의 심성으로의 회복이 더 어려워지게 되는데, 이는 사회 상태로의 이행에 따라 변화된 심성으로 자연 상태에서의 삶을 진정으로 회복할 수 있는지에 대한 의구심이다.

결국 시간의 객체로서 인간은 과거가 아닌 미래로 움직일 수밖에 없으며, 여기서 불가능한 황금시대로의 회귀보다는, 미래로 이어지는 길목에 선 현재 상황에서 정통성과 합법성의 추구라는 차선의 대책을 전향적으로 추구하게 되는 장면이 바로 루소의 『사회계약론』에 잘 드러나 있다. 루소는 『인간 불평등 기원론』에서 『사회계약론』으로 이어지는 현실의 삶에서 행위자 인간에 천착하게 되고, 『에밀』에서 인간으로 태어난 에밀이 시민으로 재탄생하게 되는 과정을 다룬다. 돌이킬 수 없는 사회 상태에서 인간에게 중요한 것은 이제 상실된 독립성의 회복이었다. 자연 상태에서는 자연스럽게 진행되었을 자존적 인간성의 형성 과정이, 태어나자마자 온갖 사슬에 묶여 있는 사회 상태에서는 인위적으로 구성된다.

루소는 『에밀』에서 교사로 등장하면서 전지적 작가 시점에서 에밀의 인성 형성을 적극적으로 주도해나간다. 교사 루소는 어린 시절부터 에밀을 전형적인 시민의 모델로서 만들어내기 위한 '시민 양성

프로젝트'라는 거시적 계획을 세우고 적용해나간다. 여기에 루소는 시민 에밀에게 가장 적절한 배우자 상으로 소피를 미리 설정한다. 에밀에게는 시민으로서의 독립성과 자존감 확립을 위해 모든 것을 허용했던 교사 루소는 소피에게는 전혀 다른 잣대를 적용하여 시민 에밀의 지속 가능성을 위해 절대적으로 필요한 여성상 소피를 만들어낸다. 루소는『에밀』에서 만들어지는 에밀과 이미 만들어진 소피를 이상적인 결합으로 제시한다.

  루소에게 있어 사회는 이성적이고 합리적으로 진행되어야 하는 것이었다. 이를 위해서 감정과 이성을 가진 인간이 확고한 판단 근거 없이 이리저리 좌고우면하는 상황에서 루소는 확실하게 목표를 설정한다. '시민 남성'을 기준으로 사회를 형성하고자 하는 목표가 바로 그것이다. 이제 모든 것은 시민 남성을 중심으로 움직이게 되고, 사회의 지속을 위해서 시민 남성의 독립성과 자존은 절대적으로 보장되어야 했다. 여기에 인간이 가진 성성(sexuality)으로 인해 불가피하게 들어서는 여성의 존재에 대한 자리매김이 중요한 논제로 등장한다. 루소의 시민 형성 프로젝트에서 여성은 다른 모든 존재와 마찬가지로 시민 남성을 시민으로 지속 가능하게 존재하게 하기 위한 주변의 등장인물이자 소품이 된다. 사회 상태에서의 정통성의 확보와 시민의 독립성 확보에 집중하게 되면서, 루소는 기왕에 설정된 시민 남성 이외의 존재의 독립성과 자존에 대해서는 일차적 관심을 유보한다.

  『신엘로이즈』에서 여주인공 쥘리는 가정과 사회를 모든 타락의 가능성에서 지켜내는 존재로 그려진다. 죽음이 임박하는 순간에도 쥘리는 가족의 질서와 미래를 위해 여러 가지를 정리하는 매우 이상적 여성으로 그려진다. 가족들이 이상적 가정의 테두리 안에서 성장해야 시민으로 사회에서 공헌할 수 있게 된다는 단순한 논리에서,

시민 양성을 위해 가정 내 여성 시민 양육자의 교육은 절대적 중요성을 가지지 않을 수 없다. 자신의 순수한 사랑의 감정에도 불구하고 가정을 충실하게 지키는 쥘리의 모습을 통해 루소는 사회를 타락과 왜곡으로부터 지켜내는 힘을 그린다. 다시 말해서 루소는 정치적 정통성의 확보를 위한 근저로서 여성의 존재를 성적 정체성으로부터 찾아내는 셈이다. 민중을 이끄는 자유의 여신이 왜 혁명 이후에 사회라는 현장에서 사라지는지에 대한 답을 여기서 찾을 수 있다.[3]

루소는 여성에게서 발견되는 성성을 남성이 제압하거나 넘어설 수 없다는 데 봉착하고, 이에 대한 기제로서 여성에 대한 도덕적 교육을 시도한다. 여성의 성장 목표는 사회의 근간인 가정의 타락을 온몸으로 지켜내는 도덕적 인간이었다. 따라서 시민 남성과 인간 여성이라는 목표가 설정되게 되고, 그 양성 과정에서 드러나는 차이는 당연한 귀결이었다. 시민에게 필요한 자유와 도덕성의 담지자에게 필요한 덕성이 정당한 사회의 지속을 위해 필수적인 조건이라는 것이 루소의 생각이었고, 따라서 루소는 시민과 합법적인 공화국 형성을 위해 필요한 덕성을 『사회계약론』뿐만 아니라, 『연극에 대하여 달랑베르에게 보낸 편지(이하 달랑베르)』, 『에밀』, 『신엘로이즈』에서 차근차근 개진해나간다.

2) 여성에 대한 공포와 우려[4]

루소의 여성에 대한 분석은 매우 이중적이다. 그러나 어느 쪽으

---

[3] 들라크루아는 〈민중을 이끄는 자유의 여신〉에서 드러나는 사회를 지키기 위한 드러나지 않는 힘으로서의 여성을 상징적으로 표현하고 있다.
[4] 루소가 활동하던 당시 프랑스 파리는 귀부인 중심으로 지식인들의 공론장이 형성되던 살롱(salon)의 천국이었다. 루소 자신도 살롱과 살롱의 여주인들을 통해

로 보아도, 루소가 여성을 무시하거나 간과하고 있는 것 같지는 않다. 루소는 여성의 힘을 인정했고, 그 여성의 힘을 역이용하여 시민을 지켜내고자 했던 것이다. 그 시민에 여성이 왜 포함되지 않는지에 대한 질문은 루소 입장에서 보면 이해가 되지 않을 수도 있을 것이다. 루소의 일관된 주장처럼 자연에서 만들어진 대로 살아가는 것이 최고의 이상이라고 할 때, 자연이 남성을 이렇게, 여성을 그렇게 만든 것을 어쩌란 말이냐는 것이 루소의 답변이자 반문일 것이다.

루소에게 자연은 모든 것의 시작이자 끝이었다. 에밀에게 루소는 끊임없이 자연의 힘을 강조한다. 따라서 루소에게 있어서 자연에 있는 사물에 대한 의존은 인간에게 별 문제로 등장하지 않지만, 인간에게 의존하게 되는 것은 심각한 문제로 등장한다. 인간의 인간에 대한 의존에서 특히 중요하게 드러나는 것이 바로 남성과 여성의 성적 관계이다. 이러한 성적 관계에서 힘을 가진 남성은 궁극적으로 매력을 가지고 생산력까지 가진 여성의 지배를 받게 되고, 여성에 대한 공포와 우려를 가지게 된다는 것이다. 이에 대해 오킨(Okin)은 다음과 같이 설명한다.

> 어떤 방식으로든 여성이 남성에게 복종하지 않게 된다면, 결국 여성이 남성 모두를 지배하게 될 것이다. … 여성의 힘에 대한 공포, 여성이 문명사회 주요 악의 근원이라는 믿음은 루소만 가진 것이 아니었다. … 아우구스티누스의 사상적 기조를 따라, 루소는 에덴동산에서의 타락 이후 성적 감정과 행위가 출산을 위한 단순한 성관계로부터 공포, 죄의식 등의 감정과 연계되

자신의 학문 활동을 지속할 수 있었고, 당시 지식인들과의 교류도 유지할 수 있었다. 루소의 여성의 힘에 대한 우려와 공포의 연원이 여기에 있는지도 모른다.

는 격렬한 열정으로 변형되었다고 전제한다. … 당시 프랑스에서 루소는 관능적인 여성의 지배는 예술과 지성의 천박성에 책임이 있을 뿐만 아니라, 모든 사회적 악의 근원이라고 주장했다(Okin, 1979: 148-151).

남성과 여성의 성적 관계에서 루소는 지배/피지배 관계와 함께 권력의 속성을 발견하고, 남성은 여성에게 궁극적으로 의존하게 된다고 역설한다. 시민이 되기 위해 절대적으로 벗어나야 할 의존 상태가 발생하게 되고, 그 원인으로 여성의 성이 존재한다. 조엘 슈바르츠(Joel Schwartz)는 "여성이 남성을 사회화시키기 때문에 남성은 여성의 영향을 유익이 아니라 위협으로 인식"(Schwartz, 1984: 98)하게 된다고 설명한다.

루소 자신은 성에 대한 집착이 없는 아나키스트로 살고 싶어 했을 것이다. 그는 진정으로 독립적이고 싶어 했다. 지배하려고도, 지배받으려고도 하지 않았다. … 루소의 목표는 따라서 제국을 통한 평등이 아니라 제국의 회피를 통한 고독이다. … 그러나 여성은 이러한 루소의 고독 추구에 매우 위협적인 존재였다. 에밀과 마찬가지로 루소 자신도 여성에게 의존하고, 또 그 의존을 즐기는 경향이 있었다. 루소는 자신의 성적 경험으로부터 성을 여성의 지배와 연계시켰다. … 성적 관계는 두 당사자 간의 지배와 피지배 관계를 발생시키기 때문이 매우 정치적 관계이다(Schwartz, 1984: 99).

성적 관계에서 남성이 여성의 지배를 받게 되는 일은 루소의 공화국에서 절대적으로 피해야 할 일이었다. 시민이 되기 위한 절대적 조건이 바로 독립성과 자존이기에 시민 남성은 여성의 지배로부터 벗어나야 하지만, 자연이 여성과 남성을 그렇게 만들었기에 현실에서 남성이 여성의 지배를 벗어나기는 어렵다. 루소의 역설은 여기서 또다시 위력을 발휘한다. 여성이 성적으로 남성을 지배하게 되면 남성뿐만 아니라 그 권력관계 내에 존재하는 여성도 지배/피지배 관계 속에 빠지게 되어 사회는 타락하고 부패하게 된다는 것이다. 이 시점에서 루소는 사회의 타락을 역전시킬 방법으로 타락의 원인 제공자, 지배의 원인인 여성에 대한 도덕과 절제 교육으로 초점을 돌린다. 사회질서의 부패와 타락의 진원인 여성에 대한 통제와 규제를 통해 사회질서를 잡아나가고, 시민 남성을 제자리에 다시 돌려놓는 작업이 바로 그것이다. 이러한 각 성의 자리 잡기 작업을 통해서 남성이나 여성 모두 타락과 부패로부터 벗어날 수 있고 도덕적 삶을 영위해나갈 수 있다는 것이 루소가 선택한 차선이다.

> 소녀들을 언제나 순종하도록 가르쳐라. 그러나 어머니가 언제나 엄해서는 안 된다. 젊은 사람을 유순하게 만들기 위해서 불행하게 만들어서는 안 된다. 여성을 얌전하게 만들려고 여성을 혹독하게 다루어서는 안 된다. 오히려 불순종에 대한 벌을 모면하기 위해서가 아니라 복종을 피하기 위해 때때로 아이가 약간의 꾀를 부리는 것은 내버려두어도 좋다. 그녀에게 의존이 힘든 것이 되게 하자는 말이 아니다. 자신의 의존성을 자신이 인식하도록 하는 정도로 충분하다(Rousseau, 1979: 370).

루소에게 사회에 대한 지속적인 위협 요인은 무질서한 성성(sexuality)이고, 이는 여성들이 가지고 있는 매력을 통해 남성들에게 거부할 수 없는 위협으로 다가선다. "공화국에는 남성이 필요하다"(Rousseau, 1960: 101)라고 역설하는 루소에게 시민 남성의 정립과 지속성은 중요한 과제였다. 여기서 루소의 여성에 대한 관념을 재확인하게 된다. "가정을 벗어난 여성은 자신의 가장 위대한 빛을 상실하게 되고, 진정한 훈장을 더럽히는 셈이다."(Rousseau, 1960: 88) "자녀들에 둘러싸인 어머니, 가사 일을 수행하고 있는 여성, 남편을 위해 살아가면서 가정을 지혜롭게 통제하는 아내보다 더 감동적인 장면이 세상에 있는가?"(Rousseau, 1960: 87-88)라는 질문으로부터 루소의 도덕적 인간 만들기 프로젝트가 시작된다.

자연이 남성과 여성에게 요구하는 것을 거부하게 되면 부패와 타락을 통해 사회는 무질서로 이행하고, 모든 인간은 불행하게 된다. 따라서 남성과 여성은 각자 자연에서 요구하는 대로 시민과 인간의 길로 들어서야 한다. 이를 위해서 양자에 대한 교육이 달라지는 것은 당연하며, 이는 여성에 대한 차별이 아니라 오히려 여성을 위한 일이라는 것이 루소를 여성주의자들의 공격으로부터 옹호하는 주장의 핵심이다.[5]

순종적이면서 의지가 확고하고, 아름답지만 뛰어난 것은 아니고, 정숙하지만 관능적이기도 하다는 소피에 대한 루소의 묘사는 인간 여성을 여성도 남성도 아닌 괴물로 만들고 있다는 비판을 면하기 어렵다. 남성에게 요구하는 것은 명확한데, 여성에게 요구하는 것이 과연 무엇인지 불분명하다. 남성의 평등은 보편적으로 설명되는 데 반해, 여성은 가족 관계에서는 평등하고, 정치경제 영역에서는 그렇지 않다. 루소에게 여성은 아내와 어머니로서는 남편과 아버지와 평등

---

[5] 이러한 관점에서 루소를 역설적으로 여성주의자로 보는 경우도 있다. 그러나 왜 여성에게는 도덕이, 남성에게는 시민성이 구별되어 적용되는지에 대한 근거로서 자연의 요구만 가지고는 충분하지 않다는 것이 현대 여성주의자들의 주장이다.

하지만, 시민이라는 차원에서 루소의 여성은 절대적으로 평등하지 않다. 남성은 자체의 가치로서 정의하지만 여성은 그 성적, 재생산 기능으로 평가하게 되면서 여성에 대한 숨어 있는 이중 잣대가 삶의 현실에서 작동하게 된 것이다. 남성에게서 원칙을 발견한 루소는, 여성에서 편견에 가득 차고 불공정한 현실을 찾아낸다. 이상과 현실의 괴리 속에서 이상적 사회의 모습을 찾아가려는 정치적 노력은 여성의 정치적 희생을 담보로 한 시민 남성의 정립으로 드러난 셈이다. 이러한 상황에서 자연의 지시와 의무를 저버린 여성은 공포의 대상이자 사회질서 형성에 대한 위협 요인으로 작동할 수밖에 없는 것이 현실이다. 이 공포와 위협 요인을 원천적으로 배제하면서 사회의 질서를 잡기 위한 작업이 바로 소피와 쥘리를 통한 사회 유지 기능의 회복이다. 루소에게 이는 부패한 사회에서 새로운 시대를 위한 희망이자 미래로의 출구였던 것이다.

3) 루소의 소피와 쥘리: 도덕적 훈련을 통한 두려움의 극복

여성에 대한 공포와 여성으로부터의 위협은 여성을 통해서 제거되어야 한다는 것이 루소의 생각이었다. 자연이 여성에게 준 여성의 역량을 자연의 방법으로 제어한다는 것이 그 핵심에 존재한다. "남성과 여성은 서로를 위해 형성되었다. 신은 그들이 각자에게 주어진 의무를 수행해나가기를 원하는바, 그중에서 가장 거룩한 것이 바로 결혼이다."(Rousseau, 1960: 128) 공화국에 남성이 필요(Rousseau, 1960: 101)한 것처럼 가정에도 주인으로서의 남성이 필요하다. 결혼을 통해 형성된 가정에서 남성은 주인으로 여성을 지배하고, 이 지배를 통해서 자연이 여성에 준 남성에 대한 지배력을 조절한다. 이것이 가정 공동체의 평화와 지속 가능성을 위한 최선의 방법이다. "사람들을 망하게 하는 것은 과도한 음주가 아니라, 여성의 무질서이다"(Rousseau, 1960: 109)라는 루소의 말처럼 여성이 가진 매력과 힘은 공동체에 파괴적인 힘이기에 남성을 통해 제어되어야 한다는 것이다.

소피와 쥘리는 루소의 공화국을 지켜내고 지속시키기 위한 가장 극적인 장치라고 할 수 있다. 소피와 쥘리는 루소의 사상이 투영된 이상적인 공화국의 아내이자 어머니이다. 사회의 미래에 대한 불안이 소피와 쥘리의 도덕성을 통해서 사라지게 되면 사회는 안정을 찾고, 시민 남성은 그 기반 위에서 자유롭게 행동하게 되는 것이다.

의존적 남성이 독립적 여성을 통해서 의존성을 탈피하고 시민으로 독립하게 된다는 역설 속에서, 독립적 여성은 현실의 의존 속에 있어야만 그 독립성을 유지할 수 있다는 역설이 동시에 존재하게 된다. 남성과 여성의 의존과 독립은 서로 일종의 교환 체제를 유지한다. 그 전제가 되는 것이 바로 여성이 출산을 하는 것이고, 또한 여성이 자신의 자녀에게 아버지를 찾아주어야 하는 의무를 진다는 것이다. 이러한 과정에서 남성과 달리 여성에게만 부과되는 성에 대한 정숙성(chastity)이라는 도덕적 윤리는 자연의 요구라고 간주된다.

> 여성에게 적절한 수줍음, 순결함과 정숙함이 사회적으로 형성된 덕목이라면, 여성이 이러한 덕목을 체득하는 것은 사회의 이익과 직결된다. 이들 덕목은 여성 안에 자리 잡아야 하며, 이를 경멸하는 여성은 좋은 도덕이나 태도를 위반하는 것이다. … 어디서나 여성은 자신의 정숙성의 정도에 따라 존중받는다. 자신의 성에 합당한 길을 게을리할 때 그들은 언제나 자신의 의무도 게을리하게 됨을 나는 확신한다. 어디에서나 여성이 남성적 확신에 가득 차 뻔뻔스럽게 행동할 때, 여성은 그 어설픈 남성 흉내로 오히려 자신을 비하하게 되고 남성과 여성 모두를 불명예

스럽게 한다(Rousseau, 1960: 87-88).

여기서 사회를 위해 여성이 가져야 하는 것은 자유나 평등이라는 정신적 가치보다, 현실의 삶에서 인내하며 살아가는 것임이 명백해진다. 절제와 순종을 통해 인내를 훈련하고 여론과 평판에 예민해야 하며, 여성들의 타고난 일차적 취향이라고 할 수 있는 주의 산만, 경박함, 변덕을 이겨낼 수 있는 훈련을 지속적으로 시켜야 한다. 구속과 속박에 익숙해지도록 하고, 자신의 변덕을 극복하고 타인의 뜻에 따르도록 하는 것이 필요하다. 이 모든 것은 사회를 위해서, 남성을 위해서, 궁극적으로는 여성 자신의 더 큰 불행을 막기 위해서 절대적으로 필요한 것이다. 성적 파괴력을 가진 여성이 절제의 미덕을 가지지 못하면 사회와 남성뿐만 아니라 여성에게도 재앙으로 다가서는 것이기에, 여성의 속성은 철저한 통제 속에서 교육되어야 한다고 루소는 주장한다.

> 소녀들은 … 일찍부터 구속을 참아야 한다. 이것이 그녀들에게는 불행일지 모르지만 이것은 여성에게서 분리될 수 없는 것이어서, 만약 이 불행에서 그녀들이 풀려난다면 결단코 더 모진 불행을 겪게 될 뿐이다. … 우리의 어리석은 사회제도 안에서는 올바른 여성의 일생이란 자기 자신과의 끝없는 투쟁의 연속이다. 여성이 우리 남성에게 가져온 해악의 고통을 여성이 함께 겪는 것은 당연하다(Rousseau, 1979: 369).

에밀이 사상과 원칙으로 교육받은 데 비해, 소피는 엄격하게 현실의 기준에 맞추어 교육된다. 에밀이 자유와 평등의 가치를 가지고 독립적으로 성장하여 루소의 공화국에 필요한 시민이 되는 과정에서, 소피는 실천적인 이성을 가지고 현실에서 일상의 지속적 반복을 통해서 세상 평판에 맞추어 살아가는 법을 배우면서 덕 있는 여성이 되어 에밀의 현실을 받쳐주는 매우 중요한 역할을 한다. "여성은 남성을 다스리고, 남성이 타락시키지만 않으면 남성을 명예롭게 해주는 것도 여성이다."(Rousseau, 1979: 382) 여성이 남성에게 위협적으로 다가서는 것도 사실이지만, 여성을 통해서 남성은 가정의 지배자로, 아이의 아버지로 자리매김하는 것이 가능해지면서, 궁극적으로 공화국의 시민으로 권력의 중심에 서게 된다.

시민 남성을 지켜주는 여성의 힘이 사라진 상황은 『에밀』의 속편 『에밀과 소피』에서 잘 드러난다. 결혼 이후 대도시로 이주하게 된 에밀과 소피에게 닥친 환경은 도덕적 여성 소피를 타락시키는 기제가 된다. 소피의 외도로 결혼은 파국으로 이어지고, 에밀은 소피를 떠나게 된다. 전작인 『에밀』에서 소피를 만난 이후 에밀은 교사의 뜻에 따라 소피를 잠시 떠난 것과 달리, 속편 『에밀과 소피』에서 에밀은 소피를 떠나는 결정을 자신의 의사에 따라 독립적으로 내리게 된다. 독립성이라는 차원에서 피상적으로는 소피의 실패와 에밀의 성공으로 드러나지만, 내면적으로는 에밀도 결국 남편으로서 실패하게 된다.

> 일반적으로 여성의 방종을 남편의 탓으로 돌리는 데에는 이유가 있다. 여성 자체가 잘못되었을 경우도 있지만, 여성이 잘못 관리되었을 경우도 있기 때문이다. … 나 자신은 이러한 비난의 정당성을 보여주는 사례이기도 하다. … 에밀이 언제나 현명했더라면, 소피는 실패하지 않았을 것이다(Rousseau, 1990: 901).

『신엘로이즈』에서 생프뢰가 아름다운 사랑의 열병으로 온 세계를 여행하는 데 비해, 쥘리는 현실의 미덕으로 아름다운 사랑을 내면에 숨기고, 의무를 위해서 행복을 버릴 수도 있다는 것을 온몸으로 보여준다(Rousseau, 1968: 230). 쥘리는 남편 볼마르와의 결혼을 통해 결혼에 필요한 것은 사랑 못지않게 달콤하고 오래가는 부드러운 애정이라고 말한다(Rousseau, 1968: 372). 쥘리는 볼마르에게 생기와 활력을 불어넣고, 사회화시킨다. 쥘리와 볼마르는 남성과 여성의 관계에 대해 루소가 『에밀』에서 역설한 내용을 그대로 시연한다. 여성은 남성보다 더 사회적이며, 남성의 사회성의 근원이기도 하다. 이는 에밀과 소피, 볼마르와 쥘리의 관계에서 잘 드러난다.

> 쥘리는 볼마르를 사회적으로 만들어간다. 쥘리의 도움으로 볼마르는 그 가정의 훌륭한 주인이 되어간다. 타인들을 관리한다는 측면에서 볼마르의 성공은 쥘리와 볼마르의 업무 분담에 기인한다. 쥘리는 자신의 죽음을 통해서, 볼마르에게 신앙을 가지게 함으로써 볼마르의 사회화를 완성시킨다(Schwartz, 1984: 121).

쥘리는 살아 있는 동안 자신의 사랑을 희생하여 가정을 지키고, 죽어가면서도 가정의 미래를 위한 단속을 잊지 않는다. 쥘리의 죽음를 통해 무신론자였던 볼마르가 신앙을 가지게 되면서, 볼마르의 가정은 쥘리가 없는 상태에서도 확고하게 유지되어나갈 수 있게 된다. 반면에 에밀은 소피를 만나면서 자신의 가치를 더욱더 중요하게 생각하고 드러낼 수 있게 되지만, 소피가 정숙함과 순결을 상실하게 되자 상황은 역전된다. 남편으로, 아버지로 실패하게 되고, 시민으로서의 에밀도 가치를 상실한다. 여성에 대한 도덕적 교육과 훈련은 사회의 유지와 지속 가능성을 위한 매우 중요한 기제로서, 여성이 시민이 되는 것보다 더 중요한 일이자 동시에 여성에 대한 두려움과 위협이 도덕적 훈련을 거쳐 오히려 사회의 안전장치로 전환되는 극적인 순간이다. 루소에게 여성과 여성의 성은 정치의 시작이자 끝이었기에, 남성이 시민으로 공화국의 미래를 책임져야 하는 상황에서 여성은 도덕적 인간으로 공화국의 근간인 가정을 지켜내는 힘으로 건재해야 했다. 가정에서의 노동 분업이 공화국 차원에서도 그대로 적용되어, 시민 남성과 도덕적 여성이 공존하게 되면서 보편성과 개별성이 동일한 삶의 현장에서 살아가는 사회의 모습이 펼쳐진다. 루소의 좋은 사회의 모습은 여성의 덕성으로 시민 남성과 공화국이 지켜지는 그러한 사회였다. 루소에게 여성은 근원적인 파괴력의 소유자이자, 사회를 지키는 힘의 소유자이기도 했다. 따라서 여성의 힘을 적절하게 제어하는 것이 사회를 지속 가능하게 하는 중요한 과제로 루소의 사상 속에서 자리 잡게 되는 것이다.

3. 미래 가치의 현재화: 새로운 사회의 가능성을 보여주는 여성

1) 울스턴크래프트의 여성과 사회

울스턴크래프트는 자유와 평등이라는 근대정신을 현실에서 구현한 1789년의 프랑스대혁명을 찬양한다. 울스턴크래프트는 르네상스 이후 계몽사상기를 거치면서 분화된 모든 인간의 존엄성, 자유와 평등이 확인되는 역사적 현장을 프랑스혁명에서 목도한 것이다. 영국의 버크가 프랑스대혁명으로 인한 급진적인 사회적 변화를 격렬하게 비난한 『프랑스혁명에 대한 고찰』(1790)에서 혁명 이후 역사의 진행에 대한 비관적 전망을 보수주의적 입장에서 개진한 데 대하여, 울스턴크래프트는 『인간의 권리 옹호』(1791)를 통해 프랑스혁명 정신을 적극적으로 옹호하고 환영하였다. 그러나 프랑스혁명이 이후 인간의 해방이라는 그 정신에 걸맞지 않게, 프랑스 의회가 여성의 정치적 권리를 인정하지 않은 데 항의하며 『여성의 권리 옹호』(1792)를 저술한다. 『여성의 권리 옹호』는 프랑스혁명 당시 재상 탈레랑이 "남성 아동에 대한 보통교육법"을 입법한 데 대하여 보통교육에 여성 아동이 포함되어야 하는 근거로서 그에게 헌정한 글이었다.

당시 여성이 남성과 동일하게 혁명 등 사회적 격변의 현장을 온몸으로 겪고 있었음에도 불구하고 혁명의 이익은 남성과 공유하지 못하고 있는 데 대한 이유 있는 항변이라고 할 수 있겠다. 여성이 의회의 의정 단상에 오를 수 있는 권리를 단두대 위에서 외치다 죽어간 올랭프 드 구주의 주장이 울스턴크래프트의 여성과 사회에 대한 주장에서 역동성을 가지고 살아 움직인다. 여성주의적 시각에서 본다면 프랑스혁명은 미래 사회를 향한 움직임으로 시작되었으나 현재라는 정차 역에서 멈추어버린 기차인 셈이다. 모든 인간의 해방, 모든 인간의 자유와 평등이 남성의 해방, 남성의 자유와 평등에서 멈추게 되고, 근대의 기획은 여성을 사회의 구성원으로 인정하는 데 매우 인색했다. 남성은 공화국의 시민으로 자리매김하는 데 성공했지만, 여성은 개인이 아니라 가족과 동일시되면서 가족의 버팀목이자 지지대로서 사회에서는 드러나지 않는 투명인간과도 같은 존재가 되어버렸다. 공화국의 시민 남성과 가족 속에 숨어 있는 투명인간 여성의 기이한 공존이 바로 남성 중심적 근대 기획의 실체라고 할 수 있는 것이다. 여성에게 근대사회의 시민으로서 필요한 이성이 없다는 것을 입증할 수 없는 상황에서, 이러한 역사의 현실은 사회의 타락이라는 자가당착적 결론을 가져온다는 것이 울스턴크래프트의 생각이었다.

> 여성의 오성이 강해질수록 자신의 의무를 이해하고 수행할 의욕도 커질 것입니다. 그것이 진정 그들의 운명이라면, 이성이라는 존엄한 권위를 근거로 생각해볼 때, 여성이 자신의 의무를 이해하고, 남성과 똑같이 불변의 원칙에 기초한 도덕을 지니지 않으면, 어떤 권위로도 그들이 그 의무를 도덕적으로 수행하게 만들 수는 없을 것입니다. 여성이 노예로서는 편리할지 모르지만, 노예제도하에서는 언제나 주인과 노예 모두 타락하게 되어 있습니다(울스턴크래프트, 2008: 30).

사회의 발전이 혁명의 목표라고 할 때, 프랑스대혁명 이후 여성에 대한 처사는 '여성은 이성 능력이 없다'는 근거 없는 주장에 의거한 차별이었다. 프랑스대혁명에서 시작된 근대 기획의 출발점은 모든 인간이고, 특히 이성을 가진 인간이었다. 여기에서 여성이 이성을 가지고 있지 않다거나, 불완전한 이성을 소유하고 있다는 차별적 사고는 사회에서의 여성 배제를 당연한 것으로 간주하게 하였다. 세계 인류는 남성과 여성으로 구성되어 있는 것이 아니라, 인간과 여성으로 구성되어 있다는 왜곡된 발상으로부터, 근대는 여성이라는 인류를 질곡과 억압의 깊은 터널에 가두고 이중 잣대로 평가하면서 탈선한 기차처럼 남성 일변도의 사회적 시각을 사회 구성원 모두에게 강요하기에 이른다.

이성이 부족한 여성이 도덕성을 가지기 위해서는 남성의 도움이 필요하다는 루소의 주장은 여성의 본성에 대한 일방적 사고를 보여준다는 것이 울스턴크래프트의 생각이었다.[6] 루소에 따르면 "소녀들은 인형을 참 좋아하는데, 이는 그들이 평생 하게 될 일에 대한 본능적인 호감을 보여준다. 아주 어린 소녀들도 예쁜 옷을 좋아한다. … 교태는 여자의 천직"(Rousseau, 1979: 329-331)이기에, 여성 교육이란 자연이 여성에게 준 이러한 특성과 일치하도록 하는 것이다. 여기서 발견되는 것은 남성과 여성에 대한 평가의 잣대가 이중적이라는 점이다. 루소는 각 성을 평가하고 구분하는 데 있어 남성에 대해서는 인간의 본성을, 여성에 대해서는 현실에서 드러나는 속성을 기준으로 삼고 이에 맞는 교육이 사회의 안정적 질서 형성과 유지를 위해 절대적으로 필요하다고 주장하지만, 울스턴크래프트는 현실에서 발견되는 여성의 특성을 기반으로 하는 여성에 대한 평가의 형평성에 문제를 제기한다. 이미 왜곡된 사회에서 잘못된 사회화 과정을 통해 잘못 형성된 여성의 특성을 본성으로 간주하여 이에 맞는 여성 교육 시스템을 형성하는 것은 원리와 원칙, 이성과 사상을 강조하는 근대 기획 정신에 전적으로 배치된다는 것이다. 다만 사회에서 여성을 그렇게 교육시켜온바 여성이 그런 측면을 보이는 것도 일정 부분 사실이기에, 여성이 이에 대해 전향적으로 접근해야 한다고 울스턴크래프트는 역설한다.

여성이 존경받으려면 이성을 발휘해야 하고, 이성만이 독립적

---

6) 인간의 자유와 평등에 대한 명쾌한 분석을 해낸 루소가 여성에게 있어서 이러한 한계점에 봉착한 데 대해 울스턴크래프트는 경이롭게 생각한다. 여성이 인류를 타락시킨 데 무한책임이 있다는 기독교의 성서적 기원으로부터 '여성으로부터의 위협'이 존재한다는 의식은 사회에서 여성에 대한 통제가 불가피하다는 생각으로 발전하고, 이는 아우구스티누스부터 면면히 이어지는 남성 중심적 사회의 근간을 이루는데, 루소 역시 다른 사회문제에 대한 분석과 달리 여성에 대한 문제의식에서는 이에 동의한다. 루소의 남성 시민에 대한 일반적이고 보편적인 논리가 여성에 와서 전혀 다른 방향으로 움직이고 있다는 데 대한 많은 비판이 현대의 여성주의자들로부터 제기되는데, 울스턴크래프트는 그 시작에 서 있다.

인간 형성의 토대인 것이다. 여성은 사회적 편견에 얌전히 고개 숙이는 대신 이성의 권위에만 따라야 한다는 것을 명백히 밝혀 둔다. … 여성이 이성을 지닌 존재라면 우리는 그들이 자신만의 미덕을 갖추도록 이끌어야 할 것이다. 이성적인 존재는 자신의 노력으로 얻은 것을 통해서만 고귀해질 수 있기 때문이다(울스턴크래프트, 2008: 102-103).

울스턴크래프트는 여성이 하나의 반쪽 인간[7]이 아니라, 자체로서 전인적 인간임을 주장하면서 여성이 도덕적이고 이성적인 존재로서 남성과 동일하게 인간이 가져야 할 덕성과 가치를 가지도록 교육받아야 한다고 주장한다. 결국 여성이 보다 합리적인 교육을 받지 못한다면 인류 전체의 도덕성과 지식 향상은 달성될 수 없다는 것이 울스턴크래프트의 주장이다.

작금의 타락한 사회가 여성의 이성을 억누르고 감성을 키움으로써 그들을 노예로 만드는 데는 여러 가지 원인이 있다. 그런데 그중에서도 소리 없이 가장 큰 해독을 끼치는 것이 바로 질서 의식의 부재일 것이다.
모든 걸 질서 있게 한다는 것은 아주 중요한 덕목인데, 여자들은 무질서한 교육밖에 받지 못했기 때문에 아주 어려서부터 그 방법을 배워온 남자들이 지닌 질서 의식과는 전혀 다른 방식으

---

[7] 울스턴크래프트는 이를 "루소가 말하는 기이한 환상의 하나"라고 말한다(울스턴크래프트, 2008: 84-85). 동일한 현장에서 살아가는 남성과 여성을 어떻게 그렇게 다른 잣대로 평가할 수 있는지 기이하다는 생각이 이 글에 잘 드러나 있다. 여성이 사회화 과정에서 좋아하게 된 것을 선천적이고 본능적인 본성으로 분석하게 된 점이 루소의 중대한 결함임을 지적하고 있다.

로 일을 처리한다(울스턴크래프트, 2008: 60).

부터 가장 좋은 교육은 신체를 단련하고 이성을 훈련하는 과정이다. 따라서 사회의 질서유지와 그 지속을 위해서 사회 구성원들의 이성을 훈련시켜 그들을 독립적 인간이 되게 해야 한다. 이는 남성과 여성 모두에게 해당되고, 남성과 여성 모두 이성적 훈련을 받아야만 독립성이 확보되고 공화국의 시민으로 자리 잡을 수 있을 것이다. 여성을 별도로 교육시키고, 여성을 인위적이고 저열한 욕망으로 살아가게 만드는 사회에서는 여성뿐만 아니라 남성도 덕성을 가진 공화국의 시민으로 제대로 설 수 없다. 덕성의 근원에는 자유가 있는데, 인류의 절반인 여성이 반쪽 인간이라는 이유로 자유를 허용받지 못하고 억압과 통제 속에서 살아가야 한다면, 인류 전체의 자유라는 근대 혁명의 기치는 이미 실패한 것이라고 할 수 있다. "올바른 정치가 자유를 신장하면 여성을 포함한 모든 사람이 분명히 지금보다 더 현명하고 도덕적인 존재로 변할 것"(울스턴크래프트, 2008: 82)이라는 것이 울스턴크래프트의 핵심적 주장이다.

2) 미래 사회를 위한 여성의 가능성

사회에서 더 나은 인간이 된다는 것과 진정한 시민이 된다는 것, 양자 모두 자유를 필요로 한다는 점에서 동일한 것이다. 따라서 인간성과 시민성은 인간이 동시에 추구해야 할 가치라고 울스턴크래프트는 역설하고, "공적 정신은 개인의 미덕에 기초하고 그로부터 만들어지는 것"(울스턴크래프트, 2008: 237)임을 주장하면서 공적 영역과 사적 영역의 현실에서의 상호 교환 가능성에 초점을 맞춘다. 사적 영역에서의 덕성도 자유에 기초하는 것이고 자유는 시민이 지녀야 할 공적인 가치라는 측면에서 공적 영역과 사적 영역은 인간의 삶에서 만나지 않을 수 없는 것이다.

　이에 반해서 루소를 비롯한 남성 자유주의 사상가들은 시민사회 내에서 여성의 남성에의 종속과 의존이 필요하다고 생각하면서 시민성에 있어서 여성을 배제하고, 여성이 물리적 힘 측면에서뿐만 아니라 법과 관습에 의해서도 남성의 통제하에 있어야 한다고 주장하고 있었다(Sapiro, 1992: 185). 이렇게 남성에게서는 동일하게 발견되는 인간성과 시민성이 여성에게서는 분리되는 근거로 제시되는 것이 바로 공적 영역과 사적 영역의 구분이다. 공적 영역에서는 보편적, 객관적 원칙에 투철한 시민성이, 사적 영역에서는 구체적 삶의 현장으로서 개별적, 주관적 규칙이 작동하는 개인성이 중요하게 등장하는데, 전자는 남성의 영역이고, 후자는 여성의 영역이라는 이분법적 사고로부터 보편적 가치를 추구해야 하는 남성에게 개별적 가치를 추구하는 여성이 의존하는 것은 사회의 존속과 유지를 위해 당연하다는 결론이 도출된다. 여기서 자유주의가 여성에게 와서는 반자유주의로 귀착되는 역설적 현상이 드러나게 된다. 루소의 '자유를 위한 강제'라는 역설이 여기서도 작동하는 모습을 살펴볼 수 있다.

　이러한 현실을 분석하면서 역사와 사회의 발전을 위해 울스턴크래프트는 미래의 가능성에 초점을 맞추고 보다 깊은 곳에서부터의 차별에 천착한다. 제대로 된 근대와 계몽이 사회에 뿌리내리기 위해서는 억압받는 어머니와 아내가 아버지와 남편처럼 시민으로 설 수 있어야 한다는 점에 울스턴크래프트는 집중한다. 『여성의 권리 옹호』의 목적은 남성과 동등한 여성의 정치 참여가 아니라, 새로운 시민사회에서 여성의 사회적 책임에 대한 인식 제고에 있었다. 자아 정체성을 가진 존재인 인간 여성이 공화국의 시민으로 자리매김해야 새로이 들어서는 공동체에 기여할 수 있으며, 이것이 또한 자연의 이치에도 부합하는 것임을 울스턴크래프트는 주장한다. 진정한 여성의 해방은 여성이 자신의 고유한 본성, 즉 자신이 이성을 지닌 존재이자 동시에 남성과는 구별되는 독자적 성을 지닌 주체라는 사실을 인정해야 비로소 가능하다는 것에 울스턴크래프트의 사상적 공헌이 있다(뒤비·페로, 1998: 87; 박의경, 2012: 191).

> 도덕을 모르거나 자유를 통해 강화된 이성으로 자신의 의무를 깨닫지 못하는 여성은 남성과 협력할 수 없을 것입니다. 엄마가 조국을 사랑해야 아이도 애국심의 진정한 원리를 배우게 될 것이고, 인류의 도덕적, 사회적 이익을 이해해야만 모든 미덕의 원천인 인류애도 생길 것입니다(울스턴크래프트, 2008: 29).

이렇게 볼 때, 공화국의 시민으로 계몽된 여성은 공화국의 어머니이자 가정의 어머니 역할을 보다 충실하게 수행할 수 있으리라는 것이 울스턴크래프트 주장의 핵심이다. 한마디로 여성을 능력이 부족하고 자연적으로 결함이 있어 가정 내에 있어야 하는 존재로 생각한다면, 이러한 여성에게 차세대 공화국 시민 양육과 훈육을 맡길 수는 없는 일이다. 공화국의 미래를 진정으로 생각한다면, 여성에게 부여된 인간의 권리를 부인하거나, 여성을 사회적 역할과 권리로부터 배제해서는 안 되고, 오히려 교육을 통한 여성 능력에 대한 개선 작업에 더욱더 매진하여 사회의 발전에 힘써야 할 것이다. 이것이 계몽사상의 핵심이고 근대 기획의 사상적 근간으로 모두가 자유롭고 평등한, 따라서 모두가 행복한 사회가 되는 필요충분조건이다(박의경, 2012: 191-192).

근대 기획을 통해 남성은 공화국의 시민으로 이미 들어선 상황에서, 여성의 예속 상태 해소, 여성의 이성과 덕성의 확보 등이 더 나은 사회로의 진전을 의미하게 되는 것은 당연하다. 남성과 여성 모두 이성에 기초한 미덕을 갖추고 각자의 의무를 수행하는 사회가 바로 도덕적인 사회이다. 구성원의 일부가 예속되어 있는 상태를 이상적이고 도덕적인 사회라고 말할 수 없는 것은, 노예가 존재하는 국가를 자유국가라고 부를 수 없는 것과 같다.

여성을 자연과 의무로 돌아가게 하는 데 이성이 어떤 역할을 할 수 있는지 계몽된 국가가 먼저 보여주어야 할 것이다. 그리고 여성에게도 남성과 같은 교육과 정치 참여의 기회를 줌으로써 더 현명하고 자유로운 존재, 더 나은 인간으로 변모할 수 있는지 지켜보아야 할 것이다. 이 실험이 여성에게 해를 끼칠 위험은 전혀 없다. 여성을 지금보다 더 열등한 존재로 만들기는 어렵기 때문이다(울스턴크래프트, 2008: 277).

여성을 이성적인 존재, 자유로운 시민으로 만들면 그들은 좋은 아내, 좋은 엄마가 될 수 있겠지만, 여성이 종속과 억압이라는 노예 상태에 놓여 있는 한 그들은 좋은 시민도, 좋은 아내나 엄마도 될 수 없다. 여성의 억압과 종속을 풀어내기 위해서는 남성이 남편과 아버지로서의 도리를 다하면서 동시에 여성을 시민으로서 대할 수 있어야 한다는 점이 중요하게 드러난다. 결국 여성의 억압과 종속이란 여성의 절망적 상태를 보여주는 장면이기도 하지만, 동시에 희망으로 돌아설 수 있는 전환점이기도 하다. 억압과 종속 상태의 여성으로부터 사회의 억압성을 인지할 수 있고, 사회가 발전해나가기 위해서 절실하게 필요한 것이 무엇인지에 대한 파악도 가능하게 되는 것이다.

나는 그들의 오성에 호소하고 싶다. 그리고 여성을 대표하여, 같은 인간으로서, 그들의 정신에 관심을 가져줄 것과, 아내를 해방시켜줄 것, 그리고 그들을 반려자로 만들어달라고 부탁하는 바이다!

남성이 너그러운 마음으로 우리의 쇠사슬을 끊어주고, 비굴한 순종 대신 이성적인 동지애에 만족하게 된다면, 우리 여성들은 더 효성스러운 딸, 다정한 자매, 충실한 아내, 이성적인 어머니, 한마디로, 더 나은 시민(better citizen)이 될 것이다 (울스턴크래프트, 2008: 251-252).

울스턴크래프트는 현실의 질곡에서 억압당하고 있는 여성이 시민으로 등장하게 되면 더 나은 사회가 형성될 것이라는 확신과 함께 미래에 대한 낙관적 전망을 제시하면서 여성이 가지는 가능성과 미래지향적 가치를 시사한다. 소설『마리아: 여성의 고난』은 이러한 상황과 전망을 성공적으로 묘사하고 있다.

3. 울스턴크래프트의 마리아와 저마이마: 미래 여성의 현실태[8]

울스턴크래프트의 첫 소설『메리』에서 여성은 출구 없는 삶에 절망하면서 단독으로 세상과 맞서지만,『여성의 권리 옹호』에 뒤이어 출간된 소설『마리아』에서 여성은 삶에 대한 열정을 가지고 다른 여성과의 연대를 모색하고, 사회로 탈출하여 자신을 드러내려는 시도

---

[8] 소설『마리아』의 주인공 마리아와 저마이마는 18세기 유럽을 살아가는 노예적 상황에서 독립적 사고를 하는 미래지향적 여성상을 보여준다. 보다 상세한 내용은 박의경(2012: 183-213) 참조.

를 하게 된다. 제도의 덫에 걸린 채 모든 불행의 원인을 자신의 탓으로 돌리면서 함몰되어가던 여성의 감수성이 정치적, 사회적으로 자신의 입지를 설명하고 해결하려는 열정으로 한 걸음 나아가고 있는 것이다.

『마리아』는 여성의 정신을 대표하고 남성과 여성의 차이를 제거하려는 철학적 목적을 지니고 있다. 여성의 정신이 어떻게 형성되고 전승되어가는지에 대한 현실적 분석이 마리아를 통해서 잘 드러난다. 과거로부터 전승되어오는 것은 곧바로 미래로 변함없이 이행되고, 여성의 삶에는 변화가 발생하지 않는다. 변화를 위해서는 자아의 혁명이 필요하다. 마리아에게 여성주의 의식은 곧 혁명이었다. 개인의 주체성에 대한 강조는 저자 울스턴크래프트의 사상을 그대로 반영하고 있다. 『마리아』에는 양육의 숭고함, 모유 수유의 즐거움 그리고 성적 욕구의 변화 등 곳곳에 울스턴크래프트의 생각이 드러나 있다.

『마리아』는 여성이 법률적 제약에서 벗어나 사랑하는 남성과의 결합을 이룰 권리가 있음을 주장하고, 결혼한 여성에게 사랑하지 않는 남성과의 관계가 얼마나 굴욕스럽고 고통스러운지에 대해 묘사한다. 마리아는 남편이 숙부가 제시한 지참금을 노리고 결혼했다는 것에 분노하고 남편과의 관계를 거부한다. 방탕하고 무절제하면서 게으르고 지저분한 남편에게서 느끼는 혐오감과 역겨움 속에서 마리아는 어린 딸에게 남긴 글에서 상류 계층의 여성이라도 자신의 경제적, 정신적 독립을 위해 전향적으로 노력해야 한다고 강조한다(박의경, 2012: 198).

여성이 충분한 능력만 있다면 어떠한 일도 할 수 있어야 한다. 상류층 부인(gentlewomen)에게 모자 판매상이나 옷 만드는 직업은 천한 일로 생각되겠지만, 이는 거짓된 자존심으로 잘못된 생각이다. 나의 아가야, 나는 네가 어떤 위치에서도 자신을 가지고 열정적으로 일을 해나갈 수 있기를 바란다. 그렇게 확고한 정신을 통해서 너는 자신을 위한 선택을 할 수 있게 될 것이다. 그리하여 사회의 최하층에 처해 있다 할지라도 너는 네 자신을 위해 훌륭한 사람이 될 수 있을 것이다 (Wollstonecraft, 1990: 148-149).

소설 『마리아』에 등장하는 중요한 인물로 저마이마(Jemima)가 있다. 저마이마는 하층계급의 여성으로, 하층민으로서 겪는 차별적 고난, 여성으로서 겪는 고난이라는 이중의 고난 속에서 인간성을 박탈당한 채 피해자로서 살아가면서, 정신병원에서 또 다른 모습의 가해자로 등장하는 등 인간의 이중적 모습을 그대로 보여준다.

내가 왜 고통받는 인간성을 위해 싸워야 하는가? — 누가 나를 위해 어떤 위험을 감내해준 적이 있는가? — 누가 나를 동료 인간으로 인정해주었던 적이 있는가 (Wollstonecraft, 1990: 119)?

저마이마의 이러한 절규에 마리아가 저마이마의 손을 잡아주면서, 사회에서 서로 분리되어 존재해왔던 서로 다른 두 계층 여성 간의 연대가 이루어진다. 저마이마는 다른 계층의 여성 마리아와의 만남을 통해 인간성을 찾아가면서, 인간성의 회복이 여성의 삶에 주는 축복의 메시지를 전달해주는 역할을 한다. 마리아는 일단 정신적 연대가 형성되자 하층민 저마이마를 통해 같은 계층의 남성 댄포드로부터 기대했던 사회적 구원의 가능성을 보게 된다.

마리아는 그녀의 손을 잡았다. 자신이 겪어왔던 수모는 차치하고 그 친절함에 압도되어, 저마이마는 자신의 감정을 숨기려 급히 방을 나왔다. … 저마이마의 운명과 자신의 운명을 생각하면서, 마리아는 여성이 받는 억압적 상태에 대해 생각하고, 딸을 낳았다는 사실에 슬퍼하게 되었다. … 마리아는 생각에 생각을 거듭했다. 저마이마의 인간성은, 그녀가 살아오는 과정에서 맞닥뜨린 무서운 고난으로, 죽었다기보다는 마비되어 있었다 (Wollstonecraft, 1990: 119-120).

저마이마의 삶에 대한 이야기를 듣고 저마이마의 손을 잡은 마리아의 손과 눈물은 저마이마의 마비된 마음과 정신을 깨우고, 인간성을 되살린다. 결국 마리아를 정신병원에서 벗어나게 해준 사람은 그녀의 애인 댄포드가 아니라 저마이마였다. 이 소설은 저마이마와 마리아의 관계 형성을 통해 가장 경멸받는 계층의 여성과의 연대와 애정 공동체 형성이 가능함을 시사하고 있다는 점에서 신선하고, 이질적인 사회관계에 존재하는 편견에 대한 대안을 제시하고 있다는 차원에서 상징적이다. 더 나아가 마리아는 저마이마를 만나면서 계층을 넘어 여성이라는 성에 대한 사회적 억압을 인식하게 된다.

『마리아』에서 마리아와 저마이마가 보여주는 것은 단순하다. 여성이 세상에서 그저 살아가고자 애쓰는 것 같지만, 그 과정에서 여성이 궁극적으로 추구하고자 하는 것은 자신의 자유라는 사실에 대한 인식이다. 소설 『마리아』는 자유를 추구했던 프랑스혁명 지지자 울스턴크래프트의 자유에 대한 절규를 그대로 그려내고 있다.

그것이 가능할까? 내가 정말 자유로운가? 그렇다. 내가 해야만 하는 행동을 내가 결정적으로 하고 있다고 인식할 때, 나는 내가 자유롭다고 말할 수 있다. 내가 얼마나 자유를 갈망했던가? —

어떤 희생을 치르고서라도 사고자 했던, 그리고 나의 자존심이라는 값을 치르고 산 그 자유 아니던가(Wollstonecraft, 1990: 163)!

여성의 사회적 삶은 남성을 통해서만 가능했던 근대 초기의 사회에서『마리아』는 여성 간의 유대와 제휴를 통한 인간성의 회복과 자유의 신장이 가능함을 그려냈던 일종의 미래 소설이자 정치소설이었다. 여성이 사회에서 자신의 감성과 열정을 드러내는 방법으로 남성과의 애정만이 유일했던 상황에서, 여성과의 연대를 통한 동료 의식의 형성은 사회의식의 형성 과정을 단적으로 보여주는 것으로서 여성이 사회에서 시민으로 등장할 수 있는 가능성을 보여준다. 또한 자유를 향한 여성의 갈망이 동일한 계층의 남성을 통해서는 좌절되고, 다른 계층의 여성을 통해서 성취되어가는 과정을 보여줌으로써 계층을 초월하여 여성이 가지는 미래 가치를 사실적으로 그려내고 있다(박의경, 2012: 202-203).

4. 좋은 사회를 위한 여성의 역할

1) 루소의 좋은 사회와 시민 여성: 역할과 한계

좋은 사회(good society)는 정치사상이 고대 그리스부터 추구해온 궁극적 목표이다. 이를 위해서 행위자 인간은 좋은 삶을 영위하며 좋은 인간이 되어간다. 사회계약을 통해 루소는 타락한 사회의 정통성 확보를 위해 시민의 양성으로 정치사상의 목표를 좁히고 건전한 시민 형성에 철학의 초점을 맞추어간다.『인간 불평등 기원론』에서 제기된 문제점에 대한 최선의 해결책인 자연 상태로의 복귀가 불가능한 상태에서 차선의 해결책이 바로 사회에서의 정통성의 확보였다. 대책이 세워지고 다음 과제는 이제 그 대책을 누가 어떻게 실행해나가는가 하는 문제로 귀착된다. 여기서 좋은 사회를 위한 시민의 필요성에 착안하게 되고, 사회 상태에서 타인과의 비교로부터 시작된 자기 편애(amour propre)와 허영심(vanity)이라는 타락한 속성을 가진 인간이 좋은 사회를 이끌어가는 주역이 되기 위해서 필요한 덕성에 대한 탐구로 논제가 형성된다.『에밀』에서 제시되는 '시민 형성 프로젝트'가 바로 그것이다. 루소는『신엘로이즈』에서 이상적 가정인 볼마르의 집안을 소개하면서 볼마르와 생프뢰를 통해 사회의 건전성이 어떻게 유지되어나가는지를 그려내는 한편『에밀』에서와 같은 과정을 거쳐 형성된 시민의 사적 생활을 묘사함으로써 공적 삶과의 관계를 시사한다.

루소가 시민 형성 프로젝트를 통해 에밀을 시민으로 성장시켜가는 과정에서 가장 큰 걸림돌이 된 것이 여성 소피였고, 볼마르의 가정의 건전성을 지켜낸 일등 공신도 또한 사적 사랑을 이기고 공적 가치에 자신을 희생한 볼마르 집안의 안주인 쥘리였다. 시민의 시민 되기의 조건이 사회에의 참여라고 할 때, 소피와 쥘리는 에밀과 볼마르, 생프뢰가 시민으로 활동할 수 있는 사적 조건을 형성해준 중요한 기제라고 할 수 있다. 따라서 소피와 쥘리는 시민 에밀과 볼마르, 생프뢰의 존재 근거이자 기반이다.

여성의 역할에 대한 이러한 강조는 '시민 여성'에서는 전혀 다른 논조를 띤다. 루소에 있어 여성은 시민에 어울리지 않으며, 본성적으로도 시민으로 규정될 수 없다는 것이 루소의 생각이었다. 루소 사상의 초점은 사회의 유지와 정당성의 확보에 있었고, 그 사회의 모델은 당시 귀족의 부인들이 운영하는 살롱이 유행하던 18세기 프랑스 파리였다. 루소가 여성의 시민으로서의 가능성을 인정하지 않은 것으로 보아 여성주의자가 아닌 것은 분명하지만, 현실 사회에서의 여성의 힘을 강조하고 있다는 점에서 여성주의자에게 많은 것을 시사하기도 한다.

> 루소는 대부분의 여성들이 대체로 자신들을 잘 관리하고 있음을 강조한다. 그는 그들의 힘없음이 아니라 힘을 강조한다. 물론 그가 그들의 힘을 정치, 경제적 영역에서가 아니라 가족 관계라는 구조 내에서 강조하는 것은 사실이다. 루소에게 여성은 아내와 어머니로서는 (남편과 아버지에 대해) 평등하지만, 시민으로서는 평등하지 않았다(Schwartz, 1984: 144).

실제로 루소는 여성의 힘에 대해 이중적 입장을 취하기도 했다. "근대 여성은 덕스러운 공화국의 타락의 원인 제공자이지만, 이미 타락한 군주정을 구원하는 데 중요한 희망이 되기도 한다."(Schwartz, 1984: 125) 즉 여성은 타락의 원인이자, 구원자이기도 했던 것이다. 여기에 루소 사상에 나타나는 여성의 역할에 대한 모호성과 한계가 존재한다. 공화국의 유지를 위해 절대적으로 필요한 독립적 시민의 형성과 유지에 여성의 역할은 필수적이다. 『에밀과 소피』, 『신엘로이즈』에서처럼 남성 시민의 성공과 실패를 여성이 좌우하기도 한다. 사회에서 여성 역할의 한계는 여성의 힘에서 발견된다는 것이 루소의 생각이다. 따라서 여성의 과도하게 강력한 힘(특히 성적인 측면에서의 힘)이 적절하게 통제되어야 공화국은 차선의 상태라도 유지해 나갈 수 있다는 것이 비관론자 루소에게는 절체절명의 과제로 투영된다. 남성과 여성 모두 시민으로 정치사회에 나서는 상황과 모두 독립적 시민으로 서지 못하는 양극단 사이에서 루소는 남성 시민의 정립을 위한 여성의 양보와 희생을 이론적으로 강요한다.

가장 큰 이유는 자연이 여성에게 부과한 출산이라는 능력이자 의무에 있다. 임신과 출산이라는 과정 속에서 여성은 시민으로서의 활동이 불가능한 기간에 맞닥뜨리게 되고, 이는 언제나 반드시 존재해야 하는 공화국의 시민으로서의 중대한 결격 사유로 등장한다.[9] 시민의 본질적 속성이 자유인바, 육체에 종속되어 자유로울 수 없는 자가 시민의 속성을 가질 수 없다는 것은 자명하게 드러난다. 이를 루소는 자연이 여성에게 부과한 의무라고 설명하면서, 여성이 여성의 속성과 의무에 충실할 것을 제안한다. 여성이 시민으로 독립성을 가지기보다는, 남성을 시민으로 형성하는 데 지원하는 역할을 해야 한다는 것이다. 이러한 역할 분담을 통해서 얻어지는 민주주의 사회의 자유, 평등이라는 열매는 남성과 여성이 공유할 수 있게 된다는 상생의 논리를 루소는 제시한다.

따라서 루소는 '시민 여성'을 명시적으로 부인하고 있으나, 루소가 제시하는 좋은 사회에서 여성은 시민 못지않은 독립성과 자율성을 보장받게 된다는 것이다.

> 여성이 지배할 때, 가정은 더 나빠지지 않는다. … 지구상에서 가장 편안한 제국은 여성과 특히 어머니가 지배하는 제국이다. 그들에게 덕이 있는 한, 그 제국은 가장 존중받는 제국이 될 것이다. 여성의 힘은 사회에 이득이 된다. … 파리는 타락한 도시이다. 여인 천하에서는 성별 간 노동 분업이 존재하지 않는다. 그러한 사회는 나쁜 사회이므로 여성은 사회에 위해가 된다 (Schwartz, 1984: 123).

---

9) 일종의 생물학적 결정론이라고 할 수 있다. "인간이라는 종의 재생산 방식은 여성이 육체에 대한 종속으로부터 벗어날 수 없게 만든다."(Schwartz, 1984: 152)

성별 분업이 적절하게 유지되는 곳에서의 여성의 지배는 사회에 유익하지만, 성별 분업이 자리 잡지 못한 곳에서의 여성 지배는 사회에 해가 된다는 것이 루소의 주장이다. 여성이 사회에서 스스로를 드러내려는 한 시민이 될 수 없지만, 스스로를 드러내지 않은 상태에서는 시민이 될 가능성이 열려 있다는 역설적 설명이 가능하다. 볼마르 가정의 안주인으로 모든 것을 관장하고 통제하는 쥘리의 역할이 바로 이러한 여성의 모습을 상징적으로 표현한다. 가정에서 뛰쳐나온 소피는 결국 에밀과 자신 모두를 파멸로 이끌지만, 사적 사랑을 공적 결혼으로 숨겨온 쥘리는 죽음 이후까지 가정을 지켜내고 애인 생프뢰와 남편 볼마르 모두를 훌륭한 공화국의 시민으로 유지시킨다. 소피와 쥘리를 통해서 루소가 제시하는 여성의 역할과, 시민 사회에서의 한계라는 현실을 떠안은 채 인간 여성과 시민 여성 사이에서 고민하고 있는 루소의 모습이 잘 드러난다.

2) 울스턴크래프트의 인간에 대한 신념과 시민 여성의 가능성

『여성의 권리 옹호』에서 울스턴크래프트는 루소의 여성에 대한 논의를 비판하면서 시민 여성의 가능성을 적극적으로 개진해나간다. 자연이 여성에게 부과한 의무와 능력을 논하면서 여성의 시민으로서의 가능성에 부정적으로 접근하는 루소에 비해, 울스턴크래프트는 이성과 본성에 있어 여성이 남성과 다른 점이 드러나지 않는다는 것을 강조하면서 시민 남성이 가능하다면 시민 여성 또한 불가능하지 않음을 설명하고 있다. 울스턴크래프트는 모든 인간의 해방과 자유와 평등을 기치로 내건 계몽사상과 프랑스대혁명에 공감하면서, 모든 인간의 시민적 권리에 대해 적극적 옹호를 시도한다.

『프랑스혁명에 대한 성찰』에서 기존 사회의 관습과 그로부터 얻어진 사회적 편견이 사회를 위해 필요한 덕성이 아니라고 말할 수 없으며, 덕성도 본능이자 습관이라고 주장하는 버크(Burke)[10]에 대해, 울스턴크래프트는 『인간의 권리 옹호』에서 덕성이 본능이라면 인간 사회에서 희망을 찾을 수 없다고 반박한다.

> 덕성이 본능이라면, 나는 영원한 존재의 모든 희망을 포기한다. 더불어 삶의 질곡을 완화시켜주는 고상한 몽상과 감정도 포기할 것이다. 그것은 기만이고, 터무니없는 망상이다. 그동안의 나의 모든 감정은 잘못된 것이고 허위인 셈이다. 근거에 정의가 있는 것도 아니고, 보편적 사랑에 대한 고려도 없는 것이다.
> 나는 인간의 권리를 숭배한다. 신성한 권리, 그것을 통해서 나는 보다 깊은 존경을 가지게 되고, 내 자신을 더욱 깊이 성찰하게 된다(Todd and Butler ed., 1989: 33-34).

이성을 가진 인간이 자유를 통해 덕성을 가지게 되는 것이지, 본능적으로 얻어지고 습관화된 편견이 덕성이 될 수 없다는, 인간에 대한 자유주의적 가능성을 가지고 울스턴크래프트는 프랑스대혁명의 정신이 인류 정신의 발전에 중요한 영향력을 끼칠 것이라고 확신하였다. 인간의 자유와 평등에 위배되는 편견과 관습은 변화되어야 인류가 발전할 수 있다고 하는 낙관적이고 진보적인 역사관을 가진 울스턴크래프트는 명백히 계몽사상의 계승자이자 자유주의자였다.

계몽사상을 계승한 자유주의자 울스턴크래프트에게 프랑스대혁

---

10) "편견은 인간의 덕성을 습관으로 형성한 것"이라는 것은 버크의 주장으로, 이성에 근거하여 편견이 타도의 대상이라는 당시의 진보 사상에 대해 보수주의적 주장으로 반격을 가하고 있다.

명 이후 여성에 대한 프랑스의 처사는 매우 부당한 것이었다. 모든 인간의 자유와 평등, 권리를 왜 여성이 향유하지 못하는지에 대해 논리적으로 반박하면서, 울스턴크래프트는 당시 여성이 사회에서 배제되는 이유를 교육의 부재에서 발견한다. 교육을 통해 이성 능력이 증진되고 덕성이 얻어지게 되면 여성도 공화국의 시민으로 손색없이 성장할 수 있다는 주장은 여성이 남성과 본성 면에서 다른 점이 없다는 주장과 맥을 같이한다. 따라서 울스턴크래프트는 사회가 궁극적으로 발전하기 위해서는 여성을 무지의 상태에 방치해둘 것이 아니라 교육을 통해 사회 역량을 통합적으로 증진시켜야 한다고 역설한다. 여성 교육이 공화국에 새로운 가능성을 열어줄 것이라는 확신에 찬 울스턴크래프트의 목소리는 자신의 생각을 따라오지 못하는 어두운 현실에 대한 분노를 표출하며 당시 영국 사회에 큰 울림을 남겼다.[11]

그러나 어두운 동굴 같은 현실에서 동굴 밖의 진리의 빛을 경험한 철학자의 외침과도 같은 울스턴크래프트의 이러한 외침은 그녀의 역사적 소명이었다. 울스턴크래프트는 여성에게 이성이 없다는 당시의 통념에 격렬하게 저항하면서, 여성은 '인간의 고유한 본성인 이성을 지닌 존재인 동시에 남성과 구별되는 성을 지닌 주체'라는 주장을 지속적으로 설파한다. "여성도 남성처럼 이성을 갖고 있다면, 남성만이 판단을 내릴 수 있다는 법을 누가 정했습니까?"(울스턴크래프트, 2008: 30)라는 질문으로 『여성의 권리 옹호』를 시작한다. 이러한 근거에서 "인류의 절반이 다른 절반을 정치 참여에서 제외한 것은 도저히 설명할 수 없는 일"(울스턴크래프트, 2008: 29)인 동시에

---

11) 울스턴크래프트는 당시에 페티코트를 입은 하이에나, 철학적인 탕녀, 여자 미치광이로 불렸을 정도로 사회의 기본율에 동의하지 못하는 이단아 취급을 받았다.

"여성에게서 정당한 권리를 박탈하면 그들은 부당한 특권을 누리기 위해 자신은 물론 남성까지 타락시킬 것"(울스턴크래프트, 2008: 32)임을 역설한다.

> 인류가 더 도덕적이고 행복해지기 위해서는 남녀가 모두 같은 원칙에 따라 행동해야 할 텐데, 한쪽만 그 원칙들이 합리적임을 이해할 수 있다면 어떻게 그런 기대를 할 수 있겠는가? 평등한 사회를 이룩하고, 인류의 운명을 개선할 유일한 방도인 저 개화의 원칙들을 널리 퍼지게 하려면, 여성이 지식에 기초한 미덕을 갖출 수 있어야 한다(울스턴크래프트, 2008: 285).

루소가 공화국의 안정과 지속을 위해 여성을 현실에 묶어놓으면서 여성에게 도덕과 덕성으로 시민 남성의 가정을 지키는 임무를 맡겼다면, 울스턴크래프트는 공화국의 더 나은 미래를 위해 시민 여성의 가능성을 제시한 것이라고 하겠다.

> 국가 차원에서 좀 더 고결하고 공정한 원칙이 법을 지배한다면, 개인도 자신이 지닌 의무에 따라 행동하게 될지 모른다. … 여성을 이성적인 존재, 자유로운 시민으로 만들면, 그들은 곧 좋은 아내, 좋은 엄마가 될 것이다(울스턴크래프트, 2008: 290-291).

시민만으로 공화국을 유지하기 위해 루소가 자연을 빙자하여 여성에게 맡긴 임무를 통해서 쥘리가 지켜낸 볼마르의 가정이 안전하고 지속 가능할 수는 있으나, 발전과 개선의 여지는 존재하지 않는다. 울스턴크래프트는 프랑스혁명의 정신을 통해 여성 시민의 가능성을 적극적으로 이끌어내고, 사회의 발전 가능성을 역설한다. 남성 시민만으로 힘겹게 유지되던 반쪽 공화국은 이제 여성 시민의 대두와 함께 모든 인간이 자유롭고 평등한 완전한 공화국으로 자리매김하면서 미완의 근대 기획이 비로소 완성될 수 있는 길을 열게 된다.

5. 사회의 발전과 진보를 위하여

근대 자유주의의 맥락에서 프랑스대혁명을 전후하여 루소와 울스턴크래프트는 많은 것을 공유한다. 인간의 자유와 평등, 덕성을 가진 시민의 필요성 등을 역설한 점에서 그들은 근대 민주주의의 사상적 연원을 제공하고 있다. 루소가 프랑스대혁명의 사상적 자원을 제공하였다면, 울스턴크래프트는 프랑스대혁명의 정신을 확대 계승 발전시키고자 하였다. 다른 점이 있다면, 루소는 사회의 발전과 진보가 불가능하다면 일단 지켜내고 지속시켜야 한다고 보았고, 울스턴크래프트는 사회는 지속적으로 발전해야 한다는 진보적 역사관에 충실했다.

사회에 위협이 될 정도로 강력한 여성의 힘을 인정하게 되면서, 루소는 여성의 힘을 적절하게 제어해야 사회가 안정적으로 유지된다고 생각한다. 루소는 당시의 살롱 문화에서 여성들의 힘이 절제되지 않는 상태를 혼란이라 규정하면서 여성들의 힘을 제어함으로써 공화국과 민주주의를, 시민 남성을 지키겠다는 사명감을 보여준다. 여성에 대한 루소의 두려움과 공포는 사회에서 여성을 배제하고 여성을 교육시키지 않은 채 동굴 속 무지의 상태에 내버려두고 남성 시민만으로 자유, 평등의 공화국을 구성하는 근대 기획으로 진행된다. 원천적으로 잘못된 출발 속에서 여성을 다루는 사회의 문제점을 발견한 울스턴크래프트는 여성에 대한 두려움과 공포를 전 인류의 해방, 자유, 평등이 충만한 미래 사회를 위한 가능성으로 전환시킨다. 여성들을 미망에서 깨워 동굴 속에서 이끌어내려는 미래로부터의 소리가 울스턴크래프트를 통해서 그려진다.[12]

시민 양성을 교육의 목표로 설정했던 루소는 시민의 양성과 활동에 방해가 되는 요소를 규제해서라도 체제의 안정과 지속을 꾀하고자 했던 반면, 울스턴크래프트는 시민에 여성을 포함시키는 전향적 전략을 사용한다. 루소나 울스턴크래프트 모두 근본 목적은 인간의 자유와 평등이 확보되는 근대사회의 형성으로 동일하였으나, 시민에 여성이 포함되는지의 여부에 따라 이들의 사상은 다른 길을 택한다. 지속적인 발전을 위해 여성이 시민으로 설정되어야 한다는 울스턴크래프트의 생각과, 사회가 발전하기 위해서는 일단 유지되고 지속되어야 하는 것이 전제 조건이기에 이를 위해서 시민 남성을 우선적으로 제대로 정립해야 한다는 루소의 생각은 일견 전혀 다르다고 할 수 있겠으나, 사회 발전 전략이라는 기본 내용에 있어 본질적 차이는 발견되지 않는다. 루소는 여성에 대한 현재적 두려움으로 인해 시민 여성의 가능성에 대해 부정적이었지만, 여성에 대한 두려움의 근간이 해소될 경우 시민 여성이 불가능한 다른 이유를 찾아볼 수

---

12) 울스턴크래프트가 자유주의와 계몽사상이라는 시대정신에 함몰되어 여성이라는 성의 문제에 제대로 천착하지 못하고 있다는 점은 그가 가지는 사상적 한계라고 할 수 있을 것이다. 그러나 이 글에서는 루소에 대한 비판을 통해서 여성이 사회에서 남성과 동등한 성원으로 인정받기를 바라는 염원을 소설과 사상으로 승화시킨 울스턴크래프트에 주목하고, 그 한계는 차후의 연구 과제로 남겨두기로 한다. 소리 없는 아우성과 같은 울스턴크래프트의 저술은 암울한 시대적 환경을 뚫고 자라나는 한 송이 장미꽃 혹은 밟아도 밟아도 다시 일어서는 잡초와 같이 역사를 만들고 진행시키는 작지만 큰 힘이라고 하겠다. 인간이 끝이 보이지 않는 어두운 터널 속에서도 지치지 않을 수 있는 것은 어둠을 뚫고 들어오는 한 줄기 햇빛과도 같은, 당대에서 미래를 보는 울스턴크래프트와 같은 사상가들의 덕분이라고 할 수 있겠다.

없다는 점에서 역으로 사회에 대한 전향적 태도의 가능성을 발견할 수 있다. 18세기 프랑스의 현실을 중심으로 살펴보는 루소의 여성에 대한 태도와 프랑스대혁명의 정신을 바탕으로 미래적 전망을 제시하는 울스턴크래프트의 여성에 대한 가능성은 사회의 발전과 진보라는 동일선상에 놓여 있다고 할 수 있겠다. 여성을 두고 현실과 미래적 차원에서 논박하는 루소와 울스턴크래프트는 여성이라는 성에 현재와 미래가 중첩되어 있음을 역사 속에서 사상적으로 드러내고 있다. 현재의 유지와 지속 가능성이 여성에게 담보되어 있고, 또한 미래로의 발전과 진보도 여성으로부터 발견될 수 있다는 가능성과 함께, 루소와 울스턴크래프트를 통해 18세기 여성은 공화국의 시민으로, 근대의 주역으로 역사의 전면에 등장하기 위한 준비를 시작한다.

참고 문헌

뒤비, 조르주·미셸 페로 편, 1998, 『여성의 역사 4: 페미니즘의 등장』, 권기돈 외 옮김, 새물결.
루소, 장 자크, 2000, 『고독한 산책자의 몽상』, 김중현 옮김, 한길사.
루소, 장 자크, 2007, 『에밀 또는 교육론』 2vols, 이용철·문경자 옮김, 한길사.
루소, 장 자크, 2008, 『신엘로이즈』 2vols, 서익원 옮김, 한길사.
박의경, 2004, 「루소에 나타난 성과 정치」, 『아시아여성연구』 제43집 제2호.
박의경, 2008, 「참여 민주주의를 위한 루소의 역설」, 『사회과학연구』 제16집 2호.
박의경, 2009, 「근대정치사상과 인권 그리고 여성」, 『한국정치외교사논총』 제30집 2호.
박의경, 2011, 「대중에서 시민으로」, 『한국정치학회보』 제45집 5호.

박의경, 2012, 「프랑스대혁명과 근대기획 그리고 시민 여성의 희망과 절망」, 『한국정치외교사논총』 제34집 1호.

울스턴크래프트, 2008, 『여권의 옹호』, 손영미 옮김, 한길사.

클리프, 토니, 2008, 『여성해방과 혁명』, 이나라외 옮김, 책갈피.

한국정치학회 편, 2008, 『정치학이해의 길잡이: 정치사상』, 법문사.

헌트, 린, 2000, 『프랑스혁명의 가족로망스』, 조현욱 옮김, 새물결.

Akkerman, Tjitske and S. Stuurman eds., 2009, *Perspectives on Feminist Political Thought in European History,* New York, NY: Routledge.

Canada, Wendy Gunther, 2001, *Revel Writer: Mary Wollstonecraft and Enlightenment Politics,* Dekalb, IL: Nothern Illinois University Press.

Falco, M. ed., 1996, *Feminist Interpretations of Mary Wollstonecraft,* University Park, PA: Pennsylvania State University Press

Ingham, Arleen M., 2010, *Women and spirituality in the Writing of more Wollstonecraft, Stanton and Eddy,* New York, NY: Palgrave and Macmillan.

Johnson, C. ed., 2002, *Mary Wollstonecraft,* New York, NY: Cambridge University Press.

Kelly, Gary, 1996, *Revolutionary Feminism,* London: Macmillan Press Ltd.

Knott, Sarah and B. Taylor eds., 2007, *Women, Gender and Enlightenment,* New York, NY: Palbrave Macmillan.

Landes, J., 1994, *Women and the Public Sphere,* Ithaca, NY: Cornell University Press.

O'Brien, Karen, 2009, *Women and Enlightenment in Eighteenth Century Britain,* Cambridge University Press.

Pateman, Carol, 1989, *The Disorder of Women,* Stanford, CA: Stanford University Press.

Rousseau, J. J., 1960, *Politics and the Arts,* ed. trans. by Allan Bloom, Ithaca, NY: Cornell University Press.

Rousseau, J. J., 1968, *La Nouvelle Heloise,* trans. by J. McDowell, University Park, PA: Pennsylvania State University.

Rousseau, J. J., 1978, *On the Social Contract,* trans. by R. Masters, New York: St. Martin's Press.

Rousseau, J. J., 1979, *Emile,* trans. by A. Bloom, New York: Basic Books.

Rousseau, J. J., 1990, *Emile et Sophie,* Oevres Complètes, vol. VI. Paris: Pleiade.

Sapiro, Virginia. 1992, *A Vindication of Political Virtue,* Chicago: University of Chicago Press.

Schwartz, Joel, 1984, *The Sexual Politics of Jean-Jacques Rousseau,* Chicago, IL: University of Chicago Press.

Taylor, Barbara, 2003, *Mary Wollstonecraft and the Feminist Imagination,* Cambridge University Press.

Todd. Janet, 1980, *Women's Friendship in Literature.* N.Y: Columbia University Press.

Todd. Janet and Marilyn Butler, 1989, *Works of Wollstonecraft,* vol V. N.Y: New York University Press.

Wollstonecraft, M., 1985, *Vindication of the rights of Woman,* London: Penguin Books.

Wollstonecraft, M., 1990, *Mary and The Wrongs of Woman,* Oxford: Oxford University Press.

9장 『에밀』을 통해 본 루소의 여성관

조희원

1. 남녀는 성(sex)에 있어서만 다를 뿐 종(species)에 있어서는 같은 인간

프랑스혁명의 사상적 기반을 제공한 루소(Jean-Jacques Rousseau, 1712-1778)는 『인간 불평등 기원론』에서 모든 인간은 자유롭게 태어났다고 천명했으며, 『사회계약론』에서는 모든 인간이 자유와 평등을 향유할 수 있는 새로운 정치체제를 모색하였다. 그럼에도 불구하고 루소는 인간의 자유와 평등에 대한 신념을 남성에게만 적용시킴으로써 여성의 자유와 평등에까지 논의를 확대시키지 못했다는 비판을 받아왔다. 많은 페미니스트가 루소를 가부장적 가족제도의 옹호자이며 여성의 종속을 고착화시키는 남성 우월주의자라고 평가한다. 따라서 루소의 여성관에 대한 평가는 서양의 전통적인 가치관을 극복하지 못한 결과 여성을 남성에게 종속시킨 편파적인 관점이라고 보는 부정적인 견해가 일반적이다.

하지만 여성을 이성이 결핍된 존재, 부차적인 존재로 분류했던 당시 계몽 시대의 패러다임 속에서 루소는 여성을 "성(sex)에 있어서만 남자와 다를 뿐 종(species)에 있어서는 같은 인간이다"(Rousseau, 1979: 357)[1]라고 규정하였다. 다시 말해 여성과 남성은 성적 차이를 빼놓고는 모든 면에서 동등하다는 것이다. 또한 루소는 남성과 마찬가지로 여성에게도 교육의 기회를 부여해야 한다고 주장했으며, 특히 여성은 자연으로부터 부여받은 특성에 따라 여성성을 강조하는 여성만의 독자적인 교육을 받아야 함을 주장했다는 점에서 긍정적인 평가를 받기도 한다.

이처럼 루소에 대한 평가는 다양하게 이루어지고 있는데, 그것은 루소의 논리가 때로는 비일관적이고 모순적이며 복잡하기 때문이다. 루소의 여성관에 대한 국내외 연구는 다양한 시각에서 다루어지고 있다(안인희·정희숙·임현식, 1992; 김수동, 1997; 이혜숙, 2001; 이봉지, 2001; 문정자, 2002; 김용민, 2004; 박의경, 2004; 이용철, 2006; 임태평, 2008; 박호성, 2009; 김행성, 2011; 이정은, 2007; 강상희, 2008; 홍신지, 2010; Okin, 1979; Keohane, 1980; Figes, 1972; Bloom, 1979; Berger, 1979; Schwartz, 1984; Lange, 1991).

루소의 여성관은 오늘날의 관점에서 보면 남성 중심적이고 여성과 남성의 생물학적 차이를 '차이'가 아닌 '차별'로 규정하는 반페미니즘적인 모습을 보이고 있다. 특히 성별에 따른 영역 분리 이데올로기는 여성을 남성 의존적이고 남성을 위해 만들어진 존재로 규정하며 여성 차별적인 문화를 조성하는 데 중요한 역할을 했다고 평가

---

[1] 이 부분은 다양한 해석이 가능하다고 본다. 그러나 나는 '성에 있어서만 남자와 다르다'의 의미는 여성과 남성 간의 '같음'을 강조한 제1기 페미니즘이 아닌 여성과 남성 간의 '차이'를 강조한 제2기 페미니즘과 같은 맥락에서 이해할 수 있다고 본다. 페미니즘의 전개 과정에 대한 자세한 논의는 조희원(2006)을 참조.

된다. 그렇다면 루소는 여성 적대적이고 여성 차별적인 시각을 가지고 여성관을 전개하고 있는가? 루소의 여성관은 페미니즘 발전에 역행하는가? 이러한 문제의식을 가지고 본 글에서는 루소가 그의 저작 중에서 가장 중요하다고 여겼던 『에밀』에 나타난 여성관의 특징을 살펴보고 현대 페미니즘에 기여한 부분이 무엇인지를 살펴보고자 한다.

2. 18세기 여성의 위상

18세기 유럽은 계몽주의 사상의 영향을 강하게 받고 있었다. 계몽주의 시대의 사상가들은 다양한 과학적 발견으로 인해 철학적으로 산산조각이 난 세계에 다시 하나의 질서를 부여하는 일에 관계하고 있었다. 전 우주는 단순 불변의 수학적 법칙들에 의해 지배된다고 하는 계몽주의적 세계관의 기본 패러다임이 수립된 것이다(도노번, 1995: 14-15). 계몽주의적 패러다임은 이성이 아닌 다른 원리에 따라 작동하는 것들은 이차적이고 중요하지 않은 것들로 규정했는데 당시 남성 계몽주의 사상가들은 여성들을 이차적인 범주로 규정하였다. 따라서 인간에게 이성이 우선이고, 이성이 모든 면을 지배할 권리가 있다는 주장은 인간의 범주에 해당되는 남성에게만 적용되는 것이었다. 결국 남성의 이성만이 인간의 이성으로 인정됨으로써 여성과 자연은 남성에게 종속될 수밖에 없는, 이성이 결핍된 존재로 인식되었다.

이러한 사상적 배경으로 인해 당시 프랑스 여성은 자유와 평등에 대한 요구를 실현시킬 수 없었다. 여성들은 남성들에 비해 많은 부분에 있어 제한을 받았으며 남성들이 누리고 있는 자유와 평등 가운데 일부도 누릴 수 없었다. 여성에 대한 법적인 편견과 권리의 박탈은 18세기를 통해 계속해서 지속되었다(Murstein, 1974: 226-227). 여성들은 프랑스 사회의 모순에 대한 반감으로 혁명이 일어나자 자신들에게 행해졌던 불평등을 타파하기 위해 혁명에 적극적으로 참여하였다. 여성들은 자신들의 해방과 투표할 권리, 대표를 선출할 권리를 주장하며 여성은 여성에 의해서 대표되어야만 여성의 목소리를 낼 수 있다고 강조했다. 중산계급 여성들은 '혁명 동지 집단'과 같은 집단을 설립하고 남성들과 동등한 입장에서 혁명을 지지했다(미셸, 1994: 74-75). 그러나 당시 여성들은 여전히 아내로서 어머니로서 가정의 울타리를 벗어나지 못했다. 특히 산업혁명으로 인해 삶과 사회 환경이 현저하게 변화되었으며, 공장이 기계화되고 가내수공업이 쇠퇴함으로써 직업이라는 공적인 세계는 가정이라는 개인적인 세계로부터 엄격하게 분리되었다. 이러한 경향은 계몽주의로 하여금 이성을 공적인 영역과 동일시하고, 비이성적인 것들은 개인적인 영역 및 여성의 영역과 동일시하도록 부추기게 되었던 것이다(도노번, 1995: 18). 18세기 후반에 이르러서 상류층 여성들의 살롱(salon)이 유행하면서 여성의 중요성이 부각되기 시작했다. 살롱의 기원에 대해서는 정확히 알 수 없으나, 랑송과 튀프로(Lanson and Tuffrau)는 랑부예 후작 부인(marquise de Rembouillet)의 랑부예관(l'Hôtel de Rembouillet)을 최초의 살롱으로 보고 있다(랑송·튀프로, 1983: 183). 살롱은 여성들이 주도하였으며, 계몽주의 정신이 피어나는 장이 되었다.[2] 살

---

2) 살롱은 여성이 중심에 서서 평등한 대화 문화를 지향하던 독특한 유럽 문화의 시대적 산물이라고 할 수 있다. 그러나 다른 한편 개인 간의 친밀한 관계를 바탕으로 한 살롱의 사교 형태는 그것이 불러온 많은 긍정적인 현상에도 불구하고 살롱 여주인을 중심으로 한 사적인 사교 모임이라는 형태가 안고 있는 부수적인 문제점들로 인하여 도덕적인 비판을 받기도 했으며, 이는 살롱 개념이 부정적으로 쓰

롱은 후에 남녀가 모두 출입할 수 있는 사교장이 되었고 살롱에 참여한 여성들의 학문적 수준은 남성들 못지않게 높았다. 젊은 시절의 루소가 1742년 파리에 갔을 때 "여성들 없이는 파리에서 아무것도 이룰 수 없다"는 말을 듣고 살롱 여성들의 영향력이 얼마나 절대적인가를 알게 되었다고 한다(하이덴-린쉬, 1999: 58). 하지만 살롱에서 여성의 학문은 취미나 교양에 그치고 공적인 가치를 부여받지 못하는 한계가 있었다.

그럼에도 불구하고 18세기 프랑스에서는 '살롱의 여성들'이 대성공을 거둔다. 각각의 여성들은 특정 영역에서 전문화하여 계몽의 세기에 한 명 이상의 작가를 보호하였다. 랑베르(Lambert) 후작 부인은 여성해방 사상을 표명하였으며, 데피네(D'Epinay) 부인은 갈리아니(Galiani) 신부를 보호하였고, 뒤샤틀레(Du Châtelet) 부인은 볼테르를, 데피나스(D'Espinasse) 양은 달랑베르(D'Alembert)를 보호하였다. 은행가의 아내나 딸들도 중요한 역할을 하였는데, 네케르(Necker) 부인과 그 딸인 제르멘 드 스탈(Germaine de Staël)은 자신들의 살롱을 자유주의자에게 개방하였다. 여성을 멸시하는 나폴레옹의 과감한 반대자였던 스탈(Staël) 부인은 신문을 발행하였다. 콩도르세(Condorcert) 부인은 남편과 함께 살롱에서 여성 노동자의 권리선언과 남녀평등을 위해 노력하였다. 롤랑(Roland) 부인은 남편의 이름으로 정치 살롱을 창설하여 매우 중요한 역할을 하였는데, 프랑스대혁명 시기에 군주제를 지지했다는 이유로 사형대에 오르기도 하였다(미셸, 1994: 73-74).

하지만 루소는 살롱에 대해 부정적이었다. 그 이유는 살롱이 가정생활에 불충실한 상류층 귀부인들을 타락시키고 문명사회의 악을

이게 된 결정적인 역할을 한다(진일상, 2000: 332-333).

생산해낸다고 보았기 때문이다.[3] 루소는 자식을 직접 기르지 않는 그녀들로 인해 가정생활이 붕괴되고 사회가 병들어간다고 보고 살롱에 출입하는 상류 계층의 여성들을 비판했다. 따라서 루소는 타락해가는 문명 속에서 자연성을 회복하고 건전한 사회를 실현하기 위해서는 가정생활에 충실한 여성의 역할이 중요하다고 인식했다. 이를 위해 당시의 여성 교육의 모델을 타락한 사교계의 상류층 여성이 아닌 한적한 시골에서 자연과 더불어 살며 가정생활에 충실한 신흥시민계급의 여성들에게서 찾고자 하였다. "소피의 눈과 입은 그다지 아름답지 않으며 외모 또한 그다지 훌륭하지 않다. … 그리고 사람들을 현혹시키지는 않지만 사람들의 관심을 불러일으킨다"(Rousseau, 1979: 393)라는 표현에서 알 수 있듯이 루소가 보기에 소피는 뛰어난 미모를 갖춘 여성도 아니며 결점이 전혀 없는 완벽한 여성도 아니다. 하지만 루소가 소피를 자신의 여성 교육 모델로 내세운 이유는 그녀가 자연의 질서대로 성장해왔기 때문이다. 소피는 루소가 당시에 못마땅하게 생각한 여성들, 즉 가정과 자녀들을 버려두고 살롱을 무대로 활약한 귀족 여성들에 대한 도전으로 의도적으로 만들어낸 인물인 것이다.

따라서 전근대적이고 보수적이며 가부장적인 이데올로기에 사로잡혀 있다는 비판을 받고 있는 루소의 여성관과 여성 교육 사상은 18세기라는 루소가 살았던 시대적 상황과 당시 여성들의 위상을 고려하여 이해해야 한다고 본다.

---

3) 프랑스에서는 "행복하려면 블루스타킹과는 결혼하지 말라(Willst du glucklich sein, heirate Blaustrumpt)"라는 시구까지 있을 정도였다고 한다. 블루스타킹은 당시 영국의 살롱 여주인들이 그들의 우아한 자유분방함으로 인해, 당시 공식적인 모임에서 흰색이나 검은색 스타킹을 신었던 남성들에 빗대어 '푸른색 스타킹(Bluestocking)이라는 명칭을 얻은 데서 유래한다(진일상, 2000: 331-332).

3. 『에밀』을 통해 본 루소의 여성관

루소가 살았던 당대에는 많은 교육론 저술이 출판되면서 교육에 대한 관심이 증폭되었다. 그중 실천적 변화를 일으킨 것은 루소의 자연 교육 사상이다. "진정으로 자유로운 인간은 자기가 할 수 있는 것만을 원하며 그가 좋아하는 것을 행한다"(Rousseau, 1979: 84)는 루소의 표현처럼 자연 교육의 목표는 바로 자유로운 인간의 완성이다. 루소는 "신이 만물을 창조할 때는 모든 것이 선하지만 인간의 손에 건네지면 모두가 타락한다"(Rousseau, 1979: 37)고 주장하면서 교육의 중요성을 강조하였다.

> 우리는 약한 존재로 태어난다. 그래서 우리에게는 힘이 필요하다. 우리는 무력하기 때문에 타인의 도움을 필요로 하는 것이며, 우매하기 때문에 이성을 필요로 하는 것이다. 우리가 태어날 때 지니지 못했던 것, 어른이 되었을 때 필요한 것은 모두 교육에 의해 주어진다. 식물은 재배에 의해 가꾸어지고 인간은 교육에 의해 만들어진다. 태어날 때부터 키가 크고 힘이 세다 해도 그 키와 힘을 사용하는 방법을 배우지 않는다면 그 키와 힘이 대체 무슨 소용이 있단 말인가(Rousseau, 1979: 38)!

루소의 『에밀』 서문에는 "이 책은 사려 깊은 한 훌륭한 어머니의 마음을 기쁘게 해주기 위해 쓰기 시작한 것이다"(Rousseau, 1979: 33)라고 되어 있다. 이것은 육아의 최초 담당자가 어머니이므로 『에밀』은 무엇보다도 어머니들을 위한 책이라는 것을 의미한다. 또한 루소는 자신의 모든 작품 중에서 『에밀』이 가장 뛰어나고 가장 중요하다고 주장하고 있다(Rousseau. 1988: 529-530). 그 이유는 인간이 본성적으로 선하다는 원칙이 『에밀』에 잘 나타나 있고, 『에밀』이 인간이 사회생활을 하면서 잃어버린 자연적 선함을 회복할 수 있는 실천적 방법을 제시해주고 있다고 보았기 때문이다. 교육이 낡은 편견을 물리치고 새로운 이성을 가진 새로운 사회적 존재를 형성할 수 있는 중요한 밑거름이 된다고 보았던 계몽주의 시대에는 많은 교육론 저서가 출판되었다. 특히 『에밀』의 출판은 당시에 커다란 사회적 반향을 불러일으켰다. 자연 교육이 인구에 회자되면서 상류층 여성들이 도시를 떠나 시골에서 아이를 기르고 유모의 젖을 먹이던 어머니는 자신의 젖을 아이에게 먹이기 시작했으며 『에밀』을 읽고 토론하는 것을 주요 덕목으로 여겼다(이정은, 2007: 113). 이것은 당시 많은 사람이 『에밀』의 영향을 받았다는 것을 보여준다.

1) 가정의 중요성과 성별 영역 분리

루소에게 있어 가정은 일차적인 정서 관계가 이루어지고 자유와 평등 그리고 사랑의 근원이 되는 곳이다. 가정은 개인의 욕구와 사회적 필요를 충족해주는 필수적인 것이며, 자녀를 출산하고 양육·교육함으로써 개인과 사회를 연결해주는 단위이다. 루소는 가정에서 부모와 자녀 사이의 자연적 유대와 더불어 모든 덕이 출발하고 인간 삶의 원동력이 창조되며 인격 형성이 이루어진다고 보았다. 따라서 부모와 자녀 사이에 자연적인 유대가 끊어지고 사랑이 없어지면 모든 사회적인 유대 또한 단절된다며 가정의 중요성을 강조하였다.

가정은 어떻게 탄생한 것일까? 루소는 『인간 불평등 기원론』에서 자연 상태에서 여성과 남성은 평등하고 자유로운 존재였다고 주장했다. 여성은 자신의 생계를 스스로 책임졌고 다른 사람에 대한 의존이나 도움 없이도 아이를 낳아 돌볼 수 있었으며 동시에 자신도 어려움 없이 살아갈 수 있었다. 출산이라는 자연적으로 부여된 특징을 제외하면 여성은 남성과 다를 바 없는 존재였다. 그러나 사유재산제도가 성립되면서 인간들 사이에는 불평등한 관계가 성립되고, 집이라는 공간 안에서의 가정생활이 시작되었다. 그후 여성과 남성의 역할이 분리되었고 여성은 남성에게 의존하게 되었다. 집의 발명은 인류의 진화에 있어 가장 최초의 혁명적인 사건으로, 가족의 발달을 가져왔으며 이로 인해 남성과 여성의 성적 분화, 성적 분업이 일어났으며, 삶의 양식 등에 획기적인 변화가 초래되었다고 볼 수 있다(김용민, 2004: 364). 루소는 인간의 발전 과정을 사유재산제도의 발생에 의한 인간의 타락 과정으로 규정지으면서 사회적 불평등, 특히 소유의 불평등이 인류 역사에서 가지는 의미를 밝히고 있다.

> 어떤 토지에 울타리를 두르고 '이것은 내 것이다'라고 선언하는 일을 생각해내고, 그것을 그대로 믿을 만큼 단순한 사람들을 찾아낸 최초의 사람은 정치사회(국가)의 창립자였다(Rousseau, 2007: 94).

'이것은 내 것이다'라고 사람들에게 선언하는 토지 경계는 루소에게 있어서 자연 상태를 해체시키는 큰 사건이며 부르주아사회, 부르주아국가의 기원으로서 인식되고 있다. 그런데 한 사회의 유지와 발전은 생산뿐 아니라 재생산에도 달려 있으므로 다음 세대의 재생산에 관련된 성이나 생식에 대한 규정이 나타나게 된다. 여성의 경우 출산 전후 시기와 수유 기간 동안에는 활동이 남자만큼 자유롭지 않아 일생의 약 삼분의 일을 차지하는 가임 기간 중에는 임신이나 출산으로 인해 남성들처럼 멀리 가지 못했다.[4] 따라서 남성들이 동물을 대상으로 하는 수렵과 어로를 주로 맡게 되면서 자연히 생계 수단에 의한 남성 우위 현상이 나타나게 되어 남성은 경제권을 가지게 되고 여성은 남성에 대한 경제적 종속 상태로 전락하게 되었다(김혜순, 1993: 38). 루소는 가정 내에서의 성별 분업을 강조하여 남편은 가족들의 생계를 담당하는 역할을 하고 아내는 자녀 양육과 가족 구성원의 정서적 만족을 위한 역할을 담당하는 것이 자연스럽고 당연하다고 보았다. 따라서 루소에게 있어 이상적인 가정이란 양성이 서로 다른 특질을 발달시켜 상호 보완적으로 존재하는 가운데 서로의 가치를 인정하고 상호 의존하는 상태를 의미한다. 루소는 자유, 평등, 정의가 실현되고 선성(善性)이 보존되는 이상적인 사회는 이러한 이상적인 가정의 기초 위에서만 가능하다고 보았다.

루소는 어린 시절 가정에서의 경험이 인격 형성의 기초가 된다고 생각했으므로 가정을 이상적인 학교이며 최초의 교육이 시작되는 장이라고 보았다. 가정에서 자연적인 교육이 이루어지기 때문에 가정은 가장 영속적인 교육이 이루어지는 곳이자 가장 훌륭한 교육의 장이라는 것이다. 그러므로 아버지와 어머니는 자연적인 교사, 최초의 교사, 영원한 교사, 가장 훌륭한 교사라고 루소는 강조했다.

> 참으로 아기에게 젖을 주어야 할 사람이 어머니인 것처럼 정녕 스승이 되어야 할 사람은 아버지이다. 아버지와 어머니는 교육 방법이나 일의 순서에 있어서 완전히 일치하지 않으면 안 된다. 아이는 어머니에 의해 길러지고 아버지에 의해 교육되어야 한다. 세계에서 가장 유능한 선생에 의해서보다 분별 있는 평범

---

4) 파이어스톤(S. Firestone)은 출산 기능으로 인해 여성은 남성에게 의존하며 살아갈 수밖에 없으므로 생물학적 출산 기능이 억압의 근원으로 작용한다고 보았다. 파이어스톤은 이에 대한 대안으로서 자궁 외 임신(체외임신)과 같은 '생물학적 성 혁명'의 필요성을 주장하였다(파이어스톤, 1983: 11).

한 아버지에 의해서 아이는 훌륭하게 교육된다. 그것은 재능은 있으나 열의가 부족한 선생의 교육보다는 재능은 부족하나 열의가 있는 아버지의 교육이 더 효과적이기 때문이다(Rousseau, 1979: 48).

이와 같이 루소는 자녀에 대한 교육이 아버지의 중요한 의무라고 규정한다. 어릴 때의 교육을 양육이라고 하여 일반적인 개념의 교육과 구별한 루소는 양육에는 어머니가 아버지보다 더 적합하고 교육에는 아버지가 더 적합하다고 보았다. 또한 딸은 어머니를 동일시하면서 점점 여성화되어가는 반면 아들은 아버지를 동일시하면서 남성으로 성장하기 때문에 소녀의 교육에는 어머니가 적합하고 소년의 교육에는 아버지가 적합하다는 입장을 갖고 있었다. 루소에 따르면 만일 가정이 질서가 없고 자연성을 상실한 채 타락한다면 사회역시 질서가 없고 부패하게 된다. 그러므로 개인을 바탕으로 한 가정이 사회 구성의 모체가 되며 사회조직과 집단의 기본 단위가 된다. 그 이유는 가정이라는 집단생활을 통하여 인간이 지닌 최초의 감정인 '자기애(amour de soi)'가 자연스럽게 타인에 대한 관심으로 바뀌기 때문이다. 자기애는 자연 상태의 인간 마음속에 최초로 생기는 감정이다. 자기애는 자기 보존에 관심을 기울이는 감정으로 인간을 자유로 이끄는 자연적 감정이다(안인희·정희숙·임현식, 1992: 164). 특히 루소는 "아이와 함께 있지 않은 어머니는 존경받지 못하며 가정은 안식처가 되지 못한다. … 어머니가 어머니답지 못하면 자식도 자식답지 못하다"(Rousseau, 1979: 46)라고 하면서 가정교육에 있어서 어머니의 역할을 강조하였다.

요약하면 루소는 가정을 중시하고 성별 영역의 분리를 주장하였으며 인간 최초의 교육은 여성의 일이며 여성이 남성보다 자녀에게 더 많은 영향을 주고 교육의 결과에도 여성 쪽이 훨씬 관계가 깊다고 하였다. 이것은 당시 상류층 여성들이 자녀 양육의 의무를 유모에게 맡기는 관습을 비판하면서 여성이 어머니로서의 의무를 다할 것을 강조한 것이다. 또한 18세기는 살롱의 발달로 인하여 여성이 학자층에 속한 남성을 지배한 시대이면서 사회체제가 혼란했던 시대였고 가족 관념 자체가 위기에 처해 있어 남성의 가족 내에서의 위치가 흔들렸던 시대였기 때문에 루소가 가족 내의 성에 따른 역할을 더욱 강조했다고 볼 수 있다.

2) 남성과 다른 여성 교육

루소는 『에밀』 제5부를 시작하면서 "에밀이 남자인 것처럼, 소피는 여자여야 한다"(Rousseau, 1979: 357)라고 주장했다. 이것은 소피의 경우, 에밀이 자신의 역할을 수행해가는 데 도움이 되도록 소피가 여성으로서의 특성을 갖추어야 한다는 것을 의미한다. 루소는 여성과 남성은 신체 구조에 있어서나 성격에 있어서 동일하게 형성되어 있지 않기 때문에 동일한 교육을 받아서는 안 된다고 보았다. 근본적으로 다른 본성을 타고난 남녀에게 공통된 하나의 교육 목표를 설정하여 같은 방식으로 교육하는 것은 남녀 모두에게 불행을 가져온다는 것이다. 따라서 여성은 여성으로서 남성은 남성으로서 살아가기 위해 올바른 교육이 필요하다고 보았다. 남성을 남성답게 만드는 교육, 여성을 여성답게 만드는 성 차이를 고려한 교육이 자연에 따르는 진정한 교육이라는 것이다. 루소는 여성과 남성은 인간이라는 관점에서는 동질성을 갖지만 성의 관점에서 본다면 자연으로부터 엄격하게 다른 특성을 부여받아 서로 구별되는 존재이기 때문에 여성에게는 여성만의 독자성과 특수성을 강조한 교육이 이루어져야 한다고 보았다. 이것이 양자의 능력을 서로 보충할 수 있는 방법이 된다고 본 것이다.

여성이 남성을 닮으려고 하면 할수록 여성은 남성에 대한 지배력을 잃는다. 그리고 그때야말로 남성은 정말로 지배자가 될 것이다. 양성에 공통된 모든 능력은 양자에게 평등하게 나뉘어져 있는 것이 아니다. 그러나 전체로 본다면 양자의 능력들은 서로 보충되고 있는 것이다. 여성은 여성으로서 있을 때 보다 더 훌륭한 가치를 지니며, 남성으로서 있고자 할 때에는 그 가치가 떨어진다. 여성이 자기의 권리를 올바르게 발휘할 경우에는 항상 남성보다 우위에 선다. 그러나 여성들이 우리 남성들의 권리를 빼앗으려고 할 때에 여성들은 어떠한 경우에도 남성들 밑에 머물게 마련이다(Rousseau, 1979: 363-364).

루소는 남성은 신체적으로 강하고 능동적인 반면에 여성은 약하고 수동적이라고 보았다. 신체적인 차이에 따라 여성은 순종적인 특성을 지니게 되고 남성은 남성의 강한 특성으로부터 여성의 연약함을 보호해주려는 마음이 생기게 되는데 이것이 남성에게는 편안함을 가져온다고 보았다. 이러한 원리로 여성은 남성을 움직이는 힘으로서 갖가지 매력을 지니고 있을 뿐만 아니라 강자를 굴복시키기 위하여 자연으로부터 부여받은 수줍음과 부끄러움을 갖게 된다.

여성은 자신이 지닌 매력을 이용하여 남성을 통제하여 그로 하여금 자신의 힘을 발견하고 그 힘을 사용하게 만들어야 한다. 남성의 힘을 촉발시키는 가장 확실한 기술은 거부를 함으로써 힘의 사용을 필요하게 만드는 것이다. 그렇다면 남성의 자기 편애는 욕망과 결부되며 남성은 여성이 그로 하여금 획득하게 만들어놓은 승리감에 빠져서 의기양양하게 된다. 여기에서 공격과 방어가 생겨나고 남성의 대담함과 여성의 소심함이 생겨나며, 끝으로 자연의 힘이 센 자를 정복할 수 있도록 약한 자에게 부여한 무기인 수줍음과 부끄러움이 생겨난다(Rousseau, 1979: 358).

루소는 남성은 순수이성적 사고력이 발달되어 있는 반면 여성이 지닌 이성은 현실적 성격으로서 구체적인 현실 상황 이해에 적합하다고 하였다. 또한 루소는 여성과 남성 사이에 생기는 상호 의존성을 강조하였다. 이러한 상호 보완적인 남녀 의존 관계를 루소는 남녀 관계를 지속시키는 원동력이라고 보고 있다.

여성의 이성은 현실적인 이성이다. 그러므로 여성은 주어져 있는 목적에 쉽게 도달하지만 스스로 목적 그 자체를 발견하지는 못한다. 양성의 결합 관계는 참으로 감탄할 만하다. 이 결합으로부터 하나의 도덕적인 인격이 생기게 마련이다. 여성은 그 눈이고 남성이 팔이지만 그러면서도 여성은 남성으로부터 무엇을 보아야 할 것인가를 배우고 남성은 여성으로부터 무엇을 해야 할 것인가를 배우는 식으로 서로 의존하는 상관관계를 지니는 것이다(Rousseau, 1979: 410).

여성만의 독자성을 루소는 모성의 역할로 규정한다. 자연으로부터 아이에 대한 양육의 의무를 부여받은 여성은 아동교육의 담당자이며 동시에 남성 교육의 중요한 열쇠를 쥐고 있는 존재인 것이다. 남성들의 품성, 정열, 취미, 행복까지도 여성의 손에 달려 있기 때문에(Rousseau, 1979: 365) 여성 교육은 모두 남성과 관련되지 않으면 안 된다. 남성의 마음에 들고 남성에게 유익하며 남성들의 사랑과 존경을 받아야 한다. 남성들이 어릴 때는 보살펴주고 그들에게 조언과 위안을 주며 그들의 생활을 유쾌하고 아늑하게 해주어야 한다는 것이다.

> 남성과 관련이 있어야 한다. 남성들의 마음에 들도록 하는 것, 남성들에게 쓸모 있게 하는 것, 남성들로부터 사랑과 존경을 받는 것, 남성들이 어렸을 때는 그들을 가르치고 성장해서는 그들의 시중을 들어주고 그들의 생활을 즐겁고 감미롭게 하는 것, 이것이 모든 시기에 있어서 여성들의 의무이며, 어렸을 때부터 그녀들에게 가르쳐야 할 일이다(Rousseau, 1979: 365).

이와 같이 여성과 남성은 천성이 다르고 신체적, 정신적 특성이 다르며 그들의 타고난 경향성도 다르고 소질 또한 다르다. 따라서 남성의 교육과 여성의 교육은 근본적으로 달라야 한다. 그것이 바로 자연의 교육이요 자연의 질서를 따르는 교육이라는 관점에서 루소는 여성으로서의 의무를 가르치고자 하였다. 또한 루소는 여성 교육에 있어서 직접적인 관찰과 실체의 경험 그리고 감각에 의거하는 감각적 교육 방법을 강조하였다. 관념적이고 추상적인 주입식 교육과 이론적인 교재 중심의 교육보다는 직접 보고 만지고 듣고 느낄 수 있게 하는 실물 교육이 바람직하다고 보았다. 특히 여성은 관찰을 통해서 깨닫는 능력이 강하기 때문에 실물을 통한 경험 교육이 중요하다고 보았다. 이것은 루소에게서 볼 수 있는 일관된 교육 방법이다. 루소는 여성들이 이러한 성찰을 통해 얻은 관찰의 지식들을 남성들에게 알려주어야 한다고 말함으로써 여성들이 지식을 습득하는 것을 남성들에 관해 연구하거나 또는 취미를 기르기 위한 목적으로 삼아야 한다고 주장했다.

남녀 간의 역할을 강조하는 루소는 남성의 하녀가 아니라 반려자로서 여성을 교육해야 한다고 주장한다. 자연은 결코 여성이 자동인형으로 존재하기를 바라지 않을 뿐만 아니라 오히려 여성에게 섬세한 기지를 주었으며 또한 여성들이 사고하고 판단하고 사랑하고 인식하고 또 자신들의 몸은 물론 정신까지도 가꾸기를 바라고 있다. 자연은 여성들로 하여금 자신들에게 부족한 체력을 보충하고 남성들을 이끌어가게 하기 위하여 이와 같은 무기를 여성들에게 부여한 것이다. 남성의 동반자로서 여성은 많은 것을 배워야 하지만 여성에게 합당한 지식만을 배워야 한다(Rousseau, 1979: 365). 루소는 여성의 역할을 수행하는 데 필요한 특징을 모두 소유한 전형적인 여성으로서 소피를 소개하였다. 감수성과 덕 그리고 예의를 갖춘 사랑 등 자연의 가르침에 따라 성장한 소피는 여성 본연의 아름다움을 갖추고 있으며, 루소는 소피와 같은 여성은 교육을 통해 만들어지기 때문에 여자아이들을 어릴 때부터 계속적으로 자연의 법칙을 따라서 교육시켜야 한다고 주장한다.

요약하면 루소는 다른 본성을 타고난 남녀에게 공통된 하나의 교육 목표를 설정하여 같은 방식으로 교육하는 것은 남녀 모두에게 불행을 가져온다고 보았다. 따라서 여성은 남성과는 다른 여성만의 독자적인 교육을 받아야 하며 남성과 관련된 것을 교육하는 것이 여성의 의무이므로 남성과 관련된 것을 여성에게 어렸을 때부터 가르쳐야 한다고 보았다.

4. 루소 여성관의 한계와 의미

1) 루소 여성관의 한계

 루소의 사상을 이해하는 데는 많은 어려움이 따른다. 루소는 '나는 다양한 주제를 다루면서도 언제나 동일한 원칙에 근거하고 있다'라고 주장하지만 루소의 작품에는 명백히 많은 역설과 모순이 드러나기에 독자들이 루소를 읽어 내려가면서 일관된 논지를 발견하기에는 많은 노력과 주의가 필요하다(박의경, 2004: 10). 불평등한 사회제도와 계급에 대하여 비판했던 루소는 모든 사람은 자유롭고 평등하게 태어났으며 평등한 사회적 대우를 받아야 한다고 주장하였다. 그러나 루소의 사상은 매우 혁명적인 성격을 띠고 있었음에도 불구하고 여성을 사적 영역인 가정에만 가두려 했다는 측면에서 많은 페미니스트로부터 비판을 받아왔다.
 루소는 여성의 종속만을 일관되게 주장한 반페미니스트이며(Bloom, 1979), 모든 인간은 자유롭고 평등하다는 근본적인 원칙에도 불구하고 루소의 자유와 평등의 원칙은 인류의 절반인 남성에게만 적용될 뿐 나머지 절반인 여성에게는 적용되지 않는다는 비판이 있다(Okin, 1979; Keohane, 1980; Figes, 1972). 또한 국가의 수립을 목적으로 하는 사회계약의 당사자도 여성은 배제된 남성만을 의미하며, 남성은 시민권을 지닌 자유인으로 등장하지만 여성은 시민권이 거부되고 가사에 종속된 노예와 같은 존재로 등장한다는 비판도 있다. 이러한 비판은 루소의 사망 이후 최초로 그의 여성관을 비판했던 울스턴크래프트(Mary Wollstonecraft)의 『여성의 권리 옹호』에 나타났던 기본 관점이었다. 울스턴크래프트는 모든 자유와 평등을 왜 여성은 누리지 못하는가에 대해서 문제를 제기했으며 여성이 사회에서 배제되지 않고 이성 능력을 발휘하기 위해서는 남성과 동등한 교육을 받아야 한다고 주장했다(Wollstonecraft, 1976).

보부아르(Simon de Beauvoir)는 루소가 여성과 남성에게는 선천적으로 근원적인 차이가 있다고 본 것과 달리『제2의 성』에서 '여성은 태어나는 것이 아니라 여성이 되어간다'고 주장했다. 이것은 여성은 여성이기 이전에 인간이고, 인간인 여성은 후천적으로 만들어져가는 존재임을 강조함으로써 남녀 간의 성 차이는 자연에 의한 것이라는 루소의 생물학적 결정론을 비판한 것이다. 즉 성적 차이의 결과로 나타나는 현상들은 선천적인 것이 아니라 교육의 결과물이라는 것이다. 슈바르츠(Joel Schwartz)는, 루소의 경우 여성들의 힘을 가족 관계 속에서 강조하고 있는데, 여성을 가정에서 아내와 어머니의 역할을 하는 경우에는 평등하게 대우받지만 시민으로서는 평등하게 대우받지 못하는 존재로 그리고 있다고 루소를 비판하였다(Schwartz, 1984: 144). 랑게(Lynda Lange)는 루소가 옹호하는 남성이 지배하는 가족제도는 가족 구성원을 타락시키며, 좋은 사회의 발전을 가로막는 비도덕적 제도라고 주장했다(Lange, 1991: 108). 오킨(Susan Moller Okin)은 루소의 여성관이 남성 우월적 입장에서 아내에 대한 남편의 절대적 지배를 정당화하고 있다고 보면서, 남성의 본성을 독립성으로 여성의 본성을 의존성으로 정의하고 있는 것에 치명적인 모순이 있다고 지적했다. 남성의 본성, 즉 독립성은 가족이 존재하지 않았던 초기 자연 상태에서 찾으면서 여성의 본성, 즉 의존성은 가족생활을 영위했던 사회 상태에서 찾고 있는데, 이것은 루소가 인정하는 자유와 평등을 여성에게 적용하지 않으려는 루소 여성관이 지닌 비일관적이고 가장 모순적인 모습이라고 비판했다(Okin, 1979: 99-100).

루소는『에밀』을 한 훌륭한 어머니를 기쁘게 하기 위해 쓴 책이라고 하였음에도 "아이는 어머니에 의해 길러지고 아버지에 의해 교육되어야 한다"(Rousseau, 1979: 48)라고 하여 에밀을 교육시키는 주체는 어머니가 아니라 아버지임을 주장하는 모순을 보이고 있다. 이에 대해 이정은(2007)은 여성 교육을 남성 교육과 다르게 설정한 것은 결국 루소도 시대적, 역사적 한계를 극복하지 못한 것이라고 주장한다. 루소의 여성관은 당시 사회가 지닌 여성관과 여성 교육을 그다지 넘어서지 못하고 있으며 심지어 여성을 남성에게 종속시키는 논리를 더욱 세련되게 강화하는 것이다. 그 결과 여성 교육은 여성 자체를 위한 교육이라기보다는 남성에게 초점이 맞춰져 있는, 남성을 위한 교육이 되는 것이다(이정은, 2007: 124). 강상희(2008)에 따르면 루소는 남성과 여성이 신체, 체질이나 성향 면에서 그리고 정신적 능력 면에서 서로 상이한 것은 자연적 본성에 의한 것이며 이러한 양성 간의 차이는 자연의 목적을 위한 것이라고 본다. 즉 여성을 특징짓는 것은 모두 자연에 의해 정해진 것이기 때문에 존중되어야 한다는 것이다. 그런데 루소는 여성(소피)에 관한 한 자연적인 것에 대해 선택적인 태도를 취하고 있음이 발견된다. 다르게 표현하면 여성에 관한 한 자세히 관찰하여 자연적인 것(즉 타고난 선천적인 것)과 교육된(엄밀히 말하면 사회화된) 것(즉 후천적으로 길러진 것)을 판별하려는 노력이 루소에게는 결여되어 있다. 이는 에밀을 교육시킬 때 자연에서 온 것인지 사회적 편견에서 온 것인지 판별하기 위해 부단히 '자연을 관찰하라'고 한 루소의 교육적 명제와는 매우 상치되는 모습이다(강상희, 2008: 19).

루소는 "작은 조국(가정)에 대한 애착 없이도 큰 조국에 대한 애국심이 생겨날 수 있을까? 좋은 아들, 좋은 남편, 좋은 아버지가 좋은 시민이 되는 것이 아닐까?"(Rousseau, 1979: 363)라고 하면서 남성은 가정에서 선량한 자식, 믿을 수 있는 남편, 그리고 존경받는 아버지가 됨으로써 타인에 대한 무관심에서 벗어나 이웃에 대한 사랑, 국가에 대한 사랑을 실천할 수 있는 건강한 시민이 될 수 있다고 보았다. 그러나 루소는 여성과 남성은 상호 보완적인 존재라고 하면서도 이상적인 사회의 전제 조건인 건강한 가정을 이루기 위해서 가정 안에서 남성의 지배권을 강조하는 모습을 보이고 있다.

루소는 여자아이들이 거울, 보석, 헝겊, 특히 인형 등 눈을 즐겁게 하고 꾸미는 것을 좋아하는 것과 남자아이들이 북 치기, 팽이 돌리기, 수레 타기 등 움직이고 소리 내는 것을 좋아하는 것은 자연적인 성 차이라고 보았다. 그러나 이것은 개인 간의 차이로 볼 수 있는 문제이기도 하다. 루소가 자연에 의한 성차로 규정하고 있는 것들이 과연 선천적인 것인지, 후천적인 것인지 아직도 명확한 해답을 얻지 못하고 있다는 점에서 루소의 주장은 성별 영역 분리를 강화하는 측면이 강하다고 볼 수 있다.

요약하면 부분과 전체의 문제에서 부분에 문제가 있을 때 전체에 문제가 없다고 볼 수 없듯이(박의경, 2009: 129), 루소의 시민에 대한 교육은 여성인 소피는 배제한 채 남성인 에밀에게만 초점을 맞추고 있는 한계를 안고 있다. 또한 루소는 살롱을 관장하던 여성들, 타락한 상류층 여성들에게 경고하는 메시지에 무게를 싣고 있다. 그러나 루소는 당시의 타락하지 않은 지적인 여성들, 너무나 가난해서 사회 노동을 할 수밖에 없는 여성들에 대해서는 전혀 언급하지 않고 있다. 그리고 점차 여성의 평등 교육, 학문 교육의 중요성을 강조하는 계몽사상가들에 의해 여성 교육이 보편화되던 18세기에는 뛰어난 엘리트 여성들이 여성으로서의 부드러움과 포용력 이외에도 이성적 능력을 발휘하기 시작했다. 루소가 타락한 상류층 여성만 고려할 것이 아니라 이성적 능력을 뛰어나게 발휘하는 엘리트 여성들까지 모두 고려하여 여성관을 논하지 못한 점이 아쉽다.

2) 루소 여성관의 의미

루소는 계몽주의의 인간 이성 중시 경향은 수용했지만 자신이 살았던 계몽주의적 사회 상황이나 학교교육, 그리고 가정에서의 자녀 교육의 병폐를 비판했으며(홍신기, 2010: 142), 여성 교육에 관한 논쟁의 불씨를 제공함으로써 페미니즘 발전에 기여한 부분이 크다는 평가를 받기도 한다.

루소는 남녀가 종(species)에 있어서는 같지만 성(sex)에 있어서 차이가 있다는 기본 전제 위에서 이상적인 여성상과 여성의 교육론을 전개하였다. 이러한 전제가 여성의 교육에 대해서는 언급조차 없었던 당시의 시대 분위기에서는 여성을 교육의 영역 안으로 끌어들여 논할 수 있게 한 요인이 되었다고 볼 수 있다. 자연인의 형성이라는 교육의 목표를 위해 에밀이나 소피로 대변되는 남녀 모두에게 교육의 기회를 주어야 한다는 주장은 긍정적인 부분으로 평가되기도 한다. 또한 루소는 사회적 구속을 가져오는 가족제도의 해체를 주장한 급진적 페미니스트(Berger, 1979)이며, 성에 따른 남성과 여성의 분업은 남성에 의한 여성의 종속이라기보다는 실질적 협력의 결과이자 남성과 여성의 근본적 차이가 반영된 것이라는 주장을 한다(Lange, 1991).

이혜순(2001)은 루소가 여성을 남성 의존적이고 남성을 위해 만들어진 존재로 제시함으로써 이후 프랑스 사회의 여성 적대적이고 여성 차별적인 문화를 조장하는 데 중요한 역할을 했다고 할지라도, 루소 스스로는 결코 여성 적대적이고 여성 차별적인 시각에서 이러한 주장을 한 것은 아니라고 주장한다. 이 점은 『에밀』에서 자주 발견되는데, 예를 들어 여자가 수동적이거나 약하다고 해서 그것이 곧 여자가 남자보다 열등하며 여자가 남자에 의해 지배되어야 함을 의미하는 것은 아니라는 점을 다음과 같이 밝히고 있는 데서 잘 드러난다(이혜순, 2001: 60).

> 그래서 남녀의 성의 구조의 차이로부터 세 번째 결론이 내려진다. 그것은 강자는 겉보기에는 지배자이지만 실제로는 약자에 의존하게 된다는 사실이다. 이것은 여성 숭배라고 하는 분별없는 관습에 의한 것도 아니고 보호자로서 여성의 오만한 관용에 의한 것도 아니다. 변함없는 자연의 법칙에 의한 것이다(Rousseau, 1979: 359-360).

비록 루소 자신은 전혀 반여성적인 의도를 지니지 않았다고 할지라도 루소의 여성관은 여성 차별을 정당화하는 빌미로 작용하였다. 근대 정치사상에서 '인간의 해방과 인간의 권리 확보'는 절대로 포기할 수 없는 핵심적 주장이지만 여기에 여성이 과연 포함되어 있는지에 대해서는 프랑스의 인권선언이나 미국의 독립선언서도 침묵하고 있다. 혁명과 선언서 이후 제정된 미국 헌법에도, 프랑스 국민의회나 국민공회 헌법에도 여성의 권리에 대한 언급은 존재하지 않는다. 선언서와 헌법에 명시된 '인간'이나 '시민'에 여성이 과연 포함되는 것인지에 대한 논쟁을 해볼 여지도 없이 프랑스혁명 당시 거리에서 인간의 권리를 외쳤던 여성들은 미국에서와 마찬가지로 혁명 이후 모두 가정으로 돌아가야 했다. 사회에서는 여성이 사라지고 근대기획은 마무리되었다(박의경, 2009: 128-129). 당시 많은 여성의 희생은 인류의 역사를 바꾸는 데 기여했음에도 불구하고 그 성과는 남성들의 몫이었을 뿐 여성의 위치는 크게 달라지지 않았다.

루소는 여성이 남성화되려고 하면 할수록 자연의 질서를 거스르고 여성의 가치를 떨어뜨리게 된다고 하면서, 여성의 미덕을 경멸하고 남성의 미덕을 실천한 여성으로 랑클로(Mlle. de L'Enclos)를 들고 있다(Rousseau, 1979: 386). 루소는 랑클로처럼 남성과 같은 여성은 연인으로는 물론 친구로도 삼고 싶지 않다고 했다. 루소가 이러한 주장을 하게 된 것은 18세기에 여성의 남성화 경향이 팽배했기 때문이다. 이 부분은 루소가 여성과 남성의 평등, 여성과 남성의 동등한 교육을 주장했던 울스턴크래프트를 비롯한 자유주의 페미니스트들과 대립각을 세우는 부분이다.

18세기에는 여성과 남성의 문제를 성에 따른 생물학적 차이에서 파악하려는 시도들이 등장하면서 대부분이 남성이었던 당시 철학자들과 문필가들은 남성의 시각에서 여성에 대한 담론을 구성하였다. 이들은 여성의 아름다움, 매력, 남성을 끌어당기는 매혹 등에 감탄하면서도 여성을 미완성의 남성으로 규정하였다. 그러나 루소는『에밀』제4부에서 "인간은 세상에 두 번 태어난다. 첫 번째는 인간으로 태어나고, 두 번째는 남성이나 여성으로 태어난다. 여자를 미완성의 남성이라고 생각하는 사람들은 잘못되어 있다"(Rousseau, 1979: 211)라고 하면서 기존 입장과는 달리 여성을 남성과 동등한 존재로 규정한다. 또한 랑게는 어린아이들의 경우 사랑과 화합이 가득한 이상적인 가정에서만 자식의 양육에 온 마음을 쏟는 어머니의 모성애를 체험하고 그 무조건적인 사랑을 체험한 아이들은 다른 인간을 사랑할 수 있는 따스한 마음을 배우게 된다고 하였다. 여성이 자신에게 의지하는 아이들에게 애착을 갖는 것은 가장 자연스러운 현상이며 이것은 본능적으로 발생하는 모성애라고 볼 수 있다. 반면 부성애는 사회화의 결과 지식과 관습에 의거해 인간이 고안해낸 산물이다. 남성과 여성이 결합된 결과로 나타난 성별 영역 분리는 실질적 협력의 결과이며, 남성과 여성의 근본적 차이를 반영한다(Lange, 1991: 100).

루소에 의한 성별 영역 분리는 부정적인 면도 있지만 18세기 사회에서는 긍정적인 면도 있었다. 그것은 여성에게 가정 내의 문제에 관한 권리를 부여한 것이었다. 18세기의 경우 여성들은 남성들과 함께 살롱 및 사교계에서 활동할 수는 있었지만 아무런 생산적인 일도 하지 못하였으며 가정 내에서의 결정권도 거의 없었다. 예를 들어 수유와 같이 지극히 개인적인 일조차 여성들은 자기 마음대로 결정할 수 없었으며 가정 살림에 대한 결정도 마음대로 할 수 없었다. 따라서 가정이라는 영역에 국한된 것일지라도 그 안에서나마 여성이 주체적으로 결정할 수 있는 권리를 가질 수 있었다는 것은 여성들에게 사회적 권리가 인정된 것이었다. 비록 이러한 영역 분리가 후에 공적 활동의 장으로부터 여성을 배제시키는 결과를 가져오기는 하였지만 이러한 루소의 입장은 여성에게 아무런 생산적인 역할도 부여하지 않았던 당시 사회에서는 진일보한 입장이었다(이봉지, 2001: 68-69). 또한 '적을 알기' 위한 시작으로서 루소의 저서는 지금도 여전히 유용하다고 할 수 있다. 왜냐하면 그는 남성 지배의 구조를 속속들이 이해하고 있었기 때문에 페미니즘의 비판적 관점에서 본다면 그의 논의를 별로 고치지 않고도 남성 지배의 구조를 효과적으로 비판할 수 있다. 또한 루소의 저서들은 페미니스트 사상가들이 사회구조 전체를 검토해야 한다는 사실을 말해준다. 다른 문제들과 완전히 분리해 남성과 여성의 관계를 검토할 경우 어떤 시도이든 아주 잘못된 길로 나아갈 수 있기 때문이다(Lange, 1991: 109).

요약하면 루소의 여성관은 주로 남성들의 입장에서 모든 일이 이루어지고 지적, 도덕적 영역에서 여성이 남성보다 열등하다는 사고가 지배적이던 당시에 여성의 역할을 강조하고 여성 교육의 당위성을 주장했다는 점에서 의미가 있다고 볼 수 있다. 루소는 성 역할이 사회적으로 유익한 결과를 가져온다는 신념을 가지고 있었기 때문에 가정 내에서의 성별 영역 분리에 의한 상호 의존은 여성과 남성을 평등하게 만든다고 보았던 것이다. 따라서 여성과 남성이 자연적 질서에 따른 역할과 능력을 행사하는 데 있어서 평등하다는 점을 강조한 루소는 매우 탁월한 사상가라고 할 수 있다. 또한 루소 당대에는 공적 영역에서 여성의 참정권이 제대로 인정되지 않았다는 사실을 고려할 때 루소가 가정 내에서 여성 역할의 중요성을 주장한 것도 가히 혁명적이라고 할 수 있다. 모든 면에서 민주화가 상당히 진척되어 있는 현대사회의 관점에서 보자면 여성의 공적 영역에의 참여를 인정하지 않는 루소의 관점은 페미니즘에 역행되는 것이라 평가될 수 있겠지만 당대에 여성성을 '자연과 이성'에 근거해서 분석하고 그에 따라 여성의 교육을 공론화시킨 루소의 업적은 페미니즘의 발달에 지대한 영향을 미쳤다고 볼 수 있다(김용민, 2004: 386-387). 근대 최초의 페미니스트인 울스턴크래프트의 『여성의 권리 옹호』가 아직도 페미니즘 이론의 발달에 큰 영향을 미친 위대한 고전이라는 평가를 받는 것도 루소의 『에밀』에 대한 비판을 시작으로 하여 페미니즘이 발전해왔기 때문이다. 비록 여전히 루소의 여성관이 남성과 여성 간의 태생적인 기질상의 차이를 강조한 생물학적 결정론에 따르고 있고 보수적인 서양의 가치관을 그대로 반영한 것이라는 비판을 받고 있지만 페미니즘은 루소를 비판하면서 발전해온 것이다. 또한 루소는 이전의 많은 교육 사상가와 동시대인이 여성을 교육의 대상으로 보지 않았던 시대에 여성 교육의 필요성을 공론화하고 여성과 남성이 상호 보완적인 존재임을 강조함으로써 페미니즘의 발달에 상당 부분 영향을 미쳤다고 볼 수 있다.

5. 남녀는 서로 의존하는 관계

이상에서 살펴본 것처럼 루소는 사회를 이루는 기본 단위를 가정으로 보고 이상적인 사회를 이루기 위해서는 남녀가 서로의 특성을 발달시켜 협력하는 상호 의존 관계가 필요하다고 보았다. 또한 남녀는 본성상 신체적, 정신적 특성이 다르기 때문에 자신의 성 역할의 특성에 알맞은 역할을 수행할 수 있도록 근본적으로 다른 교육을 받아야 한다고 주장했다. 루소는 성적 평등성에 입각한 새로운 가정을 만들기 위해서는 최초의 교육자인 어머니가 교육의 주체가 되어야 한다고 강조했다. 여성들이 가정에서 제자리를 잡을 때 가족과 사회가 모두 번영할 수 있다고 보았던 것이다. 하지만 여성과 남성 간에 경계를 긋고 여성과 남성의 차이에 따른 교육이 자연의 법칙임을 강조하면서 여성의 활동 영역과 역할을 결정하는 데 있어서도 자연의 법칙을 따라야 한다고 주장한 루소의 여성관은 18세기라는 시대적 한계를 극복하지 못한 아쉬움이 남는다.

그러나 루소가 여성 적대적이고 여성 차별적인 시각을 가지고 그의 여성관을 전개한 것은 아니라고 할 수 있다. 『에밀』에 나타난 "여성은 그 눈이고 남성이 팔이지만 그러면서도 여성은 남성으로부터 무엇을 보아야 할 것인가를 배우고 남성은 여성으로부터 무엇을 해야 할 것인가를 배우는 식으로 서로 의존하는 상관관계를 지니는 것이다"(Rousseau, 1979: 410)라는 주장이나, "강자는 겉보기에는 지배자이지만 실제로는 약자에 의존한다"(Rousseau, 1979: 359)는 주장은 루소가 결코 반페미니스트가 아님을 보여준다. 또한 루소의 여성관은 페미니즘 발달에 기여한 공로가 크다고 할 수 있다. 루소는 주로 남성이 중심이 되던 시대에 남녀가 성(sex)에 있어서는 차이가 있지만 종(species)에 있어서는 같다는 기본 전제 위에서 이상적인 여성관과 여성의 교육론을 주장하고 있다. 여성의 교육에 대해서는 언급조차 없었던 당시의 시대 분위기에서 여성을 교육의 영역 안으로 끌어들여 여성 교육의 필요성을 논할 수 있었다는 것은 매우 획기적인 일이다. 자연인의 형성이라는 공통 목적을 위해 에밀이나 소피로 대변되는 남성과 여성에게 공평한 기회를 주어야 한다는 주장 또한 매우 큰 의미를 갖는다. 또한 여성성의 강조는 남성에 의한 여성의 억압을 자각하고 '남녀의 동등성'과 '남성화된 삶의 방식'을 강조하던 자유주의 페미니즘의 입장을 넘어서 남녀 간의 차이, 여성들 간의 차이를 인정하고 여성적 가치가 남성적 가치를 반전시키는 포스트모더니즘과도 맞닿아 있다(이정은, 2007: 111)고 볼 수 있다. 이러한 측면에서 여성성의 강조와 여성 교육의 독자성을 강조한 루소의 여성관은 페미니즘의 발달에 상당 부분 영향을 미쳤다고 볼 수 있다.

참고 문헌

강상희, 2008,「서양교육사에서 나타난 여성관 및 여성교육론 — 플라톤, 루소, 울스턴크래프트의 논의를 중심으로」,『교육철학』41: 7-44.
김수동, 1997,『루소의 자연주의 교육사상』, 서울: 민음사.
김용민, 2004,「에밀에 나타난 새로운 인간상으로서의 민주적 인간」,『루소의 정치철학』, 고양: 인간사랑.
김행성, 2011,『루소의 생애와 사상』, 서울: 노란숲.
김혜순, 1993,「사회 불평등: 계급 불평등과 성 불평등」,『성 평등의 사회학』, 서울: 한울아카데미.
도노번, 조세핀, 1995,『페미니즘 이론』, 김익두·이월영 옮김, 서울: 문예출판사.
랑송·튀프로, 1983,『불문학사(상)』, 정기수 역, 서울: 을유문화사.
루소, 장 자크, 2007,『인간 불평등 기원론/사회계약론』, 최석기 옮김, 서울: 동서문화사.

문정자, 2002,『루소의 노벨 엘로이즈 — 감각세계의 이미지들』, 서울: 만남.

미셸, 앙드레, 1994,『여성해방의 역사』, 이혜숙 옮김. 서울: 도서출판 백의.

박의경, 2009,「근대정치사상과 인권 그리고 여성」,『한국정치외교사논총』 30(2): 127-151.

박호성, 2009,『루소 사상의 이해』, 서울: 인간사랑.

안인희·정희숙·임현식, 1992,『루소의 자연교육사상』, 서울: 이화여대 출판부.

이봉지, 2001,「계몽주의 시대의 여성에 대한 담론을 통해 본 프랑스의 페미니즘에 대한 토론문」, 한국프랑스학회 학술발표회 논문집.

이용철, 1994,『루소 혹은 자아의 문학』, 서울: 한국방송통신대학교 출판부.

이용철, 2006,『루소: 분열된 영혼』, 파주: 태학사.

이정은, 2007,「여성 교육에 관한 루소의 단상」,『철학과 현실』75: 110-126.

이혜숙, 2001,「계몽주의 시대의 여성에 대한 담론을 통해 본 프랑스의 페미니즘」, 한국프랑스학회 학술발표회 논문집.

임태평, 2008,『루소와 칸트 교육에 관하여』, 과학교육사.

조희원, 2006,「여성과 차이: 여성, 여성들, 여성개념의 다원화」,『한국정치학회보』40(3): 103-124.

진일상, 2000,「계몽주의 시대의 살롱문화」,『괴테연구』12(1): 313-334.

트뤽, 곤자규, 1995,『세계여성사 II』, 이재형·도화진 옮김. 서울: 문예출판사.

파이어스톤, 슐라미스, 1983,『성의 변증법』, 김예숙 옮김, 서울: 풀빛.

하이덴-린쉬, 베르나, 1999,『유럽의 살롱들: 지금은 몰락한 여성 문화의 황금기』, 김종대, 이기숙 옮김. 서울: 민음사.

홍신기, 2010,「루소와 이덕무의 여성교육관 비교 연구」,『한국교육논단』9(1): 139-164.

Beauvoir, Simon de, 1952, *The Second Sex,* Translated by H. M. Parshley, New York: Bantam Books.

Berger, Brigitte, 1979, "What Women Want", *Commentary,* March.

Figes, Eva, 1972, *Patriarchal Attitudes,* London: Panther.

Keohane, Nannerl O., 1980, *Trent Rousseau Papers,* Ottawa: University of Ottawa Press.

Lange, Lynda, 1991, "Rousseau and Modern Feminism", in Mary Lyndon Shanley and Carole Pateman, eds., *Feminist Interpretations and Political Theory*, The Pennsylvania State University Press.

Murstein, Bernard I., 1974, *Love, Sex, and Marriage through the Age*, Springer Publishing Company.

Okin, Susan Moller, 1979, *Woman in Western Political Thought*, Princeton: Princeton University Press.

Rousseau, Jean-Jacques, 1979, *Emile or On Education*, Translated by Allan Bloom, New York: Basic Books, Inc.

Rousseau, Jean-Jacques, 1988, *The Confessions*, Translated by J. M. Cohen, New York.

Schwartz, Jeol, 1984, *The Sexual Politics of J-J. Rousseau*, The University of Chicago Press.

Wollstonecraft, Mary, 1976, *A Vindication of the Rights of Woman*, Translated by Charles W. Hagelman, New York: Norton.

제4부

루소와 비교 사상

10장 루소와 주자의 정치철학

이상익

1. 루소와 주자

　루소는 그의 출세작 『학문예술론(Discourse on the Sciences and Arts)』에서 예술과 학문의 진보는 도덕성을 증진시키기는커녕 오히려 항상 도덕적 타락을 초래했다고 주장했다. 예술과 학문은 불필요한 욕구를 자극하여 사람들을 사악하게 만들고, 사치와 불평등이 범람하게 만든다는 것이다. 한편 『에밀(Emile)』의 첫 구절은 "모든 것은 창조자의 수중에서 나올 때는 선한데, 인간의 수중에서 모두 타락한다"는 것이었다. 자연은 인간을 착하고 행복하게 만들었으나, 사회가 인간을 타락시키고 불행하게 만든다는 것이 『에밀』의 근본적 문제의식이었다. 루소의 이러한 주장은 당시 계몽주의자들의 지론(持論)을 정면으로 부정한 것이다. 앨런 블룸(Allan Bloom)은 '계몽주의에 대한 루소의 공격의 근간'을 다음과 같이 정리한 바 있다.

루소에 따르면 근대 정치학은 인간에 대한 부분적인 이해에 근거하고 있다. 리바이어던(Leviathan)으로 말해지는 근대국가는 자신의 생존에만 치중하였고, 결과적으로 신민(臣民)의 생존에도 치중하게 되었다. 그러므로 근대국가는 행복과 삶의 조건만을 고려하고 행복 그 자체에 대해서는 망각하고 있다는 점에서 전적으로 소극적이다. 인간 존재성의 오직 한 측면만을 고려하는 어떠한 정치제도도 인간의 완성을 향한 갈망을 만족시킬 수 없으며, 사람들의 충성심을 불러일으킬 수 없다. 루소는 한 걸음 더 나아가 자기 생존에 근거한 근대국가는 인간을 행복하게 만들 수 있는 삶의 방식과는 완전히 상반되는 방식을 만들고 있다고 주장한다. 큰 국가의 삶은 상업으로 특징지어지며, 결과적으로 부자와 가난한 자의 구별로 특징지어진다. 각 사람은 국가가 만들어놓은 틀 안에서 자기의 몫을 추구할 수 있다. 돈은 인간 가치의 척도이며, 덕(德)은 망각된다. 사적인 이득을 계산하는 것이 인간관계의 기초가 된다. 이것은 영구한 전쟁으로 유도되지 않을 수 있지만 신뢰와 용이한 사회성의 기반을 파괴하며, 이기심과 빈약한 시민 정신을 유발한다. 시민사회는 사람들 사이에 이루어지는 상호 의존의 상태이다. 그러나 사람들은 악하며 또한 대다수의 사람들은 소수의 만족을 위해서 자신들의 의지를 포기하도록 강요받고 있다. 또한 이 소수가 법을 통제하기 때문에 다수의 사람들은 사회를 구성함으로써 얻어지는 것으로 여겨지는 그러한 생존조차도 누리지 못하게 된다. 생존에 대한 과도한 단순화와 일방적인 집중의 결과는 생존의 유일한 목적이라고 할 수 있는 좋은 삶의 파괴를 불러왔다(스트라우스·크랍시, 2007: 422-423).

루소는 인간에게는 본래 자신의 생존을 추구하는 '육체적 본능'과 사람다운 삶을 추구하는 '도덕적 본성'이 함께 존재한다고 보았다. 위에서 "근대 정치학은 인간에 대한 부분적인 이해에 근거하고 있다"고 한 것은 계몽주의자들이 인간의 도덕적 본성은 외면하고 육체적 본능에만 근거하여 정치의 이상을 논했다는 뜻이다. 위의 인용문 가운데 '행복과 삶의 조건, 생존, 사익(私益)만 추구하는 이기심, 빈약한 시민 정신, 돈, 상업, 소수만 만족스럽고 다수는 고통받는 불평등' 등은 육체적 본능만 추구한 계몽주의의 특징과 한계를 비판하는 말들이다. 반면에 '행복 그 자체, 인간 완성, 충성심, 상호 의존의 시민 정신, 덕, 좋은 삶' 등은 육체적 본능과 도덕적 본성을 조화시키려는 루소 자신의 이상을 나타내는 말들이다. 루소의 이상은 인간에 대한 전체적인 이해를 통해 '생존'과 '좋은 삶'을 합치시키는 것이었다. 루소는 도덕적 본성에서 우러나는 동정심 또는 양심을 주목하고, 이로부터 일반의지론을 정립함으로써 생존과 좋은 삶을 부합시키는 공동선의 정치철학을 전개했다.

루소의 이러한 이상은 주자(朱子)의 경우와 대강을 같이하는 것이다. 주자는 인간을 인심(人心)과 도심(道心)을 모두 지닌 존재로 규정하고, 도심에 입각하여 인심을 제어함으로써 공론(公論)을 도출하고, 공론을 정치체의 진정한 토대로 삼음으로써 개인의 이익과 사회의 정의가 조화를 이루는 정치체를 구축하고자 했던 것이다. 그러나 공동선의 실제적 내용과 정치적 정당성의 궁극적 근거를 해명함에 있어서는 주자와 루소가 입장을 달리했다.

이 글에서는 루소와 주자의 정치철학에 대해 그 공통점과 차이점을 살펴보고, 주자학적 관점에서 루소의 문제점을 지적함으로써,[1]

---

[1] 물론 루소의 관점에서도 주자학에 대해 많은 문제점을 제기할 수 있을 것이다.

오늘날 루소의 계승자들이 해결해야 할 과제를 제시해보고자 한다.

2. 정치철학적 기본 구도의 공통점

1) 인간성의 두 측면에 대한 해명

루소는 『인간 불평등 기원론』의 「서문」에서 "인류의 모든 지식 중에서 가장 유익하면서도 발전이 가장 덜 된 것이 곧 인간에 관한 지식"이라고 갈파한 바 있다. 모든 지식 가운데 '인간에 대한 지식'이 가장 중요함에도 불구하고, 당시의 철학자들은 인간을 제대로 해명하지 못하고 있다는 것이다. 이는 당시의 학자들이 인간성의 두 측면 가운데 한 측면만 주목하고 있다는 비판이다. 우선 다음의 인용문을 보자.

> 인간의 본성을 사색하면서 나는 그로부터 전혀 다른 두 가지 원리를 발견했다는 생각이 드네. 그 하나는 인간을 높이고, 영원한 진리를 탐구하게 하며, 정의와 도덕적인 아름다움을 사랑하게 하며, 그 관조가 현자의 더없는 기쁨이 되는 지적인 세계에 이르게 하네. 그 반대로 다른 하나는 인간 자신에게 비천함을 가져다주며, 관능의 지배에 굴복시키며, 그 관능의 수행 기관인 정념에 예속시키며, 그 정념에 의해 전자의 원리의 감정이 인간

주자학에서는 민(民)의 참정권이나 자유권·평등권 등을 충분하게 확보하지 못했거니와, 이것이 루소가 제기할 수 있는 비판의 대표적인 예일 것인바, 이에 대해서는 별도의 기회에 논하기로 하자.

에게 불러일으키는 모든 것을 방해하네. 그 두 상반된 움직임의 공격을 받아 질질 끌려다니는 것을 나는 이렇게 생각하곤 했네. '그렇다. 인간은 전혀 한쪽 면만 가진 게 아니다. 나는 원하기도 하면서 원하지 않기도 한다. 나는 예속과 자유를 동시에 느낀다. 나는 선을 알며, 그것을 사랑한다. 그러면서도 나쁜 짓을 한다. 이성에 귀를 기울이면 나는 능동적이 되지만, 정념에 끌려다니면 수동적이 된다. 그리고 내가 굴복할 때 받는 가장 큰 고통은 저항할 수도 있었는데 하고 느끼는 것이다'라고 말일세(루소, 2003: 498).

모든 배려 중에서 첫 번째 배려는 자기 자신에 대한 배려라네. 하지만 내면의 목소리는, 우리가 타인을 희생하여 우리의 행복을 추구한다면 우리는 나쁜 짓을 하는 것이라고 몇 번이나 우리에게 이야기해주는가! 우리는 자연의 충동을 따르고 있다고 생각하지만 자연을 거역하고 있네. 자연이 우리의 관능에 이야기하는 것은 귀 기울여 들으면서 우리의 마음에 이야기하는 것은 무시하지. 능동적인 존재가 복종하고, 수동적인 존재가 명령하는 것이네. 양심은 영혼의 목소리이고, 정념은 육체의 목소리이지. 그 두 목소리가 서로 자주 상반되는 것이 뭐 놀라운 일인가? 그렇다면 그때 어느 쪽 소리를 경청해야 하는가? 이성은 너무도 자주 우리를 속이지. 그러기에 우리는 그 이성을 거부할 권리를 당연히 얻었던 것일세. 하지만 양심은 절대로 속이는 법이 없어. 영혼에 대한 양심의 관계는 신체에 대한 본능의 관계와 같다네. 양심을 따르는 사람은 자연에 복종하는 자이며, 길을 잃지 않을까 두려워하지 않네(루소, 2003: 513).

위의 두 인용문은 루소가 『에밀』에서 사부아 신부의 입을 빌려 말한 내용이다. 위의 첫째 인용문에서 말하는 '인간의 본성'이란 둘째 인용문에서 말하는 '자연'과 같은 말인바, 그렇다면 루소는 '인간이 타고난 자연 그대로의 성질'을 '인간의 본성'으로 규정한 것이다. 한편, 루소의 인간관은 영육이원론에 입각한 것으로서, 영혼의 요소가 발휘된 것이 양심이며, 육체의 요소가 발휘된 것이 정념이라는 것이다. 정념은 '육체적 관능의 수행 기관'으로서 그것은 무엇보다도 '자기 자신에 대한 배려' 즉 '자신의 안위와 자기 보존에 대한 열렬한 관심'으로 표출되고, 양심은 정념을 제어하는 기제로서 그것은 '자기 보존을 위해 타인을 희생시키지 말라'는 도덕적 원리로 작용한다. 이러한 맥락에서 루소가 말하는 '인간 본성의 전혀 다른 두 원리'란 결국 '도덕적 본성'과 '동물적 본능'을 뜻하는 것이다. 요컨대 루소는 인간은 '도덕적 본성'과 '동물적 본능'을 동시에 지니고 태어났다고 보고, 이 양자를 모두 '인간의 본성'에 포함시킨 것이다. 인간의 본성에는 이 두 원리가 공존하므로, 그로 인해 인간은 항상 양자의 갈등 속에서 모순적인 행태를 보인다는 것이다.[2]

---

[2] 위의 인용문에서 또 주목할 것은 "양심을 따르는 사람은 자연에 복종하는 자"라는 말이다. 『에밀』에서는 "도덕적인 선(善)이 우리의 본성(本性)에 부합하는 것"(루소, 2003: 515)이라고도 했다. 자연과 본성은 궤를 같이하는 개념임을 주목한다면, 양심(도덕적 선)은 본성(자연)에서 우러나는 것이라는 말이 되는 것이다. 이를 "양심은 영혼의 목소리이고, 정념은 육체의 목소리이다"라는 말 및 "영혼에 대한 양심의 관계는 신체에 대한 본능(本能)의 관계와 같다"는 말과 연결시켜보면, 루소는 '양심-영혼-본성'을 '정념-육체-본능'과 대비시킨 것이다. 이처럼 본성과 본능을 대립적인 것으로 설명한 것은 육체적 본능과 도덕적 본성을 인간 본성의 두 원리로 설명한 것(루소, 2003: 498)과는 논법이 다른 것이다. 요컨대 루소는 한편으로는 본성과 본능을 대립시켜 설명하기도 하고, 한편으로는 본능을 본성 속에 포함시켜 설명하기도 한 것이다. 이는 본성이라는 개념이 본래 두 맥락에서 거론되었기 때문이다. 단순히 '타고난 그대로의 것'을 본성이라 할 때에는 본능이 본성 속에 포함되어 설명되는 것이고, 타고난 그대로의 것 가운데 '인간다움

루소에 의하면 인간의 본성에는 '자기 보존에 대한 욕구'와 함께 '타인에 대한 동정심'이 있고, 인간의 마음에는 '이성'뿐만 아니라 '양심'이 있으며, 인간의 의지에는 '특수 의지'와 함께 '일반의지'가 있다. 그런데 당시의 학자들은 '자기 보존의 욕구, 이성, 특수 의지' 등만 주목하고, '동정심, 양심, 일반의지' 등을 외면하고 있다는 것이다. '동정심, 양심, 일반의지' 등은 인간의 사회성을 뒷받침하는 요소들이다. 이러한 요소들을 외면하면 인간의 이기성(개인성)만 부각될 뿐 사회성은 제대로 해명될 수 없는바, 루소는 이러한 맥락에서 당시 학자들을 비판했던 것이다.

루소는 옳음과 그름의 관념을 알게 해주는 이성의 발달과 더불어, 동정심은 '옳은 것을 좋아하고 나쁜 것을 싫어하는' 양심으로 변화된다고 설명했다(루소, 2003: 116, 419; 김용민, 2004: 111). 당시의 자연법 학자들은 양심을 '이성의 한 부분'으로 설명하고 자연법을 '이성의 법'으로 규정했는데, 루소는 양심을 '이성과 별개'라고 설명하고 자연법을 '이성과 양심의 법'으로 규정했다(루소, 2003: 419). 루소가 이처럼 이성과 양심을 구분한 것은 '이성에 대한 불신' 때문이기도 했다. 루소는 이성을 '공공의 이성'과 '개인의 이성'으로 구분했다. 공공의 이성은 '사회의 공동선을 존중하라'고 명령하나, 개인의 이성은 '남의 불행(손해) 속에서 자기의 이익을 찾으라'고 강요한다는 것이다(루소, 2010: 146). 루소는 이처럼 이성의 양면성을 직시하고 있었기 때문에 이성은 양심에 의해 보완되어야 한다고 생각했던 것이다.

루소는 의지에 대해서도 '특수 의지'와 '일반의지'로 구분했다. 특

의 근원'만을 인간의 본성이라 할 때에는 본능(육체적 본능)과 본성(도덕적 본성)이 대립적으로 설명되는 것이다.

수 의지란 각 개인이 자신의 사사로운 이익을 추구하는 의지를 말하고, 일반의지란 '공동의 이익' 또는 '공공의 복지'를 추구하는 의지를 말한다. 루소에 의하면, 전체의지(또는 다수 의지)는 개인적 이익을 추구하는 특수 의지의 합계일 뿐으로서, 그것의 정당성은 보장되지 않는다. 그렇다면 단순히 다수결을 통해서는 정의로운 사회를 만들 수 없는 것이다. 루소는 일반의지를 언제나 순수하고 올바른 것이라고 규정하고, 일반의지만이 사회계약의 진정한 토대가 될 수 있다고 주장했다(루소, 1999: 30).[3]

이상의 내용을 정리해보자. 루소에 의하면, 인간의 본성에는 '자기 보존에 대한 욕구'와 함께 '타인에 대한 동정심'이 있다. 루소가 말하는 '개인의 이성'이나 '특수 의지'는 '자기 보존에 대한 욕구'와 궤를 같이하고, '공공의 이성'이나 '일반의지'는 '타인에 대한 동정심'과 궤를 같이한다. 한편 루소가 사회계약의 진정한 토대를 일반의지에 둔 것은 궁극적으로 '자기 보존에 대한 욕구'나 '개인의 이성'보다는 '타인에 대한 동정심'이나 '공공의 이성'을 우위에 둔 것이다.

루소의 이러한 인간관은 주자의 인간관과 대강 같이하는 것이다. 『서경(書經)』에는 순(舜)이 우(禹)에게 왕위를 물려주면서 "인심(人心)은 오직 위태롭고 도심(道心)은 오직 은미하니, 오직 정밀하게 살피고 오직 전일하게 지켜서, 진실로 그 중용을 잡으라[人心惟危 道心惟微 惟精惟一 允執厥中]"고 말했다는 기록이 보인다. 주자는 『중용장구서(中庸章句序)』에서 이에 대해 다음과 같이 설명한 바 있다.

---

[3] 루소는 "다수의 사람들이 결합하여 스스로 일체(一體)를 형성하고 있다고 생각하는 한, 그들은 공동의 생존과 전체의 행복이라는 단 하나의 의지만을 갖게 된다"고 했다(루소, 1999: 133). 요컨대 일반의지에 입각해서만 바람직한 사회를 건설할 수 있다는 것이다.

마음의 허령지각(虛靈知覺)은 하나일 뿐인데 인심과 도심의 다름이 있는 것은, 인심은 '형기의 사사로움[形氣之私]'에서 생기고 도심은 '성명의 바름[性命之正]'에 근원하여,[4] 그 지각하는 바가 같지 않기 때문이다. 그러므로 인심은 위태하여 불안하고, 도심은 은미하여 드러나기 어렵다. 그러나 인간은 누구나 형기(육체)를 지니고 있기 때문에 비록 상지(上智)라 하더라도 인심이 없을 수 없고, 또한 누구나 본성을 지니고 있기 때문에 비록 하우(下愚)라 하더라도 도심이 없을 수 없다. 인심과 도심이 방촌에 섞여 있어 다스릴 줄을 모른다면, 인심은 더욱 위태로워지고 도심은 더욱 은미해져서, '천리(天理)의 공정함'이 마침내 '인욕(人欲)의 사사로움'을 이길 수 없게 된다. '정(精)'이란 인심과 도심의 간격(차이)을 살펴서 섞지 않는 것이요, '일(一)'이란 본심의 바름을 지켜서 떠나지 않는 것이다. 조금도 간단이 없이 이에 종사하여, 반드시 도심으로 항상 일신의 주재자를 삼아 인심이 항상 그 명령을 따르게 한다면, 위태로운 인심은 편안해지고 미묘한 도심은 드러나게 되어, 동정운위(動靜云爲)가 저절로 지나치거나 모자라는 잘못이 없게 된다. 무릇 요(堯)·순(舜)·우(禹)는 천하의 위대한 성인(聖人)이었고, 천하를 서로 전해줌은 천하의 중대한 일이었다. 천하의 위대한 성인이 천하의 중대한 일을 수행하여 왕위를 서로 주고받음에 정녕 고계(告戒)한 말은 이에 불과했다. 그렇다면 천하의 이치가 어찌 이에 덧보탤 것이

---

[4] "인심은 '형기의 사사로움[形氣之私]'에서 생겨나고 도심은 '성명의 바름[性命之正]'에 근원한다"고 하면, 인심과 도심이 이원적인 것으로 여겨질 가능성이 있다. 주자는 인간에게는 본래 '하나의 마음'만 있다는 점을 누누이 강조했다. 요컨대 인간의 마음은 '하나'일 뿐인데, 그것이 '형기의 사사로움'을 지각하면 인심이요, '성명의 바름'을 지각하면 도심이라는 것이다.

있겠는가?

인심이란 육체로 인해 생기는 마음으로서, 배가 고프면 음식을 먹고자 하고, 추우면 옷을 입고자 하며, 정욕이 일면 이성(異性)을 그리워하는 것 등이 이에 해당된다. 주자는 인심을 '형기지사(形氣之私)' 또는 '인욕지사(人欲之私)'와 연결시켜 설명했다. '사(私)'란 '개체에 속한다'는 뜻이니, 사람들이 각자 '자신의 욕망을 추구하는 것'이 인심이다. 도심이란 인의예지의 본성으로 인해 생기는 마음으로서, 측은지심(惻隱之心) · 수오지심(羞惡之心) · 사양지심(辭讓之心) · 시비지심(是非之心) 등이 이에 해당된다. 주자는 도심을 '천리지공(天理之公)' 또는 '성명지정(性命之正)'과 연결시켜 설명했다. 사람들이 '다른 사람들도 함께할 수 있도록 바름을 추구하는 것'이 도심이다.

위의 인용문의 취지는 다음과 같이 정리할 수 있다. 첫째, 인심과 도심은 모두 없을 수 없다는 것이다. 인심은 무엇보다도 인간의 육체적 생존을 뒷받침하는 것이기 때문에, 상지(上智)라도 인심이 없을 수 없다. 또 도심은 인의예지의 본성으로부터 발하는 것으로서, 하우(下愚) 역시 도덕적 지각 능력이 있는 것이다. 또한 인심만으로는 위태롭고, 다른 동물들과 구별되는 인간의 존엄성을 담보할 수 없다. 반면에 도심만으로는 인간의 육체적 생존을 뒷받침하기 어렵다. 따라서 양자는 항상 동시에 요구된다는 것이다. 둘째, 도심이 인심을 주재해야 한다는 것이다. 즉 인심과 도심은 모두 불가결한 것인바, 양자의 바람직한 관계는 '도심이 인심에게 합당한 길을 제시하고, 인심이 항상 그에 따르는 것'이라고 본다. 주자는 '유정유일(惟精惟一)'을 "인심인지 도심인지 정밀하게 살피고, 도심의 주재를 전일하게 관철시킴"으로 설명했다. 셋째, 천하를 다스리는 것처럼 중대한 일도 인심과 도심의 올바른 관계를 정립하는 것, 즉 '유정유일'

에서 벗어나지 않는다는 것이다. '유정유일'은 개인이 자신의 삶을 바르게 영위하는 길이기도 하고, 통치자가 국가를 정의롭게 다스리는 길이기도 하다. '유정유일'은 모두가 갖추어야 할 '마음가짐'으로서, 시비와 선악 또는 치란과 성패를 결정하는 관건이 된다. '윤집궐중(允執厥中)'은 '유정유일'이 목표로 삼는 내용이다.

> 사람이 배고프면 먹어야 함은 알고 마땅히 먹어야 할 것과 마땅히 먹지 말아야 할 것은 모르며, 추우면 입고자 할 줄만 알고 마땅히 입어야 할 것과 마땅히 입지 말아야 할 것은 모르는 것과 같은 것들, 이것이 인심이 위태로운 까닭이다(『朱子語類』 卷78, 中華書局本, 2011쪽).

인심은 그 자체로서는 '정당성에 대한 자각'이 결여되어 있기 때문에 위태로운 것이다. 주자는 그러므로 인심은 도심의 주재를 받아야 한다고 했다. '도심의 주재를 받아 공정하게 인심을 추구한 것'이 바로 '윤집궐중'이다. 즉 '윤집궐중'은 개인적 차원에서는 '인심과 도심의 조화'로 해석될 수 있고, 사회적 차원에서는 '사익과 공익의 조화'로 해석될 수 있다.

주자는 요·순·우와 같은 성왕의 통치도 그 핵심 원리는 이상의 내용에 불과하다고 단언했다. 요컨대 주자는 인간을 도덕적 본성과 육체적 본능의 두 측면에서 이해하고, 도심이 인심을 주재함으로써 중용을 실천하는 것이 바람직한 정치를 위한 첩경이라고 본 것이다. 이는 루소가 육체적 본능(자기 보존에 대한 욕구)과 도덕적 본성(타인에 대한 동정심)의 두 측면에서 인간을 이해하고, 도덕적 본성의 발현체인 일반의지(一般意志)를 통해 개인의 이익과 사회의 정의를 일치시킬 수 있다고 본 것과 궤를 같이한다.

2) 바람직한 정치체의 토대

루소는 『사회계약론』에서 자신이 추구하는 이상적인 사회의 모습을 피력했다. 루소는 『사회계약론』의 첫머리에서 다음과 같이 말한다.

> 나는 이 연구에서 정의와 이익이 결코 분리되지 않도록 하기 위하여 법률이 인정하는 바와 이익이 규정하는 바를 항상 결합시키도록 노력할 생각이다. … 다행스럽게도 나는 여러 정부를 연구할 때마다, 내가 내 나라의 정부를 사랑해야 하는 이유들을 그 연구 과정 속에서 새롭게 발견하게 된다(루소, 1999: 14-15).

위에서 말하는 '정의'란 '국가의 정의'를 뜻하고, '이익'이란 '개인의 이익'을 뜻한다. 국가(정부)가 추구하는 정의가 국민 대다수의 이익과 어긋난다면, 대다수의 국민들은 고통을 당하면서 애국심을 버리게 된다. 이러한 맥락에서, 루소는 양자를 결합시킬 수 있는 원리를 제시하는 것이 『사회계약론』의 취지라고 했다.

루소는 정치적으로 정당한 권위의 기초는 오직 '계약'뿐이라고 보았다. 그런데 사회계약의 올바른 기초는 일반의지라는 것이다. 일반의지에 따른 사회계약은 모든 시민 사이에 평등을 확립하는 것으로서, 시민은 모두 같은 조건을 따르기로 약속하고 따라서 모두 같은 권리를 향유하는 것이다. 일반의지란 '공동의 이익' 또는 '공공의 복지'를 추구하는 의지를 말한다. 루소는 인간에게는 자신의 이익을 추구하는 '특수 의지'도 있고, 공동의 이익을 추구하는 '일반의지'도 있다고 보았다. 루소는 '일반의지'와 '전체의지(또는 다수의지)'를 분명하게 구별한다. 전체의지는 개인적 이익을 추구하는 특수 의지의 합계일 뿐으로서, 그것의 정당성은 보장되지 않는다. 반면에 일반의지는 본래 공동의 이익을 추구하는 의지로서, 그것은 언제나 존재하고 순수하고 올바르다(루소, 1999: 44-45)

루소는 의지를 일반의지로 만드는 것은 '투표자의 수'가 아니라 투표자를 결합시키는 '공동의 이익'이라고 했다. 일반의지는 공동의 이익을 추구하는 것인바, 일반의지에 따른 사회계약을 통해서 "개인의 이익과 정의의 놀라운 조화"가 실현된다는 것이다. 루소는 이를 다음과 같이 설명한다.

> 그것은 사회계약을 기초로 하고 있기 때문에 합법적이고, 모든 사람에게 공통되기 때문에 공평하며, 오직 일반의 행복만을 목적으로 하고 있기 때문에 유용하고, 공공의 힘과 최고의 권력에 의하여 보증되고 있기 때문에 확고한 것이다. 신민(臣民)이 이 약속에만 복종하는 한, 그는 다른 사람에게 복종하는 것이 아니라 자기 자신의 의사에 복종하고 있는 것이다. … 개인이 사회계약으로 인하여 자기가 가지고 있던 정치적 권리를 포기하게 되었다는 생각은 잘못이다. 실제로 이 계약의 결과 그들이 얻는 지위는 그 이전의 지위보다 나아진 셈이다. 권리를 양도한 것이 아니라 유리한 조건으로 교환한 것이다. 즉 그들은 불성실하고 불안전한 생활 방식 대신에 훨씬 확실하고 안전한 생활 방식을 얻고, 자연적 독립 대신에 자유를 얻으며, 타인을 해칠 힘 대신에 자기 자신의 안전을 얻고, 언제 정복당할지 모를 자기들의 힘 대신에 사회적으로 결합함으로써 누구도 침해할 수 없는 권리를 얻는 것이다(루소, 1999: 49-50).

위의 인용문에서 주목할 내용은 '이 약속에 대한 복종은 자기 자신에 대한 복종'이라는 말과 '권리를 양도한 것이 아니라 유리한 조건으로 교환한 것'이라는 말이다. 일반의지에 따른 사회계약은 결코 개인의 자율성이나 권리를 침해하지 않는다는 것이다. 오히려 반대로, 개인은 일반의지에 따른 사회계약을 통해서 '합법적이고, 공평하며, 유용하고, 확고한' 여건에서 자신의 권리를 누릴 수 있는바, 이것이 바로 "개인의 이익과 정의의 놀라운 조화"인 것이다.

이상에서 살핀 것처럼, 일반의지를 매개로 개인의 이익과 사회의 정의를 조화시키자는 것이 루소의 이상이었다. 그런데 루소가 일반의지와 특수 의지를 구분하는 것은 결국 양심(도심)과 욕심(인심)의 구분에 의거하는 것이다. 양심은 우리에게 공동의 이익을 위해 일반의지를 따르도록 명하나, 욕심은 자신의 개인적 이익을 극대화하기 위하여 특수 의지를 발휘하게 한다. 여기서 루소의 일반의지론은 주자의 공론론(公論論)과 접맥된다. 주자의 공론은 인간의 '선한 본성' 또는 그 본성을 발휘하는 '도심'에 기초하는 것으로, 항상 공공의 이익을 존중하는 것이다. 주자는 다음과 같이 말한다.

> 이른바 '국시(國是)'란 어찌 '천리(天理)에 따르고 인심(人心)에 부합하여 천하 사람들이 모두 함께 옳게 여기는 것'이 아니겠는가? 진실로 천하 사람들이 모두 함께 옳게 여기는 것이라면, 비록 척토(尺土)와 일민(一民)의 권력도 없더라도, 천하 사람들이 그릇된 것이라고 여길 수 없다. 하물며 천하의 권세를 차지한 사람이야 어떻겠는가? '천하 사람들이 모두 함께 옳게 여기는 것'에 부합되지 않는데도 억지로 천하 사람들로 하여금 옳다고 여기게 만들려고 하니, 그러므로 반드시 상(賞)을 내걸어 유혹하고 형벌을 엄히 하여 감독한 다음에야 겨우 사대부의 한결같지 않은 입을 겁주어 통제할 수 있는 것이다. 그러나 천하의 참

된 시비는 끝내 속일 수 없다. … 자기의 편견을 주장하고 자기의 사심을 채우려 하면서도 억지로 '국시'라 이름을 붙이고, 군주의 권위를 빌려 '천하의 만구일사(萬口一辭)의 공론'과 싸우려 하니, 아마도 고인의 '오직 덕만이 (사람의 마음을) 통일시킨다'는 말과는 다른 것 같다(『朱子大全』 卷24 頁16-17, 「與陳侍郞書」).

주자는 '천리에 따르고[順天理][5] 인심에 부합하여[合人心][6] 천하의 사람이 모두 함께 옳게 여기는 것[天下之所同是者]'을 '국시'라 정의하고, 그것을 '천하의 모든 사람이 한결같이 하는 말[萬口一辭]'인 '공론'과 동일한 것으로 정의했다. 또한 주자는 국시 또는 공론은 '유혹이나 협박으로 조작될 수 없는 것'이요, '영원히 속일 수 없는 것'이라고 규정했다.

주자의 공론에 대한 설명에서 주목해야 할 것은 '천리에 따르고, 인심에 부합하여, 천하의 사람이 모두 함께 옳게 여기는 것'이라는 내용이다. 앞에서 거론했듯이, 주자에 의하면 '사람의 마음'에는 도덕적 본성에서 유래하는 도심도 있고 육체적 본능에서 유래하는 인심도 있는바, 도심은 천리에 따라 공정성을 추구하는 것이고 인심은 자신의 사사로운 이익을 추구하는 것이다. 이러한 맥락에서 주자의 공론이란 '도심을 발휘함으로써 천하 사람이 모두 함께 옳다고 동의하는 의론'인 것이다. 여기서 우리는 주자의 공론은 루소의 일반의

---

[5] 전통 유학에서 말하는 '천리(天理)'란 '자연의 이법(理法)'으로서, '음양이 서로 짝을 이루는 원리'와 '음양이 서로 순환하는 원리'를 말한다(이에 대한 자세한 논의는 이상익, 2004: 264-267 참조). 주자는 천리가 인간에게 부여된 것이 바로 '본성'으로서, 그 구체적 내용은 '인의예지(仁義禮智)'라고 설명한다.
[6] 전통 유학에서 말하는 '인심'이란 '사람들의 마음'을 뜻하기도 하고, '육체적 욕망을 추구하는 마음(도심과 대비되는 인심)'을 뜻하기도 한다. 여기에서의 '인심'은 인심도심설에서의 '인심'을 뜻하는 것이 아니라 '사람들의 마음'을 뜻한다.

지와 궤를 같이함을 알 수 있거니와, 그것을 간략히 정리하면 다음과 같다.

첫째, 주자나 루소는 인간성을 도덕적 본성과 육체적 본능의 두 측면에 설명하고, 도덕적 본성에서 공론 또는 일반의지의 성립 근거를 도출한 것이다. 이에 대해서는 더 이상의 설명이 불필요할 것이다.

둘째, 루소는 일반의지는 항상 올바르며 파괴될 수 없다고 했는데, 이는 주자가 공론은 항상 올바르며 인위적으로 조작될 수 없는 것이라고 본 것과 마찬가지라 하겠다. 이에 대해서도 더 이상의 논의가 불필요할 것이다.

셋째, 루소는 대중들은 일반의지를 잘 모를 수 있으므로 '현명한 입법자'가 필요하다고 했는데, 이 점은 주자가 공론의 주체로 '사림(士林)'을 설정한 것과 마찬가지라 할 수 있다. 루소는 다음과 같이 말한다.

> 인민은 항상 스스로가 자신의 행복을 원하기는 하지만, 스스로의 힘으로 그 행복이 무엇인지를 항상 알고 있는 것은 아니다. … 개인은 참된 행복을 보고도 그것을 배척하는 수가 있고, 공중은 행복을 바라지만 그것이 무엇인지를 잘 알지 못한다. 양쪽 모두를 지도해줄 필요가 있다. 개인들에게는 그들의 의지를 이성에 일치시키도록 강제해야 하고, 공중에게는 그들이 원하는 바가 무엇인지를 가르쳐주어야 한다. 그렇게 되면 공중은 계몽되어 정치체(政治體)에 있어서 그들의 이익이 무엇인지를 완전히 이해하게 되고, 따라서 각 부분의 정확한 협력이 이루어져 전체는 최대의 힘을 발휘할 수 있게 되는 것이다. 이 점이 바로 입법자가 필요한 이유이다 (루소, 1999: 56-57).

루소에 의하면, 입법 행위란 일반의지의 행사이며, 따라서 입법의 권한은 당연히 인민에게 있는 것이다. 그러나 인민은 무지하여, 무엇이 자기에게 참으로 이로운가를 잘 모른다는 것이다(루소, 1999: 55-56). 따라서 인민은 계몽될 필요가 있는데, 이것이 인민과 구별되는 별도의 입법자가 필요한 이유이다. 루소는 입법자에게 필요한 자질을 다음과 같이 말한다.

> 모든 국민에게 가장 적합한 사회 규칙을 발견하기 위해서는, 그런 경험이 조금도 없으면서 인간의 모든 욕정을 잘 알 수 있는 탁월한 지성을 가진 사람이 필요하다. 이 사람은 인간의 본성을 샅샅이 다 알고는 있지만 결코 그 본성에 따라 움직이지는 않으며, 그의 행복은 우리의 행복과는 전혀 관계가 없지만 우리의 행복을 위하여 기꺼이 전념하고, 끝으로 시간의 흐름 속에 먼 장래의 영광만을 바라보면서, 한 세기에서 노력한 결과가 다음 세기에 나타나더라도 그것을 기뻐할 줄 아는 사람이어야 한다. 요컨대 인간들에게 법률을 제정해주는 것은 신(神)과 같은 존재여야 한다(루소, 1999: 57).

입법자는 자신은 순수 지선하면서도 보통 사람의 이기적 욕망을 꿰뚫고 있어야 하며, 어떠한 보상이나 영광도 바라지 않는 헌신적인 사람, 즉 신과 같은 사람이어야 한다. 루소가 입법자의 자격을 이렇게 고상하게 설정한 것은 주자가 공론의 주체를 사람으로 설정한 것과 맥락을 같이한다. 주자도 모든 사람은 천리를 본성으로 담지하고 있으나 대중들은 천리를 잘 깨닫지 못하고 개인적 욕망에 의해 지배된다고 보아, 공론의 주체를 사람으로 설정했던 것이다. 여기서 유의할 것은, 루소도 입법자를 주권자로 설정한 것이 아니며, 주자도 공론의 형성에서 대중을 배제한 것이 아니라는 점이다. 루소는 다만 대중은 입법자에 의해 계몽될 필요가 있다고 본 것이며, 주자도 다만 대중은 사림에 의해 선도될 필요가 있다고 보았던 것이다.[7]

3) 정치체 운영의 근본 덕목

초기 계몽주의자들과 구별되는 루소의 또 다른 특징은 '따듯한 사랑'으로 '합리적 정의'를 보완하고자 했다는 점이다. 요컨대 초기의 계몽주의가 '머리의 지혜'를 강조하고 이를 관철시키려고 한 데 반하여, 루소는 '가슴의 온정'으로 지혜의 냉정함을 보완하고자 했다. 이러한 맥락에서 루소는 '지혜롭고 온정 있는 인간상', 즉 '가슴과 머리가 모두 건전한 인간상'을 모색하게 되었으며(브린튼, 1984: 386),

---

[7] 루소의 일반의지론과 주자의 공론론은 다음과 같은 차이점이 있기도 하다. 첫째, 루소의 일반의지는 경우에 따라 특정한 집단의 특수 의지로 제한될 가능성이 있으나, 유교의 공론은 그 범위가 시공간적으로 제한되지 않는다는 점이다. 루소는 "각 부분적 집단들의 의지는 그 구성원에 대해서는 일반의지가 되지만 국가에 대해서는 특수 의지가 된다"(루소, 1999: 44-45)고 한 바 있다. 이러한 논법에 따르면 충청도의 일반의지도 있고 경기도의 일반의지도 있는 것이며, 이들은 한국의 일반의지와 대립될 수 있는 것이다. 그러나 공론은 '천하지소동시자(天下之所同是者)'로 전제되어 있어, 애초에 특정 집단의 범위를 넘어서 있는 것이다. 이는 주자학에서 공론이라는 말 앞에 '천하(天下)'나 '만세(萬世)'라는 말을 붙여 '천하공론'·'만세공론'이라 하는 데서도 잘 알 수 있다. 둘째, 루소의 일반의지는 결국 '다수결'을 승인하고 있으나, 주자의 공론은 '천하지소동시자'라는 말에 함축되어 있듯이 '만장일치'를 지향하고 있다는 점이다. 물론 루소는 "의견이 만장일치에 가까우면 가까울수록 일반의지도 역시 우세한 것"(루소, 1999: 136)이라 하여 만장일치를 최상으로 여기고 있다. 그러나 만장일치가 불가능할 경우, 일반의지는 결국 다수결로 판명될 수밖에 없다는 것이다. 그런데 다수결로 일반의지를 판명할 경우, 루소가 일반의지를 전체의지(다수의지)와 구별한 본래의 취지가 퇴색되고, 결국 전체의지와 일반의지가 현실적으로 구분될 수 없게 된다는 문제점이 야기되는 것이다(이에 대한 보다 자세한 논의는 이상익, 2004: 380-384 참조).

루소의 이러한 입장은 흔히 사회주의의 효시로 간주되는 것이다.

초기의 계몽주의(공리주의적 자유주의)와 루소 사이의 이러한 노선의 차이는 당시의 현안이었던 '빈민 문제'에 대한 대책에서 단적으로 드러났다. 크레인 브린튼은 18세기 후반에 있었던 두 노선의 차이를 다음과 같이 대비적으로 설명한 바 있다. 우선 아래의 인용문은 '머리'에 입각한 공리주의자들의 입장을 설명한 것이다.

> 이들은 구제 대상자들에게 그들 자신의 가정을 주는 빈민 구제와 자선사업은 누구에게나 좋지 않은 일이며, 심지어 구제를 받는 사람에게도 좋지 않은 일이라는 것을 '증명'할 수 있었다. 맬더스가 1798년에 『인구론(Essay on the Principle of population)』을 출판했던 시기의 경제학자들의 논의는 사뭇 원숙하였다. 즉 가난한 사람의 형편이 나아질수록 아이들을 더 많이 낳게 되며, 그리하여 노동자들의 일거리가 더 적게 되고, 결국 그들 모두의 형편이 어렵게 된다는 것이었다. 공리주의자들은 이러한 생각을 받아들여, 구제를 받아야만 했던 가난한 사람들을 성별(性別)로 격리하여 아주 형편없는 빈민굴에 수용하는 작업장 제도를 영국에 세우는 데 조력하였다. 이 논리를 끝까지 따진다면, 만일 가난한 사람들이 살아갈 수 없으면 그들을 굶어죽게 내버려두는 것이 좋을 것이라는 데까지 나갈 수도 있을 것이다(브린튼, 1984: 411).

공리주의자들은 이성적 추론을 통해 '빈민을 구제하지 않는 것이 옳다'는 것을 '증명'했다는 것이다. 위의 인용문에서도 언급했듯이, 공리주의자들이 이러한 '증명'에 입각하여 빈민을 학대하는 데 일조했음은 잘 알려진 사실이다.[8] 한편, 아래의 인용문은 공리주의의 냉

혹함을 비판하는 루소의 입장을 설명한 것이다.

그들의 반대론자들은 대체로 다음과 같이 말했다. "우리는 당신네들의 추리의 연쇄 속에서 무엇이 잘못되었는지는 알 수 없소. 만일 무력한 사람들을 제거한다면, 그 민족 전체는 좋아질 것이오. 그러나 우리는 당신네들의 주장을 받아들일 수는 없소. 우리는 가난한 사람들이 불쌍하오. 우리는 당신네들이 잘못되었다고 느끼기 때문에 당신네들의 생각이 잘못되었다는 것을 알고 있소. 아마 가난한 사람들은 게으르고 일하는 것이 서툴고, 귀찮고, 무능하오. 그러나 …" 이러한 변호는 한정 없이 계속될 수 있었다. 심정을 가장 순수하게 내세우는 사람들이 이러한 변호를 할 때에도, 그 변호는 으레 다음과 같은 논리로 나아갔다. 즉 가난한 사람도 좋은 생활을 할 권리를 가지고 있으며, 그들이 현실적으로 가난한 것은 한 번도 기회를 가져본 적이 없기 때문이라는 환경주의자의 논법이 그것이다(브린튼, 1984: 411-412).

빈민들을 불쌍하다고 느낀 것은 우선 '가슴'이었던바, 이는 빈민들의 비참한 삶을 외면할 수 없다는 이유만으로 자유주의를 비판한 것이다. 자유주의를 비판하는 또 하나의 논거는 '머리'에서 나온 것이다. 빈민들의 불행은 빈민 자신들의 탓이기 전에 그들을 둘러싼 '사회적 환경'이 열악했기 때문이라는 논변이 그것이다. 이는 자유주의의 '자조(自助)의 원칙' 또는 '개인 책임 원칙'을 비판하는 논리

---

8) 벤담(Jeremy Bentham)에 의하면, 빈민에 대한 자선을 참다운 인자심(仁慈心)이라고 말하는 것은 언어를 남용한 것이다. 그러한 행위는 실제로는 빈민의 불행을 더욱 악화시킨다는 것이다. 벤담은 맨더빌의 '사악(私惡)이 바뀌어 공익(公益)이 된다'는 주장을 적극 옹호했다(브로노프스키·매즐리슈, 1983: 542).

이다. 『인간 불평등 기원론』에 잘 나타나 있듯이, 루소는 빈곤을 '개인의 문제'이기 전에 '사회의 구조적 문제'라고 인식했다.

크레인 브린튼이 말하는 '머리'와 '가슴'이란 각각 '이성'과 '동정심(양심)'을 비유하는 말이다. 일반적으로 이성은 정의의 원천이요, 동정심은 사랑의 원천으로 이해된다. 그러나 루소는 이성에 입각한 정의를 사실은 정의롭지 못한 것으로 보고, 참다운 정의는 이성과 동정심(양심) 모두에 기초해야 한다고 보았다. 루소에 의하면, 이성은 "무엇이건 자기에게 유리하게 만들며 선악에 대한 관념을 오로지 자신의 이익에 따라 조절하는"(루소, 2003: 452, 524) 역할을 하는 반면, 동정심은 자신의 이익과 관계없이 '따뜻한 우정과 인간애'를 낳는 것이다(루소, 2003: 515-517). 따라서 참다운 정의와 미덕은 궁극적으로 양심에 기초한다는 것이다(루소, 2003: 518). 이러한 맥락에서 루소가 말하는 정의는 사랑을 포함하는 개념이었다.

루소의 우려와 달리 이성을 공정하게 사용한다 하더라도, 자유주의자들이 말하는 '합리적 정의'는 분명 한계가 있는 것이었다. 첫째, 합리적 정의는 각 개인의 능력의 차이로 인한 불평등을 정당한 것으로 간주하는바, 이는 결국 부익부 빈익빈을 초래하는 것이다.[9] 둘째, 루소는 '합리적 정의'가 제시하는 격률은 "무엇이든지 남에게 대접을 받고자 하는 대로 너희도 남을 대접하라"(루소, 2010: 83)는 것이라고 설명한 바 있다. 이 격률에 따른다면, 어떤 경우에도 남의 도움을 받고 싶지 않은 사람은 어떤 경우에도 불쌍한 사람을 돕지 않을 수 있다. 이러한 맥락에서 자유주의의 합리적 정의는 사회적 약자들의

---

9) 예컨대 벽돌 공장에서 100장의 벽돌을 찍는 사람은 100원의 임금을 받는다면, 200장을 찍는 사람은 200원, 300장을 찍는 사람은 300원을 받는 것이 '합리적'일 것인바, 이러한 맥락에서 '합리적 정의'는 부익부 빈익빈의 양극화를 막을 수 없는 것이다.

생존권을 외면하는 것이기도 했다. 그리하여 루소는 정의란 무엇보다도 '인간에 대한 사랑'으로서 '공동의 행복'에 기여하는 것이어야 한다고 역설했다.

> 인간에 대한 사랑이란 우리 내부에 있는 정의에 대한 사랑에 다름 아니다. … 동정심이 약점으로 변질되는 것을 막기 위해, 그 동정심을 일반화하고 만인에게로 확대시켜야 한다. 그렇게 하면 사람들은 동정심이 정의와 일치를 이루는 한에서만 그 동정심에 몸을 맡긴다. 왜냐하면 모든 미덕 가운데 정의는 사람들의 공동의 행복에 가장 기여하기 때문이다(루소, 2003: 453).

일반적인 설명에 의하면, '정의'란 '각자에게 각자의 것을 돌려주는 것'이요, '사랑'이란 '내 것을 덜어 남에게 베푸는 것'이다. 그런데 루소는 정의 속에 사랑을 포함시키고, 이것이야말로 참다운 정의라고 보았던 것이다. 루소의 이러한 정의관은 '평등(平等)'에 대한 설명에 그대로 반영되고 있다. 루소는 다음과 같이 말한다.

> 평등에 대해서 말하자면, 이 말이 권력과 재산의 정도가 모든 사람에게 절대적으로 동등해야 한다는 것이라고 이해해서는 안 된다. 권력에 대해서는 그것이 폭력으로 될 만큼 강대해서는 안 되고 오직 지위와 법률에 따라서만 행사되는 것으로 이해해야 하며, 재산에 대해서는 그것이 어떠한 사람도 다른 사람을 살 수 있을 정도로 부유하지 않고 그 누구도 몸을 팔 정도로 빈곤하지도 않은 것으로 이해해야 한다(루소, 1999: 71-72).

위에 보이듯이, 루소는 빈부의 불평등을 인정하면서도, 사회적 약자도 최소한의 생존권을 보장받아야 한다는 점을 분명히 했다. 요컨대 루소는 '정의와 사랑의 합치'라는 관념을 '사회적 약자들의 생존권 보장'이라는 이념으로 구체화한 것이다.[10] 사회적 약자의 생존권을 보장하는 것은 국가의 중요한 책무 가운데 하나인바, 이로부터 사회주의적 복지의 관념이 연원하는 것이다.

이상에서 살핀 것처럼 루소는 정치체 운영의 근본 덕목으로 '정의와 사랑의 합치'를 추구했거니와, 루소의 이러한 입장은 주자의 경우와도 궤를 같이하는 것이다. 주지하듯이 유교에서는 '인정(仁政)'이라 하여 정치체 운영의 근본 덕목을 인(仁)으로 설정했다. 그런데 유교에서 말하는 인(仁)은 단순히 '사랑'을 뜻하는 것이 아니라, 그 속에 '정의[義]'를 포함하고 있다는 것이 주자의 설명이었다. 주자는 「인설(仁說)」에서 다음과 같이 말한다.

> 천지는 '만물을 낳는 것'으로 마음을 삼는다. 사람과 만물이 태어날 때도 또한 각각 이 천지의 마음을 얻어 자기의 마음으로 삼는 것이다. 그러므로 마음의 덕을 말하자면, 비록 마음이 모든 것을 갖추고 주재하나, 한마디로 갈음한다면 '인(仁)'일 뿐이라고 말하는 것이다. 청컨대 시험 삼아 자세히 말하겠다. 대개 천지의 마음은 그 덕이 넷이 있다. 원(元)·형(亨)·이(利)·정(貞)이 그것인데, 원이 형·이·정을 통섭한다. 천지의 마음이 운행하면 봄·여름·가을·겨울의 계절이 되는데, 만물을 소생시키는 봄의 기운이 여름·가을·겨울까지 관통한다. 그러므로 사람의 마음에도 그 덕이 넷이 있다. 인(仁)·의(義)·예(禮)·지(智)가 그것인

---

[10] '사회적 약자들의 생존권 보장'이란 이른바 '제2세대 인권론'에서 강조하는 '사회권'이나 '평등권'과 궤를 같이하는 것이다(이샤이, 2010: 44-45).

데, 인이 의·예·지를 포함한다. 사람의 마음이 발하면 애(愛)·공(恭)·의(宜)·별(別)의 감정이 되는데, 측은지심이 사양지심·수오지심·시비지심까지 관통한다. … 대개 인(仁)의 도(道)는 바로 천지가 만물을 낳는 마음으로서, 만물 가운데 갖추어져 있다. … 천지에 있어서는 '널리 만물을 낳는 마음'이요, 사람에게 있어서는 '따뜻하게 사람을 사랑하고 만물을 이롭게 하는 마음'으로서, 사덕(四德)을 포함하고 사단(四端)을 관통하는 것이다 (『朱子大全』卷67 頁25-26, 「仁說」).

유교에서는 우리가 추구해야 할 근본 덕목을 '인(仁)'이라는 하나의 개념으로 제시하기도 하고, '인·의·예·지'라는 네 개의 개념으로 제시하기도 하거니와, 주자에 의하면 인은 본래 의·예·지를 포괄하는 개념이라는 것이다. 그렇다면 마찬가지로 유학에서 말하는 인정(仁政)은 단순히 '사랑'만을 옹호하는 것이 아니라 '사랑과 정의'를 함께 추구하는 것이라 하겠다.[11] 유교에서 말하는 '인의(仁義)의 정치'란 둘로 요약할 수 있다.

첫째, 토지를 균등하게 분배하고, 기타 여러 공정한 제도를 구축하여 모든 백성이 골고루 그 혜택을 입도록 하는 것이다. 이는 공정한 제도 속에서 백성들이 각자 자신의 노력으로 생업을 도모하게 하는 것이요, 국가가 직접 의식주를 제공하는 것은 아니다. 공자는 '백성들에게 은혜를 베풀되 재물을 허비하지는 말라[惠而不費]'고 했는데, 이에 대해 주자는 다음과 같이 주석했다.

---

11) 주지하듯이 맹자는 '인정(仁政)'을 설파하면서 항상 '인(仁)과 의(義)'를 짝지어 말했거니와, 이를 상기하면 좋겠다.

창고에 있는 재물을 백성들에게 나누어 주는 것은 은혜롭기는 하지만 재물을 허비하는 것이다. 또한 어찌 사람마다 다 나누어 줄 수 있겠는가? 오직 네 계절의 조화와 들판과 습지의 이로움, 오방(五方)의 재물 등을 활용하여 재물을 풍성하게 하고 민생을 두텁게 함으로써 백성들로 하여금 배고프거나 춥지 않게 하는 것이니, 어찌 허비함이 있겠는가(『論語集註大全』堯曰 2, 朱子小註)?

백성에게 은혜를 베풀기 위해 창고의 재물을 직접 나누어주는 것은 그 혜택이 널리 미칠 수 없고, 결국 재물을 허비하는 것으로 그친다. 따라서 백성에 대한 시혜는, 계절에 따라 농사를 지을 수 있게 하고, 들판과 습지를 알맞게 활용할 수 있게 하며, 각지의 산물을 원활하게 유통시키는 등 제도적 장치를 마련하는 방법으로 이루어져야 한다는 것이다.

둘째, 백성들의 복지는 기본적으로 가족의 차원에서 해결하도록 하고, 환과고독(鰥寡孤獨)과 폐질자(廢疾者)에 대해서는 국가가 직접 복지를 제공하는 것이다(『禮記』「禮運」).[12] 맹자는 '문왕(文王)의 정치'에 대해 "농민들에게는 정전제(井田制)를 시행하고, 관리들에게는 대대로 녹을 주며, 관문(關門)과 시장(市場)은 살피기만 하고 세금을 매기지 않고, 연못에서 고기 잡는 것을 금하지 않고, 죄인을 처자에게까지 연루시키지 않았고, 환과고독을 먼저 보살폈다"고 소개했는데, 주자는 '환과고독'에 대해 다음과 같이 주석했다.

---

12) '환(鰥)'은 아내가 없는 늙은 남자, '과(寡)'는 남편이 없는 늙은 여자, '고(孤)'는 부모가 없는 어린이, '독(獨)'은 자식이 없는 늙은이, '폐(廢)'는 장애인, '질(疾)'은 병든 사람을 말한다.

선왕(先王)의 백성을 기르는 정치는 그 처자로 하여금 노인을 봉양하고 어린이를 돌보도록 교도하는 것이었다. 불행하게도 환과고독이 있어서 부모와 처자의 양육을 받지 못한다면 더욱 마땅히 가엽게 여겼던 것이니, 그러므로 반드시 이들을 먼저 보살폈던 것이다(『孟子集註』梁惠王下 5, 朱子註).

모든 농가에 토지를 균등하게 분배하고 기타 여러 공정한 제도적 장치를 구축한 다음, 백성들에게 인륜을 가르쳐서 노인을 봉양하고 어린이를 돌보도록 유도한다면, 복지 문제는 기본적으로 거의 해결되는 것이다. 다만 사방을 둘러보아도 친척이 없는 환과고독의 경우가 문제인바, 국가는 이들에 대해서만 직접 은혜를 베풀면 된다는 것이다.

오늘날의 일반적 관념으로 설명하면, 토지의 균등한 분배, 공정한 제도의 구축, 각자의 노력으로 생계를 해결함 등은 '정의'에 속하고, 환과고독에게 의식주를 제공함은 '사랑'에 속한다. 이렇게 본다면 전통 유교는 정의를 중심 덕목으로 삼고 사랑을 보조 덕목으로 삼은 것이다. 그런데 주자의 「인설」에 입각한다면, 균등 분배나 공정한 제도를 구축할 수 있는 계기는 '따듯하게 사람을 사랑하고 만물을 이롭게 하는 마음'에서 도출되는 것이다. 그리하여 전통 유교에서는 인(仁)과 의(義)를 함께 말하면서도 인(仁)을 보다 궁극적인 덕목으로 삼았던 것이다. 이러한 맥락에서, 공자·맹자의 취지나 그에 대한 주자의 해석은 루소의 경우와 대강을 같이하는 것이라 하겠다.

3. 루소와 주자의 차이점

1) 공동선의 실질적 내용: 인권/인륜

이상에서 살핀 것처럼, 루소와 주자는 정치철학의 대강에 있어서 실로 많은 점을 공유하고 있었다. 그러나 루소와 주자는 몇 가지 문제에 있어서는 방향을 달리했는바, 이제 그 차이점을 살펴보기로 하자.

우선 주목할 것은, 루소와 주자는 공동선의 구체적 내용을 달리 설명하고 있다는 점이다. 루소와 주자는 모두 바람직한 정치체의 목적을 공동선으로 규정했다. 그러나 그 공동선의 실질적 내용에 대해서는, 루소는 인권의 보장을 공동선으로 규정했고, 주자는 인륜의 실현을 공동선으로 규정한 것이다.

먼저 루소의 경우를 살펴보자. 루소는 일반의지는 공동선(공동의 이익)을 추구하는 것이라 전제하고, 일반의지에 입각한 사회계약론을 전개했다. 그런데 그 사회계약에 대해 루소는 다음과 같이 말한다.

> '구성원 전체의 공동의 힘으로 각자의 신체와 재산을 방어하고 보호하며, 각 개인은 전체에 결합되어 있지만 자기 자신에게밖에 복종하지 않고, 이전과 같이 자유로울 수 있는 하나의 결합 형태를 발견하는 것', 이것이 바로 사회계약이 해결해주는 근본 문제인 것이다(루소, 1999: 29).

인간이 사회계약 때문에 상실하는 것은 그의 자연적 자유, 그리고 그의 마음을 끌고 그가 얻을 수 있는 모든 것에 대한 무제한적인 권리이고, 반면 획득하는 것은 사회적 자유(시민으로서의 자유) 그리고 그가 갖고 있는 모든 것에 대한 소유권이다(루소, 1999: 35).

사회계약은 모든 시민 사이에 평등을 확립하는 것으로, 시민은 모두 같은 조건을 따르기로 약속하고 따라서 모두 같은 권리를 향유할 수 있다는 것이다. 이와 같이 사회계약의 성질상 주권의 모든 행위, 즉 일반의지의 모든 정당한 행위는 모든 시민에게 평등하게 의무를 부과하거나 혜택을 베푼다(루소, 1999: 48-49).

위의 세 인용문에 보이듯이, 루소의 사회계약은 '모든 시민이 모두 같은 조건을 따르기로 약속하고 따라서 모두 같은 권리를 향유하자'는 것으로서, 그 구체적 내용은 '자유권·소유권·평등권'을 보장하기 위한 것이었다. 요컨대 루소는 '모든 사람이 동등한 조건에서 자유권·소유권·평등권을 누리는 것'을 공동선이라고 규정한 것이다. 이것을 분석적으로 말하자면, 루소는 '자유권·소유권을 누리는 것'을 '선(善, 행복)'이라 규정하고, 이러한 권리들을 '모든 사람이 평등하게 누리는 것'을 '공동'이라 규정한 것이다. 이를 루소의 인간관과 결부시켜 말하면, 루소는 도덕적 본성과 육체적 본능이라는 두 측면에서 인간성을 해명했는데, 육체적 본능은 사회계약이 추구하는 선(행복)의 내용을 제시하고,[13] 도덕적 본성은 그것을 모든 사람

---

13) 루소는 "선과 악은 우리 모두에게 다 있지만 정도에 차이가 있다. 가장 행복한 사람은 고통을 가장 적게 맛보는 사람이며, 가장 불행한 사람은 쾌락을 가장 적게 느끼는 사람이다. … 우리의 불행은 우리의 욕구와 능력의 불균형 속에 존재한다. 능력이 욕구에 필적하는 감각적인 존재가 있다면, 그는 절대적으로 행복한 존재일 것이다. 그렇다면 인간의 지혜, 다르게 말하면 진정한 행복의 길은

이 평등하게 충족시켜야 한다는 원칙을 제시하는 것이다.

루소가 말하는 인간의 여러 권리란 결국 본능적 욕구를 충족시킬 수 있는 권리라는 점은 『인간 불평등 기원론』이나 『에밀』을 통해서도 확인할 수 있다. 『인간 불평등 기원론』에서는 "그의 욕망은 자신의 육체가 필요로 하는 것을 넘어서지 않는다. 먹을 것, 여자, 그리고 휴식은 그가 이 세상에서 유일하게 경험하는 행복이다"(루소, 2010: 66)라고 했다. 자연 상태의 인간은 음식물과 이성(異性) 그리고 휴식(안락)을 추구할 뿐이요, 이러한 욕구(필요)가 충족되면 행복을 느끼게 된다는 것이다. 한편, 『에밀』에서는 "인간의 마음에 자연적인 요구에 바탕을 두지 않는 한 자연의 모든 권리도 환영에 불과하다"(루소, 2003: 419)고 했다. 인간의 자연적 필요에 기초하지 않는다면, 모든 자연권은 단지 하나의 망상이라는 것이 루소의 지론이었다. 이렇게 본다면, 자유권·소유권·평등권 등 사회계약을 통해 얻게 되는 권리들이란 본질적으로 인간의 자연적 필요(본능적 욕구)를 충족시킬 수 있는 권리들이라는 점이 분명할 것이다(오수웅, 2010: 93).

이제 주자의 경우를 살펴보자. 주자는 전통 유학의 지론에 따라 정치체가 추구해야 할 궁극적 목표를 인륜으로 규정했다. 유학에서 말하는 '인륜'이란 모든 사람이 각자의 '도리' 또는 '본분(分)'을 다하

어디에 있는가? … 진정한 행복은, 능력에 비해 과도한 욕구를 줄이고 힘과 의지를 완전히 동등한 상태로 만드는 데 있다. 모든 힘이 활동 상태에 있지만, 마음은 평온하고 질서 정연한 자신을 발견하게 되는 것은 바로 그 상태일 때뿐이다"라고 했다(루소, 2003: 138-139). 루소가 '진정한 행복'을 '욕구의 절제를 통해 마음의 평온을 누림'으로 규정했다 하더라도, 그 행복의 본질적 요소는 '감각적 쾌락'에 있다고 본 것이다. 루소는 '능력이 충분하여 욕구를 완전히 충족함'을 '절대적 행복'으로 규정했거니와, 루소가 '과도한 욕구를 줄이라'고 한 것은 '능력과 욕구의 불일치로 인한 불행'을 막고자 한 것일 뿐 '남을 배려하라'는 맥락은 아니었다. 이렇게 볼 때, 루소의 행복관은 기본적으로 '쾌락주의적 행복관'이라 하겠다.

는 것을 뜻한다. 유교에서는 정치체를 '분업과 협동의 체계'로 이해한다. 그 구성원들이 각자 맡은 역할을 다하면서 서로 협동할 때 바람직한 사회가 이루어진다는 것이다. 예컨대 통치자는 통치자의 본분을 다하고, 군인은 군인의 본분을 다하며, 부모는 부모의 본분을 다하고, 자식은 자식의 본분을 다하는 것 등이 각자 인륜을 실현하는 길이다. 전통 유학에서는 인륜을 실천하는 삶이야말로 '사람다운 삶'이라고 보고, 인륜의 핵심 조목을 '오륜(五倫)'으로 제시했다. 이러한 맥락에서, 유학에서 추구하는 선이란 궁극적으로 인륜의 실현이었던 것이다.

『대학』에서는 정치의 궁극적 목적을 '지어지선(止於至善, 지극한 선에 머묾)'으로 제시했거니와, 이에 대해 주자는 다음과 같이 해설한 바 있다.

> 하늘이 뭇 백성을 내심에, 사물이 있으면 법칙이 있다. 따라서 만물(萬物)과 서사(庶事)에는 모두 각각 '마땅히 머물러야 할 곳'이 있는 것이다. 다만 처한 지위가 다르면 '머물러야 할 선'도 다른 것이다. 그러므로 남의 군주가 되면 그 마땅히 머물러야 할 곳이 인(仁)에 있고, 남의 신하가 되면 그 마땅히 머물러야 할 곳이 경(敬)에 있으며, 남의 자식이 되면 그 마땅히 머물러야 할 곳이 효(孝)에 있고, 남의 부모가 되면 그 마땅히 머물러야 할 곳이 자(慈)에 있으며, 국인(國人)들과 사귈 때에는 그 마땅히 머물러야 할 곳이 신(信)에 있는 것이다. 이것은 모두 천리와 인륜의 극치요, 우리 마음의 그만둘 수 없는 것에서 나온 것이다. 문왕이 천하에 모범이 되고 후세에 전해질 수 있었던 까닭 또한 여기에 있으니, 조금도 덧보탤 것이 없다. 다만 중인(衆人)은 기품(氣稟)과 물욕(物欲)으로 인해 어둡게 되어, 늘 거경(居敬)할

수 없기에 그 머무를 곳을 잃는 것이다(『朱子大全』卷15 頁15,「經筵講義」).

위에서 말하는 '마땅히 머물러야 할 곳'이나 '머물러야 할 선' 등은 '각자의 본분'을 뜻한다. 주자는 군주는 인에 머무르고, 신하는 경에 머무르며, 자식은 효에 머무르고, 부모는 자에 머무르며, 국인들과 사귈 때에는 신에 머무르는 것 등이 '천리와 인륜의 극치'로서, 이는 모두 '우리 마음의 그만둘 수 없는 것'에서 나온 것이라고 설명했다.

'우리 마음의 그만둘 수 없는 것'이란 그것이 '인간의 본성에서 자연스럽게 우러난 것'이므로, 인위적으로 억제할 수 없다는 뜻이다. 요컨대 인륜적 삶이란 인간의 도덕적 본성을 자연스럽게 발휘하는 삶이다. 그런데 보통 사람들은 기품과 물욕으로 인해 타고난 본성을 제대로 실현하기 어려운바, 주자는 이것을 치유하는 것이야말로 정치의 본질적 과제라고 보았다. 주자는 「대학장구서(大學章句序)」에서 다음과 같이 말한다.

대개 하늘이 백성을 내실 때 이미 모두에게 인의예지의 본성을 부여하셨다. 그러나 그 타고난 기질이 간혹 일정하지 않기 때문에, 모두가 본성이 지니고 있는 바를 알아서 완전하게 실현할 수는 없었다. 그 사이에 하나라도 총명예지(聰明睿智)하여 그 본성을 다 실현할 수 있는 사람이 나오면, 하늘이 반드시 그를 억조(億兆)의 군사(君師)로 명하여, 그로 하여금 백성을 다스리고 가르쳐서 그 본성을 회복하게 했던 것이다.

이상의 내용을 통해 알 수 있듯이, 주자는 전통 유학의 지론에 따라 정치체의 목적 즉 공동선의 내용을 인륜의 실현으로 규정했던 것이다. 주자가 공동선의 내용을 '인륜의 실현'으로 규정한다고 하여 루소가 말하는 '본능적 욕구의 충족'을 외면했던 것은 아니다. 전통 유학의 지론은, 먼저 백성들의 의식주를 보장하고, 그다음엔 인륜을 가르쳐서 사람다운 사람이 될 수 있도록 하라는 것이었던바, 주자도 이러한 지론을 그대로 계승하는 것이다(이상익, 2007: 205-213).

유학에 의하면, 본능적 욕망의 충족은 사람다운 삶의 필요조건이기는 해도 결코 충분조건일 수는 없다. 인간도 육체를 지닌 동물이므로, 생존하기 위해서는 육체적 본능을 충족시켜야 함은 물론이다. 또 '의식이 풍족해야 예의를 알 수 있다'고 했듯이, 유학에서도 본능적 욕구가 충족되어야 비로소 사람다움을 발휘할 수 있다고 보았고, 따라서 현실 정치의 우선적 과제는 인륜의 교육이 아니라 민생의 안정에 있다고 보았다. 그러나 사람다운 삶의 궁극적 근거는 인륜에 있다는 것, 그러므로 민생을 안정시킨 다음에는 반드시 인륜을 교육해야 한다는 것이 유학의 지론이었다. 예컨대 맹자는 다음과 같이 말한다.

> 현명한 군주는 백성의 생업을 다스리되, 반드시 위로는 부모를 섬기기에 충분하고 아래로는 처자를 기르기에 충분하게 하여, 풍년에는 종신토록 배부르고 흉년에는 사망을 면할 수 있게 했다. 그런 다음에 선으로 향하도록 이끌었으니, 그러므로 백성들이 따르기가 쉬웠던 것이다(『孟子』梁惠王上 7).

위에 보이듯이, 맹자는 기본적인 의식주의 문제가 해결되지 않으면 '인륜을 실현하기 어렵다'고 보았다. 맹자는 인륜을 '사람다움의 궁극적 근거'로 보았거니와, 그럼에도 불구하고 기본적인 의식주의 해결은 인륜의 실현보다도 더 시급한 일이라는 것이 맹자의 지론이었다. 인간의 생존에 긴요한 의식주의 문제를 이토록 중시했다는 점에서, 맹자는 이미 오늘날 인권론자들의 문제의식을 충분히 유의하고 있었던 것이다.

그러나 인간다운 삶은 결코 의식주의 차원에 국한된 문제가 아니라는 것이 또한 맹자의 지론이었다. 맹자는 "사람에게는 도(道)가 있거니와, 배불리 먹고 따뜻하게 입으며 편안히 살되 가르침이 없다면 곧 금수에 가깝게 된다. 성인이 이를 근심하시어, 설(契)을 사도(司徒)로 삼아 인륜을 가르치게 하셨다"(『孟子』滕文公上 4)고 했다. 의식주 충족이라는 본능의 차원에서는 사람과 금수가 다르지 않으므로, 오직 '인륜'만이 사람과 금수를 구별해주는 준거가 된다는 것이다. 요컨대 맹자는 의식주의 우선적 중요성을 충분히 인정하면서도, 사람다운 삶은 결국 인륜에 있다고 보았던 것이다. 주자 역시 유학의 이러한 지론을 충실히 따르고 있음은 물론이다.

2) 정치적 정당성의 궁극적 근거: 양심/천리

앞에서 살펴보았듯이, 루소는 바람직한 정치체의 토대를 일반의지에 입각한 사회계약에서 찾았다. 그런데 루소의 일반의지는 바로 '양심'으로부터 도출되는 의지인바,[14] 그렇다면 루소는 정치적 정당성의 궁극적 근거를 양심으로 설정한 것이라 하겠다.

루소는 양심을 '자연에 의해 내 마음속 깊은 곳에 지울 수 없는 글자로 새겨져 있는 그것'·'영혼의 목소리'·'영원한 하늘의 목소리' 등

---

14) 김용민은 루소의 '양심'은 '인간의 존재를 확장시키고 공동 존재감을 생성시킴으로써 개체성의 한계를 극복하게 하는 것'이라고 설명하고, '공동선의 추구'와 '일반의지'를 모두 '양심의 작용'으로 설명한 바 있다(김용민, 2004: 271-272, 301).

으로 규정하고, 이성은 너무도 자주 우리를 속이므로, 양심이야말로 '인간의 진정한 안내자'라고 역설했다(루소, 2003: 513). 초기의 계몽주의자들이 이성을 강조한 것과 달리, 루소는 이성의 한계를 누차 비판하고, 이성은 양심에 의해 보완되어야 한다고 설파했다. 다음의 인용문에 보이듯이, 루소는 과도하다고 여겨질 정도로 양심을 예찬한다.

> 양심, 양심이여! 신성한 본능이며, 영원한 하늘의 목소리여. 무지하고 한정되어 있지만 지성을 가지고 있으며 자유로운 존재의 확실한 안내자여. 인간으로 하여금 신(神)을 닮게 해주며, 선과 악에 대해 전혀 오판이 없는 심판자여. 인간의 본성을 뛰어나게 만들고 인간의 행동을 도덕적으로 만드는 것은 바로 그대로다. 그대가 없으면 나는 나 자신에게서, 규칙이 없는 오성과 원칙이 없는 이성에 의해 오류에 오류를 거듭하며 방황하는 슬픈 특권 외에 짐승보다 나은 것을 아무것도 느끼지 못할 것이다 (루소, 2003: 522).

> 나는 내가 하고자 하는 것에 대해 나 자신에게 상의하기만 하면 된다네. 내가 좋다고 느끼는 것은 모두 좋으며, 내가 나쁘다고 느끼는 것은 모두 나쁘지. 모든 결의론자 중 최고의 결의론자는 양심이지. 그리고 사람들이 번쇄한 추론을 사용하는 것은 그들의 양심을 매수하려고 할 때뿐일세(루소, 2003: 513).

루소가 이처럼 양심을 예찬하면서 정치적 정당성의 궁극적 근거를 양심에 둔 것과는 달리, 주자는 정치적 정당성의 궁극적 근거를 '천리(天理)'로 설정했다. 앞에서 살폈듯이, 주자의 공론론은 루소의 일반의지론과 여러 측면에서 궤를 같이한다. 그런데 루소는 일반의지의 정당성의 원천을 양심에서 찾았으나, 주자는 공론의 정당성의 원천을 천리에서 찾은 것이다.

주자는 공론을 '천리에 따르고, 인심에 부합하여, 천하의 사람들이 모두 함께 옳게 여기는 것'이라고 정의했다. 여기에서 '천리에 따름'은 규범적 정당성을 보장하는 요소이고, '인심에 부합함'은 그에 대한 만인의 자발적 복종을 유도하는 요소이다. 어떠한 결정이 객관적으로도 정당하고 자신의 주관적 의지와도 합치된다고 여겨질 때, 사람들은 흔쾌히 그에 복종하게 되는바, 주자는 그것이 바로 공론이라고 본 것이다.

이처럼 주자의 공론론에서는 '천리에 따름'과 '인심에 부합함'이 동시에 강조되나, 규범적 정당성을 담보하는 궁극적 요소는 '천리에 따름'에 있는 것이다. 주자는 '사람의 마음이나 감정'에 대해서는 그 '동기의 순수성'을 충분히 인정한다 하더라도 그것이 곧 '정당성'을 확보하는 것은 아니라고 보았다. 다시 말해서 우리의 '주관적 선의지'만으로 '정당성'이 확보되는 것이 아니라는 뜻이다. 주자는 다음과 같이 말한 바 있다.

> 만약 천리가 밝혀지지 않아 준칙으로 삼을 바가 없는데 자질구레하게 오직 '본래의 의도를 탐구하는 것'에 힘쓴다면, 이것은 '정(情)에 따라 법을 폐기하고, 악을 풀어줌으로써 간사(奸邪)를 열어주는 것'이 아니겠는가? 양주(楊朱)는 의(義)를 배운 사람인데 위아(爲我)에 치우쳤고, 묵적(墨翟)은 인(仁)을 배운 사람인데 겸애(兼愛)로 흘렀으니, 본래 그들이 마음먹은 것에는 어찌 간사가 있었겠는가? 모두 선으로 여겨 그렇게 했던 것인데, 다만 본원에 있어서 털끝 만한 오차가 조금 있었던 것이다. 그리하여

맹자는 그 화를 미루어 '무부(無父)·무군(無君)으로서 금수에 빠지는 것'이라 말씀하시고, 조금도 용납하지 않고 비판하여 물리치신 것이다(『朱子大全』 卷30 頁13, 「答汪尙書」).

주자에 의하면, 양주는 의를 배운 사람이요 묵적은 인을 배운 사람으로서, 그들이 위아나 겸애를 주창한 본래 의도에는 간사가 없었다. 그러나 그들은 천리를 준칙으로 삼지 않았기 때문에 그들의 선의지는 결국 '무부·무군'으로 전락하게 되었다는 것이다. 그리하여 주자는 '주관적인 선의지'만으로는 불가하다고 보고, 반드시 '객관적 천리'를 준칙으로 삼아야 한다고 강조하는 것이다. 이렇게 본다면, 주자는 루소의 양심에 대한 예찬을 결코 수긍하지 않을 것이다.

사실 루소가 예찬한 것과는 달리, 양심은 우리의 일상에서 종종 문제를 일으킨다. 나의 양심적 판단과 남의 양심적 판단이 종종 갈등을 일으키는 것이다. 예컨대 '양심적 병역거부'의 문제를 생각해 보자. 루소는 "나는 내가 하고자 하는 것에 대해 나 자신에게 상의하기만 하면 된다네. 내가 좋다고 느끼는 것은 모두 좋으며, 내가 나쁘다고 느끼는 것은 모두 나쁘지"라고 했거니와, 양심적 병역거부를 옹호하는 사람들은 바로 이러한 입장에서 병역을 거부하는 것이다. 문제는 그의 양심적 판단이 다른 사람의 양심적 판단과 일치하지 않는다는 점이다. 이렇게 본다면 우리의 양심은 그것이 아무리 숭고한 것이라 하더라도, 정치적 정당성의 궁극적 근거로 삼기에는 적절하지 못한 점이 있는 것이다.

4. 루소의 후학들에게 남겨진 과제

　루소와 주자는 정치철학의 기본 구도에 있어서 실로 많은 점을 공유하고 있다. 루소와 주자는 모두 도덕적 본성과 육체적 본능의 두 측면에서 인간성을 해명하고, 본능에 대한 본성의 우위를 확립하는 것을 정치철학의 출발점으로 삼았다. 루소는 육체적 본능에서 도출된 의지를 사익을 추구하는 특수 의지로, 도덕적 본성에서 도출된 의지를 공동선을 추구하는 일반의지로 규정하고, 바람직한 정치체의 토대를 일반의지에서 찾았다. 루소의 이러한 구도는 주자의 인심도심론 및 공론론과 궤를 같이한다. 또한 정치체 운영의 근본 덕목을 사랑이나 정의 어느 하나에서 찾지 않고, 사랑과 정의가 합치되는 지점에서 찾았다는 점에서도 루소와 주자는 궤를 같이한다.
　이 글에서 자세히 논하지는 않았지만, 루소가 당시의 문명상을 비판한 것도 주자의 존왕천패론(尊王賤覇論)과 궤를 같이하는 것이다. 당시의 계몽주의적 문명은 본능적 욕구의 충족에만 치우친 것으로서, 인간의 도덕적 본성(자연)을 거역하는 것이었기에, 루소는 학문과 예술의 발달이 오히려 인간을 타락시키는 결과를 낳았다고 비판하고, '자연으로 돌아가라'고 외친 것이다. 그런데 유학에서도 본능적 욕구의 충족만을 추구하는 것을 패도라 규정하고, 도덕적 본성의 실현을 추구하는 것을 왕도라 규정하여, '패도를 천시하고 왕도를 드높인다'는 입장을 취했던 것이다.
　그러나 루소와 주자는 핵심적인 두 문제에 있어서 입장을 달리했다. 정치체가 추구해야 할 공동선의 실질적 내용에 대해 루소는 인권을 강조하고 주자는 인륜을 강조했으며, 정치적 정당성의 궁극적 근거에 대해 루소는 양심을 내세웠고 주자는 천리를 내세웠다. 루소와 주자의 이러한 차이점은 루소에 대한 주자학적 비판의 단초가 될 수 있다. 그것을 간단히 정리하면 다음과 같다.

첫째, 루소의 인권론은 '사람다운 삶'을 제대로 뒷받침하기 힘들다는 것이다. 루소의 인권론은 '의식주 또는 식색(食色)에 대한 권리를 모두가 평등하게 누려야 한다'는 것이었다. 그러나 주자학적 관점에서 보자면, 이는 사람다운 삶의 필요조건일 수는 있어도 충분조건일 수는 없는 것이다.[15] 맹자는 "사람에게는 도(道)가 있거니와, 배불리 먹고 따뜻하게 입으며 편안히 살되 가르침이 없다면 곧 금수에 가깝게 된다. 성인이 이를 근심하시어, 설(契)을 사도로 삼아 인륜을 가르치게 하셨다"고 했거니와, 주자 역시 의식주의 충족만으로는 사람과 금수의 다른 점을 해명할 수 없다고 보고, 인륜을 사람다움의 궁극적 근거로 설정했던 것이다.

둘째, 루소의 양심론은 '가치판단의 궁극적 근거'를 제대로 해명할 수 없다는 것이다. 루소는 양심을 '자유로운 존재의 확실한 안내자'요, '선과 악에 대해 전혀 오판이 없는 심판자'라고 예찬했다. 그러나 '양심의 자유'라는 말이 있는 한, 양심이 '자유로운 존재의 안내자'일 수는 있어도 '선과 악에 대해 전혀 오판이 없는 심판자'일 수는 없는 것이다. 정치의 영역에서는 나의 양심적 판단과 남의 양심적 판단이 일치하지 않는 경우가 너무 많기 때문이다. 이러한 맥락에서

---

15) 서구의 근대는 '정(政)·교(敎) 분리의 원칙'에 입각한 사회였다. 이러한 맥락에서는 루소도 '개인의 영혼을 다스리는 일(soul-craft)'은 종교(宗敎)에 맡기고, '공동선(共同善)을 실현하는 일(국가를 다스리는 일, state-craft)'만 정치(政治)의 영역으로 규정한 것이라고 볼 수 있다. 요컨대 루소는 영혼을 잘 다스려 인간의 존엄성을 실현하는 일을 '종교의 영역' 또는 '개인의 자유의 영역'에 맡긴 것이므로, 루소가 인간의 존엄성 문제를 간과한 것은 아니라는 것이다. 그렇다면 루소의 정치철학에서는 인간의 존엄성을 실현하는 문제가 소외되었음이 더욱 분명한 것이다. 한편, 루소가 인간의 존엄성을 실현하는 문제를 종교나 자유의 영역에 맡겼다 하더라도, 루소의 '쾌락주의적 행복관'으로 볼 때 루소에게 있어서 인간의 존엄성을 실현하는 인륜적 삶은 별로 중시되지 않았던 것 같다.

주자는 양심의 한계를 직시하고, 우리의 가치판단은 궁극적으로 천리에 근거해야 한다고 역설했던 것이다.[16]

루소는 '합리적 정의'를 추구한 초기 계몽주의의 한계를 직시하고, 인간의 도덕적 본성에서 우러나는 동정심(양심)을 부각시킴으로써 그 한계를 극복하고자 했다. 그러나 루소의 인권론이나 양심론이 위에서 제기한 문제점들을 지니고 있는 것이 사실이라면, 루소의 정치철학 역시 비판적으로 극복되어야 할 것이다.

참고 문헌

『朱子大全』(完營藏板本, 1771).
『朱子語類』(中華書局本, 1983).
『經書(四書集註大全)』(1980).
김용민, 2004, 『루소의 정치철학』, 고양: 인간사랑.
나종석, 2007, 『차이와 연대: 현대 세계와 헤겔의 사회·정치철학』, 서울: 길.
루소, 1999, 『사회계약론(外)』, 이태일(外) 옮김, 서울: 범우사.
루소, 장 자크, 2003, 『에밀』, 김중현 옮김, 파주: 한길사.
루소, 장 자크, 2010, 『인간 불평등 기원론』, 김중현 옮김, 파주: 펭귄클래식 코

---

[16] 헤겔은 "양심은 결국 자기 마음에 내키는 임의의 내용을 자기의 지(知)와 의지(意志)의 터전 속에 자리 잡게 한다"고 지적한 바 있다. 이러한 맥락에서 헤겔은 "양심이 과연 도덕적으로 선(善)한 것인지 악(惡)한 것인지 알 수 없다"고도 했고, "양심을 악한 것으로 받아들이지 않을 수 없게 된다"고도 했다(헤겔, 1988: 763, 781-782, 787). 양심을 보다 엄밀하게 이해하기 위해, 헤겔은 양심을 '형식적 양심'과 '참다운 양심'으로 구분했다. 헤겔은 '형식적 양심'은 '주관적 확신'에 불과하기 때문에 테러리즘으로 연결될 수 있다고 비판하고, '객관적으로 참다운 내용'과 결합된 양심만이 '참다운 양심'이라 했다(나종석, 2007: 178-180, 230-250).

리아.

브로노프스키·매즐리슈, 1988, 『西洋의 知的 傳統』, 차하순 옮김, 서울: 홍성사.

브린튼, 크레인, 1984, 『西洋思想의 歷史』, 崔明官·朴恩駒 옮김, 서울: 을유문화사.

스트라우스, 레오·크랍시, 조셉 편, 2007, 『서양정치철학사 2』, 이동수 외 옮김, 고양: 인간사랑.

오수웅, 2010, 「현대의 인권연구경향 비판과 대안의 모색」, 『정치사상연구』 제16집 2호, 한국정치사상학회.

이상익, 2004, 『유교전통과 자유민주주의』, 서울: 심산.

이상익, 2007, 『朱子學의 길』, 서울: 심산.

이샤이, 미셸린, 2010, 『세계인권사상사』, 조효제 옮김, 서울: 길.

헤겔, G. W. F., 1988, 『정신현상학 Ⅱ』, 임석진 옮김, 서울: 지식산업사.

11장 루소, 스피노자, 그리고 시민 종교의 문제

공진성

1. 루소와 스피노자, 그리고 시민 종교

스피노자(Benedictus de Spinoza, 1632-1677)가 네덜란드 헤이그에서 죽고 35년이 지난 후인 1712년에 스위스 제네바에서 장자크 루소(Jean-Jacques Rousseau, 1712-1778)가 태어났다. 약 100년의 차이를 두고 유럽에서 활동한 두 사람은, 비록 각자 태어나서 활동한 나라가 다르고 사용한 언어가 달라서 직접적인 관계가 비교적 적지만, 동시대인으로서, 그리고 그 시대를 뛰어넘는 탁월한 지적 고민을 펼친 사상가로서 공통의 정치적·철학적 관심을 가지고 있었다. 두 사람의 지적 관계에 대한 연구는, 한국에서는 지금까지 거의 이루어진 바가 없고, 유럽과 아메리카에서도 그리 많이 이루어지지 않았다.[1]

---

[1] 에크슈타인(Eckstein, 1944)과 발터(Walther, 1996)의 연구를 드문 사례로서 언급할 수 있다.

두 사람 모두 '계약'이라는 개념을 이용해 자신의 정치 이론을 전개하지만, 이른바 '사회계약론'과 관련해 루소는 앞선 시대의 걸출한 두 영국인 홉스나 로크와 비교되었지 스피노자와 비교되지 않았으며, 스피노자 역시 동시대인 홉스와 비교되었지 루소와 비교되지 않았다.[2] 두 사람에 대한 비교 연구가 상대적으로 부족한 것은 일차적으로 두 사람의 직접적 연관성을 보여주는 증거들이 많지 않기 때문일 것이다. 그러나 두 사람의 지적 연관성에 대한 부족한 증거와 연구 속에서도 두 사람을 연결시키며 자주 언급되는 한 가지 개념이 있다. 그것은 바로 '시민 종교'이다.

'시민 종교'란 정치가 자기 목적을 위해 전유한 종교를 뜻한다. 그 관념이야 오랜 역사를 가지고 있지만, '시민 종교'라는 표현이 처음 사용된 것은 루소의 『사회계약론』(1762)에서이다. 캐나다의 정치학자 바이너는 이 '시민 종교' 관념이 루소의 저작 전체의 독특한 정치적 사유 세계뿐만 아니라, 서양의 근대 정치철학 전통 속의 모든 주요 인물의 독특한 사유 세계도 우리에게 열어 보일 수 있는 중요한 관념이라고 주장한다(Beiner, 2011: 11). 이 관념을 통해 우리가 마키아벨리 이후의 서양 정치사상사를, 그리고 그 속의 주요 인물들의 독특한 사유 세계를 새롭게 이해할 수 있다는 것이다. '시민 종교' 개념은 과거의 사상가들의 사유 세계를 이해하는 데에만 소용되지 않고, 현실의 정치와 종교를 분석하는 데에도 이용된다. 현대적으로 이 개념이 다시 주목받게 된 것은 미국의 종교사회학자 벨라를 통해서였다. 그는 미국에서 기독교가, 미국인들을 유대교도나 기독교도로 만

---

[2] 홉스, 로크, 루소의 사회계약론에 대한 비교 연구는 지금까지 많이 이루어졌으며 최근까지도 이어지고 있다. 최근의 연구 가운데에는 강정인·조긍호(2012)를 언급할 수 있다. 홉스와 스피노자의 계약론을 비교한 연구에는 기유정(2000)과 진태원(2004)이 있다.

들지 않으면서도, 일종의 '시민 종교'로서 국민을 상징적으로 통합하는 기능을 수행한다고 주장했다(Bellah, 1967: 1-21). 동일한 문제의식 속에서 최근에는 퍼트남과 캠벨이 미국에서 종교가 정치적 분열과 통합에 어떤 작용을 하고 있는지를 분석했다(퍼트남·캠벨, 2013).[3] 이처럼 '시민 종교' 관념과 개념은 서양의 근대 정치사상사를 이해하는 데에도, 그리고 종교와 얽혀 있는 현대의 정치 문제들을 파악하고 해결하는 데에도 매우 중요하지만, 그에 대한 연구는 아직 많이 부족하다.[4]

이 글은 두 가지 문제의식에서 출발한다. 하나는 서양의 근대 정치사상사와 현대의 정치-종교 관계 이해에 매우 중요한 '시민 종교' 관념에 대한 연구의 필요성이고, 다른 하나는 '시민 종교'라는 용어를 처음으로 사용한 루소와 — 그런 루소의 '시민 종교' 관념이 일정 부분 빚지고 있다고 여러 사람에 의해 지적되는 — 스피노자의 관계에 대한 연구의 필요성이다. 스피노자와 루소의 윤리적 자유 관념을 비교한 에크슈타인은, 비록 그들의 종교관과 형이상학이 서로 다르지만, '시민 종교'와 관련해 두 사람의 생각에 친화성이 있다고 주장한다. 스피노자가 『신학정치론』(1670) 14장에서 제시하는 '보편적 신앙의 교리들(dogmata fidei universalis)'이 루소가 『사회계약론』 제4부 8장에서 제시하는 시민 종교의 교리와 유사하다는 것이다(Eckstein, 1944: 290, n. 144). 이는 『신학정치론』의 영역자 가운데 한 사람인 원

---

[3] 여기에서 주의해야 할 것은 현대의 '시민 종교' 개념이 루소의 '시민 종교' 개념과 다르다는 사실이다. 두 경우에 모두 시민 종교는 시민의 사회 정치적 통합의 조건이지만, 루소의 경우에 그것은 국가가 직접 만들어야 하는 것이고 현대의 학자들의 경우에 그것은 국가가 만들거나 재생산할 수 있는 것이 아니라는 점에서 서로 다르다(Kersting, 2002: 198).

[4] 한국의 시민 종교에 관한 연구로서는 차성환(2000)이 거의 유일하다.

햄 역시 지적하는 바이다. 그는 '시민 종교'에 관한 스피노자의 이런 생각이 루소에게 영향을 주었으리라 추측한다(Spinoza, 1958: 119, n. 2). 스피노자 전문가인 독일의 법학자 발터는 더 나아가서 스피노자 의 『신학정치론』을 이해의 배경으로 삼을 때에야 비로소 시민 종교 에 관해 얘기하고 있는 루소의 『사회계약론』 제4부 8장의 구조가 온전히 파악될 수 있다고 주장한다(Walther, 1996: 49, n. 26).

이 글의 목적은 시민 종교에 관한 루소와 스피노자의 생각을 분석함으로써 종교개혁 이후에 형성된 유럽의 근대 국민국가 체계가 어떤 정치-종교적 문제를 안고 있었는지, 그리고 그 문제를 해결하기 위해 두 사상가가 어떤 정치 이론적 고민을 했는지를 밝히는 것이다. 이를 위해 이하에서는 먼저 시민 종교에 관한 루소의 생각을 살펴보고, 다음으로 그가 고민한 문제가 무엇이었는지를 추론해보려고 한다. 그리고 마지막으로 그 문제에 대한 스피노자의 생각을 알아보려고 한다. 이를 통해 정치와 종교의 관계에 대한 두 사상가의 공통된 고민, 다른 고민의 맥락, 그리고 해결 전략의 차이를 드러내 보이고자 한다. 이 과정에서 간접적으로, 19세기를 거치며 전 세계에 확산된 근대 국민국가 체계가 여전히 두 사상가가 이론적·실천적으로 씨름했던 그 문제를 변형된 형태로 안고 있으며, 이 문제의 해결에 시민 종교 관념이, 물론 한계를 지니고 있지만, 여전히 유용할 수 있음이 드러나기를 기대한다.

2. 루소의 시민 종교 사상

시민 종교에 관한 루소의 생각은 『사회계약론』 제4부 8장에 기록되어 있다. 이 장은 마지막 결론 직전에 다소 뜬금없이 등장한다.

그래서 어떤 이들은 이 생각이 사회계약에 관한 루소의 생각에 다만 주변적이거나 일종의 부록처럼 첨가된 것이라고, 또는 애초에 제2부 7장 입법자에 관한 내용에서 이어지는 것으로서 작성되었던 것이라고 추측하기도 한다. 이런 추측을 뒷받침해주는 정황은 다음과 같다. 『제네바 수고』라고도 불리는 『사회계약론』의 초고를 보면, 시민 종교에 관한 얘기가 시작되기 전까지의 부분은 깨끗하게 정서되어 있는데, 시민 종교에 관한 장은 원고의 뒷면에, 더 정확히는 입법자에 관한 장의 뒷면에, 게다가 알아보기 어렵게 휘갈겨 써 있다는 것이다(Rousseau, 1978: 208, n. 41).[5] 루소의 『정치저작선집』을 편집한 본(C. E. Vaughan)은 이 장을 루소가 초고를 완성한 후에 급하게 덧붙였으며, 최종본과의 차이를 고려할 때 출판 전에 상당히 수정했음을 알 수 있지만, 루소가 처음의 흥분된 영감의 흔적 아래에서 작업했음을 알 수 있다고 해설한다(Rousseau, 1915: I, 87). 아무튼 시민 종교에 관한 장이 내용적으로나 기록 과정상으로 볼 때에 『사회계약론』에서 매우 독특한 부분임에는 틀림이 없는 듯하다.

시민 종교를 다루고 있는 『사회계약론』 제4부의 8장은 모두 서른다섯 개의 절로 이루어져 있다. 14절까지는 국가-종교 관계의 역사를 다루고 있고, 15절부터 30절까지는 국가-종교 관계의 유형을 다루고 있다. 그리고 갑자기 31절로 넘어가면서 루소는 이렇게 이야기한다. "그러나 이제 정치적 고찰(les considérations politiques)은 덮어두고 권리의 문제로 되돌아가 이 중대한 문제에 관한 원칙들(les princi-

---

[5] 플레야드판 『사회계약론』의 편집자인 로베르 드라테(Robert Derathé)는 주석에서 루소가 초고에서 시민 종교에 관한 구상을 휘갈겨 쓴 것이 입법자에 관한 장의 뒷면이었다는 것을 근거로 삼아 시민 종교에 관한 부분이 입법에서의 종교의 역할에 관한 설명에서 이어지는 자연스러운 보충이라고 추측한다(Rousseau, 1964: 1498).

pes)을 정립하자." 여러 학자는 31절 이하에 제시된 시민 종교에 관한 루소의 설명이 국가-종교 관계의 유형 구분과 그 장단점 분석에 이은 루소 자신의 대안적 유형의 제시가 아니라, 사회계약론 일반과 마찬가지의, 현실 비판을 위한 일종의 규제적 이념으로서의 '정치적 권리/옳음(droit politique)'의 제시라고 이해한다.[6] 그리고 이것을 문제의 해결이 아닌, 그저 이러저러한 시민 종교가 필요하다는 단순한 문제의 제기, 또는 오히려 문제 해결의 실패로 이해한다.[7] 루소가 제기한 문제, 그가 해결을 위해 고심하다가 결국 당위만을 제시하면서 마무리한 그 문제가 무엇이었는지 이하에서 살펴보겠다.

1) 입법자와 종교의 필요성

시민 종교에 관한 루소의 생각을 본격적으로 살펴보기에 앞서 종교에 관한 루소의 또 다른 언급이 담겨 있는 입법자에 관한 장의 내용을 먼저 살펴보자. (『제네바 수고』에서는 그 뒷면에 시민 종교에 관한 내용이 기록되어 있었다고 한다.) 『사회계약론』의 제2부 7장에서 루소는 입법 과정의 두 가지 역설에 대해 얘기한다. 그 하나는 법이 없는 상황에서 법을 제정하기 위해 어떤 법적 권한도 지니지 않은, 그러나 그렇기 때문에 더욱 탁월한 능력을 지닌 권위자가 요구된다는 것이다(루소, 1999: 56).[8] 다른 하나는, 그런 능력과 권위를 지닌 '현

---

[6] 루소 자신이 이 구분을 의도한 것처럼 보인다. 「『사회계약론』을 옹호하며」에서 루소는 "종교가 어떻게 정치체의 구성 요소에 들어갈 수 있으며, 또 들어가야 하는지에 대한 연구"로 그 책을 마쳤다고 얘기하는데, 세 가지 유형의 제시가 바로 '들어갈 수 있는' 가능성에 관한 것이고, 31절 이하의 원리에 관한 부분이 '들어가야 하는지', 즉 당위에 관한 것인 듯하다(루소, 2007a: 374).
[7] 바이너(Beiner, 2011: 11-12)와 발터(Walther, 1996: 53-55) 참조.
[8] 이하에서 『사회계약론』을 인용할 때에는 한국어 번역본의 쪽수를 밝히지만, 번

자(sages)'가 있다고 하더라도, 그가 자신의 이성적 언어로써 그 언어를 이해하지 못하는 '대중(vulgaires)'이 지킬 수 있는 법을 제정할 수는 없다는 것이다(루소, 1999: 56-57). 이 역설을 한 번에 해결할 방법을 루소는 종교에서 찾는다. "국가의 합리성(la raison d'État)"을 어차피 이해하지 못할 사람들을 대상으로 굳이 힘들게 설득하려 하거나 무력으로써 강요하지 않을 수 있는 방법이 바로 "다른 차원의 권위"에 의존하는 것인데, 루소에 의하면 그래서 "어느 시대에나 국가의 시조들은 하늘의 도움에 의존해야 했고", 그럼으로써 백성들을 "자진해서 복종"하게 했으며, "공공의 복리라는 굴레를 얌전히 견디어내게" 했다(루소, 1999: 57). 종교와 정치의 관계에 관한 루소의 결론은 "국가가 생겨날 때 종교가 정치에 도구로 쓰인다"는 것이다(루소, 1999: 58). 여기에서 루소가 얘기하고 있는 것은 국가와 법의 필요성을 백성들에게 합리적으로 이해시킬 수 없기 때문에 그것을 단순히 믿게 할 일종의 '훌륭한 설화'로서의 종교가 국가의 설립 과정에서 필요하다는 것이다.[9] 이것으로써 충분하다면 루소는 아마도 시민 종교에 관한 장을 덧붙이지 않았을 것이다. 루소가 시민 종교에 관한 장을 마지막에 덧붙인 것은 종교가 국가의 설립 과정에서만 필요하지 않고 국가의 유지 과정에서도 여전히 필요하며, 그때에 필요한 종교가 설립 과정에서 필요한 종교와 어떤 이유에서 달라야 한다고 생각했기 때문일 것이다.[10]

역문은 원문과 대조하여 수정할 것이다.
9) 플라톤의 'Gennaion Pseudos' 개념에 대해서는, 그리고 그것을 왜 '거짓말'이 아니라 '설화'로 옮겨야 하는지에 대해서는 강성훈(2010: 8f) 참조.
10) 여전한 종교의 필요성, 그러나 다른 종교의 필요성에 대해서는 이 장의 4절과 3장에서 자세히 논할 것이다.

2) 정치와 종교, 그 관계의 역사

제4부 8장에서 루소는 먼저 국가-종교 관계의 역사를 서술한다. 이야기는 이렇게 시작한다. "사람들에게 처음에는 신 외에 다른 왕이 없었고, 신정(le théocratique) 외에 다른 정부가 없었다."(루소, 1999: 166) 이 말은 "종교가 그 기반을 이룰 때 비로소 국가가 세워졌다"(루소, 1999: 171)는 주장과, 그리고 앞에서 '국가가 생겨날 때 종교가 정치에 도구로 쓰인다'고 한 주장과 일맥상통한다. 루소는 신정을 지배자의 정당성이 종교적으로 확보되는 정부 형태로 이해한다. 그래서 동급의 존재인 인간이 법에 근거하여 지배하는 이른바 '합리적 지배'가 두루 인정받을 수 있으려면 "감정과 생각의 기나긴 변화 과정"이 필요하다고 말한다(루소, 1999: 166).[11] 국가의 외연과 종교의 외연이 일치하는 상황, 그리고 그런 국가들과 종교들이 병존하는 상황을 루소는 '다신교(polythéisme)'라고 부르고, 이후에 로마인의 정복에 의해 제국이라고 하는 확장된, 그러나 여전히 분열되지 않은 단일한 주권의 공간 안에 여러 종교가 뒤섞여 있으면서도 서로 다투지 않는 상황을 '이교(paganisme)'라고 부른다(루소, 1999: 167-168). "예수가 이 땅 위에 영적인 왕국(un royaume spirituel)을 세우려고 온

---

11) 루소가 고대국가 일반의 정부 형태를 '신정'이라고 부르는 것과 다르게 스피노자는 고대 히브리 국가의 역사를 분석하면서 왕정 수립 이전의 정부 형태만을 신정이라고 부른다. 오로지 신의 지배만을 받는 이 정부 형태를 엄밀한 의미에서 스피노자는 '신정'이라고 부르고, 이 정부에 인간들 간의 어떤 지배-복종 관계도 없으므로, 그것이 사실상 민주정이라고 주장한다. 이후의 왕정은, 스피노자가 보기에 제아무리 좋은 종교적 외피를 걸쳤더라도 결코 '신정'이 아니다(스피노자, 2011a: 318 참조, 이하에서 스피노자의 『신학정치론』과 『정치학논고』를 인용할 때에는 한국어 번역본의 쪽수를 밝히지만, 번역문은 원문과 대조하여 수정할 것이다). 스피노자가 신정 개념을 보편화하지 않고 이렇게 좁게 사용하는 것은 신정을 부활시키려는 당시의 광신적 노력들을 무력화하기 위함이다.

것은 바로 이런 상황에서였다."(루소, 1999: 168-169)

스피노자의 고민도, 루소의 고민도 모두 여기에서 시작된다. 기독교가 종교 체계와 정치 체계를 분리시킴으로써 국가를 이제 하나가 될 수 없게 만든 것이다. 그런데 더 정확한 원인은, 루소에 의하면 기독교 자체에 있지 않고, "다른 세상의 왕국(un royaume de l'autre monde)이라는 새로운 개념"이 사람들에게 쉽게 받아들여질 수 없었던 데에 있다(루소, 1999: 168-169). 그리고 이 오해는 이교도에게만 있었던 것이 아니라, 기독교도에게도 마찬가지로 있었다. 이교도들은 기독교도들이 위선적으로 복종하면서 이 세상에서의 정치적 독립과 주권 회복의 순간만을 노린다고 의심하며 박해했고, 실제로 기독교도들도 '다른 세상의 왕국'을 "이 세상의 더 폭력적인 전제정"으로 바꾸었다(루소, 1999: 169). 그 결과 기독교가 전파된 국가에서 '좋은 정체(bonne politie)'는 불가능하게 되었고, 국민은 세속적 '주인(maître)'과 종교적 '사제(prêtre)' 중에서 누구에게 복종해야 할 것인지를 알 수 없게 되었다(루소, 1999: 169). 『신학정치론』에서 스피노자가 대답하고자 한 것도 이와 동일한 질문이었다. "만약 최고 권력이 종교에 반해, 그리고 계약을 통해 분명히 우리가 신에게 언약한 복종에 반해 무엇인가를 행하도록 명령한다면 어떻게 해야 하는가? 신의 명령에 복종해야 하는가, 아니면 인간의 명령에 복종해야 하는가?"(스피노자, 2011: 16장, 307) "정부 권력의 소유자가 신을 부인하고자 할 때, 누가 정당하게 신앙을 지킬 것인가? 그때에도 여전히 그를 신앙의 해석자로 간주할 수 있는가?"(스피노자, 2011: 19장, 365)[12] 스피노자가 구체적으로 염두에 두고 있는 상황은 종교개혁 이후의 유럽의 종교-정치적 상황이지만 그런 혼란은, 바울 사도의 편지(「로

---

12) 이 질문에 대한 스피노자의 대답에 관해서는 공진성(2007) 참조.

마서」13장)가 잘 보여주고 있듯이, 이미 기독교가 등장한 때부터 계속되어왔다. 루소에 의하면 "유럽 안에서 혹은 인접한 지역에서 몇몇 국가가 옛 체계", 즉 국가 단위의 신정 또는 단일한 정치적 지배 하의 관용적 다신 숭배, 즉 이교 체계를 "보존하거나 재건하려고 했으나 성공을 거두지 못했"는데, 그것은 바로 "기독교 정신(esprit du christianisme)이 모든 것에 침투"했기 때문이다(루소, 1999: 169).

이상과 같은 국가-종교 관계의 역사에 대한 루소의 설명에서 주목해야 할 세 가지 사항이 있다. 첫째, 이런 사태가 기독교에 대한 오해에서 비롯했다는 것이고, 둘째, 그 결과로서 등장한 기독교의 지배가 신의 지배가 아니라 사실은 사제의 지배라는 것이고, 셋째, 오늘날 '기독교의 정신'이 모든 것에 침투해 있어서 사태를 되돌릴 수 없다는 것이다. 이 세 가지는 서로 연결되어 있으며, 여기에서 루소를 괴롭힌, 그리고 스피노자 역시 그 해결을 위해 씨름한 문제가 생겨난다. 루소는 문제의 핵심을 제대로 파악한 홉스가 사제의 지배를 없애기 위해 국가와 교회 "양자를 결합시켜 모든 것을 정치적 단일체(l'unité politique)로 귀착시킬 것을 감히 제안"했다고 긍정적으로 평가한다. 그러나 동시에 루소는 홉스가, 사제의 종교가 아닌 제대로 이해된, "기독교의 지배적 정신이 [홉스] 자신의 [국가와 교회가 결합한 단일한] 체계와 양립할 수 없"다는 것을 알아차리지 못했다고 비판한다(루소, 1999: 170).[13] 무슨 얘기인가? '기독교의 정신' 또는 '기

---

13) 독일의 법학자 칼 슈미트(Carl Schmitt)는 홉스의 『리바이어던』에 대한 글에서 루소와 마찬가지의 지적을, 그러나 다른 의도에서 하고 있다. 그는 "로마교회가 수립하려고 하는 '암흑의 왕국'과 투쟁하고, 본래의 통일을 부활시키려고 한 곳에 홉스의 정치적 이론의 본래적 의미가 있다"는 레오 슈트라우스(Leo Strauss)의 지적에 동의하지만, 홉스가 문제를 다만 다르게 바꿨을 뿐이라고 다음과 같이 지적한다. "그런데 종교와 정치의 통일을 가져오게 하는 주권이 정점에 달한 바로 이 점에서, 다른 점에서는 이러한 완결적이며 불가항력적 통일에 파탄이

독교의 지배적 정신'은 또 무엇인가? 홉스에 대한 비판이 과연 루소 자신에게는 해당하지 않는가?

3) 기독교의 문제, 또는 종교의 유형

루소가 보기에 기독교는 사회적으로 양면성을 가지고 있다. 그것은 참된 종교이지만 잘못 이해되면 사제의 종교로 변질되어 개인의 사상의 자유를 침해하고 그럼으로써 정치적 분열을 가져오고, 잘 이해되더라도 정치적 충성의 확보에 도움이 되기는커녕 오히려 해롭게 작용한다. 제대로 이해된 기독교는 고대 신정에서의 종교와 다른 '인간의 종교(la religion de l'homme)'이다(루소, 1999: 171). 이 기독교는 우리가 쉽게 떠올리는 그런 제도 종교가 아니라, "그와는 전적으로 다른 복음서의 기독교"이다(루소, 1999: 172). 그것은 "성전도, 제단도, 의례도 없는" 종교이며, "최고의 신을 순수하게 내면으로 예배하는 것"이고, 그러므로 "진정한 일신론"이다(루소, 1999: 171). 이웃과 적의 구분 없이 모든 사람을 "같은 신의 자녀"로 여기고 사랑할 것을 가르치는 이 종교는 결코 현세적인 종교가 아니며, "하늘의 일에만 전념하는 전적으로 영적인 종교"이다(루소, 1999: 173). 그래서 루소는 "사회적 정신에 이보다 더 반대되는 것을 알지 못한다"고 평가하고, "기독교 공화국(une république chrétienne)"이라는 말이 모순된 두 단어의 결합이기 때문에 성립할 수 없다고까지 말한다(루소, 1999: 173, 174-175). 루소에 의하면 제대로 이해된 기독교는 사회를 하나로 묶

생긴다. … 즉 리바이어던 체계 가운데 내적 신앙과 외적 예배의 구별이 등장한 것이다." 슈미트가 보기에는 이것이 국가의 통일성을 파괴하는 자유주의의 기원이며, 그것을 간파하고 급진화한 것이 '유대인' 스피노자이다(슈미트, 1992: 275, 321-322).

는 힘을 결코 제공할 수 없다. 그러므로 기독교는 종교적으로 옳지만, 정치적으로 해롭다. 선한 기독교도들로 이루어진 사회는 자연히 내부와 외부의 적에 의해 쉽게 무너지게 된다.

기독교가 종교적으로 잘못 이해되어 정치화하면 '사제의 종교(la religion du prêtre)'가 된다. 루소는 "로마 기독교", 즉 가톨릭을 당대의 사제의 종교로 지목한다. 이 종교는 "인간에게 두 개의 법, 두 사람의 장(長), 두 개의 조국을 안겨주고, 그들을 모순되는 의무에 복종시키며, 그들이 신자이자 동시에 시민이 될 수 있는 것을 가로막는다."(루소, 1999: 171) 이 사제의 종교에 대한 루소의 평가는 단호하게 부정적이다. "사회적 단일성(l'unité sociale)을 깨뜨리는 모든 것은 무가치하다. 인간을 자기 자신과 모순되게 만드는 모든 제도는 무가치하다."(루소, 1999: 172) 『제네바 수고』에 단편적으로 적혀 있는 구절 가운데에는 심지어 이런 표현도 있다. "교황은 로마교회의 왕들 가운데 진짜 왕이다. 사람들이 국가들과 정부들로 나누어지는 것은 그저 겉모습이고 환영(幻影)일 뿐이다. 밑바닥에는 로마교회에 오직 하나의 국가가 있다. [그 국가에서] 진짜 행정관은 추기경들이고, 성직자가 주권자이며, 시민은 사제들이다. 일반인들은 아무것도 아니다."(Rousseau, 1978: 2) 시민의 국가에 대한 충성을 가로막고 정치 공동체의 통일성을 해치는 '사제의 종교'는 종교적으로 옳지 않고, 정치적으로도 해롭다.

루소는 고대 신정에서의 종교, 즉 '시민의 종교(la religion du citoyen)'에 대해서도 부정적이다. 왜냐하면 그것이 정치적으로는 유용하지만 오류와 기만에 기반을 두고 있고 타자에 대해 불관용적이기 때문이다(루소, 1999: 172). 또한 그것은 루소가 보기에 시대착오적이다. 루소는 매우 분명하게 "이제 배타적인 국가 종교(religion nationale)가 없고 또 있을 수 없게 되었다"고 말한다(루소, 1999: 178). 종교개혁 이후의 유럽의 종교적 상황에서 그것을 복원하려는 시도는 소수 종파에 속한 사람들에게 매우 억압적일 수밖에 없다. 종교적 상호 관용을 강하게 주장하며 루소는 "'교회 밖에 구원이 없다'고 감히 말하는 자가 있다면 … 그는 국가에서 추방되어 마땅하다"고까지 말한다(루소, 1999: 178).[14] 그렇다면 어떤 종교가 정치적 통합에 기여하면서도 관용적일 수 있을까? 그 종교를 루소는 '시민 종교(religion civile)'라고 부르며 그 대강을 설명한다(루소, 1999: 175).[15]

4) 시민 종교: '순수하게 시민적인' 종교

시민 종교와 관련하여 루소가 이해하는 국가와 시민 간의 올바른 권리관계는 이렇다. "국가로서는 각 시민이 그의 [정치적] 의무를 사랑하게 하는 종교를 가지는 것이 매우 중요하다. 그러나 이 종교의 교리는 그것이 도덕과 관련되는 범위 안에서, 그리고 이 종교를 믿는 사람이 타인에 대해 지키지 않으면 안 될 의무와 관련되는 범위 안에서 국가 또는 그 구성원들과 관계를 맺는다. 각자는 그 외에 자기가 원하는 생각을 가질 수 있으며 주권자는 굳이 이것을 알 필요가 없다. 왜냐하면 그는 다른 세상에서 아무런 권한도 가지고 있

---

14) '교회 밖에 구원이 없다(nulla salus extra ecclessiam)'는 교리는 로마 가톨릭의 것이었으며, 루터를 비롯한 종교개혁가들은 처음에 이 교리에 맞섰다. 그런데 개신교도들이 권력을 잡은 곳에서 다시 '교회 밖에 구원이 없다'는 식의 교리가 주장되는 사태를 루소가 나중에 직접 폭력적으로 겪어야만 한 것은 아이러니가 아닐 수 없다.
15) '시민의 종교(religion du citoyen)'와 구별하기 위해 'religion civile'을 '세속 종교' 또는 '정치 종교'로 옮기는 것이 더 좋을 수도 있겠지만, '시민 종교'라는 표현이 많은 번역서에서도 사용되고 있고 관례로도 굳었기 때문에 오해의 위험을 무릅쓰고 일단 이 글에서는 '시민 종교'라는 표현을 사용한다.

지 않은 만큼, 내세에서 신민들의 운명이 어떤 것이든지 간에, 그들이 이 세상에서 선량한 시민이기만 하면, [종교와 관련한 신민의 생각은] 그가 관여할 일이 아니다."(루소, 1999: 176) 루소는 '시민의 종교'의 정치적 장점을 취하되, 억압적이고 배타적인 단점을 버리려고 한다. 그것은 한편으로는 참된 종교인 '인간의 종교'를 보호해야 할 필요성에서, 다른 한편으로는 그런 '인간의 종교'를 믿는 사람도 정치적으로 통합해야 할 필요성에서 비롯한다. 그러므로 시민 종교는 '인간의 종교'와 '시민의 종교'를 결합하려는, 즉 '인간'과 '시민'을 결합하려는 시도이다. 그리고 이 시도는 '내세'와 '현세', 인간의 '생각'과 '행동'의 구분에 기초해 이루어진다.

이런 시민 종교를 위해 주권자는 "순수하게 시민적인 신앙고백(une profession de foi purement civile)"을 어디까지나 "사회성에 관한 감정(sentiments de sociabilité)"을 함양하기 위해 제정해야 한다(루소, 1999: 176). 이 점에서 국가의 설립에 필요한 '종교'와 국가의 유지에 필요한 '시민 종교'는 구분된다. 국가를 설립할 때에는 '입법자'가 정치의 도구로서 기존의 종교를 이용하고, 설립된 국가를 유지할 때에는 '주권자'가, 그러므로 입법자와 다르게 이제 충분한 권위를 가지고, 마찬가지로 정치의 도구로서 종교를 이용하는데, 이번에는 새로운 종교, 즉 '순수하게 시민적인' 신앙고백을 가진 시민 종교를 제정하여 이용한다.[16] 루소는 이 시민 종교의 교리가 "단순해야 하고, 그

---

16) 김용민(2004: 163-164)은 『에밀』에서 사부아 보좌신부가 가르치는 자연종교가 이런 것이라고 해석한다. 시민 종교가 자연종교와 내용적으로 모순되지 않을 수는 있지만, 만약 시민 종교가 자연종교와 같은 것이라면, 그것은 공화국이 애초에 시민 종교를 필요로 한 두 가지 목적 가운데 하나, 즉 인간을 시민으로 만드는 데에는 기여할 수 있을지 몰라도, 다른 하나, 즉 시민을 군인으로 만드는 데에는 기여할 수 없어 보인다. 강성훈(2010: 16-19)은 시민 종교를 자연종교와 동일시하는 해석이 종교를 '교육'의 하위 범주로 보는 데에서 비롯함을 지적하

수가 적어야 하며, 설명도 해설도 없이 명확히 [이해될 수 있도록 분명하게] 표현되어야 한다"고 말한다(루소, 1999: 176). 스피노자가 『신학정치론』 14장에서 '보편적 신앙의 교리'로서 일곱 가지를 제시한 것과 유사하게(스피노자, 2011: 270-272),[17] 루소는 다음 여섯 가지를 시민 종교의 교리로서 제시한다. (1) 전능하고, 지혜로우며, 선을 행하고, 앞을 내다보며 예비하는 (유일)신의 존재, (2) 도래할 삶, (3) 의로운 자들의 행복, (4) 악한 자들에 대한 징벌, (5) 사회계약과 법의 신성함, (6) 불관용의 금지(루소, 1999: 176-177).[18]

마지막 불관용을 금지하는 교리는 루소의 시민 종교를 고대의 '시민의 종교'와 구별되게 하는 매우 중요한 '현대적' 요소이다. 이 교리는 '사제의 종교'인 가톨릭을 배제하면서 '인간의 종교'인 기독교를 포용할 수 있게 해준다. 이 교리는 다양한 종교적 신념을 가진 사람들을 서로 관용하며 공존할 수 있게 한다. 만약 어떤 사람이 자신의 종교적 신념을 근거로 하여 다른 사람의 종교적 신념을 부정하고,

---

고 있다.
17) 그 일곱 가지 교리는 (1) 정의롭고 자비로운 최고의 존재가 있음, 그 존재의 (2) 유일성, (3) 편재성과 전지성, (4) 전능함, 그리고 그 존재에 대한 예배의 방법으로서 명령되는 (5) 정의와 이웃 사랑의 실천, 그에 대한 (6) 처벌과 보상의 존재, (7) 회개하는 자에게 주어지는 용서이다. 이 일곱 가지 교리가 어떤 정치적 기능을 수행하는지에 관해서는 Samely(1993: 89-91) 참조.
18) 발터(Walther, 1996: 53-54)는 이 교리들이 정치적으로 필요한 모든 것을, 심지어 사회계약과 법의 '신성함'마저 종교적 의무로서 규정하고 있다는 점에서 루소의 시민 종교가 이교 정치신학적 의미의 '시민의 종교'와 사실상 같은 것이며, 그러므로 루소가 '시민의 종교'와 '인간의 종교'를 결합하는 데에 실패했다고 평가한다. 루소(Rousseau, 1915: II, 160-161) 자신도 1767년 7월 26일에 미라보에게 쓴 편지(Lettre à M. le Marquis de Mirabeau)에서 그 대안적 형태가 현실에서 발견될 수 없으며, 인간과 법의 충돌로 인한 지속적 전쟁을 종식시키기 위해 다른 극단, 즉 홉스적 전제정으로 넘어갈 수밖에 없다고 말함으로써 그 이론적 기획의 실패를 사실상 자인한다.

더 나아가 물리적인 힘을 이용해 억압하려고 한다면, 국가는 그 사람을 비사회적인 자로 간주하여 처벌하거나 추방할 수 있다(루소, 1999: 176). 루소는 이것을 종교적으로 중립적인 세속 국가를 주장함으로써 이루려 하지 않고, 시민 종교의 교리로 삼아 시민들로 하여금 그 합리성을 이해하지 못하는 경우에도 믿고 따르게 하려고 한다.

루소의 시민 종교는 스피노자의 그것과 마찬가지로 다양한 종교를 평화롭게 공존하게 하는, 그럼으로써 시민들을 하나의 정치 공동체의 일원으로 묶는 일종의 메타 종교이다.[19] 한편으로 이 (시민) 종교는 다양한 종교를 가진 시민들의 평화로운 공존을 위해 소극적으로 교리를 제정해야 하지만, 다른 한편으로 이 (시민) 종교는 그 다양한 시민을 하나로 묶기 위해 적극적으로 노력해야 한다. 한편으로 이 (시민) 종교는 타자에 대해 관용적이지만, 다른 한편으로 이 (시민) 종교는 타자에 대해, 예컨대 다른 교리에 대해 불관용적이며 로마에 있는 교황에게 충성하는 가톨릭교도들이나 신의 존재를 부정하는, 그러므로 사회계약의 신성함을 인정하지 않는 무신론자에 대해 불관용적이어야 할 것이다. 그러나 그 불관용은 시민(종교)적인 이유에서 정당한 것으로 간주될 것이다. 이 지점에서 관용에 관한 루소의 생각은 로크의 생각과 비슷해진다. 이 말은 로크의 한계를 루소 역시 그대로 가지게 된다는 뜻이다.[20] 그러므로 서로 대립하는

---

19) 이 점에서, 지구화 시대에 세계종교들에 공통된 '세계 윤리'를 발견하려는 한스 큉(Hans Küng) 등의 학자들에 의한 시도 역시 메타 종교적이라는 점에서 일종의 시민 종교적 기획이라고 할 수 있겠다. 그러나 루소적으로 보면, 이미 세계적인 사회계약이 체결되어 있지 않은 상태에서 세계 사회계약을 맺기 위해서는 허구적일지라도 메타 종교보다 좀 더 강력하게 정서에 작용할 수 있는 구체적 종교가 필요해 보인다. 세계 윤리 구상에 관해서는 큉(1992) 참조.
20) 로크의 『관용에 관한 편지』를 독일어로 옮긴 에빙하우스(Julius Ebbinghaus)는 로크의 관용론이 무신론자를 배제한 것을 두고서 그를 관용의 위대한 개척자

두 가지 문제가 발생한다. 첫 번째 문제는 이 '정치적' 종교가 과연 얼마나 종교적으로 관용적일 수 있겠는가 하는 것이고, 두 번째 문제는 이 시민 종교가 관용적이고자 할 때, 과연 시민들을 필요할 때에 조국을 위해 헌신하도록, 의무를 위해 목숨을 바치도록 만들 수 있겠는가 하는 것이다. 기독교도의 양심에 근거한 병역거부가 이 딜레마를 명확히 보여준다.

3. 기독교의 문제, 또는 시민 종교의 문제

시민 종교에 관한 루소의 생각은 모순을 안고 있는 것처럼 보인다. 그러나 그것은 시민 종교라는 기획 자체의 한계, 또는 근대사회에서 종교와 정치가 결합할 때 불가피하게 발생하는 것인지도 모른다. 루소는 이 문제를 분명히 의식하고 있지만, 쉽게 해결하지 못하고 있다. 루소는 차이에 대한 관용과 정치적 통합 사이에서 애매한 태도를 취하고 있다. 그래서 루소의 시민 종교는 무신론자나 종교적 병역거부자를 포괄할 수 있을 만큼 충분히 관용적이지도 않고, 시민들을 군사적으로 동원할 수 있을 만큼 충분히 열정적이지도 않다. 그리고 이 문제는 루소가 앞에서 언급한 바 있는 '기독교의 정신'과도 관련되어 있다. 이 장에서는 그 정신에 관해 자세히 살펴보겠다.

애초에 루소는 스위스 신교도로서 개신교(Protestantism)를 시민 종

라고 칭송하는 것보다 철학과 철학사에 더 큰 폐를 끼치는 것은 없다고까지 말한다(Locke, 1996: lxiii-lxiv). 렘(Rehm, 2000: 233f)도 이 점을 지적한다.

교적 대안으로 고려했었던 듯하다.[21] 『제네바 수고』의 마지막 문단에 루소는 이렇게 적고 있다. "모든 기독교 종파 가운데 개신교가 가장 현명하고 점잖으며, 또한 가장 평화롭고 사회적이라는 것을 경험이 가르쳐준다. [국가의] 법이 그 통제력을 유지할 수 있고 [정치적] 지도자들이 자기의 권위를 지킬 수 있는 것은 오직 개신교 안에서이다."(Rousseau, 1978: 201) 여기에서 루소는 개신교를 '사회적'이라고 평가한다. 이런 평가는 루소가 『사회계약론』의 최종본에서 기독교를 두고 "사회적 정신에 이보다 더 어긋나는 것을 알지 못한다"고 평가한 것과 표면적으로 대조된다(루소, 1999: 173). 『사회계약론』의 최종본에서 루소는 『제네바 수고』 속의 저 구절을 프랑스 가톨릭 교회를 비판하는 내용이 담긴 다른 부분과 함께 삭제했고, 개신교를 대안으로서 따로 검토하지도 않았다. 그 부분을 삭제한 명시적 이유는, 루소 자신이 출판업자에게 보낸 편지에서 밝힌 바와 같이, 글이 직접적으로 가리키고 있던 문제 상황이 바뀌었고, 또 가톨릭교회를 비판하여 기왕에 출판업자가 겪고 있는 검열과 관련한 어려움을 가중시키고 싶지 않았던 것이다(Rousseau, 1978: 209, n. 42; Rousseau, 1964: 1506). 그러나 『사회계약론』 전체에서 이미 가톨릭교회에 대한 비판이 충분히 이루어지고 있기 때문에 그 부분을 삭제한다고 해서 크게 달라질 것은 없었을 것이다. 이런 맥락을 고려해볼 때, 개신교가 '평화롭고 사회적'이라는 말은 가톨릭교회와 다르게 국가의 법과 권위를 존중한다는 소극적 의미이지, 시민을 결합시킨다는 적극적 의미는 아닐 것이다. 그렇다면 문제 상황이 바뀐 것이 더 큰 이유일 텐데, 삭제된 글이 가리키는 특정 상황과 무관한, 또 다른 상황에

---

21) 바이너(Beiner, 2011: 75)는 이런 독해의 가능성을 제시하지만, 그것이 앞으로 본문에서 언급할 것과 같은 이유에서 지지되기 어렵다고 평가한다.

대한 이론적 고려도 글의 수정에 개입되었을지 모른다. 그것은 아마도 개신교의 그 사회성이 언제든지 '시민의 종교'가 지닌 억압성으로 변할 수 있다는 우려와, 그렇지 않을 경우에도 그 반대로 '기독교의 지배적 정신'이 개신교의 사회성을 묽게 할 수 있다는 우려일 것이다. 즉 개신교가 가톨릭처럼 사제의 종교가 될 가능성, 그리고 개신교가 철저히 비사회적인 인간의 종교가 될 가능성을 루소가 의식한 것이다. 첫 번째 가능성은 『사회계약론』의 출간 후에 루소가 겪게 되는 일을 통해 실현된다.

1) 개신교의 사제 종교화(정치화) 가능성

1762년에 『사회계약론』과 『에밀』이 출간되면서 사회적·종교적으로 큰 파장이 일어났는데, 루소의 고향이자 이른바 '프로테스탄트 공화국'인 제네바에서조차 루소를 탄압하는 일이 벌어졌다. 이런 상황 속에서 루소는 『산에서 쓴 편지』라는 이름 아래 묶인 일련의 편지들을 썼다. 그 가운데에 있는 「개신교의 본질에 대하여」라는 글에서 루소는 이렇게 말한다. "오늘날 제네바에서 복음주의적 개신교란 무엇입니까? … 종교개혁가들은 … 그들이 어떤 권한으로 그렇게 기존의 교리에서 벗어났는지 질문을 받았습니다. 그들은 그들 자신의 권한으로, 즉 그들의 '이성의 권한으로'라고 말했습니다."(루소, 2007a: 235) 루소가 이해하는 개신교는 '이성의 종교'이다. 다른 누군가의 권위적 결정을 따르지 않고 각자의 이성을 가지고 종교적 진리를 판단하는 종교이다. 루소에 의하면 "개개인은 그렇게 교리에 대해 독자적인 해석권을 [가지고] 있"다(루소, 2007a: 235). 그렇기 때문에 개신교는 또한 관용의 종교이다. "종교개혁의 두 가지 본질적인 상황"은, 루소에 의하면 "성경을 자기 신앙의 계율로 인정하는 것과 자기와 다른 성경 의미 해석자를 인정하는 것"이다(루소, 2007a: 235). 그러나 개신교의 정신을 이성에 기초하여 정의함으로써 루소는 자신의 사회계약론이 (시민) 종교를 필요로 하는 그 이유에 의해 이론적 궁지에 몰리게 된다. 이해의 결핍으로 인해 '인간의 종교'가 현실 속에서 쉽게 '사제의 종교'로, 그리고 억압적인 '시민의 종교'로 변할 수 있기 때문이다.

루소는 종교개혁의 과정에 대해 다음과 같이 설명한다. "종교개혁파가 어떻게 그런 원리[개인적 해석의 자유]에 근거하여 단결할 수 있었을까 … 그들은 이렇게 해야 했습니다. 즉 서로가 서로를 유능한 판단자로 인정하는 조건으로 단결했던 것입니다. 그들은 너그러이 봐주었습니다. 한 가지, 즉 해석의 자유를 빼앗는 [가톨릭의] 해석을 제외하고는 모든 해석을 용인해야 했습니다. … 그들은 로마교회만을 일치단결하여 거부했는데, 로마교회도 마찬가지로 그 종교개혁파 모두를 거부했습니다."(루소, 2007a: 235-236) 루소는 개신교의 단결을 마치 각자의 자연권을 인정하는 기초 위에서 개개인의 자유롭고 합리적인 동의에 의해 탄생한 사회계약처럼 묘사하고 있다. 그러나 그런 계약이 실제로 작동하기 위해 인간의 정서에 작용할 수 있는, 종교라는 '훌륭한 설화'가 필요하고, 계약이 계속 유지되기 위해서도 ('이해'를 요구하는 교육과는 다르게 '믿음'을 요구하는) 시민 종교라는 정서적 장치가 필요하다는 것을 루소가 자신의 정치 이론 속에서 고려해야 했듯이, 종교개혁과 이후의 개신교의 전개 과정에서도 이와 마찬가지의 정서적 힘이 작용할 수밖에 없음을 루소는 알았어야 했다. 종교개혁파가 실제로 단결할 수 있었던 것은, 그 이유를 루소는 위의 인용문 마지막 문장에서 의식하지 못한 채로 밝히고 있는데, 그들이 "서로가 서로를 유능한 판단자로 인정"했기 때문이 아니라, 로마교회라는 거대한 적에 대항하고 있었기 때문이었다. 그래서 '일치단결'할 수 있었던 것이다. 적대의 상황이 그들을 정서적으로 단결시켰던 것이지, 적대와 무관하게 그들이 이성적으로 단결한 것이 아니었다. 그들은 오로지 순수하게 종교적으로만 일치단결하지 않고, 슈미트적으로 표현하면, 또한 적과 동지의 구분이라는 '정치적인 것'에 기초해 단결했다(슈미트, 2012: 38f).[22]

문제는 이 점을 루소가 단순히 개신교의 변질로만 생각한다는 것이다. 루소는 "전체 종교개혁의 역사가 아주 무서운 종교재판들로 가득 차 있다는 점과, 종교개혁파가 피박해자에서 이내 박해자로 변해버렸다는 점"을 잘 알고 있다(루소, 2007a: 239). 그러나 그것이 "종교개혁파의 정신"일지는 몰라도, "종교개혁의 정신"은 아니라고 또한 루소는 주장한다. 루소는 정말 개신교를 대안으로서 고려했었던 것처럼, 앞에서 인용한 그 마지막 문장을 연상시키며 이렇게 말한다. "개신교는 원리상 관대합니다. 그것은 본질적으로 관대합니다. 그것은 관대할 수 있는 한 최대한 관대합니다. 그것이 용인하지 않는 유일한 교리는 비관용주의의 교리이기 때문입니다."(루소, 2007a: 240)[23] 루소는 제네바 공화국이 프로테스탄트 공화국으로서 자신이 이해하는 관용적인 복음주의적 개신교를 시민 종교로 채택하고 있다고 여긴다. 그리고 그렇게 된 역사와 그 결과로서 제정된 법에 비추어 볼 때, 제네바 교회가 공화국의 주권자인 시민 개개

---

22) 스피노자에게서도 '동지'와 '적'에 관한 유사한 생각을 찾아볼 수 있다(스피노자, 2011a: 302-303).
23) 루소는 『에밀』에서 사부아 보좌신부의 입을 빌려 이렇게 얘기한다. "자네의 조국[제네바]으로 돌아가서 자네 선조들의 종교[칼뱅주의 개신교]를 되찾아 성심성의껏 그 종교를 따르고 다시는 그것을 버리지 말게나. 그 종교는 매우 단순하고 매우 신성하다네. 나는 지상에 있는 모든 종교 중에서 그것이야말로 가장 순수한 도덕을 가지고 이성에 가장 잘 부합하는 종교라고 생각하네."(루소, 2007b: 210)

인의 신앙의 자유를 '복음주의적' 관점에서 허용해야 한다고 생각한다. 그래서 자신을 탄압하는 제네바 교회가 종교적으로 개신교적이지 못한 행동을 하고 있을 뿐만 아니라, 또한 정치적으로 '불법적'인 행동을 하고 있다고 주장한다. 루소는 이렇게 적고 있다. "제네바 교회는 개신교로서 어떠한 정확하고 분명한, 그리고 그의 모든 구성원에게 공통되는 신앙고백도 가지지 않으며 또 가지지도 말아야 합니다. 그런데도 만일 하나라도 가지고자 한다면, 가지는 것 그 자체가 복음주의적인 자유를 훼손하는 일이 될 것입니다. 종교개혁의 기본 원리를 포기하는 일일 것입니다. 국가의 법을 어기는 일일 것입니다."(루소, 2007a: 241) 루소가 이해하는 제네바 공화국의 '개신교적' 시민 종교는 불관용을 금지하는 것 외에 어떤 적극적 교리도 아예 가지지 않아야 한다. 모든 것을 허용하는 교리, 불관용을 제외하고는 어느 것도 금지하지 않는 교리, 그것이 루소가 주장하는 프로테스탄트 공화국 제네바의 시민 종교의 교리이다. 이런 곳에서 루소는 자기 같은 사람조차 자신과 모순되지 않을 수 있다고 생각한 듯하다. 그러나 그런 정치-종교 상황이 현실적이지 않다는 것을 루소는 몸소 겪어야만 했다.

2) 개신교의 인간 종교화(탈정치화) 가능성

두 번째 가능성, 즉 복음주의적 개신교가 시민의 '사회성의 정신'을 묽게 만들 가능성은, 앞의 경우처럼 루소가 경험해야 하는 형태로 실현되지는 않았지만, 『사회계약론』의 집필 과정에서 루소의 의식 속에 분명히 자리 잡고 있었던 것으로 보인다. 그것은 이른바 '세계시민주의'와 관련된 것이다. 『사회계약론』의 최종본에서는 빠진, 『제네바 수고』 제1권의 2장은 '인류 보편 사회에 대하여'라는 제목을 달고 있다. 이 장에서 내용적으로 루소는 일반의지의 성격을 둘러싸고 동년배의 계몽주의자 디드로(Denis Diderot, 1713-1784)와 논쟁한다.[24] 논쟁의 쟁점은 일반의지의 보편성과 특수성이다. 디드로가 일반의지를 이성의 작용으로 이해하여 인류 보편의 것으로 간주하는 반면에, 루소는 일반의지를 법과 (시민) 종교, 교육 등을 통해 형성되고 실현되어야 할, 정치 공동체에 특수한 것으로 간주한다. 루소는 디드로식의 합리적 개인주의가 봉착하게 되는 문제를 묘사한 후에 다음과 같이 말한다. "사람들이 도덕성을 지니도록 종교를 도입하고 신의 뜻이 직접적으로 사람들의 사회를 묶는 데에 개입하도록 만들지 않고서, 그런 문제에 대해 어떤 확실한 대답을 줄 수 있을까? 지혜로운 단 한 분의 신에 관한 숭고한 관념들, 그분이 우리에게 부과하시는 형제애라는 부드러운 법, 그리고 그분이 우리에게서 요구하시는 진정한 예배인 순수한 영혼들이 실천하는 사회적 미덕들, 그것들은 그러나 늘 대중들의 주목을 끌지 못할 것이다."(Rousseau, 1978: 160) 루소는 인류 보편의 일반의지가 실현되려면, 개별 정치 공동체의 입법 과정에서 그런 것처럼, 이성적 능력을 충분히 기대할 수 없는 대중들 때문에 종교의 개입이 불가피한데, 다시 그런 대중들의 한계 때문에 그런 추상적 종교의 영향력이 공간적으로 제한될 수밖에 없다고 주장한다.

애국심에 관한 훌륭한 표현들을 담고 있는 『정치경제론』에서도 루소는 인간의 사랑이라는 감정이 동심원을 그리며 넓어질수록 묽어질 수밖에 없음을 다음과 같이 주장한다. "인류애라고 하는 감정은 그것이 온 지상에 확산됨에 따라 사라지고 약화된다. 우리는 유럽 인민의 재난에 대해서와 같이 타타르나 일본의 재난에 대해서는

---

24) 이에 대해서는 김용민(2004: 154f) 참조.

그런 고통을 느낄 수 없는 것 같다. 따라서 이해와 연민에 활력을 주기 위해서는 그것을 어떤 형식으로든지 제한하고 축소해야 한다. 우리 속의 이 경향은 우리와 더불어 사는 사람들에게만 유용하므로 시민 사이에 집약된 인류애가, 서로 접촉하는 습관과 그들을 단합시킨 이해에 의해 새로운 힘을 가지게 하는 것이 좋은 일이다."(루소, 2004: 140-141) 루소가 주장하는 바는 동료 인간에 대한 사랑이 실효성을 가지려면 그 범위가 제한될 수밖에 없다는 것이다. 그리고 그럴 때에 비로소 그 사랑이 확장될 수도 있다는 것이다. 그러므로 우리는 동료 시민을 먼저 사랑하지 않고 인류를 사랑할 수 없다.[25] 다시 『제네바 수고』에서 루소는 이렇게 말한다. "우리는 우리의 특수한 사회에 근거하여 보편 사회를 생각한다. 작은 공화국의 수립이 우리로 하여금 더 큰 공화국을 생각하게 만든다. 우리는 시민이 되기 전까지 인간이 되기를 진짜로 시작하지 않는다. 그러므로 인류에 대한 사랑으로써 조국에 대한 사랑을 정당화하는, 아무도 사랑하지 않을 권리를 가지기 위해 모든 사람을 사랑한다고 자부하는 저 세계시민들을 어떻게 생각해야 하는지가 분명해진다."(Rousseau, 1978: 161-162) 루소는 이른바 '세계시민'이라고 하는 존재를, 근본적으로 그리고 궁극적으로는 인정할지 몰라도, 일차적으로는 인정하지 않는다. 그것은 루소의 생각에 최종적 목적은 될 수 있을지 몰라도 일차적 수단은 될 수 없다. 그런데 고대 사회에서는 찾아볼 수 없는 이런 공허한 생각이 세상에 널리 유포되었고, 그 착각을 일으킨 주범이 바로 기독교라는 것이 또한 루소의 생각이다. "자연적 권리라는, 그리

---

25) 이 점에서 루소의 생각은 자기애와 애국심을 대립적인 것으로 본 몽테스키외의 생각과 다르다고 한다. 루소에게 애국심은, 그리고 마찬가지의 이유에서 인류애는, 자기애에 그 뿌리를 두고 있으며, 습관과 이해관계에 의해 확장되는 것이다. 이에 대해서는 김용민(2004: 6장) 참조.

고 모든 사람이 형제라는 건전한 생각들은 뒤늦게 생겨나 세상에 매우 천천히 퍼져나갔다. 그 생각들을 완전히 보편화한 것은 바로 기독교였다."(Rousseau, 1978: 162) 루소는 '자연권'이라는 관념과 '인류에 대한 형제애'가 그릇된 관념이라고 생각하지는 않는다. 다만 자연권의 실현을 위해서도 구체적인 '작은' 정치 공동체가 필요한데, 유일신을 아버지로 섬기는, 그리고 모든 인간을 그 아버지의 평등한 자녀들로 여기는 '인간의 종교' 기독교가 어설픈 세계시민주의의 동기가 되어 시민들의 공화국에 대한 애정을 약하게 하고 결과적으로 자연권의 실현을 오히려 가로막는다고 생각한다. 그래서 개신교를 마냥 긍정할 수 없었던 것이다.

3) 루소의 '기우뚱한 균형' 잡기, 또는 '우충좌돌'[26]

루소가 염려한 두 번째 가능성, 즉 정치 공동체에 대한 시민의 애정을 약하게 만들 가능성이 『사회계약론』에서와 다르게 『에밀』에서는 종교가 아니라 오히려 철학에서 발견된다. 종교는 광신의 위험은 지니고 있을지언정 무관심의 위험은 지니고 있지 않은 것으로 묘사된다. 그래서 루소는 종교적 광신에 맞서고, 동시에 철학적 무관심에도 맞선다. 그러나 결코 종교를 버리지는 않는다. 「사부아 보좌신부의 신앙고백」의 마지막 부분에 붙인 주석에서 루소는 일명 '철학자파'의 '궤변'을 비판한다. 철학적 인식이 없으면 종교가 광신으로 흐를 수 있다고 철학자들이 우려하지만, 이와 마찬가지로 종교적 미

---

[26] 이 표현들은 김진석(2008; 2011)에게서 빌렸다. 루소가 이론적·실천적 균형을 찾아가는 방식, 그러나 이리저리 아무 데나 부딪히는 '좌충우돌'이 아니라, 양극단을 비판하면서 동적으로 중간과 균형을 찾아가는 방식을 묘사하기 위해 사용한 것이다.

덕이 없으면 철학 역시 남용될 수 있다고 루소는 우려한다. "광신이 무신론보다 훨씬 더 해롭다"는 17세기의 유명한 철학자 피에르 벨(Pierre Bayle)의 말을 인용한 후에 루소는 이렇게 말한다. "광신이 설령 피비린내 나는 잔혹한 것이라고 할지라도 [종교는] 인간의 마음을 고양하고 죽음을 무시하게 만들고 인간의 마음에 놀라운 충동적인 힘을 주는 위대하고 강력한 정념이어서, 그것을 올바르게만 인도한다면 거기서 더없이 숭고한 미덕을 끌어낼 수 있다."(루소, 2007b: 211-212, 주116) 루소가 보기에는 오히려 무종교, 또는 사변적이기만 한 반종교적 철학이 더 위험한데, 그것이 사람들을 도덕적 선에 대해 무관심하게 만들어 결국 "모든 사회의 참된 기초를 야금야금 무너뜨"리기 때문이다(루소, 2007b: 212, 주116). 루소는 계속해서 종교적 광신의 폐해를 무신론 또는 철학적 정신의 폐해와 비교한다. "무신론이 사람들의 피를 흘리게 하지 않는다면 그것은 평화에 대한 사랑에 의해서라기보다는 선에 대한 무관심에 의해서이다. … 철학적 무관심은 전제정치 아래 있는 국가의 조용함과 비슷하다. 그것은 죽음의 조용함이며, [종교적 광신으로 인한] 전쟁 자체보다도 더 파괴적이다. 이처럼 [종교적] 광신은 오늘날 철학적인 정신이라고 불리는 것보다 그 직접적인 결과에서는 더 유해하기는 하지만 그 후속 결과에서는 훨씬 더 해가 적다."(루소, 2007b: 212, 주116) 루소의 생각은 종교적 광신이 유해하지 않다는 것이 아니라, 종교 없는 철학이 사회적으로 더 파괴적일 수 있다는 것이다. 이것은 종교와 철학의 화해 가능성에 대한 부정이 아니라, 그 둘이 완전히 일치하기를 쉽게 기대할 수 없는 현실 속에서 다만 무엇이 덜 해로운지를 판단하는 것이다.

　루소는 유럽의 기독교화 과정을 긍정적으로 평가한다. '문예(文藝)'가 하지 못한 것을 기독교가 이루었기 때문이다. 루소는 "기독교

덕택"에, 신민이 세속 정부에 순순히 복종하게 되어서, "정부들이 더할 나위 없이 확고한 권위를 가지게" 되었고, "또 혁명이 덜 발생하게" 되었다고 말한다. 신민을 정부에 복종케 함으로써 결과적으로 기독교가 "정부 자체를 덜 잔인하게 만들었다"는 것이다(루소, 2007b: 213, 주116). 기독교에 대한 이와 같은 평가는 『사회계약론』에서의 얘기와 사실상 모순되지 않는다. 거기에서 루소는 기독교의 내세 지향적 성격이 처음에 이교도들에게는 물론이고 기독교도들에게도 제대로 이해되지 못했고, 그래서 억압과 대립이 발생했다고 얘기했는데, 여기에서 루소는 기독교의 성격이 사람들에게 "더욱 잘 알려지면서" 광신이 점차 사라졌고, '이 세계의 왕국'과 '저 세계의 왕국'이 제대로 구분되면서 정부의 권위가 확고해졌으며, 그래서 정부가 덜 잔인하게 되었다고 얘기한다. 기독교가 불관용적인 '시민의 종교'에서 관용적인 복음서의 종교, 즉 '인간의 종교'로 변해가고 있다는 것이다. 『에밀』에서의 기독교에 대한 루소의 평가가 역사적인 것이라면, 『사회계약론』에서의 기독교(인간의 종교)에 대한 루소의 평가는 어디까지나 이론적인 것이고 유형론적인 것이라고 할 수 있다. 이 말은 기독교의 현재적 긍정성이 기독교의 잠재적 부정성과 양립할 수 없는 것이 아니며, 그러므로 기독교의 현재적 긍정성에 대한 루소의 우호적 평가와 잠재적 부정성에 대한 루소의 비판적 우려 역시 양립할 수 없는 것이 아니라는 뜻이다.

『에밀』에서 루소는 종교가 비록 광신으로 흐를 위험성을 내포하고 있지만 철학이 제공하지 못하는 것을 사회에 제공할 수 있다고 생각한다. 샤르댕이라는 프랑스 여행가의 이슬람교도들에 관한 이야기를 옮기며 루소는 내세에 대한 믿음과 최후의 심판에 대한 믿음이 사람들을 어떻게 현세에서 도덕적으로 행동하게 만드는지를 설명한다. 그리고 이렇게 얘기한다. "철학자여, 그대의 도덕률은 매우 그럴듯하다. 그러나 제발 그 도덕률의 처벌 규정을 나에게 보여주시오. 잠시 허튼소리를 멈추고 그대가 폴 세르호[사후에 선한 사람과 악한 사람이 그 위를 지나가면서 구분된다고 하는 다리] 대신에 내놓는 것이 무엇인지를 나에게 명백하게 말해보시오."(루소, 2007b: 213, 주116) 루소가 사회적으로 옹호하는 종교는 결코 순수한 철학적 종교가 아니다. 그것은 '폴 세르호'에 관한 얘기처럼 허구적인 것을 포함하고 있지만 사람들을 그 믿음에 근거해 도덕적으로 행동하게 만드는 종교이다.[27] 종교에 대한 루소의 이런 '실용적' 태도는 단순히 정치적 필요에서만 나오지 않는다. 그것은 또한 진리에 대한 불가지론적 또는 회의주의적 입장에서 나온다. 어느 누구도 진리를 온전히 확신할 수 없다는 사실로부터 타인에 대한 관용적 태도의 정당성이 도출되고, 타인과의 평화로운 공존을 가능케 하는 일종의 '임시 도덕(morale provisoire)'으로서의 법과 (시민) 종교의 합리성이 도출된다. 그래서 루소는 남에게 자신의 생각을 강요하지 말고, "더 큰 깨달음을 기다리면서 공공의 질서를 지키"고, "어느 나라에서나 법률을 존중하고 그 법률이 규정하고 있는 신앙을 뒤흔들지 말며, 시민들을 불복종으로 이끌어가지 말자"고 얘기한다(루소, 2007b: 207).[28] 왜냐하면 우리가 "그들이 자신의 의견을 버리고 남의 의견을 따르는 것이 좋

---

27) 당연히 이 말은 순수한 철학적 종교, 즉 자연종교가 사회적으로 불필요하다거나 무익하다는 것을 의미하지 않는다. 진리가 유익하다는 말이 '훌륭한 설화'가 필요 없음을 의미하지 않듯이, '훌륭한 설화'가 필요하다는 말이 진리가 필요 없음을 의미하지는 않는다.
28) '임시 도덕'이라는 표현은 데카르트의 것이다. 데카르트와 스피노자, 그리고 루소에게서 공통적으로 발견되는 이 임시 도덕과 관련한 생각이 기존의 제도나 관습에 대한 전면적 부정보다는, 그것이 전적으로 나쁘다는 것이 확인되지 않는 한, 그것의 보존을 임시로 지지하는 결론을 내리게 하는 듯하다. 스피노자도 기존의 제도 종교적 생활을 계속할 것을 이웃에게 권한 바 있다. 이에 대해서는 쿡(Cook, 1998) 참조.

은 일인지 어떤지 전혀 알지 못하지만, 법률을 따르지 않는 것이 나쁜 일이라는 것은 매우 확실히 알기 때문이다."(루소, 2007b: 207-208)

결론적으로 (사부아 보좌신부의 입을 빌린) 루소는 양극단을 경계하고 '우충좌돌'하라고 권한다. "맹목적인 신앙심이 광신으로 귀결되는 것처럼 거만한 철학은 신앙이 없는 자유사상으로 귀결"되므로 "[무신론적] 철학자들이 있는 곳에서는 감연히 신을 고백하고, 신앙의 자유를 용납하지 않는 사람들이 있는 곳에서는 감연히 인류애를 설교"하라고 권한다(루소, 2007b: 214-215). 루소에게 기독교, 또는 복음서의 종교인 개신교는 이 '우충좌돌'의 수단이다. 억압적이고 광신적인 종교에 대해 관용과 이성을 주장하고, 작은 사회에 무관심한 창백한 합리주의와 내세 지향적 또는 세계시민적 태도에 대해 열정과 사랑을 주장하는 수단인 것이다. 바로 이런 이중 전선에서 이론적으로 싸우고 있기 때문에, 그리고 그 두 가지 문제에 각각 다른 방식으로 기독교가 관련되어 있기 때문에 기독교에 대해 루소가 일견 모순적인 평가를 내리고 시민 종교와 관련해서도 애매한 태도를 취하면서 그저 '권리/옳음'만을 얘기할 수밖에 없었던 것이 아닐까. 그러면 이제 스피노자가 이 시민 종교의 문제를 루소로 하여금 인식케 한, 유일하지는 않겠지만, 하나의 기원으로서 어떤 비슷한 고민을 했고, 또 어떤 다른 해결책을 모색했는지 살펴보자.

4. 스피노자의 시민 종교 관념

서론에서 이미 언급한 바와 같이, 스피노자의 저작에서 '시민 종교'라는 개념은 사용되고 있지 않지만, 그 관념, 즉 정치적 목적을 위해 종교가 사용된다는 관념은 스피노자의 정치적 저작, 특히 『신학정치론』에서도 발견된다. 그것은 먼저 고대 히브리 국가에 대한 분석에서 잘 드러나고, 그 현대적 함의를 밝히는 부분에서 조심스럽게 다루어진다. 스피노자가 『신학정치론』을 출간한 것은 1670년이다. 『에티카』라고 하는, 그의 사후에야 출간되는 형이상학적 저서의 집필을 중단하면서까지 바로 그때에 써내야 했던 이 책은 그래서 '상황의 저작'(박기순, 2006)이라고도 불리는데, 그 책의 제목이 이미 우리에게 알려주듯이 정치와 종교의 관계 문제를 다루고 있다. 스피노자가 이 책을 쓴 시기는 또한 영국에서 토마스 홉스가 80세에 가까운 나이에 『비히모스』를 쓴 때이기도 하다.[29] '장기의회'라는 그 책의 부제목이 알려주듯이 이 책은 영국 내의 종교전쟁, 일명 '청교도전쟁'을 소재로 다루고 있다. 당시에는 영국에서나 네덜란드에서 모두, 루소의 표현을 빌리자면, '시민을 자기 자신과 모순되게 만드는' 것이 종교였다. 이런 상황에서 스피노자와 홉스는 정치와 종교의 관계를 이론적으로 해명함으로써 사태를 바로잡으려고 노력했다. 홉스의 해법이, 잘 알려진 바와 같이, 이교적(pagan) 방식으로 복귀하는 것, 곧 국가우위론적인 것이라면, 스피노자의 해법은 교회와 국가의 관계만을 두고 보면 홉스와 마찬가지로 국가 우위론적이지만,[30] 궁극적으로 국가와 종교, 신학과 철학을 구분하고, 내면의 종교적·철학적 자유를 최대한 보장한다는 점에서 훨씬 더 자유주의적이다.

---

29) 홉스가 이 책의 초고의 집필을 마친 것은 1668년경으로 추정되며, 1682년에 정식으로 출간되기 전에 이 책의 해적판이 나돌았다고 한다(Hobbes, 1990: vii).
30) 스피노자는 분명하게 홉스적인 어조로 이렇게 적고 있다. "주권을 보유한 사람들이 모든 것에 대한 권리를 전적으로 가지며, 모든 권리는, 시민적 권리뿐만 아니라 종교적 권리도, 전적으로 그들의 결정에 의존한다. 왜냐하면 그들이 그 권리의 해석자이고 또 옹호자여야 하기 때문이다. … 종교는 오직 명령할 권리를 가진 사람들의 결정을 통해서만 법의 힘을 얻는다."(스피노자, 2011a: 354)

그리고 개인의 내면의 자유와 정치 공동체의 자유를 서로 연결된 것으로서 이해한다는 점에서 루소와 마찬가지로 공화주의적이다. 이런 이론적·실천적 목적을 가지고 스피노자는 종교 비판의 작업을 수행한다. 기독교의 권위적 토대가 되는 성서를 해석학적으로 분석함으로써 스피노자는 먼저 기독교에서 유대교적 유산, 즉 특수한 국가 종교적 흔적을 지우고, 다음으로 기독교를 그리스도의 보편적인 도덕적 가르침으로 축소하고, 마지막으로 다시 그것을 구체적인 정치 공동체에서의 시민의 삶과 일치시킨다.

1) '입법자' 모세: 유대교를 특수화하기

『신학정치론』에서 모세는 그리스도와 함께 매우 중요한 인물로서 등장한다. 그리스도가 진리를 가르친 교사로서 등장한다면, 모세는 법을 제정하여 명령한 입법자로서 등장한다. 모세는, 루소가 『사회계약론』에서 그를 입법자의 한 예로서 언급한 바와 같이, 신의 권위를 빌려 '어떤 합법적 권위도 없이' 이집트에서 해방된 히브리인들에게 법을 부여하고 종교를 도입한 초인적 존재로서 묘사된다(스피노자, 2011a: 109-110). 오랜 노예 생활에서 해방된 히브리인들은 마치 자연 상태 속의 인간처럼 어떤 다른 민족의 법에도 구속되지 않았다. 그래서 이들에게는 원하는 대로 새로운 법을 제정하거나, 새로운 권리를 수립하는 것, 그리고 원하는 곳 어디에서나 주권을 보유하는 것, 그리고 원하는 땅을 차지하는 것이 허락되었다. 그러나 그들은 오랫동안 이집트에서 노예 생활을 했기 때문에 교육을 제대로 받지 않아서 자신들을 스스로 통치할 능력을 지니고 있지 않았다. 그래서 통치권이, 나머지 다른 사람들에게 명령하고, 그들을 무력으로써 누르고, 그럼으로써 마침내 법을 제정하고, 그 법을 해석할 어떤 한 사람에게 있어야 했다. 그가 바로 모세였던 것이다. 그는 자신이 신적인 능력 면에서 다른 사람들보다 뛰어나다는 것을 기적을 통해 보임으로써 히브리인들을 설득했으며, 그렇게 종교적으로 설득된 히브리인들의 동의에 근거해 법을 만들어 그들에게 부과했다(스피노자, 2011a: 109).

스피노자는 기독교인들이 '율법'이라고 부르는 것이, 그리고 그 안에 포함되어 있는 각종 의례들이 모세에 의해 당시의 히브리인들에게만 적합하게 제정된 특수한 '국법'에 불과하다고 주장한다(스피노자, 2011a: 90, 93-94, 111, 172). 이는 기독교 안에 있는 유대교적 요소들을 히브리 민족의 특수한 역사적 상황에서 비롯한 제한된 목적만을 지니는 것으로 규정함으로써 제거하려는 것이다. 히브리인의 특수한 역사를 보편화하고 그들의 특수한 국가형태를 부활시키려는 시도를 막기 위함이다. 왜냐하면 17세기의 네덜란드 칼뱅주의자들이 자국을 '새로운 이스라엘'로 만들려고, 즉 그들이 옳다고 믿는 율법주의적 개신교를 국교화하려고 했기 때문이다(Smith, 1997: 146).[31] 루소의 설명처럼 고대국가는 신정국가였고, 그 국가에서 법은 마치 신의 계율처럼 여겨졌다. 히브리인의 국가에서도 그랬다. 그렇다면 히브리 국가의 멸망 이후에 이 법은 국법으로서도 종교법으로서도 그 효력을 상실해야 마땅하다. 그리고 스피노자에 의하면 실제로

---

31) 스미스는 이미 16세기에 네덜란드인들이 스페인에 맞서 독립전쟁을 치를 때부터 히브리인의 '해방 설화'가 그들의 것으로 전유되었다고 설명한다. 그러나 이것이 순수하게 민족주의적인 것만은 아니었고, 칼뱅주의 성직자들에 의해 종교적으로 이용되어, 종교적 선민의식을 유포하고 성직자들을 스스로 '예언자'로 여기게까지 했다고 말한다. '영국 여왕의 압제'에서 벗어나 신대륙에 정착한 청교도들, 그리고 20세기 중반에 '백인들의 압제'에 맞서 저항한 흑인 민권운동이 모두 이 '출애굽(Exodus)' 신화를 자신들의 것으로 전유한 것은 매우 흥미로운 일이다. 이에 대해서는 왈저(Walzer, 1985) 참조.

도 그랬다. 유대교 고유의 종교의식은 히브리 국가의 몰락 후에 계속 지켜지지 않다가, 오히려 기독교가 등장한 후에 바리새인들에 의해 신을 섬기기 위해서가 아니라 그저 기독교에 반대하기 위해 지켜지게 되었다(스피노자, 2011a: 105-106). 그리고 기독교가 유대교화하면서 '특정' 민족인 유대인의, 그것도 '한때의' 국법이었던 것이 마치 '보편적'이고 '초역사적'인 신법처럼 오해되기에 이르렀다. 그래서 그 법에 따라 사는 것이야말로 진정한 기독교인이라면 마땅히 해야 할 일인 것처럼 오해된 것이다.

정치와 종교가 하나로 결합되어 있던 히브리 신정국가에서 국법은 종교법의 외양을 띠었고, 종교법은 국가에 의해 강제되었다. 스피노자는 루소와 마찬가지로 고대의 이런 폐쇄적이고 배타적인 신정국가가 전쟁을 통해서만 지속될 수 있었지만, 그것이 지속되는 한 나름의 정치적 합리성을 지니고 있었다고 생각한다. 주권이 온전히 신에게 있었고, 사실상의 유일한 입법자이자 절대주권자였던 모세가 죽은 후, 신의 뜻(법)을 해석하는 사법의 기능과 집행하는 행정의 기능이 분리되었으며, 다시 그 지배 권력이 군사적으로 철저히 인민에게 의존하도록 설계되었기 때문이다. 여기에 덧붙여 국민들의 사회경제적 불평등을 정기적으로 조정하는 이른바 '희년' 제도가 있었다(스피노자, 2011a: 319-333). 이랬던 히브리 국가의 몰락 원인을 스피노자는, 애초의 의도와 다르게 히브리인들이 우상을 숭배하여 사제직이 한 부족에게 전적으로 주어지고 나중에 대사제가 종교적 권위를 이용하여 정치적 권력마저 행사하면서, 사실상의 민주정이었던 신정이 '사제 지배(sacerdotium)'로 변질된 데에서 찾는다(스피노자, 2011a: 335-342). 이로부터 스피노자가 도출하는 결론은 홉스의 생각과 마찬가지로 사제들이 정치적 권력을 보유해서는 절대 안 되며, 오직 정치적 주권자가 (외면) 종교에 관한 해석의 권한도 보유해야 한다는 것이다(스피노자, 2011a: 349-350).

루소가 개별 국가의 권위를 무력화하는 가톨릭교회의 배타적이고 불관용적인 보편주의(사제의 종교)와 제네바 개신교의 마찬가지로 불관용적인 국교화 시도(시민의 종교)에 동시에 맞서야 했듯이, 스피노자 역시 신생 네덜란드 공화국의 자유를 지키기 위해 그 주권을 무력화하려는 스페인과 프랑스 가톨릭교회의 시도와, 개인의 자유를 억압하려는 네덜란드 칼뱅주의 성직자들의 시도에 동시에 맞서야 했다. 이를 위해 스피노자는 히브리 국가의 역사를 분석하고 성서를 재해석하여 먼저 유대교와 그 종교법을 특수화하고, 히브리 국가의 몰락 원인을 사제들과 예언자들의 부당한 정치적 개입에서 찾아 그런 일을 획책하는 당대의 교회들과 성직자들의 정치적·종교적 정당성을 박탈하려고 한다.

2) '교사' 그리스도: 기독교를 보편화하기

모세의 역할과 그가 제정한 법의 지위를 밝힌 스피노자는 이제 그 특수한 법을 보편적 진리인 그리스도의 가르침과 구분한다. 스피노자의 생각에 모세의 율법은 그것이 '신의 뜻'에 부합한다는 의미에서 분명히 '신성한 법'이지만, 그렇다고 해서 신법이 곧 모세의 율법은 아니다. 신의 계시를 표상(表象)적 매개를 통해 받은, 즉 자신들의 신체적·정신적 처지와 조건에 종속된 상태에서 받은 모세나 그 밖의 예언자들과 다르게, 그리스도는 신의 계시를 아무런 매개 없이 정신을 통해 직접 받았다(스피노자, 2011a: 94-96). 그러므로 그리스도의 지위는 뛰어난 인간이지만 결국 인간이기만 한 모세나 다른 예언자들의 지위와 전적으로 다르다. 그러나 그리스도의 지위가 신적이더라도, 즉 그가 정신을 통해 오류 없이 신의 계시를 받았더라도 그가 그 계시를 다시 인간에게 전해야 한다면, 그리스도 역시 모세와 마찬가지로 '대중이 수용할 수 있도록(ad captum vulgi)', 즉 듣는 사람의 지적 수준과 언어, 어휘, 그리고 그 밖의 각종 상황에 맞게 말할 수밖에 없다(스피노자, 2011a: 96). 물론 이때 그리스도가 그렇게 하는 것은 자기 능력의 부족 때문이 아니라 듣는 이의 부족한 상태 때문이지만, 결국 크게 달라지는 것은 없다. 이런 조건 속에서 그리스도가 사람들에게 신의 뜻, 곧 진리를 가르치려고 했다면, 무엇을 어떻게 가르쳤을까?

스피노자는 그리스도가 모든 사람에게 진리를 가르쳤다고 생각한다. 그리고 그렇기 때문에 그리스도가 어느 누구나 이해할 수 있는 일반적인 내용을 어느 누구도 오해할 수 없는 분명한 방식으로 가르쳤다고 생각한다. 스피노자는 그리스도의 가르침을, 그리스도 자신이 성서 전체의 가르침을 그렇게 요약한 것처럼, 두 가지로 요약한다. 신이 존재한다는 것과 이웃을 사랑함으로써 그 신을 사랑하라는 것이다(스피노자, 2011a: 270-271). 신의 존재에 대한 믿음은 오로지 이웃 사랑을 실천함으로써만 증명될 수 있다. 그러므로 이웃 사랑은 모든 계명 중의 으뜸이 된다. 이 계명으로부터 나머지 모든 실천적 계명이 도출되어야 하고(스피노자, 2011a: 266-267), 이것과 어긋나는 것은 어떤 것도 종교의 이름으로 실천되어서는 안 된다. 이것이 신의 뜻이고 명령이며, 그리스도의 가르침이다. 그러므로 자신과 생각이 다르다고 해서 이웃을 박해하는 사람이 있다면 그는 '그리스도의 적'이다(스피노자, 2011a: 269).

스피노자는 더 나아가서 이렇게 주장한다. "신의 명령을 따라 공의(justitia)와 자비(charitas)를 실천하는 사람은 신의 법(lex Dei)을 이행하는 것이다. 그러므로 공의와 자비가 법(jus)과 명령(mandatum)의 힘을 가진 곳, 그곳이 바로 신의 왕국(Regnum Dei)이다."(스피노자, 2011a: 355) 이웃 사랑, 곧 이웃에게 공의와 자비를 베푸는 것이 신법의 내용이므로 그 신법이 실제로 이행되는 곳이라면, 바로 그곳이 다름 아닌 '신국'이라는 것이다. 이는 아우구스티누스에 의해 확립되고 루터에 의해 거듭 확인된 기독교 전통의 이른바 '두 왕국 이론'을 부정하는 것이고, 루소가 현세에서의 도덕적 삶을 위해서도 필요하다고 생각한 '다른 세계' 또는 '내세'에서의 삶을 부정하는 것이다. 내세를 부정함으로써 스피노자는 신을 세상에 '내재화'하고 종교를 철저히, 굳이 표현하자면 '현세적' 목적에, 더 정확히 표현하자면 세상의 내재적 목적에 복속시킨다.

3) 기독교를 다시 특수화하기

신의 뜻을 따라 이 세상에서 이루어져야 하는 이웃 사랑, 즉 공의와 자비의 실천은 앞의 인용문이 강조하고 있듯이 어디까지나 법과 명령의 힘을 통해서만 가능하므로 또한 법과 명령의 효력 범위 안에서만, 즉 국가 안에서만 가능하다. 사랑해야 할 '이웃'의 범위는 무한정 확장될 수도 없고 확장되어서도 안 되지만, 그 범위 안에 있는 사람은 행여 그가 나와 다른 종교적 견해를 가지고 있더라도 그가 "정직한 사람", "정의를 사랑하는 사람", "선량한 사람"이라면, 마땅히 사랑해야 할 '이웃'이 된다(스피노자, 2011a: 269-270). 뒤집어 보면 이 말은 법과 명령의 효력 범위 바깥에 있는 사람, 또는 그 안에 있더라도 그 법과 명령을 지키지 않는 사람, 곧 정직하지 않은 사람, 정의를 사랑하지 않는 사람, 선량하지 않은 사람은 '이웃'이 아니라는 뜻이다. 이웃이 아닌 자를 사랑하지 않는 것은 정치적으로뿐만 아니라 종교적으로도 전혀 문제가 되지 않는다. 오히려 그런 자를 사랑하는 것이 문제가 될 수 있다.

스피노자는 '정직함', '정의를 사랑함', '선량함'을 초국가적으로 또는 탈정치적으로 해석하지 않고, 오히려 철저하게 정치적으로 해석하고, 그렇게 정치적으로 해석된 시민적 덕성들을 종교적 계율, 즉 그리스도의 가르침과 일치시킨다. 그렇게 함으로써 스피노자는 루소와 마찬가지로 '인간을 자기 자신과 모순되지 않을 수 있게' 만들려고 한다. 어떤 사람이 정직한 시민이고, 법을 지키는 정의로운 시민이고, 이웃을 돕는 선량한 시민이라면, 그가 사변적으로 무엇을 믿고 어떻게 생각하든지 간에, 그를 박해하는 자가 오히려 그리스도의 진짜 적이고, 그를 사랑하는 자가 그리스도의 가르침을 진정으로 실천하는 자이다. 왜냐하면 그가 범법자가 아니라면, 그의 종교와 상관없이 동료 시민을 사랑하는 것이야말로, 그럼으로써 정치 공동체를 단결시키고 평화롭게 하는 것이야말로 신의 뜻이고 그리스도의 가르침이기 때문이다. 그리고 그것이 신의 뜻인 한 그것은 또한 이성의 가르침과 일치한다. 그러므로 우리는 이 정치적 진리를 신의 계시 없이도, 성서에 의존하지 않고도 알 수 있고 실천할 수 있다.

  이 정치적 진리를 그리스도는 모든 사람을 상대로 가르쳤으며, 그렇기 때문에 또한 특수한 상황 속에 있는 모든 사람에게 보편적으로 적용될 수 있는 방식으로 가르쳤다. 이웃을 사랑하라는 가르침이 바로 그런 것이라면, 그것은 소속한 정치 공동체와 무관하게 모든 사람을 무조건적으로 사랑하라는 무리한 명령이 아니라, 특수한 상황 속에 있는 다양한 사람에게 공통적으로 적용될 수 있는, 그런 의미에서 정말로 보편적인 실천적·도덕적 진리의 계시여야 할 것이다. 스피노자는 먼저 유대교를 특수화하고 기독교를 보편화하지만, 다시 그 보편화한 기독교의 가르침을 실천적 적용의 차원에서 특수화함으로써 국가와 양립시킨다. 이 두 방향의 종교 비판을 통해 기독교의 국가 종교(루소적 의미의 '시민의 종교')화와 세계종교(루소적 의미의 '인간의 종교')화를 저지하려고 한다. 루소가 '우충좌돌'하며 통제하기 위해 씨름한 '기독교의 지배적 정신'을 스피노자 역시 두 방향의 비판 작업을 통해 통제하려고 하는 것이다. 두 번째 방향의 비판에서 '원수를 사랑하라'는 그리스도의 가르침에 대한 스피노자의 해석은 중요한 역할을 한다.

스피노자는 '네 이웃을 사랑하고, 네 원수를 미워하라'는 율법의 명령과 '원수를 사랑하라'는 그리스도의 명령이 서로 충돌하는 것이 아니라, 동일한 보편적 신법이 상이한 역사적 상황에서 다르게 적용된 것이라고 주장한다.[32] 스피노자는 예수의 산상수훈 속의 대조되는 두 구절의 상이한 발화 맥락을 다음과 같이 설명한다. "히브리인들은 그들이 [이집트에서 탈출함으로써] 얻은 자유를 보존할 수 있기 위해, 그리고 그들이 [전쟁을 통해 타민족을 내쫓고] 점령한 [가나안] 땅을 절대적 주권으로써 유지하기 위해 … 종교를 오로지 자신들의 국가에 맞추고 자신들을 다른 민족들과 구분해야 했다. 그래서 '네 이웃을 사랑하고, 네 원수를 미워하라'고 하는 명령이 그들에게 주어졌던 것이다. 그러나 히브리인들이 주권을 잃고 바빌로니아에 포로로 끌려간 후에 예레미아는 그들에게 포로로 끌려간 국가의 안전을 (또한) 염두에 두라고 가르쳤다. 그리고 그리스도는 히브리인들이 지구 전역으로 흩어지게 될 것을 본 후에 그들 모두에게 절대적으로 국가에 대한 충성의 의무를 다하라고 가르쳤다. 종교가 언제나 공화국의 이익에 맞추어졌음을 이 모든 것이 매우 분명히 보여준다."(스피노자, 2011a: 361)

---

32) 「마태복음」 5장 43-44절. 이에 대한 더 자세한 논의는 공진성(2011, 42f)을, '오른뺨을 때리면 왼뺨도 내밀라'는 구절의 해석에 관해서는 스피노자(2011a: 152-153) 참조.

스피노자는 표면적으로 상이한 명령들에서 동일한 진리를 파악해야 하고, 그리스도가 이웃을 사랑하라고 가르친 것이 바로 그 보편적 진리를 단순하게 표현한 것이라고 주장한다. 그렇다면 '이웃 사랑'이라는 이 보편적 진리를 특수한 상황에서 어떻게 적용해야 할까? 스피노자는 그 판단이 주권자의 소관 사항이라고 말한다. "사람이 어떻게 이웃을 사랑(pietas)으로써 섬겨야 하는지, 다시 말해 어떻게 신에게 복종해야 하는지를 결정하는 것도 전적으로 최고 권력의 임무이다."(스피노자, 2011a: 360) 또 이렇게 이야기한다. "사람이 마땅히 해야 하는 사랑의 실천이 공공의 이익에 부합하지 않는다면, 그리고 그럼으로써 최고 권력의 모든 결정에 복종하지 않는다면, 어느 누구도 신에게 올바로 복종할 수 없다."(스피노자, 2011a: 360)[33] 스피노자에 의하면 우리는 분명히 신의 명령에 따라 이웃 사랑을 실천해야 하며, 다른 누구에게도 해를 끼쳐서는 안 된다. 그러나 "다른 사람에게 해를 끼치면서 남에게 도움을 베푸는 것은 어느 누구에게도 허용되지 않으며, 공화국 전체에 해를 끼치면서 남에게 도움을 베푸는 것은 더욱 허용되지 않는다."(스피노자, 2011a: 360) 그러므로 우리는 무엇보다도 국법을 지켜야 한다. 그것은 신법을 거스르는 것이 아니라, 스피노자의 생각에 그것이야말로 신법을 따르는 것이다. 왜냐하면 신은 우리에게 자기를 보존하라고 명령하며, 자기를 신체적으로나 정신적으로 보존하는 가장 좋은 방법은 정치 공동체를 보존하는 것이기 때문이다. 그래서 스피노자는 이렇게 말한다. "정의와, 참된

---

33) 그 반대로 표현하여 스피노자는 이렇게도 말한다. "이웃에 대한 사랑을 실천하는 최선의 방법이 평화를 지키고 조화를 추구하는 것임을 우리가 다른 무엇보다 먼저 고려한다면, 우리는 국가의 법률이 허용하는 한도 내에서, 즉 조화와 평화 속에서 타인을 돕는 사람이 실제로 자신의 의무를 다하는 사람임을 의심하지 않게 될 것이다."(스피노자, 2011b: 411-412)

이성의 가르침 전체, 즉 이웃에 대한 사랑은 오로지 국가(imperium)의 권리로부터, 다시 말해 오로지 지배할 권리(jus imperandi)를 가진 사람들의 결정으로부터 법과 명령의 힘을 얻는다. (이미 살펴본 바와 같이) 신의 왕국은 오로지 정의와 사랑의 법, 곧 참된 종교의 법 안에서만 존재하므로 주권(imperium)을 보유한 사람들을 통하지 않고서 신은 사람들 사이에 어떤 왕국도 가지지 않는다."(스피노자, 2011a: 356)[34]

4) 정치적 통합과 관용

이제 두 가지 질문이 남는다. 스피노자가 당위적으로 생각하는 그 공화국은 얼마나 개인의 차이에 대해 관용적일까? 그 공화국이 정치적으로 통합되기 위해서는 과연 하나의 (시민) 종교가 필요할까? 스피노자에게 이 두 가지는 하나의 문제이다. 국가가 관용적인 시민 종교를 가질 때에 그 안에서 시민들이 사상과 표현의 자유를 최대한 누리면서도 관용될 수 있기 때문이다. 관용적인 시민 종교, '보편적 신앙'의 공유는 개인들의 자유를 보장하면서도 그들을 시민으로서 하나로 묶는 핵심 매개이다.

『정치학논고』에서 스피노자는 정치의 유용함을 주장하면서, '가르침'에 의존하는 종교는 인간의 정서에 대해 그리 큰 힘을 가지지 못한다고 말한다(스피노자, 2011b: 391). 그러면서 원론적으로 국가와

---

[34] 이성은 우리에게 자신에게 가장 유익한 존재와 결합할 것을 가르친다. 인간은 자연 상태에서보다 정치 공동체 안에서 더 자유롭고 더 완전해지므로 이성에 의해 인도되는 사람은 정치 공동체에 속하기를 원하며 그 정치 공동체의 법을 지키기를 욕구하게 마련이다. 이에 대해서는 스피노자(2007), 4부 정리73 증명을, 또한 공진성(2011: 36-38) 참조.

종교를 철저히 분리하려고 한다. 종교에 국가가 관여해서도 안 되고, 종교 역시 국가에 관여해서는 안 된다는 것이다(스피노자, 2011b: 439). 그러나 다시 8장에서 스피노자는 귀족정체에서 주권자인 귀족이 모두, 『신학정치론』 14장에서 묘사한 것과 같은, "가장 단순하고 최대한 보편적인 종교"에 속해야 한다고 주장한다. 그리고 그것이 주권자가 종교적으로 분열하는 사태를 미연에 방지하기 위함이라고 설명한다. 이 말은 주권자가 그저 하나의 종교를 공유하면 된다는 것이 아니라, 서로 싸울 일을 없게 하는 하나의 관용적인 종교를 공유해야 한다는 것이다. 그것은 일차적으로 "귀족들이 여러 종파로 나뉘지 않도록, 그래서 어떤 사람은 이 종파를, 다른 사람은 저 종파를 더 선호하지 않도록 경계하기 위함"이지만, 또한 귀족들이 "미신에 사로잡혀 느끼는 것을 말할 자유를 신민에게서 앗아가려고 노력하지 않도록 경계하기 위함"이기도 하다(스피노자, 2011b: 492).

스피노자는 『신학정치론』 14장에서 그런 '보편적 신앙(fides catholica, sive universale)'에 대해 이야기한다. 그는 어떤 신앙이 정말로 '가톨릭', 즉 보편적 신앙이라면 사람들을 분열시키는 내용을 교리로 제정해서는 안 되며, 모든 사람을 신에게 복종케 함으로써 또한 국가에 복종케 하는 데에 기여하는 최소한의 것만을 교리로 제정해야 한다고 이야기한다(스피노자, 2011a: 270). 17세기에 개신교 국가인 네덜란드에서 스피노자는 일곱 가지 교리를 그 예로서 제시하고 있다.[35] 그러나 당연히 그 숫자와 내용은 어떤 구체적인 정치 공동체에 살고 있는 사람들이 믿는 바의 최대공약수가 될 것이다. 그 외의 것에 대해서는 각자 자유롭게 믿고 싶어 하는 대로 믿게 내버려두어야

---

35) 스피노자(2011a: 270-272)와 이 글의 주석 17 참조.

한다고 스피노자는 말한다. 그러므로 당시보다 훨씬 더 다양한 사람을 포함하고 있는 오늘날의 어떤 국가가 시민들을 정치적으로 통합하기 위해 필요로 하는 '보편적 신앙'의 교리는 그 수가 더 적고 그 내용도 사뭇 다르겠지만, 여전히 다양한 사람을 하나로 묶을 수 있는 최소한의 것을 제외하고는 자유롭게 믿고 생각할 수 있게 허용할 것이다.

스피노자는 국가가 그런 '최대 신조'를 적극적으로 제정해야 한다고 생각한다.[36] 그래야 오히려 사인들이 종교적인 문제를 가지고 싸우지 않을 수 있고, 싸우는 사람을 범법자로 간주하여 처벌할 수 있다고 생각한다. 이 시민 종교는 스피노자가 『정치학논고』 1장에서 부정적으로 평가한, 인간의 정서에 대해 효과적으로 작용하지 못하고 그저 좋은 말만 하는 그런 종교, 즉 루소적 의미의 '인간의 종교'와 다르게 정서적인 방식으로 강제되고 고취되어야 할 것이다. 그러므로 이 종교는 '인간의 종교'와 다르게 성전도, 제단도, 의례도 가질 것이다.[37] 그리고 그것들을 통해 이 종교는 시민들로 하여금 관용을 내면화하게 할 것이며, 그렇게 내면화된 관용의 정신에 기반해 시민들이 자신의 자유를 지키기 위해 기꺼이 국가의 자유를 지키기를 원

---

36) 클레버(Klever, 2009: 5)는 스피노자가 『신학정치론』 14장에서 열거한 기독교의 근본 교리들을 '최소 신조(credo minimum)'라고 부르는 것이 (추측컨대 그 외의 것이 추가될 수 있다는 오해를 불러일으킨다는 점에서) 잘못되었다고 지적하고서 굳이 어떤 명칭을 붙여야 한다면 차라리 '최대 신조(credo maximum)'라고 해야 할 것이라고 주장한다.

37) 스피노자는 히브리인들이 여가와 축제를 즐겼고 쉽게 지루해하지 않을 정도로 다양한 의례를 가지고 있었다고 긍정적으로 평가하며 이렇게 말한다. "나는 사람들의 영혼을 움직이는 데에 이보다 더 효과적인 것이 고안될 수 있다고 생각하지 않는다. 왜냐하면 어떤 것도 영혼을 [종교적] 헌신으로부터, 즉 사랑과 경외심으로부터 함께 생겨나는 즐거움보다 더 잘 사로잡지 못하기 때문이다."(스피노자, 2011a: 334-335)

하도록 만들 것이다. 이것이 "국가의 진정한 목적은 자유"라는 말의 뜻이다(스피노자, 2011a: 373).

5. 미완의 기획, 시민 종교

시민 종교에 관한 스피노자와 루소의 생각은 종교개혁 이후에 형성된 유럽의 근대 국민국가 체계가 본질적으로 내포하고 있는 문제가 무엇인지를 보여준다. 그것은 개인에게 작용하는, 정치적이거나 종교적인 구심적 사랑과 원심적 사랑 사이에서 바로 그 개인의 자유와 이익을 위해 필요한 정치 공동체가 어떻게 그 구성원의 사랑을 자기에게 향하게 할 수 있을 것이냐의 문제이다. 초국가적으로 이 사랑을 바티칸을 향하게 하는 '사제의 종교' 로마 가톨릭과, 국가 이하에서 이 사랑을 자기 공동체로 향하게 하려는 많은 종파 사이에서 루소와 스피노자는 모두 자유의 원인이자 결과인 공화국으로 시민의 사랑을 향하게 하려고 했다. 그것이 곧 개인이 자기의 자연적 권리를 지키는 길이며, 그렇게 하는 것이 또한 자연법과 신법에 부합하는 것이라고 생각한 것이다. 가톨릭교회에 맞서 스피노자와 루소는 한편으로는 루터나 칼뱅과 마찬가지로 기독교를 탈세속화하고 내면 종교화하지만, 다른 한편으로는 약해진 시민의 국가에 대한 사랑을 회복하기 위해 국가를 재종교화한다. 이것이 스피노자와 루소의 시민 종교 기획이다. 두 사람의 이런 시민 종교 기획은 이성주의적이고 계몽주의적인 인간 해방 기획의 한계에 대한 철학적 반성이면서 동시에 인간의 정서에 미치는 종교의 힘에 대한 인정이기도 하다. 좋은 정치에 종교가 필요하다는 것이다. 이것은 보편적 요구이다. 다양한 생각을 지닌 시민을 정치적으로 통합하기 위해 종교가 필요하지만, 종교를 억압적이고 불관용적으로 작용하지 못하도록 제어할 장치가 필요하다. 이것은 근대의 특수한 요구이다. 그래서 스피노자와 루소는 모두 관용을 그 핵심 가치로 삼는 시민 종교, 불관용을 금지하는 시민 종교를 제안한다. 스피노자는 그런 시민 종교 관념을, 루소는 그것을 더욱 구체화하여 시민 종교 개념을 제시한다. 기독교는 이런 시민 종교 구상을 현실 속에서 실현하기 어렵게 하는 요소였다. '기독교의 정신'을 정치적 통합과 시민의 자유와 모순되지 않게 하기 위해 루소와 스피노자는 각각 다른 방식으로 노력했다.

두 사람의 시민 종교 사상은 그 자체로 현실에 적용될 수 있는 구체적 구상으로서보다는, 사회계약론 자체가 그렇듯이, 현실에 대한 규범적 판단을 위한 "규제적 이념(regulative idea)"으로서 간주되어야 할 것이다(Eckstein, 1944: 263). 그런 이념에 비추어 볼 때, 현실은 당시나 지금이나 마찬가지로 비판되고 극복되어야 할 모습으로 나타난다. 스피노자와 루소는 모두 그런 현실 속에 있었다. 스피노자는 『신학정치론』의 마지막을 이런 구절로 끝맺고 있다. "나는 내 조국의 최고 권력이 행하는 시험과 판단에 복속하지 않는 어떤 것도 쓰지 않았음을 분명히 밝힌다. 만약 최고 권력이 내가 말한 것 가운데 그 무엇이 조국의 법률들에 반하거나 공동의 행복에 해를 끼친다고 판단다면, 나는 그러한 것을 말하지 않았기를 원한다. 나는 내가 한 사람의 인간이며 [따라서] 잘못을 범할 수 있음을 안다. 그러나 나는 잘못을 범하지 않으려고 노력했고, 무엇보다도 모든 점에서 내 조국의 법과 신앙심, 그리고 좋은 관습들에 상응하게 쓰려고 노력했다." (스피노자, 2011a: 383) 그리고 루소는 자신의 책 『사회계약론』을 옹호하며 이렇게 말한다. "나는 어쩌면 잘못 생각했을 수도 있습니다. 그런데 조국에 대한 사랑 때문에 나도 모르게 깜박 오류를 범했을 지도 모르는 것을 가지고 조국이 나를 처벌해야 했겠습니까?"(루소, 2007a: 375) 두 사람은 공통적으로 조국에 대한 자신들의 사랑을 강조하고, 그 조국의 법과 종교에 충실하려고 노력했다고 주장한다. 그러나 현실 속의 자신들의 조국의 법과 종교는 그들이 생각하는 것과 다르게 종교적 열정에 휘둘려 그들의 사랑을 오해하고서 그들이 쓴 글들을 금서로 판정했으며, 심지어 인신을 처벌하기까지 했다. 관용적인 시민 종교의 필요성에 대한 주장은 바로 불관용적인 종교적 열정으로 뜨거운 세상에서 자신들과 같은 사람을 보호해줄 수 있는 '자유로운 공화국'의 필요성에 관한 것이었다. 그리고 이 필요성을 오늘날에도 누군가는 절실히 느끼고 있을 것이다.

참고 문헌

강성훈, 2010, 「루소 사상에서 정치적 이데올로기로서의 '종교': 플라톤과의 비교를 중심으로」, 『교육철학』 49: 1-24.
공진성, 2007, 「스피노자, 관용, 그리고 종교적 불복종의 문제」, 『정치사상연구』 13(2): 102-131.
공진성, 2011, 「스피노자와 애국심」, 『한국정치학회보』 45(4): 29-48.
김용민, 2004, 『루소의 정치철학』, 서울: 인간사랑.
김진석, 2008, 『기우뚱한 균형』, 서울: 개마고원.
김진석, 2011, 『우충좌돌: 중도의 재발견』, 서울: 개마고원.
루소, 장 자크, 1999, 『사회계약론』, 이환 옮김, 서울: 서울대학교출판부.
루소, 장 자크, 2004, 「정치경제론」, 『장 자크 루소와 국제정치』, 김용구 옮김, 서울: 원.
루소, 장 자크, 2007a, 「산에서 쓴 편지」, 『학문과 예술에 대하여 외』, 김중현 옮김, 파주: 한길사.

루소, 장 자크, 2007b, 『에밀 또는 교육론 2』, 이용철·문경자 옮김, 파주: 한길사.

박기순, 2006, 「스피노자, 『신학정치론』 — 상황의 저작」, 『철학과현실』 71: 252-263.

슈미트, 칼, 1992, 「홉스의 국가론에서의 리바이아턴」(1938), 『로마 가톨릭주의와 정치형태·홉스 국가론에서의 리바이아턴』, 김효전 옮김, 서울: 교육과학사.

슈미트, 카를, 2012, 『정치적인 것의 개념』, 김효전·정태호 옮김, 서울: 살림.

스피노자, 베네딕트, 2007, 『에티카』, 강영계 옮김, 서울: 서광사.

스피노자, 베네딕트, 2011a, 「신학정치론」, 『신학정치론·정치학논고』, 최형익 옮김, 서울: 비르투.

스피노자, 베네딕트, 2011b, 「정치학논고」, 『신학정치론·정치학논고』, 최형익 옮김, 서울: 비르투.

큉, 한스, 1992, 『세계윤리구상』, 안명옥 옮김, 왜관: 분도출판사.

퍼트남, 로버트·캠벨, 데이비드, 2013, 『아메리칸 그레이스: 종교는 어떻게 사회를 분열시키고 통합하는가』, 안병진 외 옮김, 서울: 페이퍼로드.

Beiner, Ronald, 2011, *Civil Religion: A Dialogue in the History of Political Philosophy*, New York: Cambridge University Press.

Bellah, Robert N., 1967, "Civil Religion in America", *Daedalus* 96(1): 1-21.

Cook, J. Thomas, 1998, "Did Spinoza Lie to His Landlady?", *Studia Spinozana* 11: 15-38.

Eckstein, Walter, 1944, "Rousseau and Spinoza: Their political theories and their conception of ethical freedom", *Journal of the History of Ideas* 5(3): 259-291.

Hobbes, Thomas, 1990, *Behemoth or The Long Parliament*, Chicago: Chicago University Press.

Kersting, Wolfgang, 2002, *Jean-Jacques Rousseaus "Gesellschaftsvertrag"*, Darmstadt: Wissenschaftliche Buchgesellschaft.

Klever, Wim, 2009, "Wim Klever's 22 August 2009 letter to Paolo Cristofolini", http://www.benedictusdespinoza.nl/lit/KleverToCristofolini.pdf

Locke, John, 1996, *Ein Brief über Toleranz*, Trans. Julius Ebbinghaus, Hamburg:

Meiner.

Rehm, Michaela, 2000, "'Ein rein bürgerliches Glaubensbekenntnis': Zivilreligion als Vollendung des Politischen?", Ed. Reinhard Brandt & Karlfriedrich Herb, *Jean-Jacques Rousseau, Vom Gesellschaftsvertrag oder Prinzipen des Staatsrechts*, Berlin: Akademie Verlag.

Rousseau, Jean-Jacques, 1915, *The Political Writings of Jean Jacques Rousseau*, Ed. C. E. Vaughan, Cambridge: Cambridge University Press.

Rousseau, Jean-Jacques, 1964, *Œuvres complètes* III, Paris: Gallimard.

Rousseau, Jean-Jacques, 1978, *On the Social Contract, with the Geneva Manuscript and Political Economy*, Ed. Roger D. Masters, Trans. Judith R. Masters, New York: St Martin's Press.

Samely, Alexander, 1993, *Spinozas Theorie der Religion*, Würzburg: Königshausen & Neumann.

Smith, Steven B., 1997, *Spinoza, Liberalism, and the Qeustion of Jewish Identity*, New Haven: Yale University Press.

Spinoza, Benedict, 1958, *The Political Works of Benedict Spinoza*, Trans. A. G. Wernham, London: Oxford University Press.

Walther, Manfred, 1996, "Die Religion des Bürgers - eine Aporie der politischen Kultur der Neuzeit? Hobbes, Spinoza und Rousseau oder Über die Folgenlast des Endes der politischen Theologie", Ed. Herfried Münkler, *Bürgerreligion und Bürgertugend: Debatten über die vorpolitischen Grundlagen politischer Ordnung*, Baden-Baden: Nomos Verlagsgesellschaft.

Walzer, Michael, 1985, *Exodus and Revolution*, New York: Basic Books.

12장 공화제의 관점에서 본 루소와 칸트의 정치철학

신충식

> 인간의 정의와 자유는 오직 법에서 기인한다. 법질서 내에서 인간 간의 자연스러운 평등을 재수립하는 것은 바로 만인의 이러한 의지 기관이다.
> -루소,「정치경제론」

> 그에 대해서 자주 그리고 계속해서 숙고하면 할수록, 점점 더 새롭고 점점 더 큰 경탄과 외경으로 마음을 채우는 두 가지 것이 있다. 그것은 내 위의 별이 빛나는 하늘과 내 안의 도덕법칙이다.
> -칸트,『실천이성비판』

1. 칸트의 비판철학과 통일성(Einheit)의 문제

칸트는 이성 그 자체를 드러내려 하는 자신의 비판적 사고에 어떤 통일성이 있다고 주장한다. 이에 관해 칸트는 자신의 입장을 명백히 하고 있다. 그는『순수이성비판』(1781)의 초판 머리말에서 먼저 끝없는 논쟁의 영역이 되어왔던 형이상학의 운명을 다음과 같이 전한다.

형이상학이 모든 학문의 여왕이라 불리던 시절이 있었다. 그리고 우리가 만약 의지를 곧 행동으로 본다면, 형이상학은 그 대상이 무엇보다도 우선하는 중요성을 띠고 있으므로, 물론 이러한 영예로운 이름을 가질 자격이 있겠다. 하지만 지금은 형이상학에 온갖 멸시를 표시하는 것이 시대의 유행이 되어서 내쫓기고 버림받은 형이상학이라는 노녀(老女)는 헤카베처럼 탄식하고 있다(Kant, 1952: AIX).

칸트의 지상 과제는 여러 형이상학적 주장을 법정에 세우고 "신", "자유", "불멸성"과 관련된 논쟁들을 완전히 종식하는 것이었다. 당시 칸트에게 있어서 갈등 상황은 전통적 형이상학과 뉴턴의 자연에 대한 새로운 학문 사이에 있었다. 형이상학은 다른 어느 학문보다 오래되었지만 이제껏 학문의 안전한 길을 걸을 수 있을 만큼 그렇게 좋은 운을 얻지 못했던 것이다(Kant, 1952: BXIV). 그래서 칸트는 다음과 같이 말한다.

> 철학의 의무는 오해에서 생긴 환영(幻影)을 제거하는 일이다. … 나는 이 작업에서 면밀함에 크게 주목했고, 여기에서 해결되지 않거나 적어도 해결을 하기 위한 열쇠가 제기되지 않은 형이상학의 과제는 하나도 없다고 감히 말한다. 사실 또한 순수이성은 완전한 통일체여서, 만약에 그 원리가 이성의 본성으로부터 그 자신에게 부과된 물음들 하나라도 불충분하다면, 그것은 언제든지 내던져버려도 좋을 것이다(Kant, 1952: AXIII, 강조는 인용자).

칸트의『순수이성비판』은 "과학의 고속도로"로서 어떻게 우리의 마음이 과학적으로 인식할 수 있는가를 다룬 저작이다. 그는 이러한 종류의 연구가 "형이상학의 형이상학을 내포하는"(Kant, 1902, IX: 198) 난제로 남는다고 본다. 이러한 시도가 단순히 방법론이 아니라 형이상학 그 자체인 이유는 궁극적으로 인간, 세계, 신에 대해서도 해명해야 하기 때문이다. 칸트의 비판 이론이 가지고 있는 체계적인 통일성의 전제하에서 나는 다음 질문을 해명하고자 한다. 공화제의 관점에서 칸트의 정치철학은 실천철학에 의해서 수립된 목적을 어떻게 이행할 수 있는가? 그의 순수이성 안에서조차 어떤 통일성에 대한 주장을 지켜내기 어려운 마당에 이론이성과 실천이성 사이의 연계를 구체적으로 보여주는 일은 한층 어려운 과제가 아닐 수 없다. 더욱이 칸트가 정치철학의 분야에서 자신의 체계적인 해명 작업을 시도하지 않았던 점에서 더욱더 큰 어려움이 있다.

일반적으로 칸트의 코페르니쿠스적인 혁명이 이론적 이성의 자율(自律)로의 전환이라면, 정치적 이성을 통한 복지의 실현은 이러한 혁명의 궁극적인 목표가 될 것이다. 하지만 아쉽게도 칸트는 이러한 시도를 결코 감행하지 않았다. 들뢰즈의 표현대로 칸트에게 있어서 '참된 정치'는 "인간이 스스로 행동하도록 하는 일반적인 지침" 또는 플라톤의 의미에서 선(善)을 성취하는 것이다. 그렇다면 법은 자체의 최상 원리로 기능하는 선의 모사가 될 것이다(Deleuze, 1984: x). 사실 칸트에게 있어서 가장 놀라운 것은 어떤 합리적인 행위자가 자신의 의지를 또 다른 합리적인 행위자에게 강요할 수 있는 힘이었다(Schürmann, 2003: 448). 우리는 그 이유를 칸트의 이론철학과 실천철학이 하나의 통일체를 형성한다는 점에서 찾아볼 수 있다. 그 통일성은 칸트의 형식주의, 즉 자율성을 통해서 가능하다. 이러한 이유에서 그는 스스로 어떤 구체적인 정치 이슈들에 대해 논급하지 않는다. 특히 칸트의 비판적 전회는 우리 인간의 이성이 자율적이게 되도록 하고 있다. 이론적인 이성의 비판에서는 우리의 자율성이 어떤 경험 행위에서나 실제로 자연에 법칙을 규정하는 방식으로 드러난다. 이른바 칸트의 코페르니쿠스적인 혁명은 이론적 자율성에 대한 전회라 할 수 있다.

동시대의 데이비드 흄이 칸트의 이론적 자율성에 심대한 영향을 미쳤다면, 프랑스의 루소는 그의 실천철학과 정치철학에 결정적인 영향을 미쳤다. 칸트는 루소를 "도덕 세계의 뉴턴"(Kant, 1902: 59)으로 받아들였다. 그에 따르면 루소는 뉴턴이 처음으로 자연의 무질서와 다양성 안에서 지극히 간결한 질서와 규칙성을 발견했던 것처럼 다양한 형식 아래에서 인간이 자기 자신에 깊숙이 묻혀 있는 본성과 숨은 법칙을 취하고 있음을 처음으로 발견했다. 그래서 칸트는 "뉴턴과 루소 이후 신이 정당화된다"(Kant, 2005: 9)라고 말했을 정도이다.

이 글에서 나는 먼저 칸트의 실천철학에서 루소의 중요성에 주목할 것이다. 특히 칸트가 루소를 중시하는 것은 도덕적 질서가 단순히 개인적인 차원이 아니라, 정치적 형태를 받아들이고 있다는 점이다. 그럼으로써 칸트는 루소를 통해 질서 이념이 정치 영역에서 어떻게 규범적인지를 보여줄 수 있게 된다. 나는 루소의 자유 개념에 대한 칸트의 수용 과정에서 칸트가 도덕 세계의 공화제적 구조를 확립하는 과정을 논의하고자 한다. 나아가서 1795년에 집필된 칸트의 『영구평화론』을 중심으로 공화제적 정치 조건을 살펴볼 것이다. 이 주요 저작에서도 칸트는 루소가 공화제를 구성하는 과정에서 도덕적인 자율성을 발견했다고 높이 평가한다. 따라서 공화제의 관점에서 칸트의 정치철학을 살펴보는 일은 이의 내용보다는 "형식"을 다루는 사안이 될 것이다. 그에게 있어서 정치철학의 형식은 다름 아닌 자신의 비판적 전회에 속하는 것이고, 또한 이를 수행하는 방식이 된다.

사실 칸트는 자신의 비판적인 체계 어디에서도 스스로 구체적인 쟁점들을 언급하지 않는다. 예컨대 칸트는 작금의 세월호 비극을 생생히 목도한 우리가 무엇을 해야 하는가와 같은 질문 및 다가오는 지방선거에 반드시 투표하라는 방식으로 대답하지 않을 것이다. 그에 따르면, 행위에 대한 구체적인 약속은 다만 경험적으로 확실해질 수 있다. 제도적, 법적, 심지어는 도덕적인 질문에 대해서도 그는 감히 대답하려 하지 않을 것이다.

2. 칸트에 대한 루소의 영향: 도덕 세계의 뉴턴

칸트가 루소의 저작을 본격적으로 대면하기 시작한 것은 1764년 그가 마흔이 되던 해에 『미와 숭고의 감정에 대한 고찰(Beobachtungen über das Gefühl des Schönen und Erhabenen)』이라는 저작을 집필하면서였던 것 같다.[1] 이 무렵부터 1795년 프러시아와 프랑스 사이의 바젤(Basel) 조약 체결 직후 집필한 『영구평화론』 사이에 칸트는 자신의 모든 비판철학의 체계를 수립했다. 이 한 세대에 걸쳐 그는 "일반 계약"이 아니라 "본래적인 계약(Urvertrag; original contract)"이라 부를 수 있는 정신계의(noumenal) 위상을 확립했던 것이다. 이러한 위상은 한마디로 공화제란 본래적인 계약의 이념으로부터 발생하는 유일한 정치체제라는 점이다.

젊은 칸트는 『미와 숭고의 감정에 대한 고찰』을 집필하면서 미와 숭고의 감정에 대한 성찰뿐만 아니라 어렴풋하게나마 자신의 도덕 이론에 대한 윤곽을 잡아나가고 있었다. 이 무렵 칸트는 확연히 루소의 영향하에 있었던 것이다. 극도로 지적인 독서광 칸트가 루소의 핵심 저작에 대해 갖게 된 첫인상은 일찍이 어떤 시대의 작가에게서도 볼 수 없었던 "정신의 비상한 영민함, 고귀한 천재의 불꽃, 민감한

---

[1] 이 주요 저작은 칸트 전집 제20권(1-192)에 실려 있다. 이 무렵 루소를 통한 칸트 사상에서의 중요한 변화를 분석하기 위해서는 반드시 이 저작을 면밀히 분석할 필요가 있는데, 특히 슈무커는 이 저작을 철저히 칸트와 『에밀』 저자 사이의 끊임없는 대화로 독해할 필요가 있다고 주장한다(Schmucker, 1961: 173-179).

영혼"(Kant, 1902: 30; 2005: 7)이었다. 그는 자신의 유명한 자서전적 성찰에서 다음과 같이 말했다.

> 나 자신은 추세를 따라가는 진리 추구자이다. 나는 지식에 대한 지극한 갈증과 지식으로 더 나아가려는 간절한 조바심뿐만 아니라 모든 습득에서 만족을 느낀다. 이러한 것만이 인류의 영광을 구현할 수 있다고 믿을 때였다. 그래서 나는 아무것도 모르는 하층민들(Pöbel)을 경멸했다. '루소'가 나를 바로 세워주었다 (*Rousseau* hat mich zurecht gebracht). 이러한 맹목적인 우월감이 사라지게 되었다. 나는 인간을 존중하기 위해서 배운다. 이러한 견해가 인간의 권리를 수립하기 위해서 모든 다른 사람에게 가치 있는 것을 제공할 수 있다고 믿지 못한다면 나 스스로 일반 노동자보다 훨씬 더 쓸모없다고 생각해야 했다(Kant, 1902: 44; 2005: 7).

여기서 칸트는 가장 정예로운 철학자조차 어떤 종교의 도움 없이 자기 지식만을 가지고서 정직해야 하며, 그 스스로 보통 사람보다 더 나을 것이 없음을 간파한 유일한 철학자가 바로 루소였음을 시인한다(Kant, 2005: 23). 이러한 칸트의 관점에서 루소 사상의 핵심은 당연히 인간의 존엄과 도덕적 의미의 '자유'를 철학적으로 정당화한 데에 있었다. 그래서 그 무렵 칸트는 루소의 에밀을 자신의 조건에 대한 성찰 없이 개인적인 성향만을 따르는 자연인이 아니라, 자연과 가장 잘 조화로울 수 있는 성향과 능력을 계발한 "윤리적 인간"(Kant, 2005: 419)으로 이해했다.

자유 개념에 관한 한 칸트는 루소 사상의 최대 수혜자였다. 칸트는 루소의 모든 정치 저작을 아우르는 법의 무조건적인 보편타당성을 제대로 간파한 거의 유일한 철학자로 일컬어지고 있다(Cassirer, 1954: 58).[2] 칸트에게 있어 자유는 모든 이성적 존재가 스스로 결정해야 하는 가능성을 의미한다. 그는 이러한 자율성의 원리를 주체의 이론적 자율성과 실천적 자율성으로 구분해 분석한다. 루소에 준해서 칸트는 후자의 실천적 자율성을 '의지의 자율성'이라 부른다. 의지가 스스로 법이 되는 속성을 가지고 있는 의지의 자율성이야말로 "인간 본성과 모든 이성적 본성의 존엄 근거"(칸트, 2002: 95)라는 것이다. 특히 그는 도덕적 의미에서 자유가 모든 덕과 행복의 최상의 원리(principium)이자 실천적 자율성 또는 실천이성이 되어야 한다고 단언한다.

이 지점에서 칸트는 루소에게 큰 빚을 지고 있다. 다만 칸트는 시민의 공통 의지에 기초한 루소의 사회계약을 개인의 도덕성, 즉 도덕철학에서의 의지로 전환했을 뿐이다. 이처럼 칸트가 윤리 명령에 입각해 실천이성을 우위에 둘 수 있었다는 점은 그가 거의 유일하게 루소의 심원한 기획을 제대로 이해했음을 시사한다. 루소의 기획을 실현하기 위해 칸트에게 주어진 지상 과제는 법을 보편적으로 관장하는 시민의 사회를 수립하는 것이었다. 그 이유는 시민으로서 인간만이 일반의지를 통제할 수 있고, 본질적으로 시민의 도덕성과 국가

---

[2] 흥미롭게도 루소는 프랑스에서 단 한 번도 다수의 열광적인 추종자를 갖지 못한 데 반해서 독일에서는 다수의 지식인 사이에서 대단한 환대를 받았다. 모든 질풍노도의 시인, 레싱, 칸트, 헤르더, 괴테, 실러는 루소에게서 영향을 받았고 공공연하게 이 사실을 인정했다. 루소 사상의 중요성을 처음으로 인지했던 사상가는 레싱이었던 것으로 보인다. 그는 1753년 루소가 디종 아카데미 현상 논문에 공모한 「"학문과 예술의 부흥은 풍속의 순화에 기여했는가?"라는 주제의 논문」에 대해 비판적인 논평을 집필하기도 했다. 이에 반해서 프랑스의 계몽운동을 주도했고 당시 독일의 계몽 군주 프리드리히 2세와 막역한 사이였던 볼테르의 독일에서의 영향력은 그의 경쟁자 루소에 비해 그 깊이나 넓이에 있어 전혀 비교 대상이 되지 않았다고 한다.

의 정치 사이의 균형이 늘 깨지기 쉬운 성향을 가지고 있기 때문이다(Koselleck, 1988: 167). 이러한 점에서 인류의 역사는 내적으로나 외형적으로도 완벽한 헌법을 이룩하기 위해 설계된 자연의 숨은 기획을 수행하는 과정이라 할 수 있을 것이다.

칸트에게 있어 도덕적 자율성을 쉽게 표현하자면, 이는 이성이 곧 어떤 생활 상황의 "형식"이라는 것이다. 이 자율성이 실천적으로 가능한 방식은 칸트가 이론이성의 자율성을 정립한 이후 자신의 도덕 형이상학의 토대를 마련하는 과정에서 드러난다. 칸트에게 있어서 정치는 당연히 이러한 도덕 형이상학, 즉 윤리로부터 자라 나온다. 이는 아리스토텔레스에게 있어 윤리가 궁극적으로 정치의 한 부분이었던 것과는 아주 대조적이다.[3] 예컨대 그가 아리스토텔레스가 했던 것처럼 헌법을 초안하는 데 참여했을 것이라고는 상상하기 힘들다. 물론 칸트가 실제 여의도 국회에서나 청와대에서 자문하는 모습을 생각하기란 더욱 어렵다.

사실 칸트의 자율성 개념은 그가 살았던 계몽 시대의 산물이기도 하다. 계몽의 모토가 바로 이성을 자율적으로 만드는 것이라는 점에서 그렇다.

> 계몽이란 우리가 마땅히 스스로 책임져야 할 미성숙 상태로부터 벗어나는 것이다. 미성숙 상태란 다른 사람의 지도 없이는 자신의 지성을 사용할 수 없는 상태이다. 이 미성숙 상태의 책임을 마땅히 스스로 져야 하는 것은 이 미성숙의 원인이 지성의 결핍에 있는

---

[3] 이러한 점에서 칸트는 아리스토텔레스보다는 플라톤에 가깝다. 사실 칸트의 선험성(*apriori*) 개념은 플라톤적인 기원을 가지고 있다. 제1비판의 주요 과제는 어떻게 우리가 어떤 사실들을 경험에 앞서 미리 알 수 있는가를 해명하는 것이다.

것이 아니라 다른 사람의 지도 없이도 지성을 사용할 수 있는 결단과 용기의 결핍에 있을 경우이다. 그러므로 과감히 알려고 하라(*Sapere aude*)! 너 자신의 지성을 사용할 용기를 가져라(Kant, 1996: 17)!

정치적 자율성이 도덕적 자율성을 수행하고 완성하는 방식에 대해서 사실 칸트는 루소의 영향을 심대하게 받고 있다. 루소에 따르면 시민의 일반의지, 즉 시민의 공통적·합리적 의지는 개별적인 도덕성에서 사회계약으로의 이행을 가능하게 한다. 다시 말해서 제도적인 자율성은 개개인의 공통적·합리적 의지에 토대한다는 것이다. 국가가 자율적이기 위해서는 그 구성원들이 스스로 초래한 미성숙으로부터 자유롭게 되어야 한다고 칸트는 주장한다.

일반적으로 18세기 유럽 계몽주의 철학자들에게 있어 자유는 법에 '맞서서' 환기되는 개념, 즉 자유의 의미와 목적이 인간을 법의 억압과 제약으로부터 해방하는 것이었던 데 반해서, 루소는 자유를 이러한 자의성이 아니라 모든 자의성의 배제와 극복에서 찾았다. 그러기 위해서 개인은 자기 자신에 관해 수립한 불가침의 엄격한 법에 예속될 필요가 있었다. 루소는 윤리적 자유가 없는 정신적 자유는 인간에게 그 어떤 이득도 없다고 보았다. 그러므로 윤리적 자유를 성취하기 위해 필수적인 것은 사회질서의 근본적인 변혁이었다. 따라서 루소의 궁극적인 관심은 바로 법에 대한 존중, 즉 모든 자의성을 일소할 수 있는 법의 내적 필연성에 있었다. 그렇다면 법으로부터의 해방이 아니라 법에 대한 승인이 자유의 진정한 성격을 규정한다. 이러한 본성은 시민의 공통적이고 이성적인 의지인 일반의지(*volonté générale*) 내에서 실현될 수 있을 것이다.

우리는 의지에 대한 칸트의 초기 관심을 순수이성에서 칸트의 코페르니쿠스적인 혁명에 비추어 도덕철학의 "루소적인 혁명"(Beck, 1993: 44)이라 부를 수 있을 것이다. 순수이성과 실천이성의 비판가로서 칸트는 일찍이 루소의 윤리적-종교적 견해의 핵심을 간파했고 그 안에서 자신의 견해 또한 감지했다고 할 수 있다. 칸트의 사상적 발전사를 루소와 관련해 가장 정교하게 분석했던 독일의 슈무커(Josef Schmucker)는 칸트의 도덕적 사고의 제2단계가 "루소의 주요 저작에 대한 칸트의 연구에 의해서 소개될 뿐만 아니라 심각하게 결정된다"(Schmucker, 1961: 173-179)라고 주장한다. 루소의 영향 아래에 있는 칸트의 핵심 사상은 우리가 법 제정 과정에 관여하지 않은 그 어떤 법에도 복종할 수 없다는 것이었다. 하지만 이러한 칸트의 핵심 통찰이 전적으로 루소를 통해서 일깨워진 통찰인지에 대해서는 더욱 신중한 검토가 필요할 것이다.

그 좋은 예로 19세기 칸트의 전기 작가인 루돌프 라이케(Rudolf Reicke)가 발견한 칸트의 유작에서 그가 루소의 저작을 대면하기 전인 1753년에 "선의지 말고는 인간 안에 선한 그 어떤 것도 존재하지 않는다"(Kant, 1889: 226)라고 했던 주장을 들 수 있다. 이러한 그의 주장은 사소해 보이지만 당시 합리주의 전통을 따르고 있던 라이프니츠 및 볼프의 입장과 전혀 다른 무엇을 보여주고 있다. 합리주의자들에게 의지는 이성에 의해서 조명될 때 "선(善)"하다. 즉 이성이 의지를 조명하기 때문에 이성만이 선하다는 것이다. 그렇다면 칸트는 29세의 나이에 벌써 도덕적 문제에 관한 한 당대의 합리주의적 영향권으로부터 벗어났던 셈이다. 하지만 그가 사변적인 문제가 걸려 있는 합리주의 전통을 벗어나는 데는 30년이라는 기나긴 세월이 걸렸다. 감성과 지성(Verstand)을 종합하려 했던 『순수이성비판』(1781)이야말로 그의 사변적 문제에 대한 최초의 완결판이었다.

합리주의 전통에 따르면 도덕성은 과학 없이는 불가능하다. 라이

프니츠에게 있어서 윤리는 지식으로부터 유래한다. 인간의 의지 또한 숙고(熟考)에 의해서 안내되고, 이론이성에 의해서 그 형식이 제공되며, 수학모형을 모델로 삼는다. 따라서 인간에게 선한 것은 과학적인 활동에 의한 이성이며, 행위가 도덕적이기 위해서는 수학에서와 동일한 직관의 명료성에 의해서 안내될 필요가 있다.

도덕적이기 위해서 라이프니츠가 맨 먼저 '합리적 증거', 즉 지식을 확보해야 하며 그러기 위해서 가능한 한 신적인 직관을 통해 사물들의 일반 과정을 과학적으로 알 필요가 있다고 주장한 데 반해서, 칸트는 도덕성이 다만 "선의지(der gute Wille)"만으로 충분하다고 주장한다. 칸트는 도덕적 행위를 위해서 확증이 필요한 것은 사실이지만 이 확증이 인식을 통한 증거와 전혀 다른 종류의 것이라고 본다. 그것은 그가 후일 실천이성이 이론이성으로 환원될 수 없다고 주장하는 것과 정확히 일치한다. 물론 도덕성을 위해서는 초감성적인 무엇이 필요하다. 하지만 그 초감성적인 것이 곧 초자연적인 것일 수는 없다. 바로 이 초감성적인 것이 칸트에게 있어서는 선의지이다.

이러한 주장은 칸트가 루소의 평등주의적 확신을 선호하면서 라이프니츠와 볼프류의 합리주의 전통이 지향하고 있는 "지적 엘리트주의"(Wood, 2008: 53)를 근본적으로 거부하고 있음을 잘 보여주고 있다. 일찍이 루소는 프랑스 백과전서파 중에서 특히 디드로를 친구로 두면서 자신의 학문 여정을 시작했지만 궁극적으로 그들에게 지배적이었던 이성의 찬미에 대해 강한 거부감을 보였다. 그 대신 그는 감정과 양심의 소리가 갖는 심원한 힘에 호소했다.

양심! 양심이여! 신성한 본능이여, 영원한 하늘의 목소리여. 무지하고 한정되어 있지만 지성을 가지고 있으며 자유로운 존재의 확실한 안내자여. 인간으로 하여금 신을 닮게 해주며, 선과 악에 대해 전혀 오판이 없는 심판자여, 인간의 본성을 뛰어나게 만들고 인간의 행동을 도덕적으로 만드는 것은 바로 그대로다. 그대가 없으면 나는 나 자신에게서 규칙이 없는 지성과 원칙이 없는 이성에 의해 오류에 오류를 거듭하며 방황하는 슬픈 특권 외에 짐승보다 나은 것을 아무것도 느끼지 못할 것이다(루소, 2008: 522).

이렇듯 루소에게 양심은 사회로 진입해 언어와 이성이 부여되는 존재에게 나타나는 '자연의 목소리'이다. 그에게 양심은 또한 일종의 "본능"이라 할 수 있는데, 이는 다만 자연적인 본능일 뿐만 아니라 신성한 본능이자 "내면의 감정"이기도 하다. 그 이유는 양심이 단순히 성찰적 숙고에 기초할 뿐만 아니라, 자발적 충동에서 유래하기 때문이다. 이러한 의미에서 루소의 일반의지는 공적으로 인정받은 법을 매개로 한 '자연의 요구'인 "자기애(*amour de soi*, self-love)"와 "동정심(*commiseration*, compassion)"이다. 이는 카시러의 표현으로 "순수상태(the state of innocence)"(Cassirer, 1954: 78)를 대변한다. 그에게 타락은 다만 양심을 저버린 곳에서 만연한다.

그렇다면 우리는 어떻게 해서 관습적인 사회의 타락 과정에 빠지지 않고 진정한 인간 공동체를 수립할 수 있는가? 물론 우리는 루소가 말하는 자연 상태의 소박함과 행복으로 되돌아갈 수는 없지만 아직 자유로의 길은 열려 있다고 칸트는 주장한다. 이것이 곧 루소가 자신의 『사회계약론』에서 강조하고 있는 일반의지, 즉 국가 의지로의 길이다.[4] "일반의지 이외에 어떤 것도 피지배자에게 의무를 지울

---

4) 루소는 단 한 번도 국가를 단순한 결사체, 이익공동체 또는 개별의지의 이익 균

수 없기에 우리는 그 의지가 어떻게 나타나고 어떤 표시로 그것이 일반의지인지 확신하며, 법이란 무엇이고 법의 진정한 성격이 무엇인지 고찰해보아야 할 것이다."(루소, 2007: 836; Riley, 2001: 124-153) 여기서 자유가 무너지는 순간은 바로 공동체가 단일 인간의 의지 또는 개인의 연합에 불과한 통치 집단에 종속될 때이다.

이와 관련해 루소가 『에밀』에서 인간의 의지를 세 가지로 구분하는 것은 매우 의미심장하다. 첫째, 개인의 이익만을 목표로 하는 개별의지가 있다. 둘째, 오직 통치의 이익에만 전념하는 위정자들의 집단의지가 있다. 셋째, 국민의 의지 또는 주권자로서의 의지인 일반의지가 있다. 집단의지가 정부에서는 일반의지이고 국가 차원에서는 개별의지인 데 반해서, 일반의지는 정부 차원에서나 국가 차원에서 공히 일반의지인 것이다. 하지만 역설적이게도 인간의 일반의지는 "항상 가장 약하며, 집단의지는 두 번째이고, 개별의지가 모든 것 중에 가장 우선한다"(루소, 2007: 840-841). 루소는 일찍이 인간 의지의 중요성과 그 강도의 반비례 관계에서 정치와 도덕의 역동적인 측면, 즉 정치 윤리 또는 공직 윤리가 어떻게 발생하는지를 간파했던 것이다. 결국 정부와 국가를 위해 유일하게 "정당한" 권위는 정당성의 원리인 법 자체가 개인의지에 대해 행사하는 그 권위뿐임을 알 수 있다(Cassirer, 1954: 52-59 참조). 루소의 궁극적인 목표는 '개인'을 보편적 구속력을 갖춘 법 아래에 두는 것이다. 이러한 법은 탐욕과 자의성의 그늘이 사라지는 방식으로 형성될 것이다.

칸트 역시 모든 인간은 자신의 경향성에 맞추기 위해 의무의 법을

> 형으로 생각하지 않았다. 그에게 국가는 어떤 경향이나 행복을 위한 단순한 경험적 집합체가 아니라 윤리적 의지로서 의지가 실제로 존재하는 형식이다. 그러므로 루소는 웰빙 지향적인 복지국가보다는 일반의지의 구현체인 법치국가를 지향한다. 루소에게 이 양자의 차이는 정도의 문제가 아니라 선택 사안이 된다.

왜곡시키려는 타락 성향이 있다고 본다. 루소와 칸트에게 공히 이 성향은 지식이나 계몽의 증대를 통해서 상쇄될 수 있는 사안이 아니다. 우리는 일생을 도덕적 연구에 투신하지 않고서도 세상의 평판이라는 거대한 미로 속에서 우리를 더욱 확실하게 인도하는 안내자를 두고 있는 것이다. 그 안내자가 바로 시민이 공유하는 합리적 의지이다. 칸트의 루소적인 전회는 바로 학자나 철학자처럼 배운 사람만이 도덕적 진실을 터득할 수 있는 것이 아니라 보통 사람도 도덕적 진실에 접근 가능하다는 루소의 반계몽적-비합리주의적 통찰에서 기인한다. 이처럼 루소와 칸트는 지식이 인간의 도덕성과 예절을 타락시키는 과정에 대해서 대단히 비판적이었다(Beck, 1969: 141 참조).

칸트는 루소의 주요 저작에 대한 정치한 독해를 통해서 절대적 의무에 대한 성향이 인간의 의지 안에 존재하고 있음을 인지해낸다. 이러한 절대적 의무의 이념을 통해서 칸트는 이제 영미 저자들의 공리주의적이고 경험주의적인 전제들과 판이하게 다른 의지로의 길을 취하기 시작한다. 그래서 그에 따르면 도덕적 선은 우리의 개인적 의지가 보편적 의지와 일치할 때 우리에게 자명해진다.[5] 요컨대 우리의 개인적 의지는 보편적 의지에 예속되는 것이다. 그럼에도 이 저작에서 보편적 의지는 일반의지에 대한 전통적 개념과 전혀 관계가 없다. 오히려 보편적 의지는 우리가 그의 『도덕 형이상학을 위한 기초 놓기』(1785)에서 대면하게 되는 개념인 '목적의 왕국'과 더 깊은 연관이 있다. 개인적 의지와 대립되는 보편적 의지에 의해서 주

---

[5] 칸트는 일찍이 『미와 숭고의 감정에 대한 고찰』(Kant, 1902: 44)에서 다음과 같이 말하고 있다. "Will man diese in uns empfundene Nötigung unseres Willens zur Einstimmung mit dem allgemeinen Willen das sittliche Gefühl nennen, so redet man davon nur als von einer Erscheinung dessen, was in uns wirklich vorgeht, ohne die Ursachen desselben auszumachen."

체는 합리적 존재자들의 공동체에 속한다. 여기서 의지는 합리적 행위자들의 연계를 가능하게 한다.

3. 칸트에 있어서 '본래적인 계약'과 공화주의 정치체제

앞 절에서 개략적으로 살펴보았던 것처럼, 칸트가 발견한 윤리에서의 루소의 혁명은 내가 무엇을 하도록 명령하는 도덕법칙이 (세계양식으로서) 경험이나 (신의 의지로서) 계시에 의해 추론되지 않은 이성을 통해 입법화된 법이라는 데 있다. 선한 행동을 하도록 하는 명령은 객관적인 지식에 의존하지 않으면서 절대적인 우리의 내적 확신으로부터 기인한다는 것이다(Starobinski, 1988: 76). 즉 보편적 이성과 나 자신에게 친숙한 감정에 기초한 양심의 법칙이야말로 선한 행동을 위한 확고한 토대를 제공한다. 보편적 의지와 개인적 의지의 관계가 바로 칸트의 도덕적 사유와 정치적 사유의 관계를 규정함을 알 수 있다. 특히 이는 정신계의 공화제(*res publica noumenon*)를 이상으로 받아들일 때 그 관계가 더 선명히 드러날 것이다. 사실 칸트와 루소가 만나는 지점은 도덕적인 질서 이념이 단순히 개인적인 차원이 아닌 정치적인 형태를 받아들인다는 데 있다. 루소의 주장에 따르면 정치적인 차원에서 인간에게 강요된 법에 복종하는 것이 노예 상태를 초래하는 반면, 법에 불복종하는 것 또한 무정부 상태로 치닫게 된다. 이 양자를 피하기 위해서 루소는 자치적인 시민의 코먼웰스 이념을 정식화했다. 이러한 사회에서 시민은 입법가인 동시에 주체이다.

칸트는 루소가 자신을 정치 영역으로 올바로 인도했다고 본다. 그는 오랜 서구 전통의 통찰에 따라 인간을 작은 우주로 이해하지만 이러한 인간 이미지를 "당위"의 문제로 바꾸어놓고 있다. 칸트는 말하기를 우리가 "계속해서 숙고하면 할수록, 점점 더 새롭고 점점 더 큰 경탄과 외경으로 마음을 채우는 두 가지"는 "내 위의(über mir) 별이 빛나는 하늘과 내 안의(in mir) 도덕법칙이다."(칸트, 2009: 271) 칸트에 의하면 의지의 근본적인 자기 결정으로서 도덕법칙은 천국이나 지상이 아니라 바로 "인간 안에서" 발견된다. 도덕법칙을 인간 안에 둠으로써 그는 가능한 도덕성의 자원으로 종교와 자연주의 이 양자를 동시에 묵살한다.

위 인용문이 잘 보여주고 있는 것처럼 칸트의 철학에서 신, 자유, 불멸성이라는 세 요소가 중요한데, 그중에서 특히 그의 실천철학을 결정하는 것은 '자유'이다. 다른 두 이념은 종교에 대한 도덕적·계몽적 태도가 된다. 칸트의『순수이성비판』에서 자유는 우주론적 의미로 나타나고, 윤리에 관한 저작에서는 도덕법칙을 의미한다. 하지만 이러한 도덕법칙은 궁극적으로 정식화될 수 있는 것은 아니고 정언명령을 통해서 근접할 수 있을 뿐이다. 한편, 정치철학의 영역에서 그의 자유 이념을 이상(理想)으로 만드는 것은 바로 루소의 사회계약 이념이다.

더욱 단순하게 표현해 루소의 '일반의지'가 하나의 원칙, 즉 (원초적이건 자애롭건, 퇴폐적이건 경쟁적이건) 자기애에서 비롯하는 반면, 칸트의 합리적인 의지는 두 개의 원칙에 매인다. 이성은 자체의 법을 우리의 경향성에 강제한다. 그렇다면 도덕적인 당위가 욕망(제2비판)과, 정신(noumena)이 현상(phenomena)과 관계되는 것처럼, 사회계약의 이상은 시민사회와 관계된다. 다시 말해서 칸트는 루소가 있었기에 보편적인 의지를 통한 자기 결심을 생각할 수 있었지만, 이러한 의지의 보편성 유형에 있어서 그는 벌써 루소를 떠나 있다.

결국 칸트가 생각하는 본래적인 계약에서 자유가 개인적 실천을 결정해야 하는 것처럼, 정치적 실천을 결정해야 하는 것은 다름 아닌 "이념"임을 알 수 있다. 칸트의 정치 저작 가운데 가장 중요하면서도 과소평가되고 있는 『영구평화론』은 프랑스의 제1공화국을 제도화한 새 프랑스 헌법이 발효되었던 해에 집필된 것으로서 여러 상이한 쟁점을 일시에 다루고자 한 야심작이다. 이 저작이 안고 있는 일부 난점에도 불구하고 우리가 『영구평화론』에서 특히 주목해야 할 부분은 당시의 불완전한 정치 현실에 이상적인 원리를 가장 광범위하고 실질적으로 적용했다는 점이다(Ellis, 2005: 72).

이 저작의 핵심은 준칙이 도덕법칙에서 파생해야 하는 것처럼, 정치체제는 본래적인 계약에서 파생해야 한다는 것이다. 칸트는 말하기를 "본래적인 계약 이념으로부터 파생하는 유일한 시민적 정치체제는 … 공화제이다." 여기서 "공화제"는 정부가 인민과 선출된 공직자에게 귀속되는 (이게 바로 군주제에 대립되는 민주제이다) 국가형태를 지칭하는 것이 아니라, (전제주의에 대립되는) 정부 양식을 뜻한다. 그래서 이러한 공화정은 (계몽) 군주제와 대립하지 않는다. 공화주의 정치체제의 핵심은 각 성원이 인간으로서 "자유롭고" 주체로서 "법에 의존하며" 시민으로서 "평등한" 헌법이다. 그의 주장은 특정한 상태에서 발생한 어떠한 정부 양식도 공화정이 되어야 한다는 것이다.

1795년 3월 바젤평화조약이 체결된 직후 발표된 칸트의 『영구평화론』은 그 저작 형식에 있어서도 당시 체결되었던 조약의 형식에 맞추어 예비 조항, 확정 조항, 비밀 조항 및 부록으로 되어 있다. 그는 이러한 형식을 일종의 아이러니로 채택했던 것으로 보인다. 그는 갓 체결된 바젤평화조약이 이전의 평화조약과 다를 바 없이 휴전에 불과하다고 확신했다. 바젤평화조약이 본래적인 계약과 도덕의 이념에 기초하지 않았기 때문이다. 이러한 아이러니는 서언에 잘 나타나 있다. 칸트는 자신이 집필하게 될 저작에 대해 검열하는 방식으로 귀찮게 하지 말아 달라고 정치인들에게 당부한다. 일반적으로 정치인들은 철학자를 공허하게 모래 위에 성을 쌓는 사람에 지나지 않는다고 경멸하기 때문이다.

단지 나는 다음과 같은 한 가지 단서를 붙여 유보하고자 한다. 정치 이론가의 탁상 이론은 경험적 원리에 충실해야 하는 국가의 안전에 아무런 해도 끼치지 않으므로, 실천적 정치인은 의기양양하게 그런 정치 이론가를 현학자로 멸시할 수 있다. 동시에 정치 이론가에게는 세상살이에 밝은 정치인으로부터 간섭을 받지 않은 채 자신의 일을 마음대로 수행하도록 허용될 수 있다. 그러므로 실천적 정치인은 정치 이론가와 견해가 다른 경우라 할지라도 적어도 일관되게 행동해야 하며, 별다른 저의 없이 공개적으로 표현되고 과감하게 제시된 정치 이론가의 의견이 국가에 어떤 해독을 끼치지 않을까 의심해서도 안 된다. 이 유보 조항을 통해, 나는 이 글에 대한 어떠한 악의에 찬 해석도 개입되지 않기를 공식적으로 분명하게 밝혀두고자 한다(칸트, 2008: 13f.).

이 저작에서 칸트는 먼저 국가 간의 영구평화를 위한 여섯 개의 예비 조항을 논의한다. 첫째, 장차 전쟁의 화근이 될 수 있는 내용을 암암리에 유보한 채로 맺은 어떠한 평화조약도 결코 평화조약으로 간주되어서는 안 된다. 둘째, 어떠한 독립국가도 (크고 작음에 관계없이) 상속, 교환, 매매 혹은 증여에 의해 다른 국가의 소유로 전락될 수 없다. 셋째, 상비군은 조만간 완전히 폐지되어야 한다. 넷째, 국가 간의 대외적 분쟁과 관련해 어떠한 국채도 발행되어서는 안 된다. 다섯째, 어떠한 국가도 다른 국가의 체제와 통치에 폭력으로 간섭해서는 안 된다. 여섯째, 어떠한 국가도 다른 나라와의 전쟁 동안에 장래의 평화 시기에 상호 신뢰를 불가능하게 할 것이 틀림없는 다음과 같은 적대 행위, 예컨대 암살자나 독살자의 고용, 항복 조약의 파기, 적국에서의 반역, 선동을 해서는 안 된다(칸트, 2008: 15-20).

이 조항들은 대체로 칸트 자신의 시대에 있어 정치적 실천을 지향한다. 하지만 그는 다시금 두 번째 예비 조항에서 공적인 권리를 숙고하는 데 필요한 "이념"을 본래적인 계약이라 부른다. "본래적인 계약의 이념이 없다면 국민에 대한 어떤 법도 생각할 수 없을 것이다." (칸트, 2008: 16) 실제로 첫 번째 예비 조항은 이른바 모든 평화조약을 암묵적으로 비난한다. 칸트는 말하기를, "장차 전쟁의 화근이 될 수 있는 내용을 암암리에 유보한 채로 맺은 어떠한 평화조약도 결코 평화조약으로 간주되어서는 안 된다."(칸트, 2008: 15) 이 경우에 조약은 단순한 휴전이 될 것이며, 이를 평화조약이라 부르는 것은 기만이 될 것이다. 그래서 처음부터 이 저작은 경험적인 것이 이상적인 것과 대립되고 자연이 자유와 대립되는 것처럼, 적대의 유보는 영구평화와 다르다는 측면을 확고히 한다. 이러한 맥락에서 칸트의 평화 개념에는 '규제적 기능'이 있다.

이어서 칸트는 영구평화를 위한 세 개의 확정 조항을 발전시킨다. 이 세 개의 확정 조항이 승인되고 준수된다면 영구평화가 가능하다는 것이다. 첫째, 모든 국가의 시민적 정체는 공화정체여야 한다. 둘째, 국제법은 자유로운 국가들의 연방 체제에 기초하지 않으면 안 된다. 셋째, 세계시민법은 보편적 우호의 조건들에 국한되어야 한다. 여기서 칸트가 "공화정체"라고 말하는 것은 오늘날 우리가 사용하는 것과 동일한 의미를 갖고 있지는 않다. 그에게 있어 공화정체는 국가의 형태라기보다는 통치 양식을 의미한다. 국가의 형태란 국가의 최고 권력을 소유하고 있는 사람의 차이에 따른 분류로서 통치자 한 사람이 다스리는 군주제, 서로 연합된 몇 사람이 다스리는 귀족제, 사회를 구성하고 있는 모든 사람이 다스리는 민주제 등이 이에 속한다.

이에 반해 통치 양식은 국가가 자체의 통치권을 행사하는 양식을 의미한다. 여기서 정부 형태는 공화정체이거나 전제정체가 될 것이다. 이때 공화제는 입법과 행정권을 분리하는 정치 원리이며, 전제정체는 국가 스스로 포고한 법률을 국가가 전제적으로 집행하는 정치 원리이다. 그래서 칸트는 민주제 국가형태가 전제적인 통치 양식과 연결될 수밖에 없다고 주장한다. 그 이유는 민주제가 모두 입법자이면서 동시에 집행자가 되기 때문이다. 중요한 것은 칸트가 말하고 있는 공화제적 정체가 법치, 삼권분립, 대의제라는 세 원리에 의해 특징지어지고, 모든 국가는 이러한 공화정을 채택할 때에만 영속적인 평화를 이룰 수 있다는 점이다. 만약 칸트가 이 세 가지 확정 조항을 정치인에 대한 구체적인 충고로 기획한다면 이는 전적으로 잘못된 것이다. 이 조항들은 정치 영역에서 칸트의 도덕적 구성물의 실체를 포함하고 있다. 그러므로 칸트가 말하고 있는 평화의 상태는 루소가 말하는 자연 상태와 대립하는 것으로 이해되어야 한다. '영구평화'는 역사에서 결코 성취될 수 없는 상태로서, 다만 우리는 이에 근접할 수 있을 뿐이다. 이것이 곧 '도덕적 당위'의 정치 형식인 것이다.

다시금 우리는 이러한 확정 조항에서 칸트가 제시한 이념성을 정확히 이해할 필요가 있다. 그에게 정부의 형태로서 공화정은 군주제가 아닌 전제정과 대립되는 것이다. 공화주의 정치체제에서 각 개인은 인간으로서 "자유롭고" 주체로서 법에 "의존하며" 시민으로서 "평등하다". 특정한 국가에서 통치 형태가 무엇이 되었건 이는 반드시 공화제가 되어야 한다. 요컨대 공화제는 "일반의지의 행위"(칸트,

2008: 30)의 결과물이다. 칸트는 공화정이라는 용어와 관련한 긴 주석에서 이 개념의 위상을 가장 명시적으로 제시한다. 공화정이라는 정치체제하에서 지배적인 자유는 "내가 합의할 수 있었던 것들을 제외하고는 어떤 외적인 법률에도 복종하지 않을 권능(Befugnis, the warrant)"이다(칸트, 2008: 27). 이는 정확히 당신이 법에 동의할 수 없으면 결코 어떤 법에도 복종하지 말라는 또 다른 형태의 정언명령이라 할 수 있다.

그렇다면 우리는 어떤 동의에 의해서 법에 복종하게 되는가? 앞에서 언급한 주에서 칸트는 다음과 같이 말한다. "나는 나 자신을 초감각적인 세계의 시민으로 생각할 수 있다. 내 자유에 관한 한 나는 신적인 법과 관련해 어떤 의무도 가지고 있지 않다. 이는 내 이성을 통해서만 인정될 수 있기 때문이다."(칸트, 2008: 27) 어떤 실정법을 내가 승인하는 것은 초감각적 자유의 기능이다. 나는 이 자유를 "정신계의 공화국" 시민으로서 행사한다. 이성은 내가 실정법을 승인하는 표준으로 기능하는 "신의 법"을 인정한다. 우리는 칸트에 있어서 신이 인격화된 법의 이념을 대변한다는 사실을 기억할 필요가 있다. 이러한 법은 우리 자신 밖에 있는 것이 아니라 우리 안에 있는 이성의 도덕적 "창출"임을 알 수 있다.

제2의 확정 조항은 더 광범위한 범위를 포괄한다. 이는 국가와 국가 사이의 관계를 따른다. "국가 간의 법은 자유로운 국가의 연방에 토대하게 될 것이다."(칸트, 2008: 32) 칸트 이후 국제 관계를 다룬 다수의 저자처럼, 칸트는 국가 간의 관계가 "법이 부재한 국가들의 자유 안에서 야만인"(칸트, 2008: 32)을 닮을 것이라고 주장했다. 왜냐하면 국가 간에는 입법자가 존재하지 않기 때문이다. 국가 연방을 옹호함으로써 칸트는 세계적 국가의 유토피아를 거부한다. 헌법과 공법의 차이는 환원 불가능하다. 그 이유는 그들 사이에 강제할 수 있는 그 어떤 최상의 국제기관도 존재할 수 없기 때문이다.

칸트에 따르면, 심지어 "국가를 조직한다는 것이 아무리 어렵다고 하더라도 악마의 종족에서조차 (그들이 지성을 소유하고 있기만 하다면) 가능할 수 있다."(칸트, 2008: 53) 바꾸어 말하면 국가는 자연의 결과물이다. 이에 반해서 공화정 체제는 정신의 산물인 것이다. 따라서 국제연합은 다만 희망할 수 있을 뿐이다. 칸트의 용어로 말하자면 이는 합법성의 문제가 아니라 '도덕성'의 사안이기 때문이다. 즉 모든 국가는 법의 이념을 존중해야 한다는 차원에서 그러한 희망을 위한 지표가 존재하게 된다.

칸트의 도덕철학에서 존경심이 논의될 수 있는 것처럼, 도덕법칙의 지표도 존재함을 다음 인용문에서 알 수 있다. "각 국가가 법 개념에 대해 (적어도 말로는) 최대한의 경의를 표하고 있다는 것만으로도 인간에게는 자신 속에서 악의 원리를 극복해낼 수 있는 훨씬 더 큰 도덕적 성향(Anlage)이 있음을 입증해준다."(칸트, 2008: 34f.) 여기서 중요한 개념은 의무를 이룩하려는 우리 마음의 태도 또는 "도덕적 심정"을 의미하는 "Gesinnung"(칸트, 2008: 65)이다.

칸트학계에서 '심정' 또는 '마음가짐'으로 번역되는 'Gesinnung'은 도덕적 성향, 도덕적 정신성, 도덕적 태도를 의미하는 것으로, 칸트의 실천철학에서 중요한 기술적 개념이다. 이는 인간 안에 있는 정신적 성향을 가리킨다. 칸트는 이를 "비르투스 누메논(virtus noumenon)", "준칙들의 원리"라 부른다. 좋은 마음 상태는 덕이라 할 수 있을 것이다. 그래서 마음가짐이나 좋은 심성은 우리가 자유에 대해서 사용하는 것을 가리킨다. 모든 행위의 이러한 근원은 결코 역사 안에서 드러나지는 않는다. 우리는 어떤 행위가 선한 의도 또는 악한 의도로 수행되었는지 말할 수 없을 것이다.

국가 간의 진정한 연방은 이익에서 도덕성으로의 이행처럼 심성의 변화를 필요로 한다. 그래서 칸트의 국제 연맹 개념의 위상은 아주 분명하다. 이는 사회계약 개념과 유사하게 엄밀한 의미에서의 이념이자 의무이며 총체성에 대한 예견과 수단이지만 역사적 사실은 아니다. 칸트는 20세기 들어 국제연맹과 국제연합이라는 명칭을 채택했던 제도가 여전히 국가이익을 도모하기 위한 도구 이상은 아니라고 말할 것이다.

마지막으로 세 번째 확정 조항은 칸트가 세계시민이라 부르는 것과 관련이 있다. "세계시민법의 이념은 … 아직 사용되지 않은 시민법과 국제법의 발전을 보충해주고 있으며 공적인 인간의 권리와 영원한 평화의 유지를 위해 필수불가결한 것이다."(칸트, 2008: 42) 역사는 인간이 도덕적 존재가 될 수 있는 영역이며, 공적 생활은 사회계약에 기반을 둔다. 특히 칸트에게서 역사는 자연적 인과관계의 영역으로서 인간의 도덕적 진보를 돕는다. 역사적·정치적 역학의 영역에서 도덕성이란 다만 웃음거리에 불과할 것이다. 조약이 잠정적으로 결론이 나고 유지된다면 이는 행복 안에서의 공통 이익으로부터 벗어나는 것이다. 하지만 여기서 행복은 칸트 도덕의 목표가 아니다. 그에게 행복이란 우리의 충동과 욕망의 목적, 즉 감성계의 목적인 것이다. 따라서 정치가는 우리 '욕망의 시녀'가 된다.

『영구평화론』의 첫 번째 추가 조항의 서두에서 칸트는 역사적 역학과 자유 사이의 관계를 가장 명시적으로 발전시키고 있다.

영원한 평화를 보증해주는 것은 참으로 위대한 예술가인 자연이다. 자연의 기계론적 과정에는 인간의 의지에 반하더라도 인간 상호 간의 불화를 통해서 인간 사이에 화합을 창출해내려는 합목적성이 명백히 나타난다. 그러므로 우리가 알지 못하는 법칙에 따라 작용하는 필연성의 측면에서 영원한 평화를 보증하는 것은 운명이라 한다. 하지만 세계 역사 속에서의 합목적성을 고려해 우리는 이를 섭리라고도 한다. 섭리는 자연의 과정을 미리 결정하고 이를 인류의 객관적이고도 종국적인 목적으로 인도하는 좀 더 고차원적인 인과관계의 심오한 지혜를 말하는 것이다 (칸트, 2008: 45).

이는 칸트에게서 자주 등장하는 주제로서 조화에 대한 갈등을 통해 일어난다. 마치 섭리가 작동하고 있는 것으로 보이는 사물의 과정에서 조화는 "자연의 교묘한 고안물"(칸트, 2008: 47)이라 할 수 있다. 다시금 그는 역사에서 이러한 목적론이 알려질 수 없으며, 이는 다만 "인간의 예술 행위를 유추해봄으로써"(칸트, 2008: 47) 생각될 수 있음을 강조한다. 이처럼 자연은 인간이 평화를 향하도록 촉구한다. 여기서 자연이 취하는 수단은 공포와 고통이다.

칸트가 이 추가 조항에서 거듭해서 말하고 있는 섭리의 패러다임은 일종의 표류목이다. 예컨대 어떻게 해서 이누이트족이 자신들이 잡은 물고기를 구워 먹을 수 있는 땔감을 얻게 되는가? 그는 각주에서 다음과 같이 질문한다. "자연이 이 얼음 해안을 불모지로 내버려 두지 않겠다고 의욕을 가졌음에도 그곳 거주민들에게 표류목을 보내는 데 실패했을 경우에(이것은 예측될 수도 있다) 그 거주민들은 어떻게 되었을 것인가?"(칸트, 2008: 50f.) 칸트는 자연적 목적론에 대한 이러한 믿음이 신의 존재 증명을 위한 신학적 논증의 토대가 된다고 본다. 그래서 자연에는 '텔로스', 즉 국가를 포함한 법칙성이 있다. 자유 또한 '텔로스'를 갖는데, 이는 도덕성이다. 하지만 누구나 법칙성에서의 진보를 관찰할 수 있는 데 반해서(예컨대 프랑스혁명) 도덕적 진보는 경험적 진보를 뛰어넘는다. 여기서 혁명은 "자연의 요청"이다. 심지어 "자연은 인간의 경향성의 기제에 의해 영원한 평화를 보장하게 된다."(칸트, 2008: 56) 이처럼 자연이 이론상 인간의 미래를 확실히 예측하도록 보장해주지는 못하지만 실천적인 측면에서 자연은 인간의 경향성에 기반을 둔 목적(예를 들어 전쟁과 양립할 수 없는 상업적 정신)을 향해 나아가는 것을 인류에게 의무로 부과한다(칸트, 2008: 56).

이러한 맥락에서 도덕과 정치는 두 개의 다른 질서에 속하는 것처럼 보이지만 이 둘 사이에 어떤 투쟁도 존재하지 않음을 알 수 있다. 그래서 칸트는 다음과 같이 말한다. "정치는 '뱀처럼 영리하라' 하고, 도덕은 (이 말을 제한하는 조건으로서) '그리고 비둘기처럼 순진하라'라고 덧붙인다. 만일 이 두 명제가 단일 명령 속에서 양립할 수 없는 것이라면 그때 정치와 도덕은 실제로 갈등상태에 놓이게 된다."(칸트, 2008: 63f.) 칸트의 경우 바로 이 도덕성의 우위로 인해 이 양자 사이에 어떤 모순도 발생하지 않는다. 바꾸어 말하면 칸트는 일관되게 존재보다 당위를 우위에 두고, 경험적 실재주의보다 도덕적·정치적 이상주의를 우위에 두고 있는 것이다. 요컨대 위대한 예술가인 자연의 목적이 칸트의 이론철학의 맥락에서 알려질 수 없는 반면에, 그의 실천철학에서 도덕을 우위에 두는 것은 하나의 사실이 된다. 자연의 목적과 "목적의 왕국"이 하나의 동일한 목표를 지향한다는 것은 다만 신념의 문제임을 알 수 있다. 칸트는 이러한 신념을 다음과 같이 논의한다.

> 이제 우리는 영원한 평화를 모색할 때 가장 본질적인 것이 무엇인지에 대한 질문을 던지게 된다. 인간 자신의 이성이 인간에게 의무로 부과한 목적을 위해 자연은 무엇을 해왔는가? 즉 자연은 인간의 도덕적 의도를 뒷받침하기 위해 무엇을 해왔으며 인간이 자유의 법칙 아래에서 행해야만 하지만 아직 하고 있지 않은

것들을 앞으로 하게 될 것이라는 것을 (인간의 자유를 손상하지 않은 채 강제력에 의해) 자연은 어떻게 보장하겠는가? 이러한 질문들은 공법의 세 단계인 국내법, 국제법, 세계시민법 모두와 관련된다. 설혹 자연은 이러저러한 것이 야기되도록 의도한다고 내가 말한다 할지라도, 내가 뜻하는 바는 자연이 인간으로 하여금 어떤 무엇을 행하도록 의무를 부과한다는 것이 아니다. 왜냐하면 이는 오직 자유로운 실천이성에 의해서만 가능하기 때문이다. 오히려 위와 같이 말함으로써 내가 뜻하고자 하는 바는 인간이 욕구하는 것과 관계없이 자연이 스스로 그것을 행한다는 것이다. (운명은 의도하는 자는 인도하며 의도하지 않는 자는 강제로 이끌어간다.)(칸트, 2008: 52)

여기서 경향성에 대한 기제는 갈등을 유발한다. 이는 법치의 진보를 필연적이게 하며 두려움을 통해서 자유를 향한 길을 열어놓는다.

칸트는 자연이 도덕성을 예비하기 위해서 이야기하고 있는 이러한 목적론적 전체를 구상하는데, 이는 공화제적 정치체제의 발생과 국가 간의 합의라 할 수 있다. 그러므로 역설은 영구적인 평화가 자유로부터 발생할 수 있지만 이는 반드시 두려움과 이익 갈등으로부터 발생하게 된다는 점이다. 여기서 당위는 자유 이념이 "이성의 사실(事實)"이라는 것이다. "이성의 사실"이란 무엇보다 이론이나 사변으로부터 실천철학을 구성하려는 어떤 시도도 배제하는 것을 의미한다. 이는 바로 실천철학에서 정점에 이르는 칸트 자신의 비판 작업에서 체계적인 통일성을 보여준다. 실천의 측면과 관련해 "이성의 사실"은 도덕적 당위와 이를 불가피하게 만드는 우리 자신 사이에 직접적인 관계를 수립한다. 그러기에 칸트에게 있어서 자연적인 사건과 도덕적 자유 사이에는 항상 긴장이 존재한다. 나아가서 "이성의 사실"은 자유를 현상이 아닌 정신으로서 인간 안에 위치시킨다.

다시 말해서 자유와 도덕법칙은 실천적 지성인 것이다. 우리 안에 있는 이들 목소리는 어떤 선택의 여지도 남기지 않으며, 도덕성이란 능력이 아니라 그 자체로 "사실"이다. 일단 자유가 "이성의 사실"로 받아들여지게 되면 "실천이성은 … 인과성 범주의 초감성적 대상, 곧 자유에다 실재성을 부여한다. 그러므로 저 사변 이성에서는 한낱 생각될 수 있었던 것이 [실천이성에서는] 사실로서 확인되는 것이다." (Kant, 2009: 55)

4. 나가며

지금까지의 논의를 정리하면 칸트는 개인 관점에서 자신의 정치 연구를 시작한다는 것을 알 수 있다. 이러한 견해는 결정을 하는 자유로운 개인의 필요성을 전제한다. 개인의 정치적 자유는 모든 개인의 자유를 보장하는 법적 조정의 측면에서 이해될 수 있다. 하지만 칸트는 정치적 문제를 부정적 방식으로 풀어나간다. 그는 정치의 목적이 사람들을 행복하게 하는 것이라고 생각하지 않는다. 행복은 주관적이다. 그래서 그는 정치에서 공리주의를 비난한다. 그는 또한 순수 윤리에 있어서도 공리주의에 반대해왔다. 그렇다고 해서 그가 국민이 행복해지는 것을 바라지 않는다는 의미는 아니다. 다만 정치적 조정은 행복을 제고(提高)할 목적으로 조직되어서는 안 된다는 것이다. 정치를 통한 조정은 사람들이 자기 자신의 방식으로 행복에 도달할 수 있도록 하는 지점까지 용인될 뿐이다.

나아가서 칸트는 관대한 전제주의에 대해서도 반대한다. 통치자는 신하가 국가를 전복하지 않는 방식으로 행동하기를 바란다. 이러한 목적을 위해서 인간은 수단이 아닌 목적으로 다루어져야 한다. 정치적 자유의 역설이 여기서 발생한다. 「계몽이란 무엇인가에 대한 답변」에서 이러한 정치적 자유의 역설을 극명하게 보여준다.

> 시민적 자유의 정도를 한층 크게 하는 것은 국민의 정신의 자유에 유리한 것처럼 보이지만, 실은 정신의 자유에 넘을 수 없는 한계를 설정하는 것이다. 이에 반해 시민적 자유의 정도를 한층 적게 하는 것은 국민 각자가 자신의 능력을 충분히 발휘할 수 있는 여지를 부여하는 것이다. 그때 이런 딱딱한 껍질 밑에서 자연이 가장 조심스럽게 보호하는 싹, 즉 자유사상에로의 경향과 소명을 계발하게 되면, 이는 점차 국민의 성격에 반작용하게 되고(이에 의해 국민은 점점 행동의 자유를 발휘하게 된다), 마침내는 이 반작용이 통치의 원리에까지 미치게 되어 정부는 이제야 기계 이상인 인간을 그의 품위에 어울리게 대접하는 것이 유리하다고 생각하기에 이른다(Kant, 1996: 22).

이처럼 인간의 자유는 인간이 강요에 예속됨으로써만 고정될 수 있다. 법은 강제를 전제하며 개인의 자유에 대한 침해를 전제하고 있기 때문이다. 루소가 사회계약론의 서두에서 "인간은 자유롭게 태어났다. 그리고 모든 곳에서 인간은 쇠사슬에 묶여 있다"라고 말했을 때 이러한 역설을 분명히 보았다고 할 수 있다. 칸트는 시민사회 성원의 결과물인 이러한 강요 행위를 고려하고 있는 루소에 동의한다. 그럼에도 그는 문명의 필연적인 방식을 통해 그 역설을 해결한다. 우리는 이해 갈등의 경우에 있어서 우리가 동의했던 법에 복종함으로써만 자유롭다. 자유가 한 국가 시민의 첫 번째 주요 권리라면 평등은 제2의 권리라 할 수 있다. 인간은 법 앞에서 평등해야 한다. 법은 예외를 만들지 말아야 하고, 예외를 만들기 위해서는 반드시 행정적인 조정의 과정을 거쳐야 한다. 이 지점에서 칸트는 모든 봉건주의의 유산을 비판한다. 자유, 평등, 자기 의존이라는 세 가지 권리는 적절하게 조직화된 국가에서 인간이 안전과 정의를 발견할 수 있다는 점을 보여주고 있다.

마지막으로 칸트는 루소와 달리 인간이 사회에 의해서 타락하는 존재가 아니라고 주장한다. 반대로 사회는 인간을 문명화했다. 이 점에서 칸트는 자연 상태가 만인에 의한 만인의 투쟁이라는 홉스에 동의한다. 모든 사람을 평등하게 결속시키는 의지가 필요하다. 즉 모든 사람에게 안전을 제공할 수 있는 집합적이고 보편적인 의지가 필요하다. 결국 모든 사람은 그러한 최상의 권력 수립이 가능할 수 있도록, 그리고 다른 사람의 자유와 충돌하는 것을 피하기 위해서 자신의 자유를 제한해야만 한다. 칸트는 자기 시대의 전통을 존중하며 시민법 체계에 의해 시민을 통치하는 국가의 존재를 설명하기 위해서 사회계약론의 유비를 활용한다. 하지만 칸트의 정치철학에서 사회계약론은 역사적 사실로 받아들여져서는 안 될 것이다. 이 문제에 대해서 칸트는 아주 명확하다. 사회계약론은 다만 정치적 판단의 범주일 뿐이지 실천적 결론을 끌어내는 역사적 이성으로 이해되어서는 안 된다는 것이다. 국가를 수립하기 위해서 사람들이 계약을 맺어야 한다는 이념은 그들이 외적인 문제와 관련된 자신의 개인적인 의지를 보편적인 의지에 예속시켜야 한다는 것을 의미한다. 이러한 보편의지 또는 일반의지는 물론 이성의 의지이다. 루소가 이성이 뼛속 깊이 일종의 실천이성, 그것도 개인의 존재와 사회를 조정하는 실천이성임을 밝혔던 것처럼, 칸트 역시 이성은 실천적임과 동시에 이론적임을 드러내고자 했다. 칸트와 루소는 공히 개인이 자신의 목소리와 법을 따르려는 유일한 조건 아래에서 개인과 공동체가 서로 조정될 수 있다고 확신했다. 나아가서 칸트는 인간의 위상을 존재가 아닌 "당위"의 문제로 바꾸어놓은 것이다. 그는 인간을 본래적으로 선한 것이 아니라, 스스로 도덕의 준칙에 따라서 자신을 재창조해야 하는 존재로 이해했다. 이 점에 있어서 칸트는 덕이 자연의 선물이라고 믿었던 루소와 다르고, 도덕성 안에 있는 우리의 자연적 관심을 발전시킬 필요가 있다고 믿었던 흄에 가깝다. 칸트에게 있어 덕은 인위적인 것이지 자연적인 것이 아니었다. 칸트는 우리 인간이 이전의 삶에서 축적된 자료와 합리적 의지에 기초해서 자신을 창조해야 한다고 믿었다. 그래서 의지의 근본적인 자기 결정으로서 도덕법칙은 천국이나 지상이 아니라 바로 "인간 안에서" 발견된다.

참고 문헌

루소, 장 자크, 1999, 『사회계약론』, 이환 옮김, 서울: 서울대학교출판부.
루소, 장 자크, 2003, 『인간 불평등 기원론』, 주경복 옮김, 서울: 책세상.
루소, 장 자크, 2007, 『에밀』, 김중현 옮김, 파주: 한길사.
루소, 장 자크, 2012, 『루소, 장 자크를 심판하다: 대화』, 진인혜 옮김, 서울: 책세상.
맹주만, 1999, 「칸트와 루소의 공동체론」, 『칸트연구』 5: 258-304.
박찬구, 1995, 「칸트 윤리학에서 자율 개념 형성 과정」, 『국민윤리연구』 34: 205-216.
이병진, 2002, 「루소의 자연개념과 칸트의 자유 이념」, 『독일어문화권연구』 11: 63-133.
칸트, 임마누엘, 2009, 『실천이성비판』, 백종현 옮김, 서울: 아카넷.
칸트, 임마누엘, 2002[1785], 『도덕 형이상학을 위한 기초 놓기』, 이원봉 옮김, 서울: 책세상.

칸트, 임마누엘, 2008, 『영구평화론』, 이한구 옮김, 서울: 서광사.

캇시러, E., 1996, 『루소, 칸트, 괴테』, 유철 옮김, 서울: 서광사.

한국사회·윤리연구회 편, 1993, 『사회계약론연구』, 서울: 철학과현실사.

회페, 오트프리트, 『임마누엘 칸트』, 이상헌 옮김, 서울: 문예출판사.

Allison, Henry, 1990, *Kant's Theory of Freedom*, Cambridge: Cambridge University Press.

Beck, L. W., 1969, *Early German Philosophy: Kant and his Predecessors*, Cambridge: Belknap Press.

Beck, L. W., 1992, "Kant and the Right of Revolution", *Essays on Political Philosophy*, ed. Patrick Riley, Rochester, NY: University of Rochester Press, pp. 224-235.

Beck, L. W., 1993, "Kant's Two Conception of the Will in Their Political Context", in Ronald Beiner and James Booth (eds.), *Kant & Political Philosophy: The Contemporary Legacy*, New Haven: Yale University Press, pp. 38-49.

Beiner, Ronald and James Booth (eds.), 1993, *Kant & Political Philosophy: The Contemporary Legacy*, New Haven: Yale University Press.

Byrd, Sharon, 2002, "Kant's Theory of Contract", Mark Timmons (ed.), *Kant's Metaphysics of Morals: Interpretative Essays*, Oxford: Oxford University Press, pp. 111-131.

Cassirer, Ernst, 1954, *The Question of Jean-Jacques Rousseau*, trans. Peter Gay, New York: Columbia University Press.

Deleuze, Gilles, 1984, *Kant's Critical Philosophy*, trans. H. Tomlinson and B. Habberjam, Minnesota.

Ellis, Elisabeth, 2005, *Kant's Politics*, New Haven: Yale University Press.

Israel, Jonathan I., 2001, *Radical Enlightenment: Philosophy and Making of Modernity 1650-1750*, Oxford: Oxford University Press.

Israel, Jonathan I., 2008, *Enlightenment Contested: Philosophy, Modernity, and the Emancipation of Man 1670-1752*, Oxford: Oxford University Press.

Israel, Jonathan I., 2011, *Democratic Enlightenment: Philosophy, Revolution, and*

Human Rights 1750-1790, Oxford: Oxford University Press.

Kant, Immanuel, 1889, *Lose Blätter Aus Kants Nachlass*, F. Beyer.

Kant, Immanuel, 1902-, *Gesammelte Schriften XX*, ed. the Prussian Academy, Berlin: Walter de Gruyter.

Kant, Immanuel, 1952, *Kritik der reinen Vernunft*, Hamburg: Felix Meiner.

Kant, Immanuel, 1987, *Critique of Judgment*, trans. Werner S. Pluhar, Indianapolis: Hackett Publishing Company.

Kant, Immanuel, 1990, *Foundations of the Metaphysics of Morals*, New York: Macmillan.

Kant, Immanuel, 1991, *Political Writings*, ed. Hans Reiss and trans. H. B. Nisbet, Cambridge: Cambridge University Press.

Kant, Immanuel, 1996, *Practical Philosophy*, trans. and ed. Mary J. Gregor, Cambridge: Cambridge University Press.

Kant, Immanuel, 2005, *Notes and Fragments*, trans. Curtis Bowman, Paul Guyer, and Frederick Rauscher, Cambridge: Cambridge University Press.

Koselleck, Reinhart, 1988, *Critique and Crisis: Enlightenment and the Pathogenesis of Modern Society*, Cambridge, MA.: The MIT Press.

Kuehn, Manfred, 2001, *Kant: A Biography*, Cambridge: Cambridge University Press.

Neal, Patrick, 1987, "In the Shadow of the General Will: Rawls, Kant and Rousseau on the Problem of Political Right", *The Review of Politics* Vol. 49(3): 389-409.

O'Neill, Onora, 1989, *Constructions of Reason: Explorations of Kant's Practical Philosophy*, Cambridge: Cambridge University Press.

Paton, H. J., *The Categorical Imperative: A Study in Kant's Moral Philosophy*, Philadelphia: University of Pennsylvania Press.

Rawls, John, 2000, *Lectures on the History of Moral Philosophy*, ed. Barbara Herman, Cambridge, MA: Harvard University Press.

Riley, Patrick, 2001, "Rousseau's General Will", Riley, Patrick, ed., 2001: 124-

153.

Riley, Patrick, ed., 2001, *The Cambridge Companion to Rousseau*, Cambridge: Cambridge University Press.

Rousseau, Jean-Jacques, 1954, *Du contrat social ou droit politique*, Paris: La Renaissance du Livre.

Rousseau, Jean-Jacques, 1987, "Discourse on Political Economy", *The Basic Political Writings*, trans. Donald A. Cress, Indianapolis: Hackett Publishing Company, pp. 111-138.

Schmucker, Josef, 1961, *Die Ursprünge der Ethik Kants in seinen vor-kritischen Schriften und Reflexionen*, Meisenheim: Anton Hain.

Schürmann, Reiner, 2003, *Broken Hegemonies*, trans. R. Lilly, Indiana.

Starobinski, Jean, 1988, *Jean-Jacques Rousseau: Transparency and Obstruction*, trans. Arthur Goldhammer, Chicago: The University of Chicago Press.

Timmons, Mark (ed.), 2002, *Kant's Metaphysics of Morals: Interpretative Essays*, Oxford: Oxford University Press.

Velkley, Richard L., 1993, "The Crisis of the End of Reason in Kant's Philosophy and the Remarks of 1764-1765", in Ronald Beiner and James Booth (eds.), *Kant & Political Philosophy: The Contemporary Legacy*, New Haven: Yale University Press, pp. 76-94.

Wood, W. Allen, 2008, *Kantian Ethics*, Cambridge: Cambridge University Press.

Yovel, Yirmiyahu, 1989, *Kant and the Philosophy of History*, Princeton: Princeton University Press.

13장 의지의 정치에서 의견의 정치로
루소의 『사회계약론』에 나타난 의지의 정치에 대한 아렌트의 비판

박혁

> 누구는 어둠 속에 있고
> 누구는 빛 속에 있다.
> 빛 속에 있는 사람들은 보이지만
> 어둠 속에 있는 사람들은 보이지 않는다.
> ―브레히트, 『서푼짜리 오페라』

> 일반의지는 다수를 하나로 만드는 것 이상도 이하도 아니다.
> ―아렌트, 『혁명론』

1. 서구 정치철학 전통과 루소

플라톤 이래로 정치사상은 정치 현실과 늘 날카롭고 미묘하게 뒤엉켜 있다. 정치 현실이 정치사상에 끊임없이 던져왔던 질문들 중 하나는 '어떻게 다수의 인간이 각자의 자유를 유지하면서도 일정한 틀 안에서 함께 살아갈 수 있느냐'는 것이다. 그 문제는 근대국가 이론에서도 해결키 어려웠던 것 중의 하나였다. 어떻게 본성적으로 자유로운 인간들이 자신의 자유를 상실하지 않은 채 하나의 국가를 구성할 수 있는가? 이 문제에 부딪혔던 루소가 발견한 독창적이고 이상적인 해결책이 바로 '인민주권 원리'와 '일반의지'의 '모순적 결합'이었다. 말하자면 루소의 국가에 관한 정치 이론은 '급진적 민주주의의 원리'와 '형이상학적 원리'의 결합을 통해 탄생했다. 그 모순적 결합은 루소의 정치 이론에 독특한 방식으로 반다원적이고 '전체주의적인 요소'를 형성시켰다. 아렌트의 눈에도 루소의 국가 이론은 "플라톤의 비인간적 이상 국가"의 근대적 기획으로 비쳐진다(Arendt, 1993: 399).

아렌트는 서구 정치철학이 인간 다원성의 조건을 부정적인 의미에서 문제시해왔으며 그래서 정치의 조건인 다원성 문제를 늘 부수적으로만 다루었다고 비판한 바 있다(박혁, 2009a 참조). 서구 철학 전통은 인간 다원성의 사실을 부수적으로만 다루었기 때문에 정치에 대한 적절한 이해를 가질 수 없었다. 왕에서 인민으로 주권 관념의 혁명적 전환을 가져왔던 루소도 서구 정치철학의 질긴 전통에 매여 있었다. 나는 이 글에서 '정치적 영역에서 의견을 의지로 대체하려는 루소의 시도는 의견을 진리로 대체하려던 플라톤 이래의 서구 정치철학의 근대적 버전에 지나지 않는다'는 점을 밝히고자 노력할 것이다. 그 목적을 위해 우리는 루소가 서구 정치철학 전통에서 지속적으로 드러나는 인간 다원성에 대한 반감을 어떤 방식으로 공유하고 있는지를 살펴보고자 한다. 특히 루소가 '일반의지'를 정치적 질서의 원리로 제기함으로써 다원성과 그것을 토대로 한 정치적 행위를 불필요한 것으로 만드는 '의지의 정치'를 역설하고 있다는 점을 강조할 것이다.

우리는 '의지의 정치'를 '한 사회에서 경험되는 대립과 갈등을 통합의 한 가지 모델을 통해 구성적으로 지양하려 하거나 혹은 대립되는 한편을 제거하려는 시도'로 이해한다. 의지는 늘 반의지를 전제로 한다는 것이 특징이며, 의지의 실현은 반의지의 제거나 제압을 통해서만 가능하다. 그러한 '의지의 정치 모델'에서는 다양한 관점과 의견의 존재, 즉 다원성이 정치적 행위를 가능하게 하는 조건이라는 점이 망각된다. 그에 대한 비판적 모델로 내가 아렌트의 입장으로부터 제시하고 있는 '의견의 정치'는 '다원성이라는 인간의 조건에도 불구하고 공동의 세계에 관한 서로 다른 관점과 의견이 다양한 소통적 계기를 통해 공동의 행위와 권력의 토대를 이루는 것'을 의미한다. 루소의 의지의 정치는 '비일체적 조화'를 가능케 하는 의견의 정치와 구별된다. 빌라가 적절하게 언급하듯이 "아렌트는 루소에게서 정치적 자유와 권력을 의지에 근거 지으려는 잘못된 시도를 발견"한다(Villa, 1999: 161).

아렌트의 전체 저작들 중에는 루소의 정치사상에 대한 체계적이거나 독립된 논의는 없다. 그러나 프랑스혁명을 비판적으로 분석한 『혁명론』에서 루소에 대한 아렌트의 비판적 시각은 적지 않게 드러난다. 그럼에도 불구하고 루소에 대한 아렌트의 비판은 지금까지 별다른 주목의 대상이 되지 않았다.[1] 나는 아렌트가 수행하는 서구 정치철학의 전통에 대한 비판과 그녀의 정치 이론의 발전 과정에서 루소 비판은 중요한 부분을 차지하고 있다고 생각한다. 그래서 루소의 핵심 정치 저작인 『사회계약론』이 담고 있는 특정한 정치철학적 주제들에 대한 아렌트의 비판을 서구 정치철학에 대한 비판의 맥락 안에서 구성해보고자 한다.

우선 우리는 공화주의자로 함께 호명되는 루소와 아렌트가 서로 다른 길을 가고 있음을 보여줄 것이다. 특히 공화주의의 내용적 측면을 이루고 있는 공·사의 구분과 대의제 비판에 대한 입장과 관련해서 양인의 유사점과 차이점을 살펴볼 것이다. 또한 루소의 핵심 개념인 인민주권과 일반의지에 대한 아렌트의 비판을 다룸으로써

---

1) 거의 다루어지지 않는 아렌트와 루소라는 테마를 통해 몇몇 비평가는 아렌트 정치 이론의 많은 구성 요소를 루소의 정치 이해와 비교하려는 노력을 시도했다. 카노번(Cannovan, 1983), 빌라(Villa, 1999), 헤릅(Herb, 2001).

루소의 정치사상이 '의지의 정치'라는 반다원적 정치 원리로 귀결됨을 드러내고자 한다.

2. 사적 영역과 공적 영역의 경계

아렌트와 루소는 각각 자기 시대의 정치-사회적 현상에 대해 날카로운 비판을 수행한다. 두 사람이 활동한 시대 사이에는 200년이 넘는 간극이 있지만 '사회'에 대한 그들의 비판은 유사하다. 특히 공적 영역과 사적 영역의 구분에서 양자의 친화성은 높아 보인다. 루소와 마찬가지로 아렌트도 이상적 정치 공동체의 형태를 고대 폴리스의 전형 안에서 발전시키고 있으며, 거기에서 연유하는 공적 영역과 사적 영역의 구분을 자신의 정치적 사유의 토대로 삼고 있다. 나아가서 공적인 것에 대한 강조에서 드러나는 공화주의적 태도는 많은 비평가가 '아렌트 안의 루소'를 말하는 근거가 되어왔다. 그러나 공적 영역과 사적 영역의 관계에 대한 루소와 아렌트의 견해에는 큰 차이가 있다. 그럼에도 불구하고 사람들은 공적 영역에 대한 두 사람의 강조에는 많은 관심을 갖지만, 사적 영역에 대한 두 사상가의 차이에는 별다른 주목을 하지 않는다. 루소와 아렌트 연구자들이 공적 영역에 대한 양자의 입장에만 주목함으로써 사적 영역에 대한 그들의 견해에는 무관심해왔기 때문이다.

"18세기를 가장 과격하게 비판한 사상가", 루소가 품은 근대사회에 대한 회의는 사적인 것과 공적인 것의 고대적 구분을 배경으로 한다(워클러, 2001). 확실히 루소는 고대 정신을 지닌 근대인이었다. 그가 이상적 국가 모델을 덕과 애국심을 갖춘 시민들로 이루어진 고대의 도시국가와 로마의 공화정에서 찾고 있다는 사실은, 그의 정치적 근대의 기획서인 『사회계약론』 곳곳에서 드러난다. 모든 사람의 마음속에 사회적 유대 관계가 끊기고, 사적 이익들이 파렴치하게도 공익이라는 이름으로 뒤바뀌고, 누구도 시민으로서 공공의 이익을 중요시하지 않는 근대적 상황 아래서, 루소는 고대 그리스와 로마의 공화주의적 정치형태가 근대 공화주의에 실제적 전형과 역사적 가능성을 제공해줄 수 있다고 믿는다. "실제적인 것으로부터 가능한 것을 추론"할 수 있기 때문이다(Rousseau, 1977: III-12).

공적 영역인 폴리스에서 수행되는 정치적 행위가 자유롭고 동등한 시민들 사이에서 이루어지는 것인 반면, 오이코스(oikos), 즉 가정은 가장 일인이 자신의 부인과 자녀, 노예를 잘 다스리고, 재산을 적절하게 관리하는 기술에 의해 운영되는 사적 영역이었다(Aristoteles, 1965: 1255b 참조). 루소는 사적 영역과 공적 영역에 대한 고대적인 구분을 분명히 인식하고 있었다. 그러나 루소는 최종적으로 고대가 근대의 견본일 수 없다고 본다. 루소는 『백과전서』에 기고한 「정치경제학」이라는 항목에서 이렇게 쓰고 있다. "에코노미(économie) 또는 외코노미(oeconomie)는 집을 뜻하는 오이코스와 법을 뜻하는 노모스(nomos)에서 파생된 단어로서, 원래 가족 모두의 공동선을 위해 가정을 지혜롭고 적절하게 통치함을 뜻했다." 루소는 이러한 특징을 지닌 사적 영역의 지배 기술이 정치적 통치술과는 구분된다는 점도 분명하게 언급한다. "이 두 사회 중 어느 한 사회를 다스리는 원칙이 다른 사회에도 적합할 수는 없다. … 이 두 사회는 동일한 방식으로 관리되기에는 너무도 큰 차이가 있다. 가장이 만사를 홀로 볼 수 있는 가정의 통치와 타인의 눈을 통해서가 아니라면 그 수장이 아무것도 건질 것이 없는 시민의 통치 사이에는 늘 엄청난 차이가 존재할 것이다."(Rousseau, 1755; Foucault, 2011: 145에서 재인용) 그러나 이러한 구분이 역사적으로 더 이상 수용될 수 없다는 것이 루소의 결론이다. 국민경제 혹은 정치경제라는 개념으로 루소가 의도하는 바는 국가의 수준에서 경제를 사용하는 것, 경제를 정치 아래로 포섭하는 것이다. 그것은 푸코가 지적하듯 "주민, 부, 만인의 품행에 일정 형식의 감시와 통제를 행사하는 것입니다. 그것은 가족과 재산에 대해 한 집의 가장이 행하는 감시와 통제만큼이나 세심한 주의를 기울이는 것입니다."(푸코, 2011: 145)

아렌트는 공적인 것과 사적인 것의 사이에 사회적인 것을 덧붙인다. 그녀의 『인간의 조건』은 근대에 발생한 사회적인 것의 현상에 대한 분석으로 시작한다. 공적 영역과 사적 영역이라는 이분법적 구분만 존재했던 고대 세계와 달리, 근대 세계에서는 고유한 사회(Gesellschaft)라는 영역이 형성된다. '사회적인 것'은 "사적인 것들이 자신에게 속하는 활동들, 근심들, 조직 형식들과 함께 사적 영역의 어둠을 떠나 공적 영역의 완전한 빛 안으로 들어설 때" 출현한다(Arendt, 1999: 47). 다시 말해 생존을 위한 사적인 경제활동이 공적 영역의 중심적인 관심사가 되었을 때 사회는 출현한다. 그와 동시에 '사회적인 것은 정치적인 것을 식민화'한다. 개인의 경제적-사적 관심의 추구가 정치적 행위와 공동의 일에 대한 관심을 압도해버리고, 시민은 자유로운 행위자가 아니라 일자리의 소유자나 소비자로 전락한다. 이러한 대중사회는 노동 사회의 최종적 국면으로 "구성원들에게 마치 그들 개인의 삶이 유적(類的) 삶의 과정 안으로 완전히 포섭되어버린 듯 단지 자동적으로 기능하는 사람이기를 요구한다. (이러한 사회는) 역사상 유례가 없을 만큼 가장 위험하고 무기력한 수동성으로 끝날 수 있다."(Arendt, 1999: 411) 결국 공화국은 끊임없는 소비의 욕망과 부의 추구, 공동의 일에 대한 무관심을 통해 위기에 처하게 된다. 그 결과 사적 삶은 동질화와 상품화에 노출되고 진정한 사적 삶의 어둠은 파괴된다. 공적 영역도 모든 이에게 모든 것을 밝혀주는 빛의 기능을 상실하고 아이러니하게도 "모든 것을 흐리게 하는" 어둠의 영역으로 전락한다(Heidegger, 1967: 127).[2]

사적인 것이 공적인 것이 되고 공적인 것이 사적인 것이 되는 '사회'에서 생기는 문제의 핵심은 공적 영역과 사적 영역이 동시에 사라질 위기에 처한다는 점이다. 그러한 변화는 사회를 친밀성(intimacy)의 영역으로 만드는 결과를 초래한다. 루소는 사회 안에서 발생하는 인간 심장의 부패와 '사회적 척도'의 지배에 저항해서 "가장 내적인 영역으로 향했던, 친밀성에 관한 최초의 의식적인 발견자이자 이론가"다(Arendt, 1999: 49). 루소는 근대사회가 지닌 내적 모순을 발견하는데, 그것은 사회 안에서 편안함을 느끼지 못하지만, 그렇다고 사회 밖에서는 살 수 없는 바로 그런 상황이다. 그것은 근대사회에서 경험하게 되는 인간의 소외이며, 이는 맑스가 노동 사회에서 노동이 지닌 내적 모순과 소외된 노동의 상황을 발견한 것과 유사하다. "노동자는 노동 바깥에서야 비로소 자기가 자신과 함께 있다고 느끼며, 노동 속에서는 자기가 자신을 떠나 있다고 느낀다. 노동자는 자신이 노동을 하지 않을 때에는 집에 있는 것처럼 편안하고, 노동할 때에는 편안하지 않다."(Marx, 1974: Bd. I, 514) 그런 소외적 상황에도 불구하고 인간은 다시 자연의 상태로 돌아갈 수 없다는 것이 비극이다. 그러한 비극을 해결하기 위해 루소가 제시하는 처방은 '친밀성으로 구성된 사회'를 만드는 것이다. 즉 루소는 근대가 사회적인 것

---

2) 하이데거의 이러한 표현이 어울리는 현실을 아렌트는 하나의 역설로 간주한다. 아렌트는 하이데거와 달리 공론장을 존재론적으로 인간의 본래성을 흐리게 하는 영역이라고 보지 않는데, 그 점에서 그녀는 야스퍼스의 제자다. 하이데거와 달리 야스퍼스에게 인간 공동의 세계, 즉 공론장은 실존을 방해하는 필연적인 요소가 아니다. 반대로 실존은 모두에게 공동으로 주어진 빛의 세계에서 함께함을 통해 밝혀진다.

의 '부자연스런 성장'에 맞서서 창조해낸 사적 영역의 친밀성을 사회적 관계로까지 확장시킨 것이다. 친밀한 사회 속에서 인간은 서로를 타락케 하는 인격적 지배를 극복하고 자유로울 수 있다. "사회의 병폐에 대한 루소의 해결책은 사람들에게 숲으로 돌아가라고 손짓하는 것도 아니었고, 모든 사회적 상호 의존성의 파괴를 주장하는 것도 아니었다. 그 대신 그가 제안한 것은 하나의 역설이었다. 그것은 사람들이 서로 너무나 가까워지고 너무나 강력하게 유대감을 느껴서 구성원 각자가 전체 사회에 의존하게 되며, 바로 그 사실로 인해 인격적인 의존에서 벗어나는 그런 하나의 사회를 창조하는 것이었다."(쉘던, 2009: 279) 말하자면 루소에 의해 발견된 친밀성은 시민의 정치적 원리가 아니라 근대적 인간의 '사회적 원리'였던 것이다. 친밀성이 사회의 구성 원리가 된 근대적 분위기에서 공적인 것과 사적인 것의 경계는 희미해지고 "공적인 것은 다만 친밀함 안에서 경험될 수 있고 언급될 수 있게 되었다."(Arendt, 1995: 31) 이러한 변화를 하버마스는 다음과 같이 적절하게 지적하고 있다. "사적 삶이 공적인 것이 된 것과 같은 정도로 공론장 자체도 친밀성의 형식을 수용한다. 이웃 안에서 부르주아 시대 이전의 대가족이 새로운 형태로 발생한다. 여기에서 사적 영역과 공적 영역의 요소들은 그들의 구분점을 상실한다."(Habermas, 1969: 174) 루소의 친밀성은 '공적 시민'의 덕성이 아닌 근대적 인간의 문제다. 그것은 공동의 공적 세계의 상실을 전제로 한다. 그 상실된 세계를 회복하는 것은 환상처럼 보인다. 그러나 아렌트는 그런 환상을 자신의 정치적 사유의 길잡이로 삼는다.

사적인 것과 공적인 것의 구분과 관련해서 루소가 모든 사적인 것의 철폐를 주장했는지의 여부는 쉽게 판단될 수 없다. 그는 플라톤처럼 사적 영역의 철폐를 위한 구체적인 구상이나 그에 관한 주장을 밝히지는 않았다. 오히려 그는 농민과 수공업자의 사적 소유를 이상적 공화국의 경제적 기반으로 삼았을 만큼, 사유재산제의 전면적 폐지를 주장한 적은 없었다(Fetscher, 1975: 212 참조). 물론 엄밀히 말하자면 플라톤의 구상도 사적인 것들의 철폐가 아니라 사적인 것들의 공적 확대 혹은 사적인 것의 폴리스화를 시도한 것이다. 따라서 그가 없애고자 했던 것은 사적인 것과 공적인 것의 경계 자체였다. 어쨌든 공화주의자, 루소는 적어도 『사회계약론』에서는 당시의 자유주의적 정치 이론가들과 달리 사적인 것의 보장에 진지한 관심을 보이지 않았다는 점은 분명하다. 나아가서 그는 사적인 것을 공적인 것에 대한 위협으로 간주하고 있다. "공적인 일에 사적인 이해가 영향을 미치는 것보다 더 위험한 것은 없다."(Rousseau, 1977: III-4) 그에 따르면 개인이 공적인 것들을 중요하게 여기지 않고 사적인 것에 관심을 가질 때 그것은 국가적 파멸의 신호다. 공공 영역이 더 잘 기능할수록 사적 이해와 관심은 덜 중요해지고 억제될 수 있다. 루소적 공화주의의 이상은 사적 삶과 공적 삶 사이의 완전한 투명성인데 그러한 투명성을 통해 사적 영역과 공적 영역의 경계는 사라질 수 있다. 그 경계가 사라진 사회가 바로 위에서 말한 친밀성의 사회다. 루소에게 그 친밀성과 투명성은 사적 영역의 어둠을 몰아냄으로써만 가능해진다. 어둠은 빛과 양립할 수 없는, 빛에 대한 위협일 뿐이다.[3]

  아렌트에게 어둠은 완전히 다른 의미를 지닌다. 그녀에게 어둠은 공포의 대상이 아니라 인간의 실존적 조건이다. 아렌트는 사적인 것이 공적인 것이 되고 공적인 것이 사적인 것이 되어버린 근대사회에서 어둠과 밝음의 구분이 사라져버린 현실을 절감한다. 그런 상황에

---

[3] 어둠에 대한 루소의 성향적 두려움에 관해서는 루소(Rousseau, 2003: 239 이하) 참조.

서 그녀는 오히려 루소가 허물어버린 공적인 것과 사적인 것의 경계를 새롭게 구축하려고 한다. 고대 아테네의 폴리스에서 당연시되었던 공적 영역과 사적 영역의 구분은 아렌트에게 중요한 단초를 제공한다. "사적인 것과 공적인 것 사이의 구분은 가계 영역과 정치 영역 사이의 구분에 상응한다. 이 두 영역은 적어도 고대 도시국가의 시작 이래로 서로 다를 뿐만 아니라 분명하게 나뉜 영역으로 존재했다."(Arendt, 1999: 30) 사적 영역에 상응하는 가정은 일상적 삶의 필요성을 충족시키고 '삶과 죽음' 같은 인간 실존의 조건들이 발생하는 곳이다. 그래서 가정은 다른 삶의 방식들을 위한 전제 조건이다. 아리스토텔레스의 『정치학』 제1권은 가정을 안정적으로 유지하기 위한 방법들에 대해 분석하는 것으로 시작한다. 가정의 핵심적 사안은 삶 자체라는 점에서 비정치적 성격을 지니지만 동시에 공적 영역의 토대를 형성한다. 가정은 가족 구성원들에게 세계에서의 안정된 자리를 부여하고 세계와 관계를 맺게 해주는 역할을 할 뿐만 아니라 행복을 경험하게 해주는 곳이기도 하다. 이 사생활과 사적 안전망의 보호 없이 세계에 지속적으로 노출된다면 인간의 생명력은 파괴될 것이다. 그와 반대로 공적 영역에서 사람들은 공동의 일에 관심을 갖고 비밀스런 과정이 아닌 출현을 통해 다른 사람들과 공동의 행위를 한다. 동등한 행위능력을 지닌 평등한 시민들이 행위하는 공적 영역은 행위자를 드러내는 출현의 공간일 뿐만 아니라 공동체의 창설과 유지를 위한 공동의 행위 공간이다. 아렌트는 사적 영역의 존재가 인간의 존엄성과 연관된 것임을 난민 문제에서 제시하고 있다. 아렌트는 「우리 난민들(Wir Flüchtlinge)」이라는 논문에서 난민들의 우선적인 비극은 사적 세계의 어둠을 빼앗겨버렸다는 사실이라고 강조한다. "우리는 우리의 가정을 잃어버렸고 그리하여 일상의 친숙함을 상실했다. 우리는 우리의 직업을 잃어버렸고 그리하여 이 세상에서 우리가 어떻게든 쓸모 있다는 믿음을 상실했다. 우리는 우리의 모국어를 잃어버렸고, 그와 함께 우리 반응의 자연스러움과 몸짓의 단순함과 감정의 솔직한 표현을 상실했다. 단순한 행동과 감정에서 우러나오는 솔직한 표현을 상실했다. 우리는 우리의 부모를 폴란드의 게토에 내버려두었다. 그리고 우리의 친한 친구들은 유태인 집단 수용소에서 죽음을 당했다. 이는 우리의 사적 세계가 파괴되었음을 의미한다."(Arendt, 1986: 7-8)

루소와 아렌트, 두 사람 다 공적인 것을 중요하게 여긴다는 점에는 의심의 여지가 없다. 그럼에도 불구하고 공적-사적 영역의 구분에서 아렌트의 강조점은 공적 영역과 사적 영역이 인간 실존을 위해 각각 서로 다른 본성과 기능을 가지고 있다는 것이다. 따라서 사적 영역에 대한 아렌트와 루소의 입장 차이는 아테네와 스파르타의 차이만큼이나 크다. 사적 영역에 대한 아테네인들의 태도는 투키디데스가 쓴『펠로폰네소스 전쟁사』에 담긴 페리클레스의 추도사에서도 잘 드러난다. "우리의 정체는 민주주의입니다. 왜냐하면 우리의 국가는 소수의 시민이 아니라 다수에 의해 운영되기 때문입니다. … 우리는 자유롭게 공직에 종사하고, 서로 일상생활에 힘씁니다. 서로 질투에 찬 감시를 하는 것과는 거리가 멀고, 이웃 사람이 자기가 좋아하는 일을 하든 무례해 보이는 손해 행위를 하든, 심지어 명백한 형벌 없이 위해를 가하든 우리는 분노하지 않으면서 그대로 방치해두지도 않습니다. 악의를 갖고 개인의 일에 간섭치 않고, 두려움을 품고 마땅히 공적인 일에서 법을 어기지 않으며, … 재산은 우리가 사치스런 말을 하는 데 도움을 주는 것이 아니라 올바른 행위를 하는 데 도움을 줍니다."(투키디데스, 2001: II-37) 물론 추도사인 만큼 민주주의에 대한 이상이 웅변되고 있을 뿐, 아테네의 구체적인 정치 현실은 그 이상과는 괴리가 있었다. 아리스토텔레스가 전하는 아테네의 정치 현실에서는, 살기 위해서 일을 하는 사람은 시민이 될 수 없었다(Aristoteles, 1965: 1278a). 고대의 시민은 "개인적인 일에 몰두하기 위해 공적인 일을 제쳐놓을 자유가 없었다. 오히려 도시를 위해 자기의 일을 잊어야 했다."(쿨랑주, 2000: 464) 아렌트는 사적 영역에 대한 실제적이고 구체적인 태도에서 그리스인들보다는 오히려 로마인들 편에 가깝다. 그녀에 따르면 "로마인들은 결코 사적인 것을 공적인 것을 위해 희생시키지 않고 그 두 영역 모두가 자신들의 현존을 위해 서로서로 연관되어 있는 것으로 이해했다."(Arendt, 1999: 74) 실제로 마키아벨리는 고대 로마인들의 그러한 태도를 칭송하고 있다. 그에 따르면 좋은 시민은 사적 이익과 공적 이익 중 어느 것도 희생하지 않으며, 양자를 견주어 생각했다. "덕성을 지닌 시민들은 자유를 만끽하는 삶에서 나오는 평안을 사랑한다. 그들은 자유로운 생활 방식의 달콤함을 사랑한다. 그들은 계속해서 그러한 평안함과 달콤함을 즐기기 위해 그들의 의무를 다하고, 법 집행관의 결정과 법령에 복종했다. … 고대 로마인들은 공공선과 조국을 사랑했지만, 동시에 사적인 이익과 내 몸의 안락도 사랑했던 것이다."(비롤리, 2006: 155-156에서 재인용)

앞서 언급했듯이 사적인 것과 공적인 것을 구분할 때 아렌트의 의도는 공적인 영역과 사적인 영역, 즉 빛과 어둠은 인간 실존에서 각기 다른 역할이 있음을 밝히는 데 있다. 인간 실존이 지속적으로 존재하고 유지되기 위해서는 공적인 빛으로부터 감춰진 어둠이 필요하다. 아렌트는 이렇게 말한다. "사멸하는 인간의 시작과 종말의 비밀은 공적 영역의 빛이 새어 들어오지 않는 곳에서만 지켜질 수 있다."(Arendt, 1999: 77) 정치는 인간과 세계의 실존 전체를 포괄할 수 없다. "(정치적) 영역은 그 위대함에도 불구하고 제한된다. 그것은 인간적 실존의 총체도 아니며 마찬가지로 세계에 존재하는 것들의 전체도 아니다. 인간이 변화시킬 수 없고 인간의 힘에서 벗어나 있는 것들이 바로 정치적 영역을 제한한다. … 정치는 자신의 능력을 제한하는 경계를 존중할 때만이, 자신의 고유한 통합성을 유지할 수 있고 인간이 세계를 변화시킬 수 있다는, 자신에게 내재된 약속을 이행할 수 있다."(Arendt, 2000a: 369-370) 공적인 것에 대한 강조에도 불구하고 모든 개개인이 갖는 사적인 것에 대한 권리, 공적인 것에 거리를 둘 권리, 즉 '무관심의 권리'가 부정되어서는 안 된다는 것이 아렌트의 확신이다(Arendt, 2000b: 358 참조).

    정치적 영역이 자유의 영역으로 존재하기 위해서는 자신의 경계를 지켜야 한다. 정치권력에 의한 자유의 침해가 있을 경우에도 사적 영역은 자유의 피난처가 된다. 그럴 때 비정치적인 것과 비정치적 영역의 구분을 절대적으로 인정하지 않으려는 전체주의국가의 유혹에서 벗어날 수 있다. 아렌트가 강조하는 전체주의의 가장 두드러진 특징은 공적인 영역뿐만 아니라 개인적인 자유의 피난처도 함께 파괴해버린다는 점이다. 어둠의 몰락은 빛의 타락을 초래한다. 따라서 사적인 것의 철폐는 정치의 과잉이 아니라 탈정치로 귀결된다. 탈정치야말로 전체주의국가의 특징이다. 아리스토텔레스는 『정치학』에서 참주정의 특징을 공적 영역과 사적 영역의 동시적 파괴라고 보았다. 참주는 자신의 지배를 유지하기 위해서 "탁월한 이들을 제거하고, 사람들이 기를 펴지 못하게 하고, 공동 식사 제도와 정치 모임과 교육 등을 금하고, 피치자들 사이에 자신감과 상호 신뢰를 형성하는 모든 것을 감시하고 학교나 토론회가 생기지 못하게 하는 것이다. 한마디로 피치자들이 가능한 한 서로 모르고 지내도록 온갖 수단을 동원해야 하는 것이다. 서로 알면 상호 신뢰가 생기기 마련이기 때문이다." 그와 동시에 "국가의 성원들이 늘 공적인 영역 안에서 생활해야 하고 집 밖에 머물도록 해야 한다. 그래야만 그들은 좀처럼 어떤 일을 은밀히 도모하지 못하고, 늘 노예 취급을 당함으로써 자신을 하찮게 여기는 버릇이 생길 수 있기 때문이다."(Aristoteles, 1965: 1313a-b) 이러한 맥락에서 볼 때 '공적인 것에 대한 맹목적 강조는 반근대적일 뿐만 아니라 전체주의적 위험성을 내포하고 있다'는 비판은 루소에게는 정당할 수 있지만 아렌트에게는 부당하다.[4] 사적인 것의 어둠이 루소에게는 위험이며 모든 정치적 악의 근원인 반면에 아렌트에게는 일종의 실존적 근거지이자 피난처다. 이러한 문제와 관련해서 아렌트와 루소의 차이는 아리스토텔레스와 플라톤의 차이만큼이나 크다.

근대사회의 특징인 사적인 것과 공적인 것의 통합에 대한 요구는 이미 플라톤에게서 나타난다. 『국가』에서 플라톤은 국가의 통합과 공적 영역의 확대를 위해 가정과 가계를 정치적 공동체 안으로 수렴할 것을 제안한다. 그것은 빈이 말하듯 "가정의 정치화" 혹은 "폴리스의 경제화"로 귀결된다(Bien, 1985: 309). 『국가』에서 플라톤은 국가 전체가 거의 한 사람에 가까울 만큼 하나의 통일체로 된 상태를 바라며 이렇게 말한다. "입법자가 법률을 제정함에 있어서 목표로 삼아야 할 것으로서, 나라의 구성에 있어서 최대선이 도대체 무엇이며, 또한 최대악이 무엇이라고 우리가 말할 수 있을 것인지 우리 스스로 자문해보는 것이다. … 나라를 분열시켜 하나 대신 여럿으로 만드는 것 이상으로 나라에 더 나쁜 것을 우리가 말할 수 있겠는가? 또는 나라를 단결시켜 하나로 만드는 것 이상으로 더 좋은 것을 말할 수 있겠는가? … 그러니까 동일한 일들이 생기거나 없어질 때, 모든 시민이 최대한으로 비슷하게 기뻐하거나 괴로워할 경우의 이 즐거움과 고통의 공유가 나라를 단결시키지 않겠는가? … 그렇지만 나

---

4) 예를 들어 카텝(Kateb, 1984: 183), 킴리카(Kymlicka, 1996: 214) 참조.

라에 일어난 동일한 일들에 대해 그리고 일부 시민들의 일들에 대해 일부의 사람들은 몹시 상심하는 반면에 다른 일부의 사람들은 몹시 즐거워할 경우에, 이런 것들의 사유(私有)야말로 나라를 해체시키겠지?"(플라톤, 2008: 462a-c) 『정치학』에서 아리스토텔레스는 '가능한 최대의 통합이 국가의 가장 높은 목적'이라는 플라톤의 주장에 이의를 제기한다. 아리스토텔레스에 따르면 플라톤은 단지 가정에서나 의미가 있는 완전한 통합을 추구함으로써 폴리스를 확대된 가정(Oikos)으로 만든다. 플라톤의 그러한 이상 국가와 달리, 아리스토텔레스의 국가는 각각의 영역과 그곳에서의 다양한 삶의 방식으로 구성되고 유지되는 특징을 지닌다. "인간은 단지 정치적 동물일 뿐만 아니라 가정적(oikonomikon) 동물이기도 하다."(아리스토텔레스, 2012: 1242a) 만약 국가가 인간 실존의 다양한 양식을 무시한 채 "엄격한 통합의 방향으로 계속 나아갈 때 그것은 더 이상 국가가 아님은 분명하다. 다양성은 국가의 본성이다."(Aristoteles, 1965: 1261a, 1253b, 1263b) 플라톤적 루소의 공화국은 사적인 것을 희생시키며 국가의 총체적 통일성을 향하지만 가정과 폴리스의 아리스토텔레스적 구분을 통해 아렌트는 다양성과 그 다양성의 한 요소인 사적인 것의 중요성을 분명히 하고 있다. 물론 아렌트는 고대인이 아니다. 공적 영역과 사적 영역은 새롭게 규정되어야 하며 그 경계를 어디에 둘 것인가 하는 문제도 비판적으로 숙고하는 시민들의 의견에 달려 있다. 아렌트에게 분명한 것은 많은 빛이 있는 곳에는 또한 그만한 그림자가 있다는 사실이다.

3. 대의 민주주의 비판

사적인 것과 공적인 것의 구분처럼 정치적 대의제에 대한 입장에서도 루소와 아렌트의 공통점은 자주 언급된다. 그래서 루소와 아렌트는 흔히 대의 민주주의의 대안적 모델로 일컬어지는 직접민주주의 혹은 참여 민주주의의 제안자들로 호명된다.[5] 그러나 나는 대의제 원리에 대한 아렌트와 루소의 비판이 이론적 측면에서 서로 전혀 다른 동기와 내용, 목적을 지니고 있음을 지적할 것이다.

고대 아테네로부터 시작된 민주주의의 원형은 참정권을 가지고 있는 모든 시민이 공동의 문제를 민회에서 결정하고 정치적 지배권을 갖는 방식이었다. 그와 달리 오늘날 우리는 여러 가지 이유에서 대의제도를 민주주의에서 필수 불가결한 것으로 받아들인다. 대의 민주주의란 공동체의 일들에 관한 정치적 결정과 정부에 대한 통제가 공동체 구성원들에 의해 직접적으로 진행되는 것이 아니라, 그런 목적을 위해 선출된 대표자들에 의해 이루어지는 정치형태다. 다시 말해 대의 민주주의란 "전 인민 또는 그들 중 다수가 주기적 선거에서 뽑은 대표를 통해 최고 통치 권력을 행사하는 정부 형태"다(밀, 2012: 91). 대의제와 함께 의회주의, 보통선거제, 정당정치는 민주주의의 핵심으로 자리 잡게 된다. 그럼에도 불구하고 민주주의와 대의제의 관계는 여전히 정치 이론 전반에서 가장 어려운 문제 중 하나로 남아 있다.

고전적 민주주의 시대 이후 다시 직접민주주의의 전통을 일깨운 사람이 바로 근대인, 루소였다. 루소는 『사회계약론』에서 시민을 정

---

[5] 루소의 참여 민주주의에 관해서는 박의경(2008: 76-103), 아렌트의 참여 민주주의에 관해서는 서유경(2003: 247-273) 참조.

의할 때, 마키아벨리와 몽테스키외가 근대적 인간과 다른 인간을 찾기 위해 고대의 문헌들을 샅샅이 뒤져 발견해낸 고대 폴리스의 시민(Citoyen) 개념을 복원한다(Arendt, 1997: 103 참조). 아리스토텔레스가 『정치학』에서 정의한 바를 단순하게 말하면, 고대의 시민은 "사법적 업무와 통치에 참여"하는 사람들이었다(Aristoteles, 1965: 1275a). 루소에게 "시민이란 자신을 구속하는 법을 제정하거나 그 과정에 참여하는 자유롭고 자율적인 개인"이다(Rousseau, 1977: I-6). 루소는 자신의 시대에 그러한 고대적 시민 개념이 사라져버렸다는 것을 의식한다. 그래서 "조국과 시민이라는 그 두 단어는 현대어에서 없어져야 할" 만큼 무의미해져버렸다고 한탄한다(루소, 2003: 68). 근대의 시민은 자신의 이익을 극대화하기 위해 계산하는 사적 인간, 즉 부르주아(Bourgeois)와 동일한 개념으로 변질되었다(Rousseau, 1977: I-6 참조). 이런 변화가 근대의 대의제 시스템을 자라게 한 토양이 되었다. 근대적 시민은 대의제도를 통해 정치적 업무로부터 벗어나 개인의 자유를 더 확대시키고자 했다. 폴리스의 시민으로서 감당해야 했던 정치적 부담은 적은 것이 아니었다. 삶이 온통 거기에 매달려야 했고, 개인적인 일이나 가족의 삶을 위해서는 좀처럼 시간을 낼 수 없었다(쿨랑주, 2000: 463-464 참조). 근대 자유주의의 창시자 중 한 사람인 콩스탕(Benjamin Constant)은 근대적 대의제의 발생에 관해 다음과 같이 말한다. "우리가 필요로 하는 자유는 고대의 자유와 구분되는 것이기 때문에 고대의 자유와는 확연히 다른 성향을 지니고 있다. 고대인이 자기 권리의 수행을 위해 더 많은 시간과 힘을 쏠수록 그는 더 자유로운 것으로 여겨졌던 반면에, 우리 근대인에게는 정치적 권리가 개인사를 위해 더 많이 사용될 때 자유는 더욱 가치 있는 것이다. 그로부터 대의제의 필연성이 발생한다."(Constant, 1946: 56) 다시 말해 근대 시민의 유일한 정치적 권리인 선거를 통해 대표자를 뽑아 정부를 맡기는 이유는 근대 상업 사회의 조건 아래서 공적인 업무에 대한 피곤함과 사적인 일들에 대한 열정 때문이다. 공공 업무에 자신의 많은 시간을 헌신할 수 있는 사람들에게 정부를 맡김으로써 개인은 더 많은 개인적 자유를 누릴 수 있다는 것이다. 루소는 그런 자유주의적 입장에 맞서 있다. 시민들이 대표자를 갖게 되면 공동의 일에 무관심하게 되고 그와 함께 자유를 상실하여 더 이상 시민으로 존재할 수 없게 된다. 시민들은 스스로 행위하는 적극적인 행위자에서 밀려나 벌어지는 일을 수동적으로 바라보기만 하는 존재로 전락한다. 시민의 역할을 대신 떠맡은 '배우들'은 시민을 따로 떼어놓으려 한다. 루소는 근대 정치의 첫 번째 격언이 바로 시민들을 떼어놓으라는 것, 즉 대의제라고 말한다. 루소는 고대의 자유 개념 안에서 대의제를 비판하고 있다. 그에 따르면 올바른 국가형태인 공화국은 입법권이 직접적으로 인민에게 있을 때 가능하다. 그것이 바로 인민주권 원리인데 인민주권은 대의될 수 없으며 만약 대의된다면 인민은 더 이상 자유롭지 않게 된다. 즉 대의는 자유의 포기다. 자유와 권리의 위임을 핵심으로 하는 홉스의 계약 이론에 대한 비판으로 읽힐 수 있는 대목에서 루소는 이렇게 말한다. "자유를 포기한다는 것은 인간으로서의 본질을 포기한다는 것이며 인간의 권리, 심지어 자신의 의무마저 포기한다는 것을 의미한다. 그러한 포기는 인간의 본성과 대립되는 것이다."(Rousseau, 1977: I-4)

대의 민주주의에서 시민은 단지 선거일에만 자유롭다. 그래서 루소는 인민 자신이 주권을 직접적으로 행사하지 않고 대표자를 통해 수행하는 것에 반대한다. 입법권은 결코 대표자들에게 양도될 수 없다는 원리야말로 루소의 사회계약론을 다른 사회계약론과 구별 짓는 결정적인 특징이다. 대의제 원리에 대한 급진적 비판의 증거로 자주 인용되는 구절에서, 루소는 17세기 이래로 형성된 입헌군주제

아래서 인민의 의지가 대의 기구, 즉 의회를 통해 수행되는 영국의 상황을 선거라는 짧은 자유를 대가로 대부분의 시간을 노예로 살아야 하는 노예제 국가로 묘사한다. "주권은 … 대의될 수 없다. 주권은 본질적으로 일반의지 안에 있다. 의지란 대의될 수 없는 것이다. … 대의원은 인민의 대표자가 아니며 인민의 대표자일 수도 없다. 그들은 인민의 대리인에 지나지 않는다. 그들은 어떤 일에서도 최종적인 결정을 내리지 못한다. 인민 자신이 승인하지 않은 법률은 모두 무효다. … 영국의 인민은 자유민이라고 생각하지만 그들은 잘못 생각하고 있는 것이다. 영국의 인민들은 의회의 의원들을 뽑는 날에만 자유롭다. 그들은 의원선거가 끝나면 곧 노예가 되고 만다."(Rousseau, 1977: III-15)

루소가 대의제 시스템을 거부하는 것과 관련해서 눈에 띄는 것은 그가 인민을 개인들의 연합이 아니라 일반의지를 지닌 단일한 통일체이자 실체로 본다는 점이다(Rousseau, 1977: I-6 참조). 이미 홉스도 인민과 군중을 구별하면서 인민은 단일체이며 단일 의지와 단일 행동을 속성으로 갖는다고 말한다(Hobbes, 1918, 206 참조). 루소의 사회계약은 유기체적 전체로서 분리될 수 없는 실체인 인민을 산출한다. '인민의 주권은 대표될 수 없다'는 루소의 직접민주주의적 견해는 '피지배자는 곧 지배자여야만 한다'는 동일성 패러다임을 내포하고 있으며 나아가서 루소는 그 패러다임의 창시자로 간주된다(Schultze, 2005: 359 참조). 그 동일성 원리는 인민이 하나의 실체임을 가정할 때만 가능한 것이다.[6]

---

6) 칼 슈미트는 루소에게 나타나는 동일성의 패러다임을 대의제와 대립되는, 민주주의의 기초를 형성하는 근본적인 원리로 재발견한다. 루소를 따라 그는 "민주정은 지배하는 사람과 지배받는 사람, 통치자와 피통치자, 명령하는 사람과 그들에게 복종하는 사람 간의 동일성이다"라고 말한다. 그래서 그는 "(동일성의 원리와는

동일성 패러다임 안에서 루소는 "민족은 전체적으로 단지 하나의 의지에 의해 대표된다"는 민족국가의 오래된 비극적 확신을 선취하고 있다(Arendt, 2000b: 97). 루소가 민족주의를 이론적으로 주창한 첫 번째 사상가이며 민족주의의 선구자라는 커번이나 포퍼의 주장은 근거가 없지 않다(세이빈, 1983: 881; 포퍼, 1997: 86 참조). 루소에게 하나의 의지를 대표하는 것은 왕이나 군주가 아니라 일반의지로 통합된 공동체, 곧 민족이다. 일반의지는 개개인들의 영혼 안에 무엇인가 동일한 것으로 나타난다. 그러한 일반의지를 통해 사회 구성원들은 "공동 자아(common self)"가 될 수 있고 개인들 사이의 사회적-정치적 차이는 제거될 수 있다(Rousseau, 1977: I-6). 이렇듯 형이상학적 방식으로 개인들 간의 차이를 제거해버림으로써 루소는 의견의 차이와 다양성이 어떻게 보장되고 중개될 수 있는가 하는 문제를 손쉽게 해결해버린다. 여기에서 문제가 되는 것은, 오늘날 제기되고 있는 대의 민주주의에 대한 비판의 화살이 루소 자신에게 향할 수 있다는 점이다. 대의 민주주의하에서 정부는 대부분 선거를 통해 형성되므로 개개 시민이 지닌 다양한 차이는 그 정부 아래서 은폐된 채 국민이라는 하나의 동일성으로 통합된다. 대의 민주주의의 중요한 특징 중의 하나인 '대표성의 원리'에 대한 비판에도 불구하고 '동일성의 정치'라는 측면에서 루소의 정치 기획은 대의 민주주의와 그리 멀리 떨어져 있지 않다(이남석, 2001: 20 참조). 루소의 공화주의에는 공동의 일에 관해 자유롭게 판단하고 자신의 의견을 표현할 수 있는 개인은 없고 단지 주어진 동일한 일반의지를 인식하고 받아들여야 하

달리) 대표성의 원리는 사람들의 정치적 통합성 자체가 그것의 실질적인 동일성 속에서 나타날 수 없으며, 따라서 항상 특정 인물에 의해 대표되어야 한다는 생각에서 비롯된다"(Schmitt, 1970: §17, §16)고 말한다.

는 인민만이 존재한다. 루소가 대의제를 거부하는 핵심적 이유가 여기에 있다. 아렌트에 따르면 루소는 대의제 비판을 통해 "신성동맹(union sacree) 즉 모든 의견의 차이 그리고 인민과 정부 사이의 차이를 포함한 모든 구별을 제거해버린다."(Arendt, 2000b: 309) 그렇게 볼 때 "피지배자와 지배자의 동일성 주장은 첫눈에는 확실히 민주주의 적이지만, 전체주의 자체의 뿌리를 지니고 있다."(Tönnies, 1994: 57)

아렌트는 루소가 생각하는 인민의 개념과는 완전히 다른 미국 건국자들이 지녔던 인민의 개념을 이렇게 언급한다. "인민이라는 용어는 미국의 건국자들에게 결코 단수가 아니었다. 그들은 인민을 오히려 '다수성'으로 이해했다. 인민 안에서 끝없는 다양함과 수많은 차이를 생각했다. 그래서 소위 여론이라는 것은 그들 모두에게 같은 방식으로 의심스러웠다. 왜냐하면 그것은 히스테리와 조작을 통해 아주 쉽게 합일을 초래하기 때문이다. 그들은 공화국에서 공적 영역이 평등한 이들 사이에서 진행되는 의견의 교환을 통해서만 형성될 수 있고, 모든 시민이 갑자기 기적처럼 똑같은 의견이어서 의견의 교환과 차이들의 조정이 불필요하게 될 때, 그 영역은 바로 사라진다는 것을 너무도 잘 알고 있었다."(Arendt, 2000b: 118-119) 위에서 언급했듯이 루소의 사회계약이 유기체적 전체로서 분리될 수 없는 실체인 인민을 산출하는 반면, 미국 건국 과정의 토대가 된 계약의 정신은 시민의 다원성을 전제로 했던 것이다. "미국 법의 정신인 합의는 공동으로 결합하는 계약이라는 생각에 기초하는데, 여기에 따라 처음에는 개개의 식민지들이 수립되었고 그다음에는 연방이 수립되었다. 계약은 적어도 둘 이상으로 이루어지는 다원성을 전제로 한다. 상호 간의 약속에 기초한 합의의 원리에 따라 수립되고 작동하는 모든 연합체는 해체되지 않고 연합의 형태(여럿으로부터 하나)로 형성되는 다원성을 전제로 한다. 이렇게 형성된 공동체의 개별 구성원들이 제한된 자율성의 유지를 선택하지 못한다면, 그래서 그들이 프랑스의 신성동맹처럼 완전한 통일체로 사라지는 쪽을 택한다면, 법에 대한 시민의 도덕적 의무에 관한 모든 논의는 단순한 수사에 불과하다."(Arendt, 2000d: 314)

우리는 나중에 루소가 대중에 대한 불신 속에서 일반의지를 올바로 인식할 인민의 대표자로서 신적 입법자를 등장시키고 있음을 살펴볼 것이다. 신적 입법자의 필요성을 인정함으로써 루소의 대의제 비판은 근대에 대의제를 주장하는 사람들의 입장에서 크게 벗어나지 않는다. 근대의 대의 민주주의는 넓은 민주주의, 즉 국가의 확대와 인구 규모 등 단지 현실적인 여건과 통치 기술상의 문제 때문에 요구되는 제도적 차선책인 것만은 아니다. 많은 이론가는 일반 대중의 비합리적 욕구를 여과하는 적극적인 원리로 대의제를 주장했다. 그로부터 엘리트주의와 과두제 경향은 옹호된다. 루소의 공화주의에 대한 비롤리의 평가는 그래서 적절하다. "루소의 공화주의는 공화주의의 이상을 실현하는 최고의 방법으로서 소수의 지혜롭고 덕스런 엘리트의 통치를 선호하는 것을 포함한다. (루소의 공화주의는) 인민의 통치로서 민주정에 대한 전적인 약속을 포함하지 않는다." (비롤리, 2009: 528-529)

아렌트도 대의제의 문제를 "근대 정치의 가장 비판적이고 곤란한 문제"로 간주한다(Arendt, 2000b: 303). 그 곤란함은 민주적 대의제가 지니고 있는 해결하기 어려운 딜레마에서 비롯된다. 근대 민주주의적 대의제는 대표자가 의결권을 독점하는 독점적 대의(appropriierte Repräsentation)나 특권을 지닌 집단이 대의의 주체가 되는 신분적 대의(ständische Repräsentation)와는 분명히 구별된다. 근대 민주적 대의제의 딜레마는 선출된 대표자가 선출하는 이들의 의사에 강력히 종속되는 구속된 대의(gebundene Repräsention)와 대표자가 선거에 의해 선출되지만 자율적 행위를 하는 자유로운 대의(freie Repräsention) 사이의 갈등이다(Weber, 1964: 171-172).

만약 대표자의 행위가 시민들의 행위에 대한 단순한 대행이라면 대표자들은 단지 유권자들한테 대가를 받은 대리자고, 그들의 정치적 행위는 단순한 관리로 전락한다. 다른 한편으로 대표자의 행위가 유권자의 지시에 따른 단순한 대행이나 위임이 아니라 완전히 독립적이고 자율적일 경우에는 근대 인민주권 원리가 벗어나고자 했던, 지배와 피지배라는 전통적 구분이 재생산된다. 그럴 경우 대부분의 사람들은 피지배자의 지위로 전락하여 자신들의 정치적 의지를 박탈당할 위험성이 있다. 대표자가 자율성과 독립성을 가져야 한다는 입장에 선 잘 알려진 사상가로 우리는 에드먼드 버크와 존 스튜어트 밀을 들 수 있다. 버크는 자신의 선거구인 브리스틀의 선거구민들에게 보낸 편지에서 의원들의 판단과 행동은 독립적이어야 한다고 주장한다. 대의원은 일단 선출되면 국민과 제국 전체의 이익을 책임지게 되며, 그의 판단이 선거구민들의 판단과 일치하든 일치하지 않든 간에 자기 나름의 최선의 판단에 의거하여 행동할 의무를 선거구민들에게 진다는 것이다. 그는 이렇게 쓰고 있다. "여러분의 대표자는 단지 근면해야 할 의무만이 아니라 판단해야 할 의무 또한 여러분에게 빚지고 있습니다. 그러므로 만약 그가 여러분의 의견을 따르기 위해 자신의 판단을 포기한다면, 그것은 여러분을 섬기는 것이 아니라 배신하는 것입니다."(Pitkin, 1969: 174-175에서 재인용) 밀도 마찬가지로 대표가 유권자의 의사에 따라 결정하거나 행위해야 한다는 대리인 개념을 비판하면서, 지식과 우월한 인격을 지닌 대표는 유권자로부터 독립적으로 자유롭게 행동해야 한다는 수탁자 개념을 지지한다(밀, 2012: 221 이하 참조).

루소와 마찬가지로 아렌트도 근대 대의제 민주주의를 공적인 업무에 시민들이 직접 참여하는 것에 대한 대체물로서 개인에게서 정치적 행위의 기회와 자유를 빼앗는 것이라고 본다. 대의제는 고대의 공적 자유를 사적 영역으로 축출해버리기 때문이다. 그런 맥락에서 루소와 아렌트, 두 사람 모두에게 대의제는 특별히 근대적인 정치 행태다. "대표라는 개념은 근대에 생긴 것이다. 이것은 봉건 통치로부터, 다시 말해 인류를 타락시키고 인간이라는 이름을 모독하는 사악하고 부조리한 통치로부터 유래해 오늘날까지 이어져온 것이다."(Rousseau, 1977: III-15) 영국의 대의제에 대한 루소의 언급과 거의 같은 톤으로 아렌트는 새로 창설된 미국에 관해 이렇게 비판한다. "인민들이 아니라 단지 선발된 그들의 대표자들만이 실제로 정치적으로 활동할 기회를 가졌다. 즉 단지 그들만이 자유로웠다." (Arendt, 2000b: 302) 이러한 루소적 분위기 때문에 사람들은 아렌트가 자신의 정치적 사유에서 대의제를 매우 부정적으로 여기고 있으며, 더 나아가서 대의제 원리를 무시한다고 비판한다(Kateb, 1982 참조). 르포르(Lefort)는 전반적으로 아렌트의 정치적 인식을 긍정적으로 평가함에도 불구하고 대의 개념에 대한 아렌트의 근본적인 거부를 비판하면서 이렇게 말한다. "대의 개념은 아렌트에게 아주 낯선 것이다. 나아가서 그 개념은 그녀와 대립된다."(Lefort, 1988: 55) 그러한 비판의 근거로 아주 자주 인용되는 『혁명론』의 한 부분에서 아렌트는 이렇게 말한다. "시민은 대표된다. 그리고 단지 유권자의 일반적 행복에 대한 걱정과 관심만이 대표된다. 그러나 그들의 행위능력 혹은 그들의 의견은 대표될 수 없다."(Arendt, 2000b: 346) 아렌트의 이 구절을 팔로넨은 "권력은 위임되지만 의지는 위임될 수 없다"는 루소의 테제의 단순한 변형으로 간주하기도 한다(Palonen, 2006: 207; Rousseau, 1977: II-1 참조). 하지만 그는 루소와 아렌트의 언급에서 나타나는 핵심적 차이를 놓치고 있다. 루소가 자유를 의지의 자기규정, 즉 주권으로 보는 반면, 아렌트가 자유를 타인과 함께 공유하는 세계 안에서 함께 행위하고 의견을 교환할 수 있는 가능성으로 보는 점은 간과될 수 없는 차이다. 아렌트에게는 대의의 개념이 낯설다는 르포르의 비판도 타당하지 않기는 마찬가지다. 최소한의 정의에 따르면 대의란 "어떤 다른 것의 입장이 되는 것"을 의미하며 "대의의 본질은 실제로 현존하지 않는 어떤 것을 다시 현존하게 만드는 것"이다(Podlech, 1984: 509; Leibholz, 1967: 26). 이러한 개념의 일반적 의미에서 아렌트는 정치적 판단력과 관련해서 대의의 원리를 특별한 정치적 능력으로 여긴다. 그녀는 이렇게 말한다. "정치적 사유는, 타인의 사유가 늘 함께 드러난다는 점에서 대의적이다. 나는 일정한 사물을 다양한 관점으로 고찰함으로써, 그리고 부재자의 관점을 현재화시키고 그것을 함께 드러냄으로써 하나의 의견을 형성한다."(Arendt, 2000a: 342) 이처럼 아렌트는 '대의'의 정치적 원리 자체를 거부하지 않는다.

물론 아렌트는 근대 대의제의 현상에 대해 비판적이다. 대의제와 관련한 아렌트의 우려는 이런 것이다. 즉 시민이 실제로 공적인 일에 참여하여 행위하고 자신의 의견을 표출할 수 있도록 해주는 적당한 제도가 없는 대의는 이익의 대표로 전락될 수 있다. '대표'되는 것은 공동의 것에 관한 것이지 사적인 것에 관한 것일 수는 없다. 아렌트는 그 점에서 토마스 제퍼슨에 동의한다. "그(제퍼슨)는 헌법이 인민들이 공화국의 시민으로서 행위하고 유지될 수 있는 가능성의 틀을 제공하지 않은 채 인민들에게 모든 권력을 부여해버릴 때 생길 수 있는 엄청난 위험을 인식하고 있었다. 그것은 단지 사인(私人)인 인민들에게 모든 권력을 제공하는 것으로 귀결될 수 있다. 왜냐하면 (그 틀이 없이는) 그들은 결코 시민으로서 기능할 수 없기 때문이다."(Arendt, 2000b: 324)

제도적 차원에서 볼 때, 대의제를 중심으로 하는 민주주의적 조직 원리, 즉 일반선거권과 정당 제도에 아렌트가 불신을 갖는 결정적 이유는 '정치의 엘리트화'와 '시민 참여의 결핍' 때문이다. 아렌트는 정당을 중심으로 한 대의제하에서 "정당들이 선거에 나서는 후보들의 공천권에 대한 독점을 통해 더 이상 인민 권력의 기관으로서가 아니라 오히려 인민 권력을 제한하고 통제하는 수단"으로 전락한다고 비판한다(Arendt, 2000b: 347). 그러한 후보 공천의 독점 때문에 대의제는, 아리스토텔레스의 분류대로 하자면, 전 시민이 공직자를 한정된 계층에서만 투표로 선출하는 귀족정체의 특징을 지니게 된다(Aristoteles, 1965: 1300b 참조). 결국 대의제 민주주의는 정당 엘리트들로 충원되는, 그야말로 "정치가의 지배"이자 "표를 위한 지도자들의 경쟁"으로 전락하고 만다(Schumpeter, 1972: 452). 그러한 경쟁 속에서 정치가들은 정치적 생산물을 만들고 시민들은 그 생산물 중 하나를 선택하는 소비자로 전락한다. 결국 대의제적 구조의 핵심적인 문제는 시민들의 실제적 참여를 가능하게 하는 제도가 존재하지 않는다는 점이다. 그런 상황에서 시민들은 "권력에 대한 포기" 혹은 "행위의 욕구에 대한 포기"로 이끌린다(Arendt, 2000b: 350-351). 그렇게 될 때 정치가는 지배자가 되고 시민은 피지배자가 되어 이질적인 두 집단으로 양극화된다. 토크빌은 그 상황을 이렇게 묘사한다. "이와 같이 정부는 매일 인간의 자유로운 행위가 별 쓸모가 없도록 만듦으로써 자유로운 행위의 빈도를 줄어버린다. 그래서 정부는 인간의 의지를 아주 좁은 범위 내에다가 제한시켜버리며, 점차 인간으로부터 스스로 활동하고자 하는 의욕을 박탈해버린다."(토크빌, 1997: 889) 시민들이 대표자를 적절히 선출하기 위해서도 그들이 공적인 일에 참여하고 거기에서 자신의 의견을 표출할 수 있도록 해주는 실제적인 제도, 즉 자치를 가능하게 하는 제도는 필수적이다. 그런 실제적 제도가 없을 때 대의제는 형식적 대의로 전락하며 시민들의 정치적 능력마저 상실될 위험이 있다. "중앙의 권력에 지나치게 의존하도록 길들여진 사람들에게 간혹 가다 그 권력의 대표자를 선출하도록 불러내는 것은 헛된 일이다. 이와 같이 그들의 자유로운 선택권을 이따금씩 행사하는 것으로는 그것이 아무리 중요하다 할지라도, 그들이 독자적으로 사고하고 행동할 수 있는 능력을 점차 상실해가는 것을 막을 수 없을 것이다. 그래서 마침내 인간성 이하로 전락하는 것이 불가피한 것이다."(토크빌, 1997: 892) 이런 까닭에 아렌트는 의견의 다양성이 표출되고 보장되는 '다른' 대의제도, 즉 형식적 대의를 넘어선 실질적 대의를 주장하는 것이다. 정치적 대의제도에 관해 깊은 숙고를 엿볼 수 있는 중요한 대목에서 그녀는 이렇게 말한다. "의견들은 다방면에서의 의견 교환 과정 안에서 발생하고 유지된다. 그것들의 차이와 분쟁의 절충은 그것을 목적으로 선출된 이들로 구성된 제도가 그 문제들을 조정할 때 가능하다. 그러한 의견의 대변자들이 그들의 동료 시민들보다 더 현명하다는 것이 아니다. 그러나 그들은 선출되고 하나의 제도를 구성하는데, 그것의 의미는 공적인 일에서의 가능한 지혜에 하나의 자리를 보장하는 것이다. 제도 자체는 인간적 지혜의 오류 가능성을 고려한 것이다."(Arendt, 2000b: 293)

아렌트가 말하는 공화국의 제도적 공간은 이미 대의 공간이다. 아렌트적 공화주의의 핵심은 대의제의 부정이 아니라 대의 공간이 시민의 정치적 행위에 의해 창설되고 유지되어야 한다는 점이다. 아렌트의 공화주의는 시민들의 능동적 참여를 통해 이루어지는 정치적 창설과 보존에 중심을 두고 있다. 그러한 공화주의적 대의제도에서는 시민들의 통일된 의견이 반영되는 것이 아니라 오히려 의견들의 다양성이 표출된다. 로비엘로는 대의제 원리에 대한 아렌트의 비판이 직접민주주의를 염두에 둔 정치적 낭만주의의 결과라는 비판에 대해 의문을 제기하며 다음과 같이 지적한다. "의견은 대표될 수 없다는 주장은 의견이 실제적인 정치적 가치에 이르기 위해서는 표현되고 교환될 수 있는 알맞은 제도적 공간을 설치하는 것이 필수적이라는 완고한 주장과 맥을 같이한다. 그러한 공간은 직접적으로 대의의 공간이다."(Roviello, 1997: 121) 관점의 다양성을 보장하는 것과 그것을 위한 제도를 보장하는 것은 아렌트가 이해하는 대의제의 핵심적이고 가장 중요한 토대다. 루소와 달리 아렌트에게 중요한 것은 직접민주주의냐 대의 민주주의냐의 선택의 문제가 아니다. 대의 민주주의에 대한 아렌트의 비판은 시민들의 다양한 의견과 판단 형성을 위한 자유로운 공간의 형성과 정치적 행위에 대한 관심으로부터 발전된 것이다. 현실의 대의제하에서 대표를 선출하는 개인들은 투표함만을 향해 한 줄로 길게 늘어선 고립되고 원자화된 개인들이다. 그것은 마치 플라톤의 동굴 안에서 포승줄에 묶여 동료들에게 고개를 돌리지 못한 채 자기 앞의 벽만 쳐다봐야 하는 인간들과 같다. 그들은 다만 진리를 보고 돌아올 철인정치가를 기다려야 한다. 문제는 '과두제의 철칙'(Robert Michels)이라는 대의제도의 우울한 숙명을 극복할 수 있는 대의의 형식이 있는가 하는 점이다. 물론 아렌트는 그 문제에 직접 해결책을 제시하지 않는다. 다만 실마리를 제공하고 있을 뿐이다. 아렌트는 정당 체제를 중심으로 원자화된 개인들의 의견을 산술적으로 합산하여 전체의지로 간주하는 대의제도 대신, 평의회와 같은 대의제도를 통해 공동의 일에 열정과 헌신을 지닌 진정한 정치적 엘리트들에게 대표의 기회를 부여해야 한다는 입장이다. 아렌트가 제시하는 평의회의 핵심은 원하는 각 개인에게 대표할 수 있는 기회가 주어져야 한다는 정치적 평등 원리다. 아렌트는 평의회 제도의 특징을 이렇게 언급한다. "아래에서 시작하여 계속 위로 나아가 결국 의회에 이르게 되는 완전히 다른 조직 원리가 있다. … 평의회는 다음과 같이 말한다. 우리는 참여하기를 원하고, 우리는 논쟁하기를 원하며, 우리는 우리의 목소리가 공적으로 들리기를 원하며, 우리는 우리나라의 정치적 과정을 결정할 기회를 갖기를 원한다. 국가는 너무나 커서 우리 모두가 함께 모여 우리의 운명을 결정할 수 없기에 우리는 국가 내에서 수많은 공적인 영역을 필요로 한다. 우리가 투표지를 작성하는 투표소는 확실히 너무나 좁다. 그 투표소는 단 한 사람만을 위한 곳이기 때문이다. 정당들에게는 완전히 부적절한 곳이다. 거기서 우리 대부분은 조작된 투표자에 불과하다. 그러나 우리 중 열 명만이라도 탁자에 둘러앉아 서로 자신의 의견을 표현하고 서로 다른 이의 의견을 듣는다면, 의견들의 교환을 통하여 의견의 합리적 형성이 발생할 수 있다. 거기서는 또한 우리 중의 어떤 사람이 우리보다 더 높은 평의회 앞에서 우리의 의견을 나타내는 데 가장 적절한가가 분명해질 것이며, 우리 의견은 다른 의견들의 영향을 통하여 분명해지거나 수정되거나, 잘못된 것으로 판명될 수도 있을 것이다."(Arendt, 1987: 132)

4. 인민주권의 딜레마

정치 질서가 자연적 본성이나 신의 섭리가 아닌, 인간의 가장 자발적인 행위인 사회계약을 통해서 발생한다는 생각은 루소의 국가 이론이 지닌 근대적 특징이다. 물론 엄밀히 보자면 국가의 기원을 계약으로 보는 생각 자체가 근대만의 것은 아니다. 이미 고대 그리스의 소피스트들도 법을 자연적인 것이 아니라 사람들 사이의 협약으로 보았다. 플라톤의 『고르기아스』에 등장하는 칼리클레스나,

『국가』의 글라우콘은 이미 법과 정의의 본성과 기원을 계약의 원리로부터 도출하고 있다(플라톤, 2011: 482e-483b; 2008: 358e-359b 참조). 아리스토텔레스가 전하는 바에 따르면 소피스트였던 뤼코프론(Lykophron)도 한 국가의 법을 "계약 혹은 정의에 대한 시민들의 상호 보증"이라고 주장했다(Aristoteles, 1965: 1280b). 에피쿠로스는 더 분명하게 정의와 국가 형성의 근원을 계약이라고 주장한다(에피쿠로스, 2007: 21 참조). 여기에서 우리가 루소의 사회계약론을 특별히 근대적이라고 보는 까닭은 그것이 인민주권의 원리를 토대로 하고 있기 때문이다.

근대 사회계약론의 원리는 법과 권리가 개인들 사이의 합의를 통해 발생한다는 것이다. 그러나 루소는 자연법 전통 위에서 형성된 근대의 다른 계약 이론들과는 달리 사회계약을 인간의 자기 유지를 위한 필요성이나 지배를 정당화하는 법적 형식으로만 제한하지 않는다. 가령 홉스는 "본성적으로 자유를 사랑하고 타인에 대한 지배를 좋아하는 인간이 공동체 속에서의 구속을 스스로 부과하는 궁극적 원인과 목적과 의도는 자기 보존을 꾀하고 만족된 삶을 영위하기 위한 것이다"라고 주장한다(Hobbes, 1999: 131). 로크 또한 '계약을 통한 정부의 구성은 개인에 속한 권리를 우선적으로 보호하기 위해 수립되었다'는 자유주의적 입장을 견지한다. 국가는 상호 계약, 즉 이기적 개인들의 타협의 산물이다. 사회계약은 국가 동맹의 원칙을 세우기 위한 것이기는 하지만 도덕적 삶을 위한 것은 아니다. 물론 루소도 사회계약이 일반적인 불신, 폭력, 경쟁으로부터 벗어나 자신의 생명과 이익을 보존하기 위한 이기적 동기와 공리적 목적을 지니고 있다고 본 점에서는 홉스나 로크의 생각과 다르지 않다. 하지만 그것을 넘어서 루소의 사회계약은 인간의 도덕적이고 정치적인 변형을 낳는 의미 있는 과정을 포괄하고 있다. 계약을 통해 사회는 정의와 더 높은 도덕적 성취를 실현하게 되고, 그 안에서 인간은 도덕적 시민이 된다. 즉 사회계약을 통한 사회 상태의 형성은 자연으로서의 인간과 시민을 통합시킨다. 그 통합을 통해 인간의 이성은 관철될 수 있는 기회를 갖게 된다. 간단히 말해 루소의 사회계약은 '혼돈된 인간성을 시민의 도덕적 인격'으로 바꾸려는 구상을 담고 있다.

 국가의 기원을 삶에 필요한 물질적 욕구와 동시에 도덕적 요구로 보는 것은 특별히 루소만의 생각은 아니다. 그 두 가지 요소는 이미 플라톤과 아리스토텔레스의 국가 이론의 토대였다. 플라톤은 국가의 발생을 우선은 삶의 "필요"로부터 도출하지만 그에 머물지 않고 국가는 "단순히 백성들의 삶을 보존할 뿐만 아니라, 인간의 본성이 허락하는 한, 그들의 품성 또한 개조할 것이다"라고 주장한다(플라톤, 2000: 297b; 2008: 369b 참조). 아리스토텔레스도 이렇게 말한다. "국가는 단순한 생존을 위해 생겨났고 훌륭한 삶을 위해 존속한다." (Aristoteles, 1965: 1252b) 중요한 것은 루소식의 사회계약론이 소피스트들과 소크라테스학파들 사이의 대립을 해소할 수 있는 여지가 있다는 점이다. 즉 사회계약을 주장하는 소피스트들에 대한 아리스토텔레스의 불만은 국가가 단지 시민들 상호 간의 계약의 산물이라면 시민들을 선하고 의롭게 만들 실질적인 힘을 갖지 못한다는 점이었다. 또한 계약은 시민들을 완전하게 통합시키지 못한다는 문제도 있다(Aristoteles, 1965: 1280b 참조). 루소의 해결책은 사회계약의 결과가 홉스에게서처럼 절대주권을 지닌 군주에 의한 외적 강제가 아니라, 인민 자신에 의한 내적 강제, 즉 인민주권이 될 때 국가의 목적인 도덕적 요구가 완성될 수 있다는 것이다. 루소가 홉스와는 달리 자연 상태의 인간을 부정적으로 보지 않으면서도 그와 마찬가지로 자연 상태를 벗어나야 한다는, 언뜻 보기에는 모순적인 입장을 취하는 까닭도 거기에 있다.[7] 즉 루소는 다른 대부분의 사회계약론자들처럼 사회 상태를 자기 보존이나 소유권의 보호 등의 필요성에 국한 짓지 않고, 도덕적 발전을 위해 필수적인 조건으로 요구하고 있는 것이다. 그래서 루소는 사회계약을 통해 자연 상태에서 사회 상태로 진입하는 순간, 즉 인간과 시민이 하나로 통합되는 순간이야말로 가장 '행복한 순간'이라고 말한다. "자연 상태에서 시민 상태로의 전환은 인간에게 매우 현저한 변화를 낳는다. 그 전환을 통해 인간의 행동에서 본능이 정의로 대체된다. 인간의 행위에 그 이전에는 결여되었던 도덕성이 부여된다. 육체적 충동의 자리에 의무의 목소리가 그리고 욕망의 자리에 법이 들어설 때 지금껏 자기 자신만을 보았던 인간은 이제 다른 원칙에 따라 행동하고 자신의 욕망에 귀 기울이기 전에 자기의 이성과 상의하도록 강제된다. … (사회 상태에서) 인간은 자연 상태에서 가졌던 많은 것을 빼앗기지만 많은 것을 얻기도 한다. 즉 인간의 능력은 향상되고 발전되며, 사고는 넓어지고, 감각은 고상해진다. 영혼 전체가 고양되기에 새롭게 얻은 조건의 남용으로 이전의 자연 상태로 타락하는 일만 발생하지 않는다면, 인간은 자연 상태에서 벗어나 어리석은 짐승으로부터 지적인 존재인 인간으로 변화된 이 행복한 순간을 끊임없이 축복하게 될 것이다."(Rousseau, 1977: I-8)

루소는 『사회계약론』을 다음과 같은 선언으로 시작한다. "인간은 자유롭게 태어났지만 곳곳에서 사슬에 매여 있다."(Rousseau, 1977: I-1) 플라톤의 동굴을 연상시키는 이 선언은 루소 자신의 정치철학

---

7) 잘 알려진 루소의 성선설에 관해 아렌트는 이렇게 말한다. "자연 상태에서 인간이 선하다는 것은 루소에게 공리적 진리의 형식이 될 수 있다. 왜냐하면 그는 동정심이 실제로 타인의 고통에 대한 인간의 자연스러운 반응이라는 것을 발견했기 때문이다. 그래서 그는 동정할 수 있음에 모든 순수하고 자연스러운 인간관계의 본질적인 토대가 있다고 말한다."(Arendt, 2000b: 101)

이 지닌 목적을 암시하고 있다. 『사회계약론』에서 루소의 핵심적 주제는 바로 '자유'의 문제다. 루소는 마키아벨리를 인용하면서 이렇게 말한다. "다소의 소란은 인간의 영혼을 고무시킨다. 인류를 참으로 번영시키는 것은 평화보다 자유다."(Rousseau, 1977: III-9) 루소의 이러한 입장은 홉스의 견해와 비교된다. 홉스에게 사회계약의 최대 목적은 권리와 권력을 양도해버린 무기력한 시민들 안에 깃든 '평화'다. "모든 인간은 평화가 선이라는 사실에 동의하고, 따라서 평화에 이르는 길 또는 수단도 선이라는 사실에 동의한다."(Hobbes, 1999: 122) 루소의 정치철학은 본성적으로 자유롭게 태어난 인간들에게 그들이 상실해버린 자유를 되돌리려는 비전을 담고 있다. 『사회계약론』에서 나타나는 루소의 분명한 입장은 근원적 자유를 재창출하기 위해서는 하나의 좋은 사회가 형성되어야 한다는 것이다. 하지만 그때의 자유는 자연적 자유를 넘어 시민적, 윤리적 자유의 위상을 갖는다. 그럼에도 불구하고 자연적 자유를 가능케 하는 자연 상태는 루소에게 자유의 척도로서 중요한 이론적 역할을 지속적으로 한다(Fetscher, 1975: 103 참조).

루소의 문제는 사슬 자체를 없애는 것이 아니라 무엇이 '정당한 사슬', 즉 "자유를 위해 인간을 강제하는" 정당한 형식인가 하는 것이다(Rousseau, 1977: I-7). 이 문제는 일종의 '자유의 역설'을 담고 있다. 페처가 말하듯 "루소의 『사회계약론』의 주제는 사슬의 철폐가 아니라 그것의 정당화다."(Fetscher, 1975: 102-103) 루소에게 사회계약은 "공동의 힘으로 개인들과 그 개인들의 능력을 방어하고 보존하며, 그것을 통해 개개인은 … 단지 자신에게만 복종하며 그 이전과 마찬가지로 자유로울 수 있는 사회 상태"를 형성하는 방식이다(Rousseau, 1977: I-6). 간단하게 말하자면 국가 이론 안에서 루소의 문제는 '어떻게 도덕적으로 정당한 형식의 연합이 개인의 자유를 포기하지 않고도 형성될 수 있는가' 하는 것이다. 루소는 자신의 근본 문제를 인민 스스로가 규칙을 제정하는 정치 공동체라는 비전을 통해 해결하려고 한다.

　루소가 발견한 해결책은 한 사회의 '인민'이 주권을 행사한다는 급진적 원리다. 절대군주제와의 대립 속에서 발견된 루소의 인민주권 원리는 서구 정치사상사와 정치사에서 주권 관념이 왕에서 인민으로 혁명적 전환이 이루어지는 무시할 수 없는 기여를 했다. "그(루소)가 지금까지는 한 사람에 의해 채워져왔던 자리를 다수의 인간으로 대체할 수 있는 최고로 탁월한 방법을 발견했다."(Arendt, 2000b: 97) 우리가 잘 알고 있듯이 홉스에게서는 권리가 주권적 군주나 귀족 같은 소수의 타인에게 일방적으로 위임된다. 홉스에 따르면 코먼웰스의 유일한 입법자는 주권자인데, 그 코먼웰스는 인격이 아니어서 직접 입법을 할 수 없기 때문에 권리를 위임받은 대표자가 주권자로서 입법자의 역할을 한다. 루소는 전제군주에게 권력을 양도하고 그 군주가 신민들의 평화를 보장한다는 홉스의 비민주적 논리를 『사회계약론』에서 직접적으로 비판하고 있다. 루소의 사회계약은 각 개인이 자신의 권리를 어느 한 개인에게 양도하는 것이 아니라 "모든 권리와 더불어 자신을 전체 공동체에 양도"하는 과정이다(Rousseau, 1977: I-6). 그 과정은 각 개인이 자신을 모두에게 넘길 때, 그는 결국 자신을 누구에게도 넘기지 않는 것이 되는 변증법적 과정이다. 루소의 그러한 생각은 프랑스혁명의 토대가 되었으며 그로부터 모든 정당한 권력의 근거와 근원은 인민에게 있다는 급진적인 민주주의의 원리, 즉 인민주권의 원리가 발생한다. 루소는 인민주권 원리의 핵심을 이렇게 말한다. "인민 스스로가 결정하지 않은 모든 법은 무효다. 그것은 결코 법이 아니다."(Rousseau, 1977: III-15) 법의 출처는 인민의 자유의지이며 법에 대한 복종은 자신의 의지에 대한 복종일 뿐이다. 자유는 우리 스스로 규정한 법률에 대해 복종하는 데에 있다. 따라서 그 복종은 자유의 다른 이름일 뿐이다. "법률은 우리의 의지를 기록한 장부와 같으므로 우리가 법률에 복종하면서 어떻게 자유인이라고 할 수 있는가는 의심의 여지가 없다."(Rousseau, 1977: II-6)

홉스와는 달리 루소에게 주권의 위임은 없다. 주권은 인민에게서 나올 뿐만 아니라 인민에게 머물러 있어야 한다. 이러한 루소의 인민주권 원리가 그 이전의 절대주권 개념이 지니고 있는 핵심적 특징을 여전히 공유하고 있다는 점은 콩스탕 이래로 누누이 지적되어왔다. 우리의 논의에서도 그 점은 아주 중요하다. 근대 주권 개념의 가장 큰 특징은 "국가에 특유한 절대적이고 시간적으로 제한 없는 권력"이라는 보댕의 규정에서 보듯, 무제한-무제약적이며 절대적이라는 점이다. 절대주권자가 지닌 가장 큰 특징은 법을 초월해 있다는 것이다. "주권자는 합의체이건 한 사람이건 시민법에 종속되지 않는다. 주권자는 법을 제정하고 폐지하는 권한을 보유하기 때문에 자신을 불편하게 하는 법이 있다면 이를 폐지하고 새 법을 만들 수 있다. 즉 원하지 않는 법으로부터 언제든지 벗어날 수 있기 때문에 처음부터 그 법의 적용 대상이 아니다."(Bodin, 1981: 205) 다시 말해 절대주권은 반드시 군주정에서만 가능한 것은 아니다. 홉스에 따르면 주권이 무제한적 권력이라는 명백한 사실은 "주권이 군주정처럼 한 사람의 손에 있건, 민주정 혹은 귀족정처럼 합의체에 있건 다르지 않다."(Hobbes, 1999: 162) 애초에 주권이 정치적이고 실천적으로 기능하기 위해서는 절대적 지배의 원리를 필요로 한다. 다시 말해 통합을 위한 하나의 지배적 의지를 의미하는 주권 개념은 절대주의에 대한 요구를 수반한다. 그래서 마르탱이 말하듯 "주권과 절대주의라는 두 가지 개념은 같은 모루 위에서 만들어졌다."(Maritian, 1970: 267)

일반적 주권 개념이 갖는 이러한 특징 안에서, 인민주권 개념도 원리적으로 침해될 수 없고 나뉠 수 없을 만큼 초법적인 절대성을 지닌다. 그래서 홉스에게 나타나는 절대적 주권 개념은 여전히 루소의 인민주권에도 내재되어 있다. 다시 말해 절대주권자의 자리를 군주가 아닌 인민이 대체한 것뿐이다. 루소의 인민주권 원리는 아렌트가 지적하듯이 "다수가 하나의 집합체를 형성하여 하나 속의 다수인 인민들이 마치 일인 지배자처럼 되는 민주제의 변종"이다(Arendt, 1999: 279-280). 루소의 민주주의는 일인 절대 지배의 변형된 형태인 것이다. 그것은 이미 아리스토텔레스가 우려했던, 인민이 다수로 구성된 일인 지배자로 군림하는 전제적 민주주의다. 거기에서 인민은 "법의 지배를 받지 않는 까닭에 독재"의 가능성이 있으며 "폭군적 성격"을 띠게 된다는 것이다. 『정치학』에서 아리스토텔레스는 이렇게 언급한다. "법이 지배하는 민주정체에서는 민중 선동가가 나타나지 않고, 가장 훌륭한 시민들이 주도적인 역할을 한다. 그러나 법이 최고 권력을 갖지 못하는 국가에서는 민중 선동가들이 나타난다. 이것은 민중이 다수로 구성된 독재자가 되기 때문이다. 다수가 개인으로서가 아니라 집단으로서 최고 권력을 갖기에 하는 말이다. … 독재자가 된 민중은 법의 지배를 받지 않는 까닭에 독재를 하려 든다. … 이런 민주정체는 독재정체 중에서도 참주정체와 닮아 있다."(Aristoteles, 1965: 1292a) 몽테스키외도 그런 위험성을 지적한다. 그는 인민주권의 원리가 반드시 시민의 자유를 보장하는 것은 아니라는 점을 알고 있었다. 그에게 자유의 조건은 어떤 권력이든 절대적이고 무제한적인 것이어서는 안 된다는 사실이다.

인민이 절대적 주권의 담지자이기 위해서 인민은 개인이 아니라 하나의 집단, 하나의 단일한 의지이며 실체여야 한다. 위에서 우리는 이미 루소가 인민을 단일한 통합체이며 유기체적 전체로서, 분리될 수 없는 하나의 의지를 지닌 실체로 설정하고 있다는 점을 지적했다. 『시민론』에 나타난 홉스의 생각에는 이미 루소의 인민이 표현되고 있다. 홉스는 대중(a multitude)과 인민(a people)을 구분할 것을 주장하면서 이렇게 말한다. "인민을 단순한 대중과 충분히 구분하지 않는 것은 국가, 특히 군주 국가에 큰 해가 된다. 인민은 단일한 의지를 지닌 하나의 통합체이며 그래서 단일한 행동을 할 수 있다. 이런 점들이 인민을 대중과 구별 짓는다. 각 국가에서는 인민이 지배한다. 군주국에서조차 그렇다. 인민은 한 인간의 의지를 통해 자신의 의지를 표현하기 때문이다. 그와 반대로 대중은 시민, 즉 신민들로 구성된다. 민주주의와 귀족제에서 시민들은 대중이지만 인민은 회의체다. 군주제에서 신민들이 대중이고 왕은 인민이다."(Hobbes, 1918: 206) 『리바이어던』에서도 홉스는 자연법 외에는 어떤 것의 제한도 받지 않을 군주의 절대주권을 말하면서 고대 아테네 인민들의 주권을 그 절대주권의 예로 든다(Hobbes, 1999: 166 참조). 우리는 여기서 홉스와 루소의 거리가 그리 멀지 않다는 것을 알 수 있다. 차이는 홉스의 리바이어던이 한 개인이라면 루소의 리바이어던은 집단이다. 어찌되었건 양자 모두에게 주권자는 리바이어던이며 그 실체는 인민이다.

루소는 인민의 절대적 주권을 요구하기 때문에 절대적 주권을 제한하고 통제할 어떤 방법도 제시하지 않는다. 루소에게는 주권의 근원만이 문제가 되었을 뿐 주권의 범위나 한계는 중요한 것이 아니었기 때문이다. 그러나 애초에 루소가 염두에 둔 공화국은 모든 권력이 법 아래에서 통치하는 국가형태였다. "나는 정부 형태가 어떤 것이든 간에 법에 의해 통치되는 모든 국가를 공화국이라고 부른다. 왜냐하면 이때 비로소 공공선이 우위에 서고, 공공의 것이 중요한 것이 되기 때문이다. 법에 따른 모든 통치는 공화적이다."(Rousseau,

1977: II-6) 한 편지에서도 루소는 이렇게 말한다. "자유로운 인민은 복종은 하지만 예종하지는 않으며, 지도자는 두지만 주인은 두지 않는다. 자유로운 인민은 오직 법에만 복종하며, 타인에게 예종하도록 강제될 수는 없는데, 이것은 법의 힘 때문이다."(Rousseau, 1964; 비올리, 2006: 17에서 재인용) 그에 따르면 정치에서 가장 중요한 문제는 "어떻게 우리가 인간 위에 법을 올려두는 정부 형태를 발견할 수 있는가 하는 것이다."(Arendt, 2000b: 238에서 재인용) 그러나 루소의 비일관성은 곧 드러난다. 루소는 법을 인간 위에 두려는 자신의 공화국 구상과는 모순되는 언급을 홉스와 유사한 방식으로 하고 있다. "주권자를 자기 자신에게 구속되게 할 수는 없다. … 인민에게 구속적인 법은 있지 않으며 있을 수도 없다. 어떤 것도, 심지어 사회계약이라 하더라도 인민을 구속할 수 없다."(Rousseau, 1977: I-7) 루소의 이러한 절대적 주권 개념이 홉스의 생각과 얼마나 유사한지는 『시민론』에 나타나는 다음과 같은 언급에서 확인할 수 있다. "이제 집단의 의지 혹은 최고의 권력을 위임받은 한 인간의 의지는 국가의 의지다. 국가의 의지는 개별 시민의 의지를 위임받는다. 그래서 최고권을 위임받은 이는 국가의 법에 구속되지 않는다. 그렇지 않다면 그는 시민에게가 아니라 자기 자신에게 속박될 것이기 때문이다."(Hobbes, 1918: 146) 이제 루소에게는 "민주주의에서 고유한 다수결원리를 통한 결정 과정이 민주주의적 선거에 의한 독재로 변질되는 것"을 막을 수 있는 정치적 수단이 없다(Arendt, 2000b: 214). 절대적 지배자가 그렇듯 루소의 인민주권도 헌법 안에 혹은 헌법 아래에 있는 것이 아니라 헌법 위에 있기 때문에 헌법이나 기본법을 통해서 제한될 수 없는 것이다.[8] 루소의 인민주권론으로부터 세례 받은 프랑스혁명

---

8) 크릴레(Kriele, 1980: 227), 탈몬(Talmon, 1961: 42), 퇴니스(Tönnies, 1994: 57) 등은

의 주역들이 인민의 의사는 그 정의상 항상 적법하며, 헌법도 인민의 의사일 뿐 국민을 구속할 수 없다고 주장했던 것은 당연한 일이다. 루소의 인민주권 개념이 그 급진성에도 불구하고 이전의 절대적 주권 개념의 틀을 못 벗어난 이유는 그가 군주제적 국가주권의 절대주의적 이론을 구조의 변화 없이 인민주권의 원리로 차용했기 때문이다. 이 점은 이미 같은 시대의 흄이나 콩스탕에 의해 지적되었으며 아울러 인민주권론에 내재한 공화제적 인민 독재의 위험성도 비판받았다.[9] 간단히 말하자면 루소는 보댕이나 홉스에게서의 군주의 힘을 인민의 의지로 대체함으로써 주권의 주체만을 바꾸었다. 결국 그는 절대군주라는 옛 독재자의 자리에 인민의 의지라는 새로운 현대적 독재자를 앉힌다.

루소의 인민주권 개념이 지닌 절대적 성격과 관련해서 또 하나의 난제가 있다. '인민의 의지가 지속적이고 안정적인 정치제도를 형성할 수 있느냐' 하는 문제다. 법이 인민 의지의 표현일 때, 법의 안정성은 매우 취약하다. 오히려 법은 의지의 장애물이다. 루소가 의지는 위임될 수 없고 구속될 수 없다고 말한 것은 그가 늘 변할 수 있는 의지의 특징을 잘 알고 있었기 때문이다. 나의 의지가 결정한 것은 나의 의지가 부정할 수 있다. 나의 의지는 본성상 변화될 수 있는 것이므로 그것은 안정적인 어떤 것의 기초가 될 수 없다. 그래서 "항구적인 의지"라는 말은 '네모난 동그라미'와 다름없는 형용모순이다.[10] 의지는 "어떤 식으로든 제한되지 않는다."(데카르트, 2011: 4) 개

이러한 입장을 강하게 제기한다.
9) 흄(Hume, 1994: 31-32) 참조. 루소의 인민주권론에 대한 콩스탕의 비판은 장세룡(1999) 참조.
10) 아렌트는 의지에 대한 루소의 생각과는 달리 해밀턴(Hamilton)이 모순된 표현이기는 하지만 제도 안에서 표출되는 "항구적인 의지"에 관해 언급하고 있음을

인의 의지와 마찬가지로 인민의 의지 또한 언제라도 변할 수 있다. 의지 자체는 "법적이거나 형식적이지 않고 자연적"이기 때문이다 (Brandt, 1973: 84). 프랑스혁명의 주역들이 모든 권력이 발생하는 인민 의지를 "정치 영역 외부에 있는 일종의 자연력"으로 이해했다는 사실은 시사하는 바가 매우 크다(Arendt, 2000b: 235). 프랑스혁명이 정치제도를 창설하는 것 대신에 필요한 모든 수단을 이용하여 사회 문제를 해결하는 쪽으로 초점을 맞추었던 이데올로기적 이유를 우리는 인민 의지의 관념에서 찾을 수 있을 것이다. 인민 의지는 조직화되거나 제도화되어서는 안 된다는 프랑스혁명가들의 확신이 루소의 가르침에서 비롯된 것임을 확인케 해주는 구절을 우리는 『사회계약론』 곳곳에서 발견할 수 있다. "의지가 미래를 위해 사슬에 묶인다는 것은 터무니없는 일이다." 거기에 루소는 이렇게 덧붙인다. "그래서 인민이 복종을 약속한다면 그것을 통해 인민은 해체되고 인민으로서의 특징을 상실하게 된다."(Rousseau, 1977: II-1) "의지에서 자유를 빼앗는다는 것은 행위에서 도덕성을 빼앗는 것과 같다."(Rousseau, 1977: I-4) 실제로 루소가 공화국의 방점을 법에서 인민의 의지로 이동시켰다는 것은 "미래의 새로운 국가 정체성과 그것의 지속성이 인민의 공동적인 현실 제도들을 통해서 보장되는 것이 아니라, 단지 인민의 의지 자체에 의해서 보장된다"는 확신을 담고 있다(Arendt, 2000b: 96). 루소가 말하는 인민의 의지는 일반의지다. 특별한 제도 없이도 공동체가 통합될 수 있는 이유는 인민의 의지, 즉 일반의지가 지닌 특별한 질 때문인데 그것은 바로 "만장일치(unanimity)"이다. 일반의지의 정치적 실현은 만장일치로 나타나는데 이것은 공적 영역에서 벌어지는 의견에 대한 동의(consensus)와는 구별된다. 루소는

지적한다(Arendt, 2000b: 397).

인민 의지를 통해 "의견의 교환으로부터 발생하는 동의"를 대체한다 (Arendt, 2000b: 96).

제도화될 수 없는 인민 의지를 정치체 구성의 원리로 삼고 있다는 점에서 오히려 루소의 이론이 공화주의적 강점을 지니고 있다고 보는 이들도 있다. 케르스팅은 이렇게 주장한다. "루소는 법치국가의 민주주의적 종속성에 관한 테제를 근거 짓기 위해 계약론적 논의를 시작했던 최초의 계약 이론가다. 그의 이론에서 법치국가는 헌법이나 기본법을 통해 유지되는 것이 아니라, 정치적 의지 형성을 위한 제한 없는 민주적 과정을 통해 유지된다."(Kersting, 2003: 94) 더 나아가서 하버마스는 아렌트와 루소를 동일한 공화주의 모델 속에 포함시키는데, 그에 따르면 양자는 "탈정치화된 국민의 공민적 사생활 중심주의와 국가화된 파당들에 의한 정통성 조달에 대항하여 갱신된 시민 공동체가 관료주의적으로 독립된 국가권력을 탈중앙집중된 자치행정의 형태로 (다시) 전유할 수 있을 정도로 정치적 공론장이 재활성화되어야 한다"는 입장을 지니고 있다(하버마스, 2000: 288). 케르스팅과 하버마스는 루소의 의지의 정치를 제도나 체제로서의 민주주의가 아닌 재활성화된 정치적 공론장에서 이루어지는 지속적인 과정으로서의 민주주의로 긍정적 평가를 하고 있다. 그러나 위에서도 보았듯이 루소의 인민주권론이 정치적 공론장의 활성화를 바라고 다원성을 토대로 하는, 제한 없는 민주적 과정을 포함하고 있다는 주장에는 쉽게 동의하기 어렵다. 나는 이 점에 관해서 일반의지를 다루는 다음 장에서 더 구체적으로 언급할 것이다.

아렌트 또한 그녀의 이론이 낭만적 요소를 넘어 거의 아나키즘에 가까운 요소를 지니고 있다거나, 제도의 문제를 부차적인 것으로 보고 있다는 비판을 받곤 한다(Morgenthau, 1979: 241; Gehlen, 1961: 485; Mckenna, 1984: 339 참조). 물론 아렌트가 정치적 자유를 헌법적 보장으로만 보지 않는다는 점은 명백하다. 그녀에게 제도에 대한 비판과 시민 불복종은 헌법의 부패를 막는 중요한 공화주의적 요소다. 그러나 동시에 헌법은 자유와 다원성의 경계이자 한계를 나타낸다. "(헌법은) 이미 완성된 건물이 건축가의 의지나 거주자의 의지로부터 일정 정도 독립적이듯이, 국민의 의지나 변하는 다수에 적게 종속되어 있다."(Arendt, 2000b: 213) 아렌트에 따르면 법률들의 정당성은 그것들이 헌법 안에서 형성된다는 점에 있다. 여기에서 주목해야 할 점은 법과 권력은 서로에게 의존하지만 동시에 서로 구분되어야 한다는 사실이다. 인민의 권력은 나눌 수 없는 것도 아니고 무오류적인 것도 아니다. 그래서 인민은 자신의 권력을 일정한 규칙과 법의 테두리 안에서 행사해야 한다. 물론 그 법은 자신의 실제적 존재를 인민의 권력에 빚지고 있다. 아렌트의 입장에서 볼 때 인민을 법과 권력의 동일한 근원으로 본 것이 루소의 오류였다.

그와 관련해서 나는 하버마스가 아렌트의 생각과 문맥을 오역하고 있다고 본다. 『사실성과 타당성(Faktizität und Geltung)』에서 하버마스는 아렌트의 권력 개념을 인용하면서 『혁명론』에 나오는 구절과 연관시켜 이렇게 설명한다. "'권력은 사람들이 함께 행위할 때 그들 사이에서 발생하고 그들이 다시 흩어지면 바로 사라진다.' 그러한 모델에 따르면 법과 소통적 권력은 '많은 사람이 공적으로 합의한 의견'으로부터 발생한다는 점에서 동근원적이다."(Habermas, 1998: 182-183) 그러나 하버마스가 각주에서 지시한 『혁명론』의 인용 부분을 따라가보면 아렌트는 결코 권력과 법의 근원이 동일하게 많은 사람이 공적으로 일치한 의견, 즉 '합의'라고 주장하지 않는다. 거기에서 그녀는 권력은 "서로 다른 의견을 지닌 사람들 사이의 동의"로부터 발생한다고 말하고 있다(Arendt, 2000b: 96). 여기에서 동의와 합의의 차이는 적지 않은데 다른 의견에 대한 동의는 의견의 일치를 의미하는 합의와는 구별된다. 설득은 타인의 의견을 수정시키려는 목적이 아니라 자신의 의견에 대한 동조를 이끌어낸다. 다시 말해 사람들은 자신의 의견을 지닌 채 다른 사람의 의견에 동조할 수 있으며, 그 동조를 위해 자신의 의견을 포기할 필요는 없는 것이다. 하버마스는 의견의 합의를 중시하기 때문에 이상적 담화 상황이라는 비현실적인 구상을 하게 된다. 따라서 법과 권력의 근원을 동일하게 공적으로 합의한 의견으로 보는 것은 하버마스의 입장이지 아렌트의 입장은 아니다. 미국 건국 헌법에서 아렌트는 분명하게 그 점을 지적하는데, 즉 "(건국자들은) 누구도 법과 권력을 똑같은 근원으로부터 이끌어내려는 생각을 지니지 않았었다. 권력의 자리는 인민 안에 있지만 그러나 모든 법의 근원은 헌법이어야 한다는 것이다. 문서와 자료들, 무엇인가 객관적인 것, 그것을 사람들은 이렇게 혹은 다르게 해석하고 상황에 따라 변화시키고 확대시킬 수 있다. 그러나 그것은 선거 안에서 표출되고 여론에 대한 조회 안에서 밝혀질 수 있는 소위 인민 의지와 같이 결코 주관적이고 일시적인 감정 상태일 수 없다."(Arendt, 2000b: 204) 이는 미국 건국 선조들이 지닌 로크와의 친화성을 보여준다. 확실히 로크의 입장은 루소의 의지 중심의 계약론적 태도에 대해 비판적이다. "어떤 형태의 국가든, 통치권은 즉흥적인 명령과 불확실한 결정이 아니라 선포되고 승인된 법률에 따라야 한다. 만약 인류가 한 사람이나 몇몇 사람을 결합된 대중의 권력으로 무장시키고 ― 그들의 행동을 지도하고 정당화할 아무런 기준도 제시되지 않은 채 ― 그들의 즉흥적인 생각이나, 무절제하고 그 순간까지 잘 알려지지 않은 의지에 근거한 터무니없고 무제한적인 명령에 복종하도록 강요받는다면, 인류는 자연 상태보다 훨씬 더 열악한 상황에 처하게 될 것이기 때문이다."(Locke, 1992: §137) 그와 달리 프랑스혁명의 주역들은 "새로운 헌법 아래서 법은 프랑스 공화정

대신 인민의 이름으로 공포되어야" 한다고 주장했다(Arendt, 2000b: 155). 하버마스가 간과하고 있는 아렌트의 헌정주의적 관점에서 보자면 권력의 근원과 법의 근원을 동일시하는 것은 전체주의적 위험을 내포하고 있다.[11] "법률적으로 제약이 없는 다수결 원리, 즉 헌법 없는 민주주의는 소수자의 권리를 억압하는 데 아주 강력할 수 있고, 어떤 폭력의 사용 없이도 반대 의견을 질식시키는 데 아주 효과적일 수 있다."(Arendt, 2000c: 173)

4. 일반의지와 루소의 이상 국가

루소는 자신의 계약 이론의 도덕적 성격을 두 가지의 정치-철학적 원리를 통해 구체화한다. 하나는 위에서 본 인민주권 원리이며, 또 다른 하나는 여기서 다루려는 일반의지의 개념이다. 물론 인민주권 원리와 일반의지의 개념은 뗄 수 없는 관계에 있다. 다시 말해 인민주권 개념은 일반의지와의 연관성 안에서만 이해될 수 있다. 일반의지야말로 본질적인 입법자이며 서로 다른 인간들을 결합시킬 수 있는 유일한 매개다. "법은 일반의지의 선언에 불과하다."(Rousseau, 1977: III-15) 인민주권 원리의 필연성과 정당성은 일반의지로부터 나온다. "엄격한 의미에서 루소에게서 인민주권이라는 말은 본래적으로 있을 수 없고 오히려 일반의지의 주권이라는 말만 가능하다." (Röttgers, 2001: 1110) 즉 국가의 법질서를 형성하는 유일한 주체는 일반의지이며 주권은 이 일반의지의 표현에 지나지 않는다. 따라서 인민은 일반의지의 집단적 담지자로서만이 주권자다.

---

[11] 아렌트의 헌정주의에 관해서는 김비환(2007) 참조.

일반의지는 국가 건축을 위한 루소의 설계 작업에서 결정적인 토대다. 그렇게 마련된 설계도에 따라 루소가 만들고자 하는 국가는 그가 최초로 계약 이론에 따라 설계했던 국가와는 상당한 모순 관계에 있다. 루소의 『사회계약론』은 당시 자연법 이론과 사회계약론자들에게 하나의 상식처럼 통용된 테제로부터 출발한다. "시민의 결합은 세계에서 가장 자유로운 행위이다. 즉 모든 인간은 자유롭게 그리고 자기 자신의 주인으로 태어나기 때문에 누구도 인간을 그 자신의 동의 없이는 예속시킬 수 없다."(Rousseau, 1977: IV-2) 하지만 국가 질서가 일반의지를 토대로 형성된다면 사회계약의 중요한 전제 조건인 개인의 자율성과 그에 따른 "세심한 선택과 신중한 의견"을 통한 "동의"라는 개념은 그 의미를 상실하게 된다. 동의라는 개념을 대체하는 "의지"라는 개념은 "본질적으로 의견의 교환 과정 전체와 의견의 궁극적인 합의를 전적으로 배제"하기 때문이다(Arendt, 2000b: 156). 정치적 구성체는 모든 시민이 정치적 협약에 능동적으로 참여함으로써 형성된다는 가장 근대적인 생각을 담고 있는 루소의 계약 이론과 인민주권 원리는 일반의지의 도입을 통해 결국 시민들의 완전한 수동성으로 끝나고 만다. 루소의 인민주권 원리는 일반의지와 결합함으로써 '전체주의적 민주주의'를 위한 도구가 될 수 있다는 탈몬의 지적은 지나친 것이 아니다(Talmon, 1961: 39).[12]

근대 자유주의자들은 공동체를 개인적 관심들의 집합적 구성체로 보았다. 루소의 생각은 홉스 이래의 자유주의와 대립되는데, 루소에게 개인들의 합리적 이기심은 도덕적 덕성이나 정치적 미덕이 아니

---

[12] 이와 달리 김용민 교수는 일반의지를 "인간이 지닌 자유의지의 한 부분을 구성"하는 요소로 보고 그 의지에 따르는 것을 자유의 실현이라고 주장한다(김용민, 2004: 149, 157).

라 오히려 공동체의 이익을 위협하는 것이다. 공동체의 이익을 해치는 개별 이익을 극복하기 위해서 필요한 것이 바로 일반의지다. 루소는 일반의지(volonté générale)와 공동의지(volonté de tous)를 구분한다. 공동의지는 "단지 특수 의지들의 총합일 뿐이다."(Rousseau, 1977: II-3) 반면에 일반의지는 그것을 구성하는 개인들의 개별 의지의 총합 이상이다. 고유한 역동성 때문에 개별 의지들은 합의의 가능성을 지니고 있지만, 그것은 어디까지나 우연적이어서 공동체의 지속과 안정을 보장할 수 없다는 것이 루소의 주장이다. 공동의지를 일반의지로 대체하려는 루소의 의도는 동의와 합의를 통해 형성되는 공동의지로부터 주관적이고 인격적인 판단에 깃든 우연성과 가변성을 제거하려는 시도로 보인다. 우연적 합의의 성격을 지닌 공동의지와는 달리 일반의지는 선험적 심급이며 그래서 규범적 성격을 지닌다. 루소는 일반의지를 이상적인 인민 의지의 체현으로 보는데 그것은 모든 의지의 이성적 통합을 의미한다(Fetscher, 1975: 120 참조). 이런 점에서 헤겔의 루소 비판은 잘못된 것이다. 헤겔은 보편의지에 대한 루소의 구상을 계약 이론이라고 지적하며 "참된 정신으로서가 아니라 특수한 개인인 각자의 독자적인 자의(自意) 속에 길들여진 개별자의 의지로서의 의지"를 법의 지반으로 삼으려 했다고 루소를 비판하고 있다(Hegel, 1995: §258). 루소의 일반의지 개념은 헤겔 자신이 국가를 형성하기 위해 요구하는 이성과 보편적 정신으로부터 그리 멀리 떨어져 있는 것이 아니다. 일반의지는 자신의 부분들에 주어져 있지 않으며 그래서 부분들의 총합 이상이다. 따라서 '일반'이라는 형용사는 의지의 주체 혹은 사람들의 숫자나 양을 의미하는 것이 아니라 의지의 특정한 질을 의미하는 것이다. 또한 그 의지는 의지의 주체에게 있는 것이 아니라 외부에 완결된 의지로서 존재한다. 따라서 정치적 과정은 개별 의지 중 하나를 집단적으로 선택하거나 공동의지를 형성하는 과정이 아니라 일반의지를 발견하거나 확인하는 과정이다. 그 발견과 확인을 위해서는 일반의지를 인식하고 그 질을 파악할 수 있는 특정한 인물, 즉 신적 입법자가 필요하다. "신적 입법이라는 생각은 입법자 자신이 외부에 있다는 것과 자신의 법을 초월한다는 것을 함의한다. 그러나 고대에 입법자 자신에게 구속적이지 않았던 법을 선포하는 것은 어떤 신성의 징표가 아니라 참주의 특성이었다."(Arendt, 2000b: 241)

루소가 인민주권과 일반의지를 결합시키는 것은 마치 플라톤이 『법률』에서 가르치고 있는 바를 따르고 있는 듯하다. "인간에게 있어서 최상의 권력이 이성적이고 절제 있는 정신과 일치할 때 가장 완전한 국가와 그 국가에 상응하는 법률이 형성된다. 그러나 그 외의 다른 어떤 방식으로는 만들어질 수 없다."(플라톤, 2009: 712a) 그러나 루소는 어떻게 그 일반의지를 확인할 수 있는가라는 문제에서 많은 혼란을 겪고 있다. 일반의지와 공동의지를 구분했던 자신의 입장과는 분명히 모순되는 구절에서 루소는 일반의지를 확인 할 수 있는 가장 분명하고 신뢰할 있는 수단은 투표라고 말한다. 투표에서 다수의 표를 획득한 의사는 일반의지로 연역되어야 한다는 것이다. "모든 국가 구성원의 견고한 의사는 일반의지와 동일하다. 일반의지의 행사에 의해 그들은 자유로운 시민이 된다. 인민의 의회에서 하나의 법이 제출되었을 때 인민들에게 요구되는 것은 그들이 이 제안을 승인할 것이냐 거부할 것이냐가 아니고, 이 제안이 일반의지에 합치되고 따라서 그들의 의사가 될 수 있느냐이다. 투표를 통해 개인들은 이 문제에 대해 그들의 견해를 제시하며 연후에 일반의지는 표의 계산에 의해 연역된다. 그러므로 나 자신의 견해와 반대되는 견해가 지배적일 때, 이는 단지 내가 일반의지를 잘못 이해하고 있다는 증거이며 내가 일반의지라고 간주해왔던 것이 일반의지가 아니라는 것을 증명하는 것에 지나지 않는다. … 이것은 일반의지의 모든 특징은 여전히 다수 투표 속에 있다는 것을 전제한다."(Rousseau, 1977: IV-2)

루소가 생각하는 일반의지의 가장 큰 특징은 그것이 공적으로 토론될 수 없다는 점이다. 공적인 긴 토론과 설득의 과정은 일반의지에 대한 인식을 저해하고 결과적으로 인민의 통합을 해친다. 인민은 자신들의 통합을 위해 단지 하나의 의지를 지녀야 한다. 주권자인 인민은 단일한 실체여야 하며 상이한 의견을 지닌 다수로 구성된 대중이 아니다. 그래서 특수 의지나 개인 혹은 집단의 이익들이 다양한 요구를 한다는 것은 정치적 부패와 질병의 신호다. 다양한 협회나 파벌이 있는 한 통일된 의견은 불가능하다. "회의에서 다른 의견이 적으면 적을수록, 다시 말해 의견이 만장일치에 가까울수록 일반의지도 마찬가지로 지배적인 것이 된다. 그러나 이와 반대로 긴 논쟁, 다양한 의견, 소란스러움은 특수 이익들의 번성과 국가의 몰락을 나타낸다."(Rousseau, 1977: IV-2) 이미 홉스가 정치 공동체의 여러 가지 질병 중 하나로 지목했듯이 "정치적 사려가 깊다고 자부하는 자들"의 이런저런 논쟁과 다양한 의견은 이미 병든 공화국의 징후다(Hobbes, 1999: 254). 따라서 평화는 토론을 통해서가 아니라 국가의 폭력적 힘을 통해서 유지된다. 우리는 위에서 플라톤이 폴리스의 소란을 얼마나 혐오했는지에 관해 이미 언급했다. 그곳은 "같은 곳에 거주하면서 언제나 서로에 대해서 음모를 꾸미는 사람들의 나라"다(플라톤, 2008: 551e). 플라톤의 선의 이데아와 유사하게 루소의 일반의지도 파당에 의해 분열되지 않은 공동체의 통일성, 즉 "가장 강력한 하나의 나라"를 바라는 한 사상가의 이상을 담고 있다. 그는 평화보다도 자유를 더 중시했지만 결국 그는 평화를 위해 말과 의견의 자유는 희생시킨다.

일반의지의 형성과 관련해서 루소는 토론과 자유로운 의견 표현의 과정을 염두에 두고 있다는 주장도 있다. 더 나아가서 루소를 참여 민주주의의 이론가로까지 칭송한다(Schmidt, 2000: 102).[13] 그런 주장은 루소의 다음과 같은 언급을 증거로 내세울 수 있을 것이다. "일반의지가 실제로 표명되기 위해서는 국가 내에 부분적인 파벌들이 없어야 하고 시민 각자는 자기 자신의 의견을 가져야 한다."(Rousseau, 1977: II-3) 파벌은 영구적이며 전체적인 이익, 즉 일반 이익이 아닌 자신들만의 공통적인 관심과 열정에서 비롯되는 공동 이익을 지향한다. 여기에서 루소는 우선 의견의 특성을 분명히 알고 있다. 즉 의견은 결코 집단에 속하지 않으며 집단은 하나의 이익(interest)을 가질 수는 있지만 하나의 의견은 가질 수 없다. 의견은 늘 개개인에 의해 형성되고 그래서 개인의 소유이기 때문이다. 그러나 아렌트는 루소가 의지, 이익, 의견을 거의 구별 없이 사용하고 있다는 점을 지적하면서, 이익과 의견의 차이점을 분명하게 설명한다. "마르크스 이래로 정치적 영역에서 아주 중요하게 된 이익과 의견의 관계는, 의견이 이익의 기능으로서 나타날 만큼 서로 밀접하다는 것이 일반적인 생각이다. 그러나 그 둘은 근본적으로 서로 다른 정치적 현상이다. 이익은 정치적으로 단지 그룹의 이익으로서만 의미가 있다. 그리고 그룹 이익들 중에서 어떤 것도 지배적인 것이 될 수 없을 정도로 전체의 일부분이라는, 그룹 이익의 부분적 특성이 유지된다면 이익 문제의 해결은 충분하다. 그와 달리 의견은 결코 집단의 의견일 수 없다. 개인들이 감정과 이해를 부채질하는 정열의 격정 없이 자유 안에서 자신들의 이성을 사용하는 한 의견은 늘 개인의 의견이다. 사회의 일부든지 사회 전체의 다수든지 상관없이 다수는 하나의

---

13) 박의경(2008), 강정인(2009)도 참조.

의견을 형성할 수 없다. 의견들은 단지 사람들이 자유롭게 서로 교류하고 자신들의 견해를 공적으로 나타낼 수 있는 곳에서만 발생한다."(Arendt, 2000b: 292)

특히 루소는 '의견은 사람들이 자유롭게 서로 교류하고 자신들의 견해를 공적으로 알릴 수 있는 곳에서만 형성될 수 있다'는 의견의 결정적인 특징을 간과하고 있다. 모든 정부는 그렇게 형성된 의견들에 그 기초를 두고 있다. 오히려 고립되거나 원자화된 개인들은 정치적 의견을 형성하기 어렵고 이데올로기에 쉽게 노출된다. 아렌트는 루소에 반대하여 민주주의국가에서는 중개적 결사와 집단이 국가로부터 개인의 자유를 지켜줄 수 있는 보루이며 결사와 집단이 없이 국가와 개인이 직접적으로 대면하는 것이야말로 전제주의의 특징이라는 토크빌의 관찰에 동의하고 있다. "미국에는 정치적 목적을 위한 무제한적인 자유가 있다. … 모든 자유의 형태 중에서 정치적 목적을 위한 무제한적인 결사의 자유는 한 국가가 존속할 수 있는 최후의 자유이다." 토크빌은 미국에서 "결사의 자유는 다수의 폭정에 대항하는 꼭 필요한 보장책"으로 되어 있음을 관찰했다. 다양한 정치적 결사가 한 정치사회의 전제화를 막는 가장 중요한 수단이라고 보았던 것이다(토크빌, 1997: 261-269).

조용하고 논쟁 없는 국가라는 루소의 이상은 모든 국가형태 중에서 가장 시끄러운 곳이었던 폴리스의 풍경과는 거리가 있다. 플라톤이 아테네 시민들의 "수다스러움"에 불만을 표시할 만큼 "그리스에서 말하는 자유가 가장 많은 아테네"의 폴리스 시민들은 "논의를 좋아하고(philologos) 많은 말(polylogos)"을 하며 공적 삶을 살았다(플라톤, 2011: 462e, 515e; 2009: 641e). 그런 폴리스의 현상이 인간은 그렇게 말할 수 있기 때문에 정치적일 수 있다는 확신을 주었던 것이다. 폴리스에서 토론은 장애물이 아니라 정치적 행위를 위한 필수적인 과정이었다. 페리클레스의 장례 연설에서 우리가 확인할 수 있듯이 그리스인들은 공동의 일에 관한 토론이 행위에 해를 끼치는 것이 아니라, 미리 토의를 하여 정확한 판단을 내리기도 전에 저돌적으로 행위하는 것이 해롭다고 여겼다(투키디데스, 2001: II-37). 루소의 의지의 정치에서는 폴리스를 두드러지게 했던 바로 그 '정치적 행위'가 배제된다. 그래서 루소의 공화국 안에는 함께 행위하고 말함을 통해 공동의 세계 안에 출현하는, 폴리스적 시민의 정치적 미덕이 없다. 아렌트와 달리 루소는 고대 폴리스가 지녔던 공적 영역의 분투적(agonal) 요소 혹은 주관적 요소, 즉 그 안에서 개인이 자신을 드러내고 타인들 앞에서 출현하는 공간으로서의 공적 영역을 알지 못한다. 그 대신 일반의지와 함께 모든 논쟁과 차이를 배제하는 공적 침묵이 지배적이다. 그러한 배제에는 인민의 결정은 언제나 옳기만 한 것이 아닌 반면에, 일반의지는 "항상 올바른 길"이라는 루소의 확신이 자리하고 있다(Rousseau, 1977: II-3). 정치적 해악들은 일반의지를 통해서만이 극복될 수 있다. 결론적으로 루소의 공화주의 원리에서는 소통적 의견 형성의 자리를 선험적인 일반의지가 대신한다. 루소의 일반의지는 일종의 통일된 여론이며 의견과 사상의 자유에서 필연적으로 발생하는 의견의 다양성과 대립된다. 찰스 테일러(Charles Taylor)가 루소의 공화주의 모델에 대한 비판적 시각에서 아렌트의 이론을 의견의 차이와 논쟁을 전제로 하는 "자유주의적 공화주의"로 규정하고 그것을 활기찬 민주주의적 정치에 걸맞은 원리라고 해석한 것은 루소와 아렌트의 공화주의가 얼마나 다른 내용으로 채워져 있는지를 분명하게 보여준다(Taylor, 1993: 12).

루소의 일반의지 개념이 지니고 있는 또 다른 문제는 '어떻게 일반의지가 개개인들에게 인식되고 획득될 수 있느냐'는 것과 '어떤 의지가 옳은지 옳지 않은지를 가늠하는 척도는 무엇인가'하는 점이다. 여기서 일반의지의 인식론적 문제가 제기된다. 위에서 우리는 이미 일반의지의 규범적 성격에 관해 언급했다. 일반의지는 항상 분명하고 확실하며 무오류적이다. 그래서 "일반의지를 인식하기 위해 필요한 것은 단지 건강한 인간 오성"이다(Rousseau, 1977: IV-1). 각각의 개인은 자신들의 고립적이고 개별화된 상태 안에서 일반의지의 직접적인 수신자들이다. 일반의지의 인식은 개인들이 자신의 사적 이해를 제거하기 위해 벌이는 자기 자신과의 내적 투쟁을 통해서 이루어진다. 이러한 생각은 각각의 특수한 것 안에 일반적인 것이 내재한다는 루소의 가정으로부터 출발한다. 각각의 개별 자아 안에 일반적인 것이 내재하고 있기 때문에 루소의 시민은 자신의 개별적 자기의식 안에서 일반의지를 자신의 의지로 만들 수 있다. 그래서 "일반의지는 단지 자신과의 소리 없는 대화 안에서 드러난다."(Arendt, 2000b: 102) 이제 시민은 소통적 세계 관련성 대신 데카르트의 자기 의심과 같은 자기 심문을 미덕으로 지닌다. 거기에서 일반의지는 언제나 심문관의 자리를 차지한다. 아렌트는 이렇게 말한다. "일반의지에서 실제로 모든 개인은 각자가 자기 자신의 형 집행자다."(Arendt, 2002: 242; 2000b: 124) 테일러가 루소의 정치 이론을 근대 주관주의의 이론적 가문에 포함시키고 루소를 도덕 심리학의 혁명적인 전환점을 이룬 사상가로 규정하는 것도 이런 이유에서다(Taylor, 1991: 29).

일반의지는 각자가 자신과 합일함으로써 인식된다. 자신과의 합일은 자신의 특수 의지에 대한 일종의 자기 지배를 의미한다. 여기에서도 루소는 이성과 욕망의 내적 '전투'라는 플라톤 이래의 서구 합리주의의 전통을 공유한다. 루소에게 덕스런 사람이란 자신의 이성에 따라 욕구를 극복할 줄 아는 사람이다. 인간은 자기 자신의 지배자가 될 때, 그리고 자신의 심장을 따를 때 자유롭다. 자기 자신에 대한 지속적인 내적 반란 혹은 투쟁은 개인의 자유뿐만 아니라 사회의 통합을 가능하게 한다. 이는 정치를 지배-피지배의 틀에서 이해하는 것이다. 일반의지의 인식을 위해서는 '자기 자신의 지배자가 된다'는 플라톤의 절제(sophrosyne)를 지녀야 한다. 플라톤이 말하는 절제는 자아의 내면은 복잡하며 그 안에는 우월한 부분과 열등한 부분이 있어 우월한 부분이 열등한 부분을 지배해야 한다는 생각이다(플라톤, 2008: 430e). 『국가』의 다른 부분에서 그는 자기 자신을 상대로 하는 싸움을 "혼 안에서의 반란과 역반란"으로 표현하고 있다(플라톤, 2008: 560a). 『법률』에서는 더 분명하게 내적인 '전쟁'으로 묘사하고 있다. "자기 자신을 이기는 것이 모든 승리 가운데 으뜸가고 가장 훌륭한 것인 반면, 자기 자신에게 지는 것은 모든 패배 가운데서도 가장 부끄럽고 가장 나쁜 것입니다. 이는 우리 각자의 내면에 우리 자신을 상대로 전쟁이 있음을 보여줍니다."(플라톤, 2009: 626e)

그러나 루소가 공화국 시민들에게 요구하는 내적 투쟁은 플라톤의 요구와는 일정 정도 차이가 있다. 플라톤이 자기 지배 혹은 모든 사적 이기심의 배제를 요구했던 사람들은 수호자 계급으로 제한된다. 또한 플라톤은 절제를 국가의 덕목으로 상정하고 열등한 다수를 우월한 소수가 통치해야 한다는 지배 이론으로 발전시킨다. 그와 달리 루소는 전 인민에게 자기 지배를 요구하고 있다. 또한 인민주권의 담지자들은 자신들의 내적 투쟁을 통해 모두가 덕스런 지배자가 될 수 있다. 사회적 통합을 개인의 내적 투쟁을 통해 이루려는 루소의 시도를 아렌트는 인간의 다원성의 문제를 어떻게 극복할 것인가라는 플라톤 이래의 모든 서구 정치철학이 지닌 근본 문제에 대한 가장 잔인한 해결책이라고 말한다. "이러한 해결책을 가장 잔인하게 만드는 것은 주권자가 더 이상 나를 지배하는 한 사람 혹은 다수가 아니라 내 자신 안에 있다는 점이다."(Arendt, 2002: 242)

하나의 정치적 공동체에 속하기 위해 시민들은 늘 자신과 자신의 이해에 대한 지속적인 반란 안에서 살아야 하는 처지에 놓이게 된다. 나는 나 스스로를 감시하고 강제한다. 내 안에서 의지와 반의지가 투쟁한다. 그것은 '공동의 세계에 관한 상호주관성', 즉 하나의 같은 세계가 타인에게도 출현한다는 사실에 기인하는 정치적 행위가 개개인의 내적이고 심리적인 활동으로 전락하게 됨을 의미한다. 루소의 정치 이론에서 인간들의 '사이'에서 발생하는 정치 자체는 이제 심리학적 문제로 전환된다. 개인을 시민으로 만드는 것은 공적 참여나 행위가 아니라 내적 투쟁이다. 아렌트에 따르면 정치의 개념이 심리학적 개념으로 퇴행해버린 후 모든 인간사는 인간 영혼의 문제로 해석되고, 인간의 행위도 심리학적 차원에서 이해된다. 정치의 구성적 원리로서 공동의 행위와 상호적 소통은 정신적 차원에서 진행되는, 반의지에 대한 의지의 내적 투쟁으로 대체된다. "모든 의지는 의지자가 자기 자신과 근본적으로 대립하는 상황으로부터 발생한다."(Arendt, 2000a: 213) 그러한 심리학적 차원 안에서 정치 영역과 공적 영역은 자유로운 의견 형성을 위한 매개체로서 어떠한 역할도 하지 못한다. 루소에게 있을 수 있는 공론장은 다만 자기 내부에서 자신의 특수 의지를 극복하고 일반의지를 획득한, 자신과의 처절한 투쟁에서 이미 승리한 자들이 모이는 장소다. 다시 말하면 자기 이해에 사로잡힌 내 안의 부르주아(Bourgeois)를 일반의지를 향하는 내 안의 시민(Citoyen)으로 대체하는 과정을 끝마친 이들의 장소다. 그러한 승자들의 공론장에 근본적으로 의견의 차이는 있을 수 없다. 그래서 루소의 공론장은 소란스러울 필요가 없다. 그들에게 필요한 것은 "논쟁이 아니라 오히려 심장들의 합의"다(Habermas, 1969: 111). 루소가 생각하는 개인의 내적 반란이 어떻게 정치적 원리가 되는지에 관해 아렌트는 이렇게 설명한다. "국가의 통합은 각각의 시민이 국가의 적과 또한 그것만이 일깨워줄 수 있는 보편적 이익을 동시에 자기 자신의 가슴 안에 지니고 있다는 것을 통해 보장된다. 왜냐하면 모두의 공동 적은 개인의 개별적 이해나 개별적 의지이기 때문이다. 각자가 자기 자신에게 전쟁을 선포할 때만이 자신 안에 자신의 적을 만들 수 있다. 개개인의 그러한 적은 일반의지다. 개인에게 그 일반의지가 획득될 때 그는 국가의 실제적이고 믿음직한 시민이 된다."(Arendt, 2000b: 99)

루소의 정치적 영역은 '논쟁보다는 오히려 심장들의 합의'가 필요하기 때문에 루소는 심장의 투명함 혹은 비은폐성을 요구한다. 일반의지는 각자의 심장에 새겨져 있어서 단지 자신의 심장 안에서만이 진리의 순수한 소리를 들을 수 있기 때문이다. 사적 영역의 어두움은 공적 영역의 빛으로 밝혀져야 한다. 단지 투명한 심장을 통해서만이 자신을 일반의지와 동일시할 수 있는 덕스런 시민이 될 수 있다. 이 대목에서 일반의지가 지닌 위험은 분명해진다. 무엇이 진정한 일반의지인지를 누가 결정하는가? "살과 피 안에서 루소 이론의 계시를 경험한" 로베스피에르가 '우리의 의지가 일반의지다'라고 말할 때 그것은 우연이 아니다(Arendt, 2000b: 154). 하이네는 로베스피에르를 "육화된 루소"로 칭하면서 이렇게 말한 적이 있다. "막시밀리안 로베스피에르는 단지 장자크 루소의 손, 즉 시간의 모태로부터 육체를 끄집어낸 피투성이의 손이었다. 그 육체의 정신은 바로 루소가 창조했다."(Heine, 1834) 로베스피에르가 보여주었듯이 일반의지를 토대로 하는 "루소의 민주주의는 종국에는 조작적인 폭력 수행으로 끝이 난다."(Habermas, 1969: 112) 현실에서 일반의지는 늘 그 사회에서의 다수파나 인민들 가운데서 가장 강한 일부 사람들의 의지였으며 그들에 의해 악용 가능한 것이었다. 아렌트는 이렇게 말한다. "일반의지를 토대로 형성된 국민국가를 몰락으로부터 구해주었던 유일한 것은, 독재의 부담과 영광에 흥미를 지닌 사람들이 놀랍도록 수월하게 국민의 의지를 조작하고 강요할 수 있었다는 점이다."(Arendt, 2000b: 212) 루소의 인민주권론과 일반의지의 개념이 다양성의 혐오로부터 생겨난 것임을 지적하는 코헨도 그 점을 잘 설명하고 있다. "프랑스에서 욕구에 의해 추동되는 다중에 대해 급진적 혁명가들이 보인 동정적 반응은 그들로 하여금 동의를 의지로, 다양성을 통일성으로, 의견의 충돌을 단일한 의견으로 치환하게 했다. 왜냐하면 동의, 다양성, 충돌을 어떻게 조정하든 간에 그러한 조정이 사회문제를 해결하는 데 요구되는 가장 급박하고 필사적인 조치들을 위태롭게 하는 것으로 보였기 때문이다. 따라서 하나의 통일된 일반이익을 유일한 목적으로 하는 집합의지라는 의미에서의 신화적인 인민주권이 여론의 토대가 되었다. 그리고 여론을 위협하는 것이 바로 새로운 탈중심화되고 불가피하게 복수일 수밖에 없는 공적 삶이었다. 그리고 그러한 이른바 일반의지의 독재적 구현이 실제로 통일된 혹은 획일적인 여론에서 연원하는 것은 아니었지만 그것은 그러한 여론을 창출하는 위치에 있었다."(코헨, 2013: 374)

　루소를 향한 아렌트의 마지막 비판은 루소가 일반의지를 통해 정치적 권위의 문제를 형이상학적이고 반정치적인 방식으로 해결하려고 한다는 것으로 요약된다.[14] 근대 계약 이론은 '진리가 아니라 권위가 법을 창조한다'는 기본적인 관념을 담고 있다. 루소에게 일반의지는 근대의 난제였던 입법에서의 권위 문제를 해결하기 위한 열쇠이기도 했다. 주권의 담지자인 인민들은 자신의 내면에 보편적으로 존재하는 일반의지에 복종한다. 그러나 그 내면적 통제가 실패하면 이제 통제는 외부로부터, 즉 외적인 권위에 의해 주어져야 한다.

14) 아렌트의 정치적 권위 개념에 관한 논의는 박혁(2009b) 참조.

대부분의 인민은 자신들에게 무엇이 가장 좋은 것인지를 인식할 수 없고, 알더라도 그것을 행하지 않기 때문에 공동선의 길을 알고 있고 의지를 행위가 되도록 강제하는 이성적 통치자나 입법자를 필요로 한다. 즉 개별 의지는 연약하고 오류 가능한 반면 일반의지는 절대적이고 무오류성을 지닌다. 이에 관한 유명한 구절에서 루소는 이렇게 말한다. "인민은 스스로 늘 선하려고 한다. 그러나 인민은 선을 늘 자체로부터 보는 것은 아니다. 일반의지는 항상 옳다. 그러나 일반의지를 이끄는 판단이 늘 계몽적인 것은 아니다. 인민에게 대상의 실체와 현상을 보여주고 그가 찾고 있는 올바른 길을 보여주어야 한다. 그래서 그를 특수 의지로부터 보호해야 하고 그의 눈을 더 밝게 해야 한다. 그리고 분명한 선입견의 매력을 감춰져 있는 해악의 위험으로 메워야 한다. 각자는 선을 보지만 그것을 거부한다. 공론은 선하려고 하지만 그것을 보지 못한다. … 각자는 자신의 의지를 이성에 맞추기 위해 강제되어야 하고 공론은 각자가 하려는 것이 무엇인지 인식하는 것을 배워야 한다."(Rousseau, 1977: II-6) 루소의 이러한 논리는 나쁜 의지에 대한 선한 의지의 무기력과 그 무기력을 극복하기 위해 인간은 신의 은총을 필요로 한다는 바울의 설교와 유사한 구조를 지니고 있다. 「로마서」에서 바울은 이렇게 가르친다. "나는 도무지 내가 하는 일을 알 수가 없습니다. 내가 해야겠다고 생각하는 일은 하지 않고 도리어 해서는 안 되겠다고 생각하는 일을 하고 있으니 말입니다. 그런데 그런 일을 하면서도 그것을 해서는 안 되겠다고 생각하는 것은 곧 율법이 좋다는 것을 인정하는 것입니다. … 마음으로는 선을 행하려고 하면서도 나에게는 그것을 실천할 힘이 없습니다. 나는 내가 해야 하겠다고 생각하는 선은 행하지 않고 행해서는 안 되겠다고 생각하는 악을 행하고 있습니다."(「로마서」 7: 15-19)

입법과 관련해서 루소의 인민은 선에 대한 불분명한 욕구에 사로잡힌 다수를 의미한다. 그들은 맹목적이고 이성적이지 않기 때문에 지도와 계몽을 필요로 한다. 따라서 루소가『사회계약론』제2권, 입법자에 관한 단락에서 플라톤을 끌어내는 것은 우연이 아니다. 플라톤을 본으로 삼아 루소는 법의 권위 문제를 해결하려고 한다. 아렌트가 보기에 근대가 고민했던 법의 권위 문제와 관련해서 루소는 권위의 근거를 형이상학적 원리로부터 도출하고 있으며 그것은 플라톤적 전통에 뿌리를 두고 있는 권위의 개념이다(Arendt, 2000b: 212 참조).[15] 플라톤은『법률』에서 철학과 권력의 결합을 통해 이상 국가와 법이 탄생하기 위해서는 신의 은총이 있어야 한다고 말한다. "최대의 권력이 한 사람에게 있어서 지혜로움 및 절제 있음과 한데 합쳐질 때, 그때에 최선의 정체와 그런 법률의 탄생이 실현을 보지. … 나라의 수립을 위해서 신을 불러 도움을 청합시다. 신이 듣도록, 그리고 듣고 난 다음에는, 심기가 편한 상태로 그리고 호의를 갖고 나라와 법률을 함께 다스려 가기 위해 우리에게로 오게끔 말씀입니다."(플라톤, 2009: 712a) 인간의 능력을 초월한 입법자는 강제력이나 어떤 이론적 설득 없이도 타인을 복종하게 하는 권위를 지니는데, 그러한 입법적 권위의 근원은 인민이 아니라 최종적이고 신적인 심급, 즉 세계의 신적인 질서와 끊임없이 교감하는, 이데아의 대행자 안에서 발견된다. 법이 갖는 권위는 결국 자연법이나 신의 계율과 같은 절대적 척도로부터 발생한다. "입법자는 힘도 논의도 사용할 수 없으므로 필연적으로 다른 질서의 권위, 즉 폭력 없이도 인도할 수 있고 설득 없이도 납득시킬 수 있는 권위에 의지하는 것이다. 모

---

15) 워클러는 루소가 법적 권위와 관련해서 플라톤의 법론으로부터 강한 영향을 받았다고 지적한다(워클러, 2001: 156-157).

든 시대를 통하여 인민의 시조들이 하늘의 힘에 의지하고 그들 자신의 예지를 모아 신에게 영광을 돌린 이유는 바로 여기에 있다."(Rousseau, 1977: II-7) 루소는 입법자에 관해 이렇게 강조한다. "국가에 가장 좋은 사회질서를 찾아내기 위해서는 높은 이성이 요구된다. … 인간에게 법을 부여하기 위해서는 신이 필요하다."(Rousseau, 1977: II-7) 그뿐만 아니라 우리가 위에서 보았듯이, 루소 자신의 공화주의 구상에 따라 법이 인간보다 위에 있기 위해 필요한 권위를 가지려면 신이 필요하다. 루소는 마키아벨리에게 도움을 얻는다. "실제로 어떤 특별한 입법가도 신을 증거로 삼아야 했다. 그렇지 않으면 그의 법들은 받아들여지지 않았을 것이기 때문이다."(Rousseau, 1977: II-7, 각주 3) 아렌트도 이렇게 지적한다. "루소는 인간 위에 법을 올려두는 국가형태를 단지 이론적으로만이 아니라 실천적으로 형성하기 위해 신이 필요하다고 말한다."(Arendt, 2000b: 238)

누구나 신의 계시를 받을 수 있는 것은 아니기에 신적 입법자가 요구될 수밖에 없다. 정당한 지배의 원천으로서 선험적 진리의 인식을 요구하는 플라톤의 주장은 루소에게서도 사라지지 않는다. 진리를 인식할 수 있는 철학적 영혼은 아주 드물기 때문에 진리는 소수의 신적 인간들에게만 경험될 수 있다는 것이 잘 알려진 플라톤의 생각이다. 공동체의 선을 인식할 수 있는 이성을 지닌 사람은 극소수이며 그들이 국가를 지배해야 한다는, 지성 우월주의로 무장한 플라톤의 유령은 근대 세계에서도 떠나지 않는다. 한편으로는 인간의 이성적 능력의 동등함을 주장하는 데카르트도 플라톤적 전통 안에서 "한 명의 지혜로운 입법자"에 의한 "이성적 기획"이 공동체의 번영을 보장한다고 주장한다. 많은 사람의 손이 만들어낸 작품은 단한 사람이 만든 작품보다 완전하지 못하다. 최선의 헌법은 단 한 사람의 현명한 입법자의 손으로 만들어진 작품이다. 데카르트에 따르면 스파르타의 번성은 개별 법률들이 탁월했기 때문이 아니라 "그 법률들이 오직 한 사람에 의해 제정되어 전체가 하나의 동일한 목적을 지향했기 때문"이었다(데카르트, 2012: 162). 플라톤으로부터 데카르트에까지 이어지는 "신적 입법자"에 대한 신념은 루소에게도 선명하다. 루소의 입법자는 진정한 일반의지를 알고 있는 높은 이성을 지닌 탁월한 신적 입법자다. 누구나 갖고 있지 못한 입법적 이성은 인민에게 법을 부여하여 공동체를 형성하고 "인간의 본성을 바꿀 수 있는", 거의 신적인 작업을 수행해야 한다(Rousseau, 1977: II-7). 시민의 자기 입법 원리인 인민주권 원리는 여기에서 치명상을 입는다. 확실히 루소에게는 이론적 자기모순이 있는데, '완전한 민주주의와 신적이고 절대적인 지배자'라는 상반되는 지배 모델을 동시에 지니고 있기 때문이다. 그러나 충분히 현실주의적이었던 루소는 완전한 민주주의의 불가능성을 다음과 같이 말하고 있다. "개념을 엄격하게 사용하자면 진정한 민주주의는 결코 존재하지 않았고 앞으로도 존재하지 않을 것이다. 다수가 지배하고 소수가 지배받는 것은 자연법칙에 어긋나기 때문이다."(Rousseau, 1977: III-4) 민주정에 관해 다룬 장의 마지막 부분에서 루소는 이렇게 결론짓는다. "신적 인민이 있다면 그들은 민주주의적으로 다스려질 것이다. 그렇게 완전한 정부는 인간에게는 맞지 않다."(Rousseau, 1977: III-4) 결국 루소가 상상한 "행복한 순간"의 주인공은 시민이 아니라 신적 이성을 지닌 지배자로 드러난다. 루소의 인민주권의 이상은 일반의지와 결합하면서 소수의 지혜로운 엘리트 통치로 귀결된다.

5. 의지에서 의견으로

지금까지 루소의 정치사상 안에서 내가 밝히고자 한 것은 정치적 영역에서 의견을 의지로 대체하려는 시도는 의견을 진리로 대체하려던 플라톤의 근대적 버전에 지나지 않는다는 사실이다. 우리는 서두에서 정치사상사에서 지속적으로 제기되어온 핵심적인 문제가 '어떻게 다수의 인간이 각자의 자유를 유지하면서도 일정한 틀 안에서 함께 살아갈 수 있느냐'라는 것임을 지적했다. 루소는 '의지의 정치'를 통해 그 문제를 해결하려고 한다. 헤겔은 바로 그 의지의 정치, 즉 의지를 정치적 질서의 원리로 삼았던 점을 루소의 탁월함으로 지적했다(Hegel, 1995: 258). 그러나 루소는 인민주권 원리를 일반의지의 원리와 결합시킴으로써 정치적 다원성과 그 다원성 안에서 이루어지는 정치 행위를 위한 공적 영역의 존재를 입법 원리로부터 배제한다. 일반의지는 개별성과 특수성의 제거 안에서 확립된다. 또한 다른 의지에 대한 의지의 관계는 소통 가능성을 벗어난다. "의지는 한 가지 것, 이른바 분할될 수 없는 것이고, 그래서 의지는 그 본성상 어떤 것이 자신에게서 박탈되는 것을 용납하지 않는 것"이기 때문이다(데카르트, 2011: 88). 『혁명론』에서 아렌트는 의지에 관해 이렇게 말한다. "의지는 실제로 쪼개지거나 나누어지지 않는 하나일 때만 기능할 수 있다. 나누어진 의지란 생각할 수 없다. 의견이 서로 다른 사람들 사이에는 합의가 있을 수 있는 반면에 서로 다른 것을 의지하는 사람들 사이에는 가능한 합의가 존재하지 않는다."(Arendt, 2000b: 96) 다시 말하자면 의지의 존재는 반의지의 제압 또는 극복을 의미한다. 그래서 의지의 정치는 결국 다원성의 파괴로 끝이 난다. 루소의 일반의지의 원리도 결국은 모든 의견의 차이를 제거하려는, 다원성이라는 인간 조건에 대한 공포로부터 나온 정치적 구상이었다.

일반의지의 관철은 모든 개별적 의지의 마비를 의미하고 다원성이라는 인간 조건을 제거하는 결과를 초래한다. 그 점에서 우리는 서구 정치철학의 전통이 얼마나 강하고 질긴지를 확인할 수 있다(박혁, 2009a 참조). 근대사회의 비판과 민주적 이상을 담은 루소의 정치 이론적 구상도 여전히 정치철학의 가장 오래된 사유 전통, 즉 의견의 주관성과 편파성 그리고 다양성을 보편적이고 진리적인 의지의 우월함을 통해 극복하려는 전통 속에서 벗어날 수 없었다.

이 글이 다루고 있는 의지의 정치에 대한 비판은 정치를 비주권적 토대 위에서 사유하고 주권을 넘어선 자유와 다원성의 정치에 대해 탐구하는 것을 목표로 한다. 아렌트가 자주 강조하듯이 "인간이 주권적이려고 할 때 자유는 파괴된다. 그래서 인간이 자유롭고자 한다면 주권은 포기되어야만 한다."(Arendt, 2000a: 215) 의지는 반의지와 대립하고 투쟁하는 상황으로부터 발생한다. 결국 '의지의 정치'는 잠재적으로 토론을 배제하며 그와 함께 대립을 조장하기 때문에 의지의 관철이라는 정치 원리를 포기할 때라야 사람들은 논의적이고 비폭력적으로 공존할 수 있으며 그들 사이의 많은 관계와 결합의 공동 공간을 만들어갈 수 있다. 그러한 맥락에서 아렌트가 자신의 정치 이론을 최종적으로 정치적 판단력이라는 주제로 발전시켜나갔다는 사실은 매우 중요하다. 그것은 의지의 정치를 판단과 의견의 정치로 대체하려는 아렌트의 노력을 보여주기 때문이다. 이미 주어진 일반성 아래 특수하고 개별적인 것들을 포섭하려는 의지의 정치와는 반대로 판단과 의견의 정치는 특수한 것들로부터, 특수한 것들이 자신들의 의미를 상실하지 않은 채, 보편적인 것을 형성하려는 시도를 의미한다. 그를 통해 정치의 조건인 다원성은 유지될 수 있고 민주적 정치는 힘을 발휘하게 된다. 공적 영역, 즉 정치적 영역은 개별 참여자들의 판단에 의미를 부여하고 그 판단에 대한 책임을 지운다.

그러한 공간이 없이 판단과 의견을 의지로 대체하고 일반의지의 실현을 통해 사회적 갈등과 긴장을 제거하려는 사회는 민주 정치의 가능성 자체를 위협한다.

참고 문헌

강정인, 2009, 「루소의 정치사상에 나타난 정치참여에 대한 고찰: 시민의 정치 참여에 공적인 토론이나 논쟁이 허용되는가?」, 『한국정치학회보』 43(2): 5-24.
김비환, 2007, 「아렌트의 정치적 헌정주의」, 『한국정치학회보』 41(2): 99-120.
김용민, 2004, 『루소의 정치철학』, 서울: 인간사랑.
데카르트, 르네, 2011, 『성찰』, 이현복 옮김, 서울: 문예출판사.
데카르트, 르네, 2012, 『방법서설』, 이현복 옮김, 서울: 문예출판사.
루소, 장 자크, 2003, 『에밀』, 김중현 옮김, 서울: 한길사.
밀, 존 스튜어트, 2012, 『대의정부론』, 서병훈 옮김, 서울: 아카넷.
박의경, 2008, 「참여 민주주의를 위한 루소의 역설」, 『사회과학연구』 16.
박혁, 2009a, 「플라톤과 서구 정치철학 전통의 성립」, 『철학사상』 33.
박혁, 2009b, 「정치에서의 권위 문제」, 『21세기정치학회보』 19(3).
비롤리, 모르치오, 2006, 『공화주의』, 김경희 옮김, 서울: 인간사랑.
비롤리, 모르치오, 2009, 「루소의 자유와 공화국」, 『루소 사상의 이해』, 박호성 편역, 서울: 인간사랑.
빌라, 다나, 1999, 『아렌트와 하이데거』, 서유경 옮김, 서울: 교보문고.
서유경, 2003, 「현대 대의 민주주의에 있어 시민 불복종의 정치철학적 논거: 미셸 푸코와 한나 아렌트의 '저항(resistance)' 개념 연구」, 『정치사상연구』 9.
세이빈, 조지 · 토머스 솔슨, 1983, 『정치사상사 II』, 성유보 · 차남희 옮김, 서울: 한길사.
아리스토텔레스, 2012, 『에우데모스 윤리학』, 송유레 옮김, 서울: 한길사.

에피쿠로스, 1998, 『쾌락』, 오유석 옮김, 서울: 문학과지성사.

워클러, 로버트, 2001, 『18세기를 가장 과격하게 비판한 사상가 루소』, 이종인 옮김, 서울: 시공사.

월린, 셸던, 2009, 『정치와 비전 2』, 강정인·이지윤 옮김, 서울: 후마니타스.

이남석, 2001, 『차이의 정치』, 서울: 책세상.

장세룡, 1999, 「콩스탕의 자유주의 — 고대인의 자유와 근대인의 자유」, 『프랑스사연구』 2: 5-31.

장윤석, 2001, 『아렌트와 공화주의의 현대적 전개』, 서울대 대학원 박사 학위논문.

코헨, 진 L.·아라토 앤드루, 2013, 『시민사회와 정치이론』, 박형신·이혜경 옮김, 서울: 한길사.

쿨랑주, 퓌스텔 드, 2000, 『고대도시』, 김응종 옮김, 서울: 아카넷.

토크빌, 알렉시스, 2007, 『미국의 민주주의 I, II』, 임효선·박지동 옮김, 서울: 한길사.

투키디데스, 2001, 『펠로폰네소스 전쟁사』, 박광순 옮김, 서울: 범우사.

포퍼, 칼 R., 1997, 『열린사회와 그 적들 II』, 이명현 옮김, 서울: 민음사.

푸코, 미셸, 2011, 『안전, 영토, 인구』, 오트르망 옮김, 서울: 난장.

플라톤, 2008, 『국가』, 박종현 옮김, 서울: 서광사.

플라톤, 2009, 『법률』, 박종현 옮김, 서울: 서광사.

플라톤, 2000, 『정치가』, 김태경 옮김, 서울: 한길사.

플라톤, 2011, 『고르기아스』, 김인곤 옮김, 서울: 이제이북스.

하버마스, 위르겐, 2000, 『이질성의 포용』, 황태연 옮김, 서울: 나남.

홀름스텐, 게오르크, 1999, 『루소』, 한미희 옮김, 서울: 한길사.

Arendt, Hannah, 1986, *Zur Zeit,* Berlin.

Arendt, Hannah, 1987, "Gespräch mit Adelbert Rief", *Macht und Gewalt*, München[한나 아렌트, 『공화국의 위기』, 김선욱 옮김, 서울: 한길사, 2011].

Arendt, Hannah, 1989, *Menschen in finsteren Zeiten*, München[한나 아렌트, 『어두운 시대의 사람들』, 홍원표 옮김, 서울: 인간사랑, 2010].

Arendt, Hannah, 1995, *Rahel Varnhagen. Lebensgeschichte einer deutschen Jüdin aus der Romantik*, München[한나 아렌트, 『라헬 파른하겐』, 김희정 옮김, 서울: 텍스트, 2013].

Arendt, Hannah, 1997, *Ich will verstehen. Selbstauskünfte zu Leben und Werk,* München.

Arendt, Hannah, 1999, *Vita activa oder Vom tätigen Leben,* München[한나 아렌트, 『인간의 조건』, 이진우 옮김, 서울: 한길사, 2002].

Arendt, Hannah, 2000a, *Zwischen Vergangenheit und Zukunft. Übungen im politischen Denken I.* München[한나 아렌트, 『과거와 미래 사이』, 서유경 옮김, 서울: 푸른숲, 2009].

Arendt, Hannah, 2000b, *Über die Revolution,* München[한나 아렌트, 『혁명론』, 홍원표 옮김, 서울: 한길사, 2004].

Arendt, Hannah, 2000c, "Macht und Gewalt", in: *In der Gegenwart,* München, pp. 145-208[한나 아렌트, 『폭력의 세기』, 김정한 옮김, 서울: 이후, 2000].

Arendt, Hannah, 2000d, "Ziviler Ungehorsam", in: *In der Gegenwart,* München, pp. 283-321[한나 아렌트, 『공화국의 위기』, 김선욱 옮김, 서울: 한길사, 2011].

Arendt, Hannah, 2002, *Denktagebuch. 1950-1973,* Bd. I und II, München/Züurich.

Aristoteles, 1965, *Politik,* München[아리스토텔레스, 『정치학』, 천병희 옮김, 서울: 숲, 2009].

Bien, Günther, 1985, *Die Grundlegung der politischen Philosophie bei Aristoteles,* Freiburg/München.

Bodin, Jean, 1981, *Sechs Bücher über den Staat,* München.

Brandt, Reinhard, 1973, *Rousseaus Philosophie der Gesellschaft,* Stuttgart.

Cannovan, Margaret, 1983, "Arendt, Rousseau and Human plurality in Politics", *Journal of Politics,* 45(2): 286-302

Constant, Benjamin, 1946, *Über die Freiheit,* Klosterberg·Basel.

Fetscher, Iring, 1975, *Rousseaus politische Philosophie,* Frankfurt a. M.

Gehlen, Arnold, 1961, "Vom tätigen Leben", *Merkur* 15: 482-486

Habermas, Jürgen, 1969, *Strukturwandel der Öffentlichkeit,* Neuwied·Berlin.

Habermas, Jürgen, 1998, *Faktizität und Geltung*, Frankfurt a. M.

Hegel, Georg Wilhelm Friedrich, 1995, *Grundlinien der Philosophie des Rechts*. Hamburg.

Heidegger, Martin, 1967, *Sein und Zeit*, Tübingen.

Heine, Heinrich, 1834, *Zur Geschichte der Religion und Philosophie in Deutschland*, http://www.heinrich-heine.net/religion/relid3.htm(검색일: 2014. 7. 30.).

Herb, Karlfriedrich, 2001, "Licht und Dunkel, Zum Republikideal bei Jean - Jacques Rousseau und Hannah Arendt", in: *Politisches Denken*, ed. Karl Graf Ballestrem, Volker Gerhardt, Henning Ottmann, Martyn P. Thompson. Stuttgart, pp. 59-68.

Hobbes, Thomas, 1918, *Grundzüge der Philosophie. Zweiter und dritter Teil: Lehre vom Menschen und Bürger*, Leipzig, http://www.zeno.org/nid/20009185194(검색일: 2014. 7. 29.)

Hobbes, Thomas, 1999, *Leviathan oder Stoff, Form und Gewalt eines kirchlichen und bürgerlichen Staates*. Frankfurt a. M.[토마스 홉스, 『리바이어던』, 진석용 옮김, 서울: 나남, 2008].

Hölscher, Lucian, 1978, "Öffentlichkeit", in: *Geschichtliche Grundbegriffe. Historisches Lexikon zur politisch-sozialen Sprache in Deutschland, Bd. 4*, ed. Otto Brunner, Stuttgart, pp. 413-467.

Hume, David, 1994, *Political Essays*, ed. Knud Haakonssen, Cambridge University Press.

Kateb, George, 1982, "Arendt and Representative Democracy", in *Proceedings of History, Ethics, Politics: A Conference based on the Work of Hannah Arendt*, ed. Robert Boyers, NY: Emprie State College, pp. 20-59.

Kateb, George, 1984, *Hannah Arendt. Politics, Conscience, Evil,* Totowa.

Kersting, Wolfgang, 2003, "Gesellschaftsvertrag, Volkssouveräanitäat und volontée géenéerale", in *Die Republik der Tugend. Jean-Jacques Rousseaus Staatsverstäandnis*, ed. Wolfgang Kersting, Baden-Baden, pp. 211-233.

Kriele, Martin, 1980, *Einführung in die Staatslehre,* Opladen.

Kymlicka, Will, 1996, *Politische Philosophie heute,* Frankfurt a. M.

Lefort, Claude, 1988, *Democracy and Political Theory,* Cambridge.

Leibholz, Gerhard, 1967, *Strukturprobleme der modernen Demokratie,* Karlsruhe.

Locke, John, 1992, *Zwei Abhandlungen über die Regierung,* Frankfurt a. M.

Maritain, Jacoues, 1970, "Der Begriff der Souveränität", in *Volkssouveränität und Staatssouveränität,* ed. Hanns Kurz, Darmstadt, pp. 244-267.

Marx, Karl und Friedrich Engels, 1974, *Marx-Engels-Werke* (MEW) Ergänzungsband, Berlin.

Mckenna, George, 1984, "Bannisterless Politics. Hannah Arendt and Her Children", *History of Political Thought* 5: 333-360.

Morgenthau, Hans, 1979, "Hannah Arendt über Totalitarismus und Demokratie", in *Hannah Arendt. Materialien zu ihrem Werk,* ed. Adelbert Rief, Wien, pp. 239-244.

Palonen, Kari, 2006, "Was hätte Max Weber zu Hannah Arendt gesagt? Reflexionen zu Hannah Arendts Kritik der repräsentativen Demokratie", in *Politik der Integration. Symbole, Repräsentation, Institution. Festschrift für Gerhard Göhler zum 65. Geburtstag,* ed. Hubertus Buchstein und Reiner Schmalz-Bruns, Baden-Baden, pp. 199-213.

Pitikin, Hanna, 1969, *The Concept of Representation,* Berkeley.

Podlech, Adalbert, 1984, "Repräsentation", in *Geschichtliche Grundbegriffe. Historisches Lexikon zur politisch-sozialen Sprache in Deutschland,* Bd. 5, ed. Otto Brunner, Werner Conze und Reinhart Koselleck, Stuttgart, pp. 509-547.

Röttgers, Kurt, 2001, "Volkssouveränität", in *Historisches Wörterbuch der Philosophie,* Bd. 11, ed. Joachim Ritter und Karlfried Grüunder, Darmstadt.

Rousseau, Jean Jacques, 1977, *Gesellschaftsvertrag,* Stuttgart.

Roviello, Anne-Marie, 1997, "Freiheit, Gleichheit und Repräsentation", in *Hannah Arendt. Nach dem Totalitarismus,* ed. Daniel Ganzfried und Sebastian

각 장에 대한 안내 및 각 장이 처음 게재된 학술지

12장(신충식)은 이 책에 처음 싣는 글이고, 그 외의 글들은 학술지에 게재된 것을 이 책에 맞게 일부 내용을 수정·보완한 것이다.

1-3장: 김용민, 2012, 「한국에서 루소 사상의 수용과 연구 현황에 관한 일 고찰」(『정치사상연구』 18집 2호); 2014, 「한국에서 루소 사상의 수용과 연구 현황에 관한 일 고찰」(『현대한국정치사상』, 아산서원)을 수정·보완하고, 3장의 2-3절은 새로 서술한 것이다.

4장: 임금희, 2012, 「루소(J. J. Rousseau)의 정치사회에서 언어의 역할」(『한국정치학회보』 46집 4호)을 수정·보완한 것이다.

5장: 오수웅, 2008, 「루소의 시민사회와 인권실현」(『민주주의와 인권』 제8권 3호)을 수정·보완한 것이다.

6장: 최일성, 2012, 「루소의 공화국, 혹은 가족과 사회의 부재: 이폴리트 텐의 루소 비판」(『현대정치연구』 제5권 제2호)을 탈서구 중심주의 연구 성과를 반영하여 재구성한 것이다.

7장: 김용민, 2014, 「메리 울스턴크래프트의 페미니즘 재조명: 루소에 대한 비판을 중심으로」(『아시아여성연구』 제43권 2호)를 수정·보완한 것이다.

8장: 박의경, 2012, 「루소, 울스톤크라프트 그리고 여성 시민」(『정치사상연구』 제18집 2호)을 수정·보완한 것이다.

9장: 조희원, 2012, 「『에밀』을 통해 본 루소의 여성관」(『페미니즘연구』 제12권 2호)을 수정·보완한 것이다.

10장: 이상익, 2013, 「루소와 주자의 정치철학」(『栗谷思想硏究』 제26집)을 수정·보완한 것이다.

11장: 공진성, 2013, 「루소, 스피노자, 그리고 시민 종교의 문제」(『정치사상연구』 제19집 1호)를 수정·보완한 것이다.

13장: 박혁, 2012년, 「의지의 정치에서 의견의 정치로」(『정치사상연구』 제18집 1호)를 수정·보완한 것이다.

지은이 소개

김용민은 미국 시카고대학교에서 박사 학위를 받았으며, 캐나다 브리티시컬럼비아대학교 및 미국 시카고대학교 방문 교수를 지내고 한국정치사상학회 회장을 역임했다. 현재 한국외국어대학교 정치외교학과 교수로 있으며, 주요 관심 분야는 플라톤, 키케로, 루소의 정치철학이다. 저서로 『루소의 정치철학』(2004)이 있으며, 주요 논문으로 「행복의 철학과 영혼치료학으로서의 철학의 위상정립을 위한 키케로의 시도」(2013), 「키케로의 정치철학: 『국가에 관하여』와 『법률에 관하여』를 중심으로」(2007), 「플라톤의 세계에서 신화의 의미」(2004) 등이 있다. 이메일: kimkym@hufs.ac.kr

임금희는 이화여자대학교에서 피히테(J. G. Fichte)의 정치사상에 대한 연구로 정치학 박사 학위를 받았으며, 현재 한양대학교 제3섹터연구소의 연구원으로 있다. 저서로 『보편주의: 새로운 세계를 위한 정치사상적 성찰』(2016, 공저)이 있으며, 주요 논문으로 「정치공동

체의 결속과 언어: 하버마스(J. Habermas)와 테일러(C. Taylor)」(2015), 「세계시민주의, 민족주의, 언어 — 헤르더(J. G. Herder)와 피히테(J. G. Fichte)」(2015), 「미학과 정치: 독일 초기낭만주의에 대한 사상사적 고찰」(2013), 「피히테의 '인정'으로서의 권리개념에 대한 고찰」(2011) 등이 있다. 이메일: nostos4@gmail.com

오수웅은 한국외국어대학교에서 정치학 박사 학위를 받았으며, 현재 숙명여자대학교 교육대학원 일반사회교육전공 교수로 재직하고 있다. 주로 정치사상 및 이론, 교육철학을 강의하고 있으며, 주요 관심 분야는 문화와 인권, 도덕, 정치교육, 교육철학 관련 주제들이다. 논문으로 「루소에 있어서 인권사상」(2007), 「루소의 도덕과 법: 개념과 관계」(2009), 「현대의 인권연구경향 비판과 대안의 모색: 인권의 본질로서 능력과 연구방향」(2010), 「인간 삶의 도덕적 좋음과 정치원리: 루소의 정치미학」(2010), 「一般意志の道德性: ルソーの「定言命法」」(2013), 「플라톤의 이데아: 개념추론과 정치교육적 함의」(2015), 「루소의 시민개념: 개념, 역량 그리고 교육」(2015) 등이 있다. 이메일: peterpan@sookmyung.ac.kr

최일성은 파리8대학에서 정치학 박사 학위를 받았으며, 현재 한서대학교 국제관계학과 교수로 재직 중이다. 주로 유럽 정치와 현대 정치 이론을 강의하고 있으며, 주요 관심 분야는 정치와 복지의 관계, 서구 중심주의, 다문화주의, 사회적 배제, 현대 민주주의 논쟁 등이다. 주요 논문으로 「라이시테(laïcité), 프랑스 민주주의 공고화의 이념적 토대: RMI법안의 국가개입주의 성격에 대한 정치학적 연구 시론」(2011), 「참여민주주의와 사회적 배제: 1987년 6월 민주항쟁 이후 '여성정치세력화운동'에 대한 이론적 검토」(2012), 「'통합정책'에서 '편입정책'으로: 프랑스 '능동적 복지국가론'의 정책기조와 국가의 역할」(2013), 「공화주의의 계보를 통해 본 프랑스 민주주의의 위기와 한계: 다문화주의 '실패선언'에 대한 정치학적 함의분석을 중심으로」(2014), 「포스트모더니즘에 내재된 서구중심주의 비판: 역사관을 중심으로」(2015) 등이 있다. 이메일: ischoi@hanseo.ac.kr

박의경은 미국 럿거스(Rutgers)대학교에서 정치학 박사 학위를 받았으며, 현재 전남대학교 정치외교학과 교수로 재직하고 있다. 주요 관심 분야는 근대정치사상으로, 특히 루소의 민족주의 사상을 출발점으로 하여 궁극적으로 민주주의 사상과 여성 정치사상에 초점을 맞추고 있다. 저서로 『여성의 정치사상』(2014)과 『인권의 정치사상』(2010, 공저)이 있으며, 주요 논문으로 「한국민족주의의 전개: 그 예외성과 특수성을 중심으로」(2016), 「참여민주주의의 지속가능성에 대한 고찰」(2014), 「루소와 울스턴크래프트: 여성시민의 가능성을 중심으로」(2012) 등이 있으며, 역서로 『정치사상과 여성』(2015), 『지하드 맥월드』(2004) 등이 있다. 이메일: pek2000@jnu.ac.kr

조희원은 경희대학교에서 정치학 박사 학위를 받았으며, 경희대학교 인류사회재건연구원 학술연구교수를 역임했다. 현재 경희대학교 후마니타스 칼리지 강사로 있으며, 주요 관심 분야는 페미니즘, 다문화주의, 정치 리더십이다. 저서로 『지구화시대: 경계를 넘어 공존으로』(2016, 공저), 『자유주의와 한국사회』(2007, 공저)가 있으며, 주요 논문으로 「새로운 시민의 등장과 한국의 다문화현상: 결혼이주여성을 중심으로」(2015), 「다문화주의와 단일민족주의: 공존과 사회적 통합을 중심으로」(2014), 「지구시민사회와 여성주의 정치리더십의 변화 모색」(2008), 「존 스튜어트 밀의 페미니즘철학과 현대적 의미」

(2006) 등이 있다. 이메일: hwcho@khu.ac.kr

이상익은 성균관대학교 유학대학 한국철학과를 졸업하고, 같은 대학 대학원에서 철학 박사 학위를 받았다. 육군사관학교 철학과, 영산대학교 교양학부를 거쳐 지금은 부산교육대학교 윤리교육과에 재직하고 있다. 주요 관심 분야는 주자학(朱子學)의 심성 이론과 정치사상 및 이를 서양 사상과 비교 논의하는 것이다. 저서로『歷史哲學과 易學思想』(1996),『儒家 社會哲學 硏究』(2001),『儒敎傳統과 自由民主主義』(2004),『朱子學의 길』(2007),『인권과 인륜』(2015),『본성과 본능: 서양 人性論史의 재조명』등이 있다. 이메일: dltkddlr200@hanmail.net

공진성은 독일 베를린 훔볼트대학교에서 스피노자의 정치사상에 관한 연구로 정치학 박사 학위를 받았다. 아주대학교 기초교육대학 강의 교수와 서강대학교 사회과학연구소 연구교수를 역임했으며, 현재 조선대학교 정치외교학과 교수로 있다. 종교와 정치, 국가와 폭력의 관계에 대해 관심을 가지고 연구하고 있다. 존 로크의『관용에 관한 편지』(2008), 헤어프리트 뮌클러의『새로운 전쟁』(2012)과『제국』(2015) 등을 옮겼고,『폭력』(2009),『테러』(2010) 등을 썼다. 이메일: einfachjin@chosun.ac.kr

신충식은 뉴욕 'New School for Social Research'에서 철학 박사 학위를 받았으며, 현재 경희대학교 후마니타스 칼리지 교수와 성균관대학교 국정전문대학원 행정철학 분야 겸임 교수로 재직 중이다. 주요 관심 분야는 정치철학, 공직 윤리, 행정철학, 교양 교육이다. 지은 책으로『20세기 사상지도』(2012, 공저),『보수주의와 보수의 정치철학』(2013, 공저)이 있으며, 주요 논문으로는 「푸코의 계보학적 접근을 통한 통치성 연구」, 「공공조직 내 윤리적 의사결정연구」, 「세계금융자본의 위기와 정부의 역할」, 「공감에서 놀이로: 가다머의 이해와 선의 본성에 관한 연구」 등이 있다. 옮긴 책으로 프레드 달마이어의 『다른 하이데거』(2012), 테리 쿠퍼의 『공직윤리』(2013, 공역), 프레드 달마이어의 『인간을 인간답게: 글로벌 공공윤리를 위해』(2015) 등이 있다. 이메일: shinn@khu.edu

박혁은 독일 레겐스부르크대학과 에어랑엔-뉘른베르크대학에서 정치학, 철학, 신학을 공부했으며 에어랑엔-뉘른베르크대학에서 한나 아렌트의 정치사상에 관한 연구로 박사 학위를 취득했다. 동국대학교 객원교수를 했고 건국대학교, 상명대학교, 경희사이버대학교 등에서 강의를 하고 있다. 주요 관심 분야는 한나 아렌트의 사상과 서구 정치사상, 민주주의 이론, 정치 윤리 등이다. 저서로는 『야스퍼스와 사유의 거인들』(2014, 공저)이 있고 대표 논문으로는 「다문화 사회 안에서의 정체성과 다원성의 문제」(2009), 「플라톤과 서구 정치철학전통의 성립」(2009), 「정치 현상으로서의 자유」(2009), 「정치이론과 방법」(2012), 「아우구스티누스의 욕망으로서의 사랑개념」(2012), 「인권의 역설과 "권리를 가질 권리"의 의미」(2015) 등이 있다. 이메일: parbo@hanmail.net

부록

학술대회 일정

09:30~10:00	접수	
10:00~10:20	개회사 : 이수미 (프랑스학회 회장) 축사 : 스위스 대사관, 프랑스대사관	
기획발표 (인문관 111호)		사회 : 송기정 (이화여자대학교)
10:20~11:10	Guillaume CHENEVIERE (스위스, Media society) 자유의 도정에 선 루소	
11:10~12:00	MASUDA Makoto (일본, 교토대학) 루소 정치 사상에서 제도와 설득	
12:00~12:10	휴식	
12:10~13:00	이동렬 (서울대학교 명예교수) 루소와 사회적 불평등 문제	
13:00~14:30	점심식사	

제 1분과		
	루소와 문학	사회 : 전종호 (서강대학교)
15:10~16:00	이용철 (한국방송통신대학교) 루소 ; 공동의 자아(moi commun) 만들기	박아르마 (건양대학교)
16:00~16:50	이봉지 (배재대학교) 루소의 반여성주의: 소피의 교육을 중심으로	이은주 (수원대학교)
16:50~17:10	휴식	
17:10~18:00	이충훈 (한양대학교) 루소와 기호	김선형 (숙명여자대학교)

제 2분과		
	루소와 사회	사회 : 김태훈 (전남대학교)
15:10~15:50	홍광엽 (한림대학교 명예교수) 루소 사상의 약소국 민족을 위한 고찰과 타르드 와 데리다를 통한 포스트 모던적 조명	나정원 (강원대학교)
15:50~16:30	김용민 (한국외국어대학교) 한국에서 루소사상 수용과 연구현황에 관한 일 고찰	박의경 (전남대학교)
16:30~16:40	휴식	
16:40~17:20	황성원 (건양대학교) 아동기의 발견자, 루소의 교육론	원수현 (세종사이버대학교)
17:20~18:00	박윤덕 (충남대학교) 루소와 프랑스혁명	양희영 (서울여자대학교)

제 3분과		
	루소와 언어	사회 : 장인봉 (이화여자대학교)
15:10~16:00	Irène TAMBA (EHESS) 관용의미 분석을 위한 몇가지 제언	이성헌 (서울대학교)
16:00~16:50	Georges KLEIBER (스트라스부르 대학) 내 이름은 PERSONNE : '나'는 누구이며 '너' 와 '그'는 누구인가?	임정혜 (조선대학교)
16:50~17:10	휴식	
17:10~18:00	종합 토론	

한국정치사상학회 루소탄생 300주년 기념 학술회의

루소사상과 정치의 새 지평

- 일시 : 2012년 6월 16일(토), 10:00-18:30
- 장소 : 한국외국어대학교 교수회관 강연실
- 주최 : 한국정치사상학회, 한국정치학회

한국정치사상학회 루소탄생 300주년 기념 학술회의
루소사상과 정치의 새 지평

목 차

기조강연
" 다시 새겨보는 루소의 「사회계약론」" 1
이홍구 (서울국제포럼 이사장, 전 국무총리)

〈1세션〉 루소와 한국
" 한국에서의 루소 사상 수용과 연구 현황에 관한 일고찰" 3
김용민 (한국외국어대학교)

" 1987 루소: 한국에서 루소 사상의 현재성에 대한 도상학적 접근" 25
윤비 (성균관대학교)

〈2세션〉 루소와 비교사상
" 스피노자와 루소, 그리고 시민 종교의 문제" 47
공진성 (조선대학교)

" 루소와 칸트: 자율성과 역사 개념을 중심으로" 57
신충식 (경희대학교)

" 루소와 주자의 정치철학" 71
이상익 (부산교육대학교)

〈3세션〉 루소와 이슈
" 루소의 사상에서 언어와 정치: 정치질서에서 논증 언어와 공감 언어의 역할" 91
임금희 (이화여자대학교)

" 〈에밀〉에 나타난 루소의 여성관에 대한 재조명" 107
조희원 (경희대학교)

" 루소의 공화국, 혹은 가족과 사회의 부재: 이폴리트 텐(Hyppolyte Taine)의 루소 비판" 123
최일성 (한서대학교)